普通高等院校旅游管理类"十四五"规划教材
教育部旅游管理专业本科综合改革试点项目配套规划教材

总主编 ◎ 马 勇

旅游管理原理与方法
Tourism Management Principles and Methods

董观志 梁增贤 ◎ 编著

华中科技大学出版社
http://www.hustp.com
中国·武汉

图书在版编目(CIP)数据

旅游管理原理与方法/董观志,梁增贤编著. —武汉：华中科技大学出版社,2020.6
普通高等院校旅游管理类"十四五"规划教材
教育部旅游管理专业本科综合改革试点项目配套规划教材
ISBN 978-7-5680-6266-4

Ⅰ.①旅… Ⅱ.①董… ②梁… Ⅲ.①旅游经济-经济管理-高等学校-教材 Ⅳ.①F590

中国版本图书馆 CIP 数据核字(2020)第 099408 号

旅游管理原理与方法
Lüyou Guanli Yuanli yu Fangfa

董观志　梁增贤　编著

策划编辑：李　欢
责任编辑：李家乐
封面设计：原色设计
责任校对：张会军
责任监印：周治超

出版发行：华中科技大学出版社(中国·武汉)　　电话：(027)81321913
　　　　　武汉市东湖新技术开发区华工科技园　　邮编：430223
录　　排：华中科技大学惠友文印中心
印　　刷：武汉市籍缘印刷厂
开　　本：787mm×1092mm　1/16
印　　张：21.5　插页:2
字　　数：547 千字
版　　次：2020 年 6 月第 1 版第 1 次印刷
定　　价：59.80 元

本书若有印装质量问题,请向出版社营销中心调换
全国免费服务热线：400-6679-118　竭诚为您服务
版权所有　侵权必究

Abstract

本书分为三个模块。第一个模块是旅游管理的基本理论,重点论述了旅游管理的概念框架、学科体系和学理基础;第二个模块是旅游管理的实现技术,具体阐明了旅游的流程化管理、标准化管理、信息化管理、智慧化管理、企业化管理、战略化管理、国际化管理、虚拟化管理的操作方法;第三个模块是旅游管理的实现途径,系统探讨了旅游的公共管理、事件管理、风险管理和可持续发展的规律性问题。

本书反映了旅游业转型升级的新态势,体现了学术研究跨界融合的新成果,突出了旅游管理迭代演变的新特征,强化了高校教材学以致用的新特色。

The book is divided into three modules. First module is basic theory of tourism management. It focuses on conceptual framework, disciplinary system and academic foundation of tourism management. Second module is implementation techniques of tourism management. It expounds the operation about process, standardized, information, intelligent, enterprise, strategic, international and virtual of tourism management. The third module is realization approach of tourism management. It systematically discusses the regularity about public management, event management, risk management and sustainable development of tourism.

This book reflects the new trend of tourism transformation and upgrading. It embodies the new achievements of cross-border integration of academic research. It highlights the new features of iterative evolution of tourism management. It highlights the new features of learning for application as a college textbook.

总 序

旅游业在现代服务业大发展的机遇背景下，对全球经济贡献巨大，成为世界经济发展的亮点。国务院已明确提出，将旅游产业确立为国民经济战略性的支柱产业和人民群众满意的现代服务业。由此可见，旅游产业已发展成为拉动经济发展的重要引擎。中国的旅游产业未来的发展受到国家高度重视，旅游产业强劲的发展势头、巨大的产业带动性必将会对中国经济的转型升级和可持续发展产生良好的推动作用。伴随着中国旅游产业发展规模的不断扩大，未来旅游产业发展对各类中高级旅游人才的需求将十分旺盛，这也将有力地推动中国高等旅游教育的发展步入快车道，以更好地适应旅游产业快速发展对人才需求的大趋势。

教育部 2012 年颁布的《普通高等学校本科专业目录（2012 年）》中，将旅游管理专业上升为与工商管理学科平行的一级大类专业，同时下辖旅游管理、酒店管理和会展经济与管理三个二级专业。这意味着，新的专业目录调整为全国高校旅游管理学科与专业的发展提供了良好的发展平台与契机，更为培养 21 世纪旅游行业优秀旅游人才奠定了良好的发展基础。正是在这种旅游经济繁荣发展和对旅游人才需求急剧增长的背景下，积极把握改革转型发展机遇，整合旅游教育资源，为我国旅游业的发展提供强有力的人才保证和智力支持，让旅游教育发展进入更加系统、全方位发展阶段，出版高品质和高水准的"教育部旅游管理专业本科综合改革试点项目配套规划教材"则成为旅游教育发展的迫切需要。

基于此，在教育部高等学校旅游管理类专业教学指导委员会的大力支持和指导下，华中科技大学出版社汇聚了国内一大批高水平的旅游院校国家教学名师、资深教授及中青年旅游学科带头人，面向"十三五"规划教材做出积极探索，率先组织编撰出版"教育部旅游管理专业本科综合改革试点项目配套规划教材"。该套教材着重于优化专业设置和课程体系，致力于提升旅游人才的培养规格和育人质量，并纳入教育部旅游管理本科综合改革项目配套规划教材的编写和出版，以更好地适应教育部新一轮学科专业目录调整后旅游管理大类高等教育发展和学科专业建设的需要。该套教材特邀教育部高等学校旅游管理类专业教学指导委员会副主任、中国旅游协会教育分会副会长、中组部国家"万人计划"教学名师、湖北大学旅游发展研究院院长马勇教授担任总主编。同时邀请了全国近百所开设旅游管理本科专业的高等学校知名教授、学科带头人和一线骨干专业教师，以及旅游行业专家、海外专业师资等加盟编撰。

该套教材从选题策划到成稿出版，从编写团队到出版团队，从内容组建到内容创新，均展现出极大的创新和突破。选题方面，首批主要编写旅游管理专业类核心课程教材、旅游管理专业类特色课程教材，产品设计形式灵活，融合互联网高新技术，以多元化、更具趣味性的形式引导学生学习，同时辅以形式多样、内容丰富且极具特色的图片案例、视频案例，为配套数字出版提供技术支持。编写团队均是旅游学界具有代表性的权威学者，出版团队为华中科技大学出版社专门建

立的旅游项目精英团队。在编写内容上,结合大数据时代背景,不断更新旅游理论知识,以知识导读、知识链接和知识活页等板块为读者提供全新的阅读体验。

在旅游教育发展改革发展的新形势、新背景下,旅游本科教材需要匹配旅游本科教育需求。因此,编写一套高质量的旅游教材是一项重要的工程,更是承担着一项重要的责任。我们需要旅游专家学者、旅游企业领袖和出版社的共同支持与合作。在本套教材的组织策划及编写出版过程中,得到了旅游业内专家学者和业界精英的大力支持,在此一并致谢!希望这套教材能够为旅游学界、业界和各位对旅游知识充满渴望的学子们带来真正的养分,为中国旅游教育教材建设贡献力量。

丛书编委会
2015 年 7 月

Preface 前 言

2005年5月，中国旅游出版社出版了《旅游管理原理与方法》第一版。从2005年到2009年的5年，是我国旅游业爬坡过坎的大逆转阶段，在政府主导型战略的旗帜下，旅游业从一个社会性的服务行业逆转攀升到了规模化的经济产业。2009年12月，国务院印发了《关于加快发展旅游业的意见》，提出了把旅游业培育为国民经济的战略性支柱产业和人民群众更加满意的现代服务业的全新定位。从此，我国旅游业开启了突飞猛进的发展模式。

从2010年到2019年，是我国旅游业跨界融合的大爆发阶段，旅游业发生了系统性的深刻变化。集结而来的媒体，跨界而来的资本，融合而来的产业，聚力耦合形成叠加效应，深度解构了传统旅游业。

一是旅游消费的迭代演变。旅游消费的主体从20世纪40年代至60年代的出生群体迭代到了20世纪70年代至90年代的出生群体，旅游消费的模式从观光旅游迭代到了度假旅游，旅游消费的能力从国内旅游迭代到了出境旅游。

二是旅游供给的跨界演变。旅游供给的要素从吃、住、行、游、购、娱的六要素跨界到了日常生活的所有要素，旅游业的主体从旅行社、酒店和景区的三驾马车跨界到了金融、互联网和房地产的"万马奔腾"，旅游经济的规模从千亿级的旅游总收入跨界到了万亿级的旅游总产值，旅游的营商环境从结构性过剩条件下的差异化竞争跨界到了系统性过剩条件下的同质化竞争。

三是旅游模式的转型演变。旅游发展的导向从拉动内需消费转型成了满足人民的美好生活需求，旅游发展的路径从景点旅游转型到了全域旅游，旅游发展的形态从轻资产的服务业转型成了重资产的旅游业。

四是旅游管理的体制演变。旅游政策主导层级从部门意志升级到了国家战略，旅游管理体制机制从直属机构的国家旅游局改革到了大部制的文化和旅游部，旅游政策供给维度从旅游主管部门的单兵作战转型升级到了多部门的联合协同推进。

如今的旅游业，已经不是2009年之前的旅游业了，更不能与1999年之前的旅游业相提并论。但是，万变不离其宗，变化之中的旅游业肯定存在着不变的东西！那么，什么是不变的呢？旅游业作为国民经济的一部分，它的经济规律应该没有变，它的商业逻辑也不可说变就变。

所谓"原理"，通常是指在自然科学和社会科学中具有普遍意义的基本规律。在大量观察和实践基础上归纳总结出来的"原理"，既能指导实践，又必须经受实践的检验。采用"原理"命名这本书，就是为了注重旅游管理基本概念、基本原则、基本规律、基本方法的介绍和讨论,启发读者对旅游管理问题的思考和探索。此次(第三版)的修编,依然坚守了"原理"的要义。

因为有了城镇化、自驾车、高速公路、高速铁路、民用航空、互联网、物联网、大数据、量子计算、移动终端、人工智能和新一轮产业革命的前提条件,协同共享的经济模式将促进旅游供给更加社会化,从而逐渐消解满足旅游消费的产业边界,在大幅度降低旅游业边际成本的过程中同时大幅度地压缩旅游业的边际收益。在可以预见的时间尺度之内,旅游业的产业形态革命是一个大概率的历史进程,旅游业快速迭代升级为协同共享的经济模式大势所趋!与此同时,旅游管理的创新问题随之而来,这是旅游管理面临的新背景、新挑战和新机遇。所以,这版《旅游管理原理与方法》新增加了第六章"旅游的智慧化管理",同时对相关章节的内容进行了关联性修改。

相对而言,修改后的《旅游管理原理与方法》具有更加鲜明的特色,主要表现在五个方面。

一是读者对象的针对性。本书被教育部选评为普通高等教育"十一五"和"十二五"的国家级规划教材。在编写理念、大纲设计、内容安排、行文风格、案例选择等方面,本书把握了高等旅游管理教育的特殊性,反映了旅游管理知识体系构建的一般规律,是针对旅游管理高等教育层次编写的专业性教材。

二是创新精神的继承性。因为是修订,所以在研究框架、研究方法、行文风格等方面发扬了一贯的创新精神,充分体现了自主创新、引进再创新、集成创新的理论探索价值。

三是理论阐述的系统性。全书紧紧围绕旅游管理的优化配置资源、提高运作效率和实现发展目标三大核心课题,构建了三个逻辑性模块,系统地阐述了旅游管理的概念架构、理论基础、内容体系、操作方法和实现技术。

四是编写体例的务实性。本书以方便开展教学活动、方便传播知识体系为根本宗旨,采用图表方式叙事说理,通过参考文献引经据典,提供专业化阅读的路径,形成了概念深入浅出、理论通俗易懂、方法灵活实用的特点,较好地体现了《旅游管理原理与方法》作为教育部普通高等教育国家级规划教材"够用、实用、好用"的务实性原则。

五是信息资料的时效性。现代旅游业的发展突飞猛进,促使旅游管理水平日益专业化、国际化和现代化,这就客观上要求知识化的旅游管理人才必须掌握旅游管理理论的最新发展态势。本书在修编过程中不仅充分参考和借鉴了国内外相关领域的最新研究成果,而且还对旅游管理的理论和方法进行了前瞻性的分析与探索。

感谢吴传钧院士、刘仁怀院士、王建国院士、许学强教授、陈烈教授、刘德谦教授、马勇教授、喻学才教授、田里教授、罗兹柏教授等学术前辈对我们的指导,感谢华中科技大学出版社旅游分社李欢社长对本次版本的支持,感谢读者们多年来反馈的宝贵意见。在撰写和修订过程中,我们参考了许多文献,在此对作者们深表谢意。由于学识有限,难免还有不足之处,敬请批评指正,以便再版时修订。

董观志
2019 年 9 月 26 日

Contents 目 录

第一章　旅游管理的概念框架
Chapter 1　Conceptual framework of tourism management

第一节　旅游管理的概念定位 　/1
❶ Concept orientation of tourism management

第二节　旅游管理的学科性质 　/5
❷ Disciplinary characteristic of tourism management

第三节　旅游管理的学科体系 　/8
❸ Disciplinary system of tourism management

第四节　旅游管理的研究方法 　/10
❹ Research method of tourism management

第二章　旅游管理的理论基础
Chapter 2　Theoretical basis of tourism management

第一节　旅游管理的思想基础 　/19
❶ Ideological basis of tourism management

第二节　旅游管理的学科基础 　/24
❷ Discipline basis of tourism management

第三节　旅游管理的学理基础 　/33
❸ Academic foundation of tourism management

第三章　旅游的流程化管理
Chapter 3　Process management of tourism

第一节　基于价值链的旅游管理 　/51
❶ Tourism management based on value chain

第二节　旅游业流程的模块管理 　/58

❷ Module management of tourism process

第三节　旅游流程型组织的管理　　　　　　　　　　　　　　　　/71
　　❸ Management of tourism process organization

第四节　旅游企业业务流程再造　　　　　　　　　　　　　　　　/73
　　❹ Business process reengineering of tourism enterprise

第四章　旅游的标准化管理
Chapter 4　Standardized management of tourism

第一节　基于标准化的旅游管理　　　　　　　　　　　　　　　　/80
　　❶ Tourism management based on standardization

第二节　旅游业标准化管理体系　　　　　　　　　　　　　　　　/85
　　❷ Standardization management system of tourism industry

第三节　旅游企业标准化管理体系　　　　　　　　　　　　　　　/89
　　❸ Standardization management system of tourism enterprise

第四节　旅游业的服务质量管理　　　　　　　　　　　　　　　　/92
　　❹ Service quality management of tourism industry

第五章　旅游的信息化管理
Chapter 5　Information management of tourism

第一节　基于信息技术的旅游管理　　　　　　　　　　　　　　　/100
　　❶ Tourism management based on information technology

第二节　旅游业信息化的实现技术　　　　　　　　　　　　　　　/106
　　❷ The realization technology of tourism informatization

第三节　旅游业信息化的系统管理　　　　　　　　　　　　　　　/114
　　❸ System management of tourism informatization

第六章　旅游的智慧化管理
Chapter 6　Intelligent management of tourism

第一节　智慧旅游的移动通信技术　　　　　　　　　　　　　　　/123
　　❶ Mobile communication technology of intelligent tourism

第二节　智慧旅游的物联网技术　　　　　　　　　　　　　　　　/130
　　❷ Internet of things technology of intelligent tourism

第三节　智慧旅游的云计算技术　　　　　　　　　　　　　　　　/131
　　❸ Cloud computing technology of intelligent tourism

第四节　智慧旅游的人工智能技术　　　　　　　　　　　／135
❹　Artificial intelligence technology of intelligent tourism

146　第七章　旅游的企业化管理
Chapter 7　Enterprise management of tourism

第一节　旅游企业经济活动分析　　　　　　　　　　　／146
❶　Analysis of economic activities of tourism enterprise

第二节　旅游企业经营管理预测　　　　　　　　　　　／153
❷　Management forecast of tourism enterprise

第三节　旅游企业经营管理决策　　　　　　　　　　　／158
❸　Management decision of tourism enterprise

第四节　旅游企业管理制度创新　　　　　　　　　　　／162
❹　Management system innovation of tourism enterprise

169　第八章　旅游的战略化管理
Chapter 8　Strategic management of tourism

第一节　企业战略的基本理念　　　　　　　　　　　　／169
❶　Basic ideals of enterprise strategy

第二节　旅游企业的战略分析　　　　　　　　　　　　／173
❷　Strategy analysis of tourism enterprise

第三节　旅游企业的战略选择　　　　　　　　　　　　／179
❸　Strategy choice of tourism enterprise

第四节　旅游企业的战略控制　　　　　　　　　　　　／191
❹　Strategy control of tourism enterprise

194　第九章　旅游的国际化管理
Chapter 9　International management of tourism

第一节　跨国经营管理的基本理论　　　　　　　　　　／194
❶　Fundamentals of transnational management

第二节　旅游产业的跨国经营管理　　　　　　　　　　／197
❷　Transnational management of tourism industry

第三节　旅游企业的跨国经营管理　　　　　　　　　　／204
❸　Transnational management of tourism enterprise

第十章 旅游的虚拟化管理
Chapter 10　Virtual management of tourism

第一节 旅游业的虚拟化理论 /211
❶ The theory of tourism virtualization

第二节 旅游产业虚拟化管理 /219
❷ Virtual management of tourism industry

第三节 旅游企业虚拟化管理 /224
❸ Virtual management of tourism enterprise

第十一章 旅游的公共管理
Chapter 11　Public management of tourism

第一节 旅游公共管理的理论基础 /235
❶ Theoretical basis of tourism public management

第二节 国家旅游公共管理 /239
❷ Tourism public management in a country

第三节 旅游行业公共管理 /252
❸ Public management of tourism industry

第十二章 旅游的事件管理
Chapter 12　Event management of tourism

第一节 事件旅游与事件管理 /259
❶ Event tourism and event management

第二节 事件旅游策划与提升 /266
❷ Planning and promotion of event tourism

第三节 事件旅游的市场营销 /269
❸ Marketing of event tourism

第十三章 旅游的风险管理
Chapter 13　Risk management of tourism

第一节 风险与风险管理 /275
❶ Risk and risk management

第二节 旅游产业风险管理 /284
❷ Risk management of tourism industry

第三节　旅游企业风险管理　　　　　　　　　　　　　　　　/290
❸　Risk management of tourism enterprise

299　第十四章　旅游的可持续发展
Chapter 14　Sustainable development of tourism industry

第一节　可持续发展的基本含义　　　　　　　　　　　　　　/299
❶　Basic meaning of sustainable development

第二节　旅游可持续发展的要点　　　　　　　　　　　　　　/302
❷　Key point of tourism sustainable development

第三节　世界旅游组织行动纲要　　　　　　　　　　　　　　/311
❸　Programme of action of the world tourism organization

第四节　旅游可持续发展的策略　　　　　　　　　　　　　　/313
❹　Tactics of tourism sustainable development

320　参考文献
References

第一章

旅游管理的概念框架

学习目标

掌握旅游、旅游管理、旅游管理学的概念；了解旅游业的行业属性和旅游管理活动的基本范畴；熟悉宏观旅游管理与微观旅游管理的基本内涵；了解旅游管理学的理论基础和实践意义；熟悉旅游管理学的学科性质和基本属性；了解旅游管理学与相关学科之间的关系；掌握旅游管理学的基本内容和基本任务；熟悉旅游管理学的研究方法。

核心概念

旅游活动；管理活动；旅游管理；旅游管理学；研究方法

第一节　旅游管理的概念定位

一、旅游管理活动的必要性

（一）旅游管理活动的客观要求

旅游是人类社会的一种短期性生活方式，是旅游者的旅行和暂时居留所引起的一切现象和关系的总和。随着科学技术的日益进步和社会经济的迅速发展，大众化旅游的群体规模不断扩大，旅游需求层次的不断提升和发展，促进旅游成为一种重要的社会经济活动。旅游产业化的进程，客观地产生和发展了一系列旅游管理活动。旅游业的性质是旅游管理活动的客观要求。

1. 旅游业是一个系统化的综合性行业

旅游是旅游者的一种空间跨越活动，按旅游活动的空间范围可分为国内旅游与国际旅游。国内旅游可分为地方性旅游、区域性旅游、全国性旅游；国际旅游可分为跨国旅游、洲际旅游、环球旅游。旅游者在这种空间跨越活动过程中，既需要满足其多样化的休闲娱乐需求，也需要满足其生理性的物质享受需求，这就客观地要求旅游业为旅游者提供食、住、行、游、购、娱等方面的一体化服务。在市场经济条件下，旅游者的空间跨越活动实际上就是一

种复杂的系列化旅游消费活动,旅游业的各个部门在这一活动过程中分工协作,相互衔接。旅游业的这种关联性和综合性,客观地要求诸多专业化社会经济部门相互协作,只有在科学管理的基础上,这种分工与协作才能高效、有序和持续地进行。

2. 旅游业是一个国际化的服务性行业

旅游活动是一种异地性活动,从旅游接待服务的业务类型来分,旅游业务接待可分为三种类型:一是组织国内公民在本国进行的国内旅游活动,二是组织本国公民赴国外进行的出境旅游活动,三是接待国外游客到国内的入境旅游活动。其中出境旅游和入境旅游,是具有涉外性质的国际旅游活动。在全球经济一体化的格局下,旅游业的产业化和国际化程度日益提高,只有实行有效的管理,才能保证国际旅游和国内旅游的持续、稳定发展。

3. 旅游业是一个人格化的精致性行业

人们旅游的动机是为了满足求知、求趣、求奇、求新的心理需要,旅游活动就是一种满足这种需要的体验过程。旅游者只有通过空间移动和实地感受,才能实现旅游目的,这就决定了旅游者的旅游消费与旅游业的接待服务具有同时性和不可转移性的特点,显然,旅游业的接待服务质量直接关系到旅游者旅游期望的满足程度。所以,旅游业必须提供精致的产品与精致的服务,让旅游者在人格化的消费环境氛围中体验旅游的感受。在人文主义日益深入社会生活的条件下,只有人格化的管理活动,才能保证旅游者的旅游活动在旅游业的人文关怀中达到旅游目的。

4. 旅游业是一个产业化的经营性行业

旅游活动是在一定社会经济条件下产生的一种社会、经济、文化现象,实现旅游活动必然涉及政治、经济、文化、宗教、历史、地理、法律等诸多社会领域;旅游接待服务涉及交通、海关、邮电、保险、电力、园林、商业等社会行业;旅游业本身就包含旅行社、旅游饭店、旅游交通、旅游景区、旅游商品等部门。因此,旅游业的接待服务活动也就是一种产业化的、经营性的旅游供给活动。显然,旅游接待服务是一个产业化的社会工程,必须有科学的决策、计划、组织、指挥、监督、调节、创新等管理活动,才能保证旅游接待服务活动的正常运作。

5. 旅游业是一个依托化的敏感性行业

旅游业是一个具有高度依托性的产业,这主要表现在对全球政治经济及安全形势的依托,对旅游资源的依托,对本地区经济发展的依托,对旅游相关行业的依托。正是旅游业的这种高度依托化使得旅游业具有极高的敏感性,任何环境和形势的变化都会影响到旅游业的发展。因此,旅游管理活动必须十分重视旅游利益相关者的利益;必须十分关注环境和形势的发展变化;必须强调旅游的危机管理。

(二)旅游管理活动的基本范畴

旅游业是以旅游资源为凭借,以旅游设施为条件,为旅游者的旅行游览提供各种有形物质产品与无形服务的社会经济产业部门。旅游管理同国民经济各个部门的管理一样,始终贯穿于旅游业发展的全过程中,具有一定的活动范畴。

(1)从旅游管理的对象看,旅游管理活动包括三个层面:一是旅游企业经营活动的管理,这里的旅游企业是指具有独立法人资格、提供旅游产品和服务的生产经营单位;二是旅游行业组织活动的管理,这里的旅游行业是指提供同类旅游产品和服务的旅游企业集合体,如旅游饭店协会、旅行社协会、旅游景区协会和旅游教育机构协作组织等;三是旅游产业运行活动的管理,这里的旅游产业是指由提供各种旅游产品和服务的生产经营单位所构成的相对独立的国民经济部门。

(2) 从旅游管理的过程看,旅游管理活动包括:确定旅游管理战略的活动,确立旅游管理目标的活动,建立旅游信息系统的活动,开展旅游预测与决策的活动,制订旅游发展计划的活动,以及对旅游发展的监督活动等等。

(3) 从旅游管理的内容看,旅游管理活动包括:旅游人力资源管理活动,旅游物质资源管理活动,旅游财务资源管理活动,旅游信息资源管理活动,旅游技术资源管理活动等等。

(4) 从旅游管理的业务看,旅游管理活动包括:旅游资源管理活动,旅游设施管理活动,旅游市场管理活动,旅游服务管理活动以及游客管理等等。

(5) 从旅游管理的体制看,旅游管理活动包括:建立和执行旅游产业管理体制的活动,建立和执行旅游部门管理体制的活动,建立和执行区域旅游管理体制的活动,建立和执行旅游企业管理体制的活动等等。

(6) 从旅游管理的方法看,旅游管理活动包括:用行政方法管理旅游业的活动,用经济方法管理旅游业的活动,用法律方法管理旅游业的活动,用技术方法管理旅游业的活动,用德育方法管理旅游业的活动等等。

二、旅游管理学的基本含义

(一) 旅游活动

1. 旅游的基本含义

旅游(Tourism)一词,最早出现在 1811 年出版的《牛津词典》上,此后随着旅游的发展,学者们从不同角度试图对旅游进行准确的界定,但时至今日仍未获得广泛的共识。目前明显分为三种角度:把旅游当成一种产业的经济界定;把旅游规范为一个统计单元的技术界定;把旅游全部内容涵盖的整体界定。

2. 旅游活动的基本属性

旅游活动是一种异地性的活动;旅游活动是一种文化性的活动;旅游活动是一种暂时性的活动;旅游活动是一种综合性的活动;旅游活动是一种高层次需求的活动。

3. 旅游活动的基本过程

如图 1-1 所示,旅游活动的这五个基本过程揭示了旅游管理活动所要关注的五个阶段。

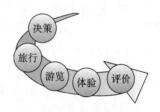

图 1-1 旅游活动的基本过程

(二) 管理活动

1. 管理的基本含义

管理是一个广泛的概念。广义的管理,是指一定组织中的管理者通过协调他人的活动以充分利用各种资源,从而实现组织目标的一系列社会活动过程。管理的核心是组织,管理的基本对象是人,管理的实施是通过计划、组织、指挥、协调和控制等基本活动进行的。管理虽然不能直接生产出知识或物质产品,但却是在生产经营活动中决定社会集体劳动生产力的关键。在管理学家看来,管理具有三重概念:管理是一种经济资源;管理是一种职权系统或变动的领导方法;管理是一批优秀人物或一种职业化阶层。

2. 管理活动的最终目的

管理是对组织的资源进行有效整合以达到组织既定目标与责任的动态创造性活动。这就意味着管理的最终目的都是针对面临问题的本身特点和所处的环境,通过组织和协调,以最小的资源消耗取得最大限度的目标实现。

3. 管理活动的基本要素

组织面临的管理问题;该问题所处的环境;解决问题的目标;解决问题和实现目标可资利用的资源(一般包括人力、物资、资金、技术、时间、信息等);管理活动的过程和策略。

4. 管理活动的主要任务

明确目标并围绕目标开展活动;根据目标、环境和资源确定战略和策略(优势、劣势、机会与威胁);研究管理机制,解决人的动力问题和资源的有效配置问题;战略、策略和机制的实施与调整。

5. 管理者的基本任务

环境分析,包括外部环境和内部环境;目标和战略分析,包括长期目标和短期目标及其配合;战略、策略和措施及其衔接;资源分析,包括人力资源、投资或金融、信息系统、技术、物资管理等;管理机制分析,包括组织设计、岗位设计、管理规范和制度的设计等;日常活动管理,包括规划和计划的制订、各种活动的组织实施等。

(三)旅游管理

旅游管理是指为了以最有效的方式实现旅游活动的目标,综合运用管理职能,对旅游活动所涉及的各种关系和现象进行管理的活动与过程(见表1-1)。从组织层面的角度讲,可以把旅游管理分为微观旅游管理和宏观旅游管理。

表1-1 旅游过程管理分解系统

旅游活动	管理活动	旅游管理
决策	市场营销	旅游市场营销
旅行	交通管理	旅游交通管理等
游览	企业管理	旅游企业管理等
评价	售后管理	旅游公共关系管理等

旅游微观管理是指旅游企业的经营管理活动。在现代旅游企业里,人们从事着既有分工又有协作的共同劳动,只有通过管理,才能使这些共同劳动协调有序进行。所谓旅游企业管理就是旅游企业管理者,根据一定的理论、原则、政策、法规、程序,运用一定的方式和方法,对企业所能支配的人、财、物、信息、能源等有形资产和无形资产,进行有效的计划、组织、指挥、协调和控制,使各项要素得以合理配置,以求达到企业所预期实现的战略目标和策略目标。管理是搞好搞活旅游企业的基础,是实现旅游企业目标的可靠保证,是旅游企业发展的基石。

旅游宏观管理是指政府部门或者行业组织从促进和规范国家旅游产业发展的角度来管理旅游活动。它主要包括两个方面的内容:一是旅游活动的引导与管理。根据国民经济发展水平和社会进步的需要,对旅游活动制定促进或限制的政策,协调旅游活动与社会经济发展之间的关系。二是旅游行业管理。制定促进旅游业发展的各项政策、规划和标准,把握旅游业发展总量,对旅游企业进行宏观指导和间接协调。旅游宏观管理的职权行使者是政府部门或其授权的有关机构;管理的对象范围广泛,包括旅游者的活动、旅游企业、旅游资源、旅游信息等;管理者与管理对象之间的关系较为松散,管理者通过引导与监督等间接手段进行管理;宏观管理的主要目标是为了取得国家的整体利益。

(四)旅游管理学

旅游,既是一种经济现象,也是一种社会现象和文化现象,而且旅游活动的规模和影响越来越大,与相关产业的联系也越来越复杂。随着旅游活动乘数效应的日益扩大,旅游管理就成为旅游学研究的一个重要课题。表 1-2 反映了旅游活动是一个对象多元化、机制多样化、过程多谱化和效应多极化的复杂性活动,这种复杂性活动就是旅游管理学研究的基本内容。

表 1-2　旅游概念的要素分解系统

Tourism			简 短 解 释
T	Travel	旅行	旅游是由旅游者空间跨越行为所引起的
O	Open	开放	旅游是社会、文化和经济开放的结果
U	Undergo	经历	旅游者的旅游经历质量是旅游的关键
R	Reciprocity	互惠	旅游利益相关者共享旅游活动的成果
I	Integrative	整合	旅游依赖于对各类资源的整合能力
S	Service	服务	服务是旅游经历不可或缺的重要组成部分
M	Mass	大众	旅游是大众广泛参与的社会文化活动

旅游管理学是旅游学与管理学的相互交叉与融合形成的一门边缘性学科。现代旅游业的发展以及其相应的管理实践,是建立旅游管理学的客观基础。

旅游管理学是研究旅游管理活动中各种矛盾运动规律的科学。具体而言,旅游管理学是以管理学的基本理论为指导,以旅游学的基本范畴为框架,研究旅游管理的基本概念、基本特征、基本过程、基本方法、基本要求和基本规律,以便实现旅游业发展目标的科学。

第二节　旅游管理的学科性质

任何一门学科的形成,都是人类社会发展到一定历史阶段的产物,都是人们社会实践活动的概括和总结。旅游管理学是伴随着旅游活动的产生与发展而形成的一门新兴学科,是对旅游管理活动的理论概括和总结。

一、旅游管理学的基本特征

旅游管理学是一门部门管理学。旅游管理学本质上属于工商管理学的范畴,是工商管理学的二级学科,所以,旅游管理学是一门部门管理学。部门管理学是针对某一部门或领域的管理活动进行研究,从而揭示该部门管理运行的内在规律及其外在表现形式的科学。旅游管理学作为一门部门管理学,是研究旅游管理活动过程中各种管理活动之间的内在联系,揭示旅游管理运行中的特殊矛盾及其规律,并把管理学的一般原理用于指导旅游管理活动,以促进旅游业的可持续发展。

旅游管理学是一门基础性学科。旅游学的研究对象是旅游活动的内在矛盾,旅游学的任务就是要通过研究来认识这种矛盾的性质及其发生原因、形态结构、运动规律和它所产生的各种外部影响。旅游管理学则是在旅游学基本范畴的框架下,揭示旅游活动在管理领域中所发生的矛盾运动及其规律,以提高旅游活动运行的效率和效益。

旅游管理学是一门应用性学科。旅游管理学是管理学和旅游学的重要组成部分。现代旅游业的发展,以及与其相应的管理实践的发展,是建立旅游管理学的客观载体。随着科学技术的进步和旅游业社会化的提高,加强对旅游业的系统化管理,显得尤为重要。旅游业的发展必须遵循自然规律和经济规律的要求,旅游管理学就是研究旅游活动发展规律,以及管理原理和方法的科学,因而具有鲜明的实用性特征。

旅游管理学是一门综合性学科。旅游管理学是把旅游业作为一个独立的产业部门来进行研究的。旅游产业的运行管理涉及产业发展计划管理、产业政策法规管理、旅游活动引导管理以及行业标准和质量管理等。旅游活动是一种综合活动,不仅包括休闲、娱乐、购物、修学、健身等方面,而且包括吃、住、行、游等方面,需要多种相关的企业为旅游活动提供产品和服务,所以必须加强旅游企业的管理。旅游企业的管理涉及旅游饭店经营管理、旅行社经营管理、旅游景区经营管理、旅游交通企业管理、旅游咨询企业管理等,因此,旅游管理学是一门综合性很强的学科。

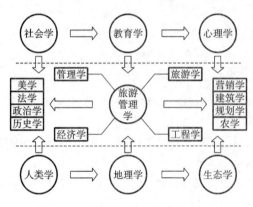

图1-2 旅游管理学的学科关联图

旅游管理学是一门交叉性学科。旅游管理学是随着旅游产业的形成和发展而逐渐形成的一门相对独立的学科。同时,旅游管理学在旅游科学体系中与其他相近的学科之间,存在着既有联系又有区别的关系(见图1-2)。

旅游管理学与旅游学,它们是子系统与母系统、局部与整体的关系。旅游学是从总体上研究旅游战略、旅游发展、旅游模型、旅游性质、旅游作用等一些具有根本性、综合性的内容,揭示旅游生存、发展的一般规律。而旅游管理学仅仅是从旅游管理活动的角度来研究问题,揭示其规律性。也就是说,旅游管理学主要是为旅游管理提供科学的依据、合理的途径与有效的方法。

旅游管理学与旅游经济学,它们在学科性质,研究的对象、内容和任务等方面具有明显的区别。旅游经济学属于旅游科学体系中的基础学科,它研究的是旅游经济的本质及其发展运动的客观规律。与之相对照,旅游管理学是旅游科学体系中的一门应用性的基础学科。它研究的是旅游管理活动的一般规律及其有效的管理方法,其中,旅游经济管理是旅游经济学在旅游管理中的具体运用。

旅游管理学与旅游规划学也有密切的关系。旅游规划学主要是从旅游资源的开发、旅游产业的布局、旅游经济的发展等方面来研究旅游,多侧重于旅游资源的开发利用与合理布局。从总体上说,旅游规划学是旅游管理学的一个重要组成部分,因为旅游规划是旅游管理的基本内容之一。同时,旅游规划学又是一个独立的学科,它研究的许多具体的专业技术问题,是旅游管理学包括不了的。

二、旅游管理学的基本属性

管理是人的社会活动。一方面,管理是进行社会化的必要条件,是组织协作劳动过程的一般要求,只要有许多人共同劳动或进行经济活动,就要求对劳动过程或经济活动进行组织、指挥、协调和监督,从而形成管理的自然属性。另一方面,管理又是在一定的生产关系中,和在一定的生产条件下进行的,由此形成管理的社会属性。因此,管理既要适应生产力发展运动的规律,又要适应生产关系发展变化的规律。

(一)旅游管理的自然属性

随着科学技术的发展和社会分工的深化,旅游业的社会化程度不断提高,在旅游业再生产过程中,旅游部门、行业和企业之间客观上存在密切的关系。旅游管理的任务就在于保证旅游业再生产过程的客观联系得到顺利实现,从而保证整个旅游业再生产的正常进行。因此,旅游管理必然具有以下主要特征。

1. 系统性

旅游业是由以饭店为代表的住宿业、旅行社业、旅游交通运输业和旅游景区业等相互依赖的四大支柱性产业部门所组成的,每一个产业部门又是由许多相互依赖的企业群所组成的,管理工作就必须把旅游作为一个有机整体、一个系统来研究,只有这样,才能保证旅游业有序、高效和可持续发展。

2. 比例性

旅游业在生产过程中,旅游支柱性产业部门之间、旅游企业之间,都存在着相互联系和相互依赖的关系,客观上提出了整个旅游业要按比例发展的要求。旅游管理必须保证旅游资源在旅游产业部门和企业之间按比例进行合理配置,保证旅游生产和服务在种类、数量、质量上符合旅游市场的客观要求,保证旅游产业链在时间、空间和要素上的相互衔接。

3. 权威性

权威意味着意志的统一。旅游管理本身就是一种权威,没有这种权威,就无法组织和协调各旅游产业部门与旅游企业的活动,旅游业就不能正常发展。生产的社会化越发展,管理越要具有权威性。

4. 前瞻性

随着社会、经济、文化的日益发展和科学技术的不断提高,人们休闲娱乐的需求日益多样化,旅游产品开发、旅游服务接待、旅游活动组织等都必须具有前瞻性,才能满足旅游者日益增长的休闲娱乐需求。因此,旅游管理工作必须有前瞻性,必须把政策和行动建立在正确预测未来的基础上。

5. 科学性

现代社会的发展与科学技术的进步紧密联系在一起。先进科学技术的采用,无论在生产的速度和规模、分工的深刻程度和管理的复杂程度上,都会产生巨大的变化。因此,旅游管理工作必须科学化,必须使用科学的管理方法和管理手段,进行旅游管理活动。

6. 创造性

旅游管理活动需要在变动的环境与组织中进行,需要消除资源配置过程中的各种不确定性,因此,旅游管理活动是动态的。旅游管理活动尽管是动态的,但还是可以将其分成两大类:一是程序性活动,二是非程序性活动。程序性活动就是指有章可循,照章运作就可以取得预想效果的管理活动。非程序性活动就是指无章可循,需要边运作边探讨的管理活动。旅游管理活动是一种全新的管理活动,存在多种多样的非程序性管理活动,因而需要有一定的创造性。

(二)旅游管理的社会属性

任何管理活动都是在一定的生产关系中进行的。所以,除了生产社会化所决定的自然属性以外,管理总要带有占统治地位的生产关系的痕迹,从而具有社会属性。在社会主义市场经济条件下,旅游管理的社会属性主要具有以下特征。

1. 国家性

旅游业是国家国民经济的重要组成部分,它既是国民经济发展水平的标志,同时又通过产业关联效应对国民经济产生深刻影响。所以,旅游业的产业部门和企业,都必须服从国家的政策法规,接受国家职能部门的宏观协调和政策指导;在一些地区,旅游业还必须在政府的主导下进行发展。在利益分配上,部门和企业必须坚持国家利益、集体利益和个人利益三者之间相互兼顾的原则。

2. 自主性

在社会主义市场经济条件下,旅游企业是相对独立的生产者和经营者,是旅游业和国民经济发展的物质条件。旅游企业在经营上具有独立性,组织上具有完整性,财务上独立核算、自负盈亏,具备社会上的"法人"地位,对企业生产资料和劳动力具有支配使用上的自主权。

3. 群众性

旅游业是国民经济的产业部门和服务业的重要组成部分,旅游管理活动必须遵循现代管理的原理、原则、体制和方法,充分调动和发挥旅游从业人员参与管理的积极性,走群众路线,才能实现旅游管理的现代化,保证旅游业的可持续发展。

4. 关联性

旅游的高度依托性决定了旅游管理的关联性。旅游管理强调多部门的协调合作,旅游管理活动涉及种类多样的利益相关者。旅游管理必须重视在管理活动中平衡多方利益,全盘考虑,通力合作。

5. 国际性

国际化是当今政治经济发展所造成的一个客观的管理环境。管理国际化是一个普遍问题,几乎一切管理领域都面对着环境的扩大化,许多国内管理也需要把国际环境纳入考虑的内容之中,一些原先不可能与国际关系有任何联系的领域也受到变动着的国际环境的影响。旅游业是一个开放性的产业部门,随着国际交往与国际合作日益频繁,旅游管理的国际性特征也将日益凸显与强化,并成为旅游管理的全新课题。

第三节 旅游管理的学科体系

一、旅游管理学的研究对象

旅游管理学是旅游学的一个分支学科,它同其他任何学科一样,具有自己独特的研究领域。董观志(2007年)归纳了旅游学的研究对象的问题,指出,旅游学主要有三个最基本的硬核——旅游者、旅游吸引物和旅游业(见图1-3)。以旅游者为硬核,就形成了以人为中心的旅游学特有的矛盾;以旅游吸引物为硬核,就形成了以物为中心的旅游学特有的矛盾;以旅游业为硬核,就形成了以组织为中心的旅游学特有的矛盾。因此,旅游管理学的研究对象就应该是以旅游业为硬核,以旅游组织为中心的旅游学特有的矛盾。

旅游活动是一个客观存在的、社会的、经济的和文化的综合有机体。对旅游活动的管理,特别是对现代旅游活动的管理,是一个非常复杂的、综合性很强的管理活动。它不仅要

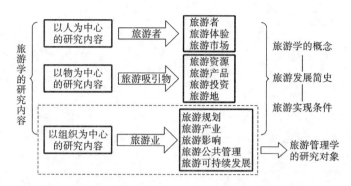

图 1-3　旅游学研究内容的逻辑系统

对旅游活动中物的因素进行管理,而且还要对人的因素进行管理。旅游管理,就是根据管理学的基本原理,协调与平衡旅游业发展过程中的各种关系,促进旅游业实现可持续发展的活动与过程。

二、旅游管理学的基本任务

旅游是一种重要的社会经济活动。20世纪50年代以来,群体旅游从和平与发展的国际环境中脱颖而出,迅速形成规模,在世界各地一直保持着快速发展的态势。大众化的群体旅游活动对旅游客源地、旅游目的地,以及旅游通道的资源、环境、文化、经济、社会等方面产生了广泛而深刻的影响。进入21世纪,旅游活动越来越强调个性化的定制式,这对旅游管理提出了新的要求。旅游管理的总任务就是运用管理学原理,协调解决旅游活动中各种关系的矛盾运动,充分调动各方面的积极性,从而促进旅游业实现可持续发展。具体而言,主要有以下5个方面。

第一,解决旅游管理的认识问题。旅游是一种特殊的生活方式。旅游管理就是要充分认识到这种特殊生活方式的广泛性与发展性,从满足人们日益增长的多样化的休闲娱乐需求出发,致力于研究如何把旅游业中各种人的因素与物的因素科学地组织起来,把旅游活动中的各个环节、各个方面有效地结合起来,认真地探索和提出正确的指导思想、科学的管理体制,以及有效的管理途径与方法,不断完善旅游管理体系,将旅游业逐步培植成为国民经济的重要产业部门。

第二,制定旅游产业发展战略。旅游管理部门要根据国民经济发展的要求和旅游业发展的总体趋势,结合本地区的实际,制定旅游产业发展战略。"战略主导,政府协调,企业担纲,市场运作"是市场经济条件下旅游业发展的基本战略。旅游业是一个国际化的产业,在制定旅游产业发展战略时,应该认真参照国际旅游业的发展经验,结合地区发展实际情况,制定科学的旅游产业发展战略,促进我国旅游业早日与国际旅游业同步发展;根据旅游产业发展战略,制定并组织实施产业发展计划,贯彻执行有关的法律法规与方针政策,为实现旅游产业的可持续发展提供保障。

第三,改革旅游产业宏观管理体制。由于旅游业的综合性及历史的原因,我国的旅游业涉及国民经济的许多产业部门,旅游管理体制处于条块分割的状态。旅游宏观管理主要体现在编制旅游产业发展战略规划、制定旅游产业发展政策、实现旅游业的行业管理与协调等方面。旅游宏观管理要充分考虑旅游产业与其他产业的协调与均衡,切实搞好旅游管理部门与相关产业部门之间的分工与协作,才能发挥各方面发展旅游业的积极性,为旅游业谋求更加广阔的发展空间。

第四,保护旅游者的合法权益。各级政府的旅游行政主管部门,应该根据相关法律法规与方针政策,通过实行定点、定级等行业管理措施,对为旅游者提供服务的各级各类企业和经营单位进行检查与督导,使其不断改进服务,提高服务质量,切实保障旅游者的生命财产安全与合法权益,维护旅游业的整体形象。

第五,提高旅游企业的综合效益。旅游企业为旅游者的旅游活动提供必需的产品与服务,是旅游业的物质基础与运作保障。只有提高旅游企业的经营管理水平,才能提高旅游企业的服务质量;只有提高旅游企业的服务质量,才能提高旅游者的满意程度;只有提高旅游者的满意程度,才能提高旅游地的知名度与吸引力;只有提高旅游地的知名度与吸引力,才能提高旅游地的市场占有率;只有提高旅游地的市场占有率,才能形成旅游业的规模经营与持续发展。这是一个互为因果的循环关系,只有这种关系的良性互动,旅游企业才能提高综合效益,我国的旅游业才能实现可持续发展。旅游企业要提高经营管理水平,就必须从两个方面努力:一是旅游行政主管部门要加强对旅游企业的引导、监督与服务,从宏观管理的角度促进旅游企业管理的现代化;二是旅游企业要加大深化改革的力度,认真学习先进的管理理论与方法,建立现代企业制度,不断提高经营管理水平。

三、旅游管理学的基本内容

旅游是在一定的社会经济条件下产生的一种社会经济文化现象,并随着社会经济的发展而不断变化(见图1-4),与此同时,旅游管理实践也在发生着日新月异的变革,因而,旅游管理学是一门不断探索与发展的新兴学科,它的研究内容与学科体系在旅游业不断发展的实践中逐步明确和完善。

旅游管理学是由三个层次的内容按照思维逻辑构架起来的学科体系。第一个层次是旅游管理的基本理论,第二个层次是旅游管理的实现技术,第三个层次是旅游管理的实现途径。图1-5所示为旅游管理学体系的逻辑架构。

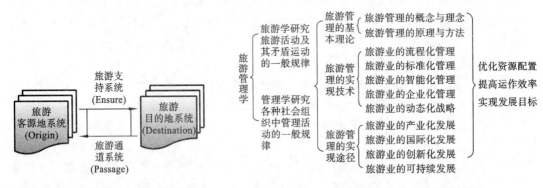

图1-4　旅游系统的O-P-D-E结构体系　　　　图1-5　旅游管理学体系的逻辑结构

第四节　旅游管理的研究方法

旅游管理方法是人们为了解决某种旅游管理问题所采取的特定活动方式。在一定程度上,旅游管理方法可以解释为管理学知识在旅游活动中的应用。旅游管理方法论的创新与发展,是旅游管理学理论(或学派)形成与发展的基础。离开了旅游管理方法论的创新与发展,任何一门旅游管理学理论(或学派)就无法形成,更不用说发展了。旅游管理方法论是对旅游管理方法的理论探讨,或者可以把"旅游管理方法论"理解为"旅游管理学所运用的科学哲学"。旅游管理方法论不仅仅是对旅游管理方法的概括和总结,还包括一般旅游管理方法的功能和特点,以及旅游管理方法在总体上的相互联系。

一、旅游管理学研究的基本阶段

旅游管理学是从管理的角度研究旅游活动及其各种关系的矛盾运动规律,因而,旅游管理学属于管理性学科的范畴,而且是一门实践性特征比较明显的应用性的基础学科。从学科研究的一般过程来看,旅游管理学研究一般经历5个基本阶段。各个阶段相互依赖、相互联系,共同组成了一个系统,这个系统是一个循环的过程(见图1-6)。

二、旅游管理学研究的方法体系

旅游是一个复杂的综合性系统,它涉及社会、经济、文化,甚至政治和外交,所以旅游管理也是一个复杂的综合体系。因此,旅游管理研究的学科背景必须是多元化的,旅游管理的研究方法也必须是多元化的(见图1-7)。

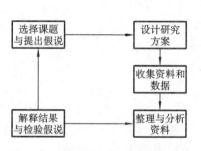

图1-6 旅游管理学研究的基本阶段

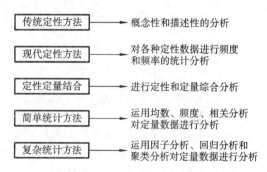

图1-7 旅游管理学研究的基本方法分类

我国老一辈旅游管理研究者在积极介绍国外旅游管理的理念与方法的同时,也通过多学科合作的方式,从不同学科深入研究旅游管理的方法,并获得突出的研究成果。随着我国旅游业发展的不断深化和旅游管理学科发展的不断成熟,我国旅游管理研究的方法也不断更新进步。今天,我国旅游管理研究从传统的定性研究向定性和定量相结合发展,继而进行统计分析研究;从概念性的理论探讨向实证性的案例研究发展;从简单套用国外方法和模型向深入探讨国情,并运用先进方法进行研究发展。

根据旅游管理学的研究对象、研究内容以及学科性质,旅游管理学的研究必须把握理论与实际相结合、定性与定量相结合、多学科综合分析研究三大原则。

由于旅游管理学是一个多学科综合的体系,研究现象复杂多变,因而要借鉴其他学科成熟的方法,吸取本学科最新的研究成果,形成了旅游管理学较为独立和统一的方法体系(见表1-3)。

表 1-3　旅游管理研究方法体系

哲学方法论	辩证唯物主义	系统论与控制论
	唯物史观	信息论与博弈论
	实证主义	耗散结构论、突变论、协调论
	规范主义	自组织理论
一般方法	具体与抽象统一的方法	逻辑与历史统一的方法
	归纳与演绎统一的方法	分析与综合统一的方法
	研究与叙述统一的方法	比较与类比的方法
	宏观与微观统一的方法	功能研究法
	动态与静态统一的方法	系统方法
具体方法	定性分析法	
	德尔菲法	环境分析法
	焦点小组访谈法	功能分析法
	深度访谈法	Q分类法
	投射法	询问法
	观察法	实验法
	案例分析法	系统模型与系统分析法
	内容分析法	
	定量分析法	
	社会调查与统计分析法	最优化分析法
	预测分析法	对策与决策分析法
	投入产出分析法	管理系统模拟法
	评价法	网络计划法
	层次分析法	

三、旅游管理研究的哲学方法论

从最一般的意义上说，方法是指人们为了解决某种问题所采取的特定活动方式，既包括认识世界的方式，也包括改造世界的方式。方法的基本含义是办法、技术和手段。在汉语体系中，"论"的含义有两个方面：一是表现为理论和学说；二是说明道理，表示规律。因此，方法论可以理解为对方法的理论探讨，即关于方法的一门学说。

辩证唯物主义。马克思辩证唯物主义认为事物是客观存在的，其存在对立统一的辩证运动。旅游现象是客观存在的；旅游需求与旅游供给是对立统一的，这一对矛盾统一体共同推动了旅游活动现象的发展和变化；旅游研究必须以旅游实践为基础、依赖于旅游实践，并最终为旅游实践服务。

唯物史观。马克思的唯物史观对旅游管理研究方法有三个指导作用：第一，唯物史观揭示经济学本质上是一门历史科学，那么旅游活动作为一种经济现象，其研究方法不是从概念出发，也不是从人出发，而是从一定的社会经济时期出发的分析方法；第二，唯物史观以揭示事物运动的本质为己任，旅游管理作为一门社会科学，只能依赖于思维的抽象力透过旅游活动的表面现象来发掘其深刻本质；第三，唯物史观坚持质与量分析的统一，旅游管理学的研究必须在定性分析的前提下，进行精确的量的分析。

实证主义。实证主义将哲学的任务归结为现象研究，以现象论的观点为出发点，拒绝通过理性把握感觉材料，认为通过对现象的归纳就可以得到科学定律。在实证主义的指导下，旅游管理研究应强调旅游现象的客观性，强调可通过实地访问、观察、实验等方法来获取第一手资料,运用计量和数量表示,对旅游研究的结果进行反复检验。这可以使我们防止主观倾向在形成旅游研究结论时所产生的不良影响。

规范主义。马克思规范主义概括起来主要有制度分析、人的本质分析,以及公平与效率分析。在旅游管理研究中,运用规范主义哲学思想将一些长期自然形成的民族习俗、伦理、惯例制定成旅游行业标准、规范,具有一定的科学意义。

系统论与控制论。系统论认为,系统是由要素和子系统组成的,系统的这些组成部分形成一定的结构,表现出特定的功能,并与系统的外部环境相互适应。系统论的主要方法有系统工程法、层次分析法、功能分析法和环境分析法。旅游作为一个综合系统,可以运用系统论的所有方法进行研究。

控制论的关键在于它先要有预测的果——目的,然后从多种可能中选出某种估计能够得到预期结果的动因,加以作用,以便实现预期的结果。旅游管理的研究常常要从结果分析,导出动因所在,从而探讨如何促使动因推动结果。

信息论与博弈论。信息论的研究方法,就是根据信息的观点,将旅游系统的过程当作信息传递和信息转化的过程,应用信息论的理论分析信息流程,达到对整个旅游系统运动过程的规律的认识。信息论的方法对于旅游管理研究的意义主要体现在旅游信息化方法、旅游流程化方法和旅游统计应用方法。

博弈论解释了旅游活动的中的博弈现象,运用博弈轮的基本原理,构造适合旅游发展的伦理道德和行为规范,是旅游管理研究的一个重要的方法。

耗散结构论、突变论与协同论。耗散结构论认为,一个远离平衡态的开放系统(如旅游系统),通过不断地与外界(如社会系统)交换物质和能量,在外界条件的变化达到一定的阈值时限,可能从原有的混沌无序的混乱状态,转变为宏观时空的有序状态。突变论呈现了连续量变中产生的突变现象,旅游活动在长期量的积累下自然会产生质的突变,使旅游系统成为一个循环递进的过程。协同论的大体思路是在某一开发系统(如旅游系统)中,适当输入能量诱发系统协同运动能量大于独立运动能量;合理的结构设计,使系统协同效应更加明显。

自组织理论。20世纪60年代末期,在耗散结构理论、突变论和协同论的基础上发展起来了自组织理论。自组织理论研究对象主要是复杂自组织系统(如生命系统、社会系统、旅游系统)的形成和发展机制问题,即在一定条件下,系统是如何自动地由无序走向有序,由低级有序走向高级有序的。一个系统自组织功能越强,其保持和产生新功能的能力也就越强。基于自组织理论,旅游管理要把旅游系统作为一个不断自组织演化的过程,研究旅游系统形成和发展的机制问题,将无序的旅游管理问题有序化,促进旅游系统走向更高级的有序系统,持续改进旅游管理的效率和效能。

四、旅游管理研究的一般方法

具体与抽象统一的方法。旅游管理研究体系中,首先要撇开旅游活动运行过程中一切纷繁复杂的现象,深入剖析其中最简单的旅游范畴和旅游过程,以此逐步上升到对比较复杂的旅游范畴和旅游过程的分析。具体与抽象的统一要求从最简单的"具体"着手,逐步上升到最复杂的"抽象"。

归纳与演绎统一的方法。旅游管理研究,既要将大量的旅游现象和经验事实进行归纳,也要将旅游管理的原理与方法进行演绎。既要防止由于偏重归纳以致难以形成概括和推理,也要防止由于偏重演绎以致脱离现实,流于空洞的推理,做到归纳与演绎的统一。

研究与叙述统一的方法。研究方法是从具体上升到抽象,再从抽象上升到具体;叙述方法是从抽象上升至具体。旅游管理的研究方法就是从旅游活动这一"具体"开始,通过抽象思维提炼原理和规律,再将原理和规律应用于旅游管理实践;旅游管理的叙述方法就是将旅游管理研究的结果用一定的方法再现,形成可以操作的规程和方法。

宏观与微观统一的方法。宏观与微观结合是系统论的延伸。旅游管理的研究既要从宏观层面的制度、规范及系统功能上分析,也要从微观层面的子系统结构、功能进行分析。在旅游研究中不要局限于单体领域的研究;要拓展思路,从整个旅游系统,甚至整个社会政治、经济和文化系统的宏观层面进行研究。

动态与静态统一的方法。旅游系统是一个动态循环的递进过程,对旅游系统运动的研究既强调在某个空间时点上的探讨,也强调在运动发展过程的分析。通过动静结合的分析研究,找出旅游系统运动的一般规律和特殊规律。

逻辑与历史统一的方法。逻辑方法是按照旅游范畴的逻辑联系,从比较简单的旅游范畴上升到比较复杂的旅游范畴,从而阐明整个旅游系统的运动过程;历史方法是通过旅游历史的发展脉络来研究旅游现象和旅游发展的过程。

分析与综合统一的方法。单纯应用分析的方法而不用综合,就不能全面了解旅游活动的全过程和各种现象;单纯应用综合而不用分析,就不可能从旅游活动的各种复杂情况中做到去伪存真、去粗取精。分析与综合的统一要求旅游管理研究既要深入,也要全面。

比较与类比的方法。比较和类比是通过对两个或两个以上的事物进行对比分析,找出它们的优劣长短,分析它们获得这些优劣长短的原因,从而抽象出一般规律。旅游管理研究运用比较和类比的方法,对旅游和其他经济领域、旅游自身的各个领域进行比较和类比分析,找出适合旅游发展的一般规律。

五、旅游管理研究的具体方法

旅游管理研究的具体方法有很多,本书限于篇幅,只能选择其中一些较有代表性的方法来介绍。

(一)旅游管理研究的定性分析法

旅游学科作为综合性的交叉边缘学科,其研究方法应该是多元化的,二战以后英语国家的旅游研究以定量研究为主导方法,体现"科学"研究思想,但旅游社会学家和旅游人类学家极力倡导定性研究,认为旅游研究中有许多定量研究无法解决的问题,两种方法有着各自的适宜情境[①]。

1. 德尔菲法

德尔菲法是最著名及最受推崇的定性和定量相结合的模型,由美国兰德公司于20世纪60年代设计。德尔菲法是一种专家咨询法,它用背对背的信息沟通来代替面对面的会议讨论,依靠调研主持机构反复征询每一位专家的意见,经过客观分析和多次征询反馈,使专家们的各种不同意见逐渐趋向一致。使用德尔菲法做定性分析具有匿名性、高效性和真实反馈性等诸多优点;但是同时,由于德尔菲法过分依赖于专家意见,使结果趋向于主观化,甚至结果只代表专家意见,并不反映公众意见。

---

① 张宏梅,陆林.旅游研究定性方法的初步分析[J].江西师范大学学报(自然科学版),2005(3).

2. 访谈法

访谈法就是通过正式或非正式交流获取信息的一种方法,其中较著名的有焦点组访谈法和深度访谈法,当然,德尔菲法也可以算作一种访谈法。焦点组访谈法是由一个训练有素的主持人以非固定的自然的方式与一小组反应者面谈讨论,以洞察了解有关调研问题的信息。深度访谈法是由一个有经验的访谈者寻找一个受访者进行直接的、无固定模式的面谈,以发现其对有关主题的信息,访谈的时间一般在半个小时到一个小时之间。

3. 投射法

投射法是一种没有固定结构的,以间接的或掩饰的提问形式诱发反应者给出他们内在真实信息的测试技术。投射法比起其他方法的优点在于它能够诱发出受测试者如果知道调研目的就会不愿意或不能够给出的反应。

4. 观察法

观察法就是采用一定的非语言交流手段或技巧对一个大样本的情况进行观察和记录的一种定性方法。观察法按照观察者的身份可以分为完全参与者、观察参与者和完全观察者。完全参与者就是真正参与观察群体的活动,在其中体会观察群体的情况;观察参与者就是明确自己研究者的身份,希望参加到活动中,但不扮演具体角色;完全观察者就是完全置身于群体活动之外,以一个彻底的旁观者角度进行研究。

5. 案例分析法

案例分析法就是从旅游管理的基本原理出发,旨在从实证的角度通过大量的案例分析,为旅游管理活动提供有价值的运作技巧和手段,并形象具体地阐述旅游管理的原理,是一种理论和实际相结合方法。由于这门学科研究的历史不长,尤其在我国,研究工作在20世纪90年代后期才开始;而我国旅游事业发展迅速,大量问题和弊病不断涌现。在这种旅游管理方法不成熟而旅游发展又迫切需要成熟理论指导的矛盾下,案例分析法通过深入地剖析具体问题,提出可行有效的解决方法,是一种既解决实际问题又有助于促进旅游管理学研究的方法。

6. 询问法

询问法可以分为三类,当面询问法、电话询问法和邮件询问法。没有哪一种询问方法是全面优越的,依据项目的不同特点,综合使用某一种或几种询问方法会得到比较贴近真实的情况。

7. 实验法

实验法是研究人员控制或改变一个或多个独立变量,并度量它们在实验单位上对一个或多个依赖变量的作用,与此同时控制消减外生变量的作用影响。管理实验是一项十分重要的研究方法,管理者设计出来的方案和计划要通过实验的检验才能真正付诸实施,而研究者也可以通过控制干扰因素来观察关键因素,从而得到有效的实验结果,对管理活动具有实际的指导作用。

8. Q 分类法

Q 分类法是运用等级顺序程序对 Q 分类材料进行分类,以收集若干调查单元的心理和行为资料,探讨调查单元类别的一种方法。运用 Q 分类法首先要求确定分类材料,一般的材料是 60~140 张图片或写有陈述句的卡片,要求被调查者按事先确定的标准对材料进行分类,然后对分类结果进行相关分析或因子分析,在此基础上对被调查对象进行分类。

9. 系统分析法

系统分析法就是从系统的观点出发,着重从整体和部分、内部和外部之间的相互联系、相互制约的关系中综合地、精确地考察研究对象,以达到最佳目标的一种研究方法。将这种方法应用于旅游管理学的研究,要求把旅游业看成是一个有机的完整的系统,相应地把旅游管理也看成是一个由各方面因素组成的、相互联系和影响的有机统一体。在研究过程中,对旅游业内部,要看到旅游客源地系统、旅游目的地系统、旅游通道系统、旅游支持系统之间的相互作用、相互制约的关系;在旅游业外部,也要看到旅游业与社会文化、旅游业与相关产业之间相互作用、相互制约的关系。同时,在研究旅游管理的过程中,还要避免用静止的观点看问题。旅游这个系统本身是在不断发展变化的,旅游业系统内的各种因素也在不断地发展变化,因而,旅游管理学的研究内容也处在不断地发展变化之中。我们要用历史的发展的观点看问题,不仅要研究旅游管理的过去和现在,而且还要研究旅游管理的趋势和未来。在研究过程中,要注意一定社会、一定阶段的旅游管理所处的社会历史环境,要紧密联系一定的社会生产力水平和一定社会的生产关系,并把它们放到一定的历史条件下去考察,这一思维过程通常可归纳为表1-4所示的六个"W"。只有这样,才有可能获得科学的正确结论。

表1-4 系统分析逻辑思维表

要回答的问题	对回答问题的解释	相对应的W	要回答的问题	对回答问题的解释	相对应的W
目的	为什么	Why	时间	何时做	When
对象	做什么	What	人(主体)	谁去做	Who
地点	何处做	Where	方法	怎么做	How

(二)旅游管理研究的定量分析法

系统工程强调在系统规划、研究、设计、制造、试验和使用的全过程建模、分析、预测、评价、决策的科学性;管理学强调在管理的职能内实现人力、物力、财力和信息的协调;运筹学强调以量化为基础的最优决策。以系统工程、管理学、运筹学为基础建立起来的定量分析方法为旅游管理研究提供强有力的工具。

1. 预测分析法

预测分析法就是根据研究对象发展变化的实际数据和历史资料,运用现代的科学理论和方法,以及各种经验、判断和知识,对事物在未来一定时期的可能变化情况进行推测和估计。预测分析法分为两大类:定性预测法和定量预测法。定性方法在前文已经介绍一些,除了德尔菲法以外,还有主观概论法和领先指标法等能够用于预测的方法。定量预测法可以分为时间序列分析和因果关系预测,时间序列分析根据系统对象随时间变化的资料进行研究,只考虑系统变量随时间的发展变化规律,对其将来进行预测,包括移动平均法、指数平滑法和博克斯-詹金斯法等;因果关系预测根据系统内部某种因果关系找出一个或几个因素,建立数学模型,研究自变量的变化预测结果变量的变化,包括回归分析法、马可夫法和系统动力仿真法等。

2. 投入产出分析法

20世纪30年代,美籍经济学家瓦西里·列昂节夫设计出投入产出表,以及在该表基础上建立的数学模型,投入产出法从此诞生。投入产出分析就是对旅游系统的生产与消耗的依存关系进行综合考察和数量分析。旅游业作为一个综合的经济体系,随着其进一步发展,逐渐走向高度专业化和社会化,旅游业与其他行业之间、旅游业内部子行业之间、旅游企业之间普遍存在高度关联、相互依存的客观现象。投入产出分析从旅游系统的整体出发,分析各个部门之间相互输入(投入)与输出(产出)的产品的数量关系,确定达到平衡的条件。

3. 评价法

评价法就是对各种可行的备选方案,从社会、政治、经济、技术等方面予以综合考虑,权衡利弊得失,给出评价结果,为决策提供科学依据的方法。评价法普遍应用于旅游开发与规划、旅游企业管理决策、区域旅游发展研究等领域。常用的定量评价法有排队打分法、体操计分法、专家打分法、两两比较法、连环比率法、综合评分法、加权评分平均法、模糊综合评价法、风景资源评价法、指数评价法、价值工程评价法、旅游容量评价法等。

4. 层次分析法

层次分析法(Analytical Hierarchy Process,AHP)是美国匹兹堡大学萨泰于20世纪70年代提出的一种系统分析方法。AHP是一种定性与定量相结合的方法,是分析多目标、多准则的复杂公共管理问题的有力工具。应用AHP首先要把问题分层系列化,即根据问题的性质和要达到的目标,将问题分解为不同的组成要素,按照因素之间的相互影响和隶属关系将其分层聚类组合,形成一个递进有序的层次体系模型。然后对模型中每一层次因素的相对重要性设置权重,评价各个层次要素,给出分值,最后综合分值与权重,得出一个综合分值。

5. 最优化分析法

最优化方法也称运筹学方法,始于第二次世界大战期间,主要运用数学方法研究各种系统的优化途径及方案,为决策者提供科学决策的依据。随着最优化方法在系统配置、聚散、竞争的运用机理等方面的深入研究和应用,出现了诸如规划论、排队论、存储论和决策论等比较完备的理论和方法。20世纪50年代,贝尔曼提出了最优化原理,原理指出,作为整个过程的最优化策略应具有这样的性质:不管该最优化策略上某状态以前的状态和决策如何,对该状态而言,余下的诸决策必定构成最优子策略。

6. 对策与决策分析法

根据人们对规律的认识程度和信息的掌握程度,一般可以将决策问题分为确定型决策、风险型决策、完全不确定型决策三种。如果决策方案选定之后,决策结果具有唯一性,这类决策叫确定型决策;如果方案确定之后可能出现多种可能性,各种可能性的发生概率可知,预测结果的发生具有风险性,这类决策叫风险型决策;如果方案确定后出现多种可能,各种可能结果的发生概率无法确定,这类决策叫完全不确定型决策。确定型决策可以采用运筹学的规划论法;完全不确定型决策可以采用悲观法、乐观法、折中法、最小遗憾值法等;风险型决策可以采用决策矩阵法、决策树法、贝叶斯决策法等。

7. 管理系统模拟法

系统模拟(系统仿真)是近几十年来发展起来的一门新兴技术学科。系统模拟法就是通过建立和运行系统的数学模型,来模仿实际系统的运行状态及其随时间变化的规律,以实现在计算机上进行试验的全过程。系统模拟模型有蒙特卡洛模拟法、排队模型、多服务台排队模型、系统动力学模拟等。系统模拟主要应用于解析模型方法不能获得问题解决途径的情况。这些情况通常表现为问题本身不能用一个正规、完备的定量模型加以表示。运用系统模拟解决旅游管理问题的最大用途在于可以进行政策"实验",运用建立的数学模型,通过改变、调整各种参数或者调整模型构造来表示不同的政策方案,在计算机上反复进行模拟运行,以观察政策"实验"的结果,从而为政策实施决策提供依据。

8. 网络计划法

网络计划法是关键路径法（Critical Path Method，CPM）和计划评审技术（Program Evaluation and Review Technique，PERT）的统称。网络计划法可以应用于时间的计划管理、成本控制、资源配置、生产调度等工作。网络计划法把一项工作或者一项工程项目的研究开发过程当作一个系统来处理，将组成系统的各项工作和各个阶段按先后顺序，通过网络图的形式，统筹规划、全面安排，并对整个系统进行组织、协调和控制，以达到最有效的利用资源，并用最少时间完成任务的目标。

思考与练习

1. 如何理解旅游管理活动？
2. 旅游管理学的基本含义是什么？
3. 如何理解旅游管理的学科性质？
4. 如何理解旅游管理学的学科体系？
5. 旅游管理学具有哪些研究方法？
6. 科学技术对旅游管理有哪些影响？

第二章

旅游管理的理论基础

学习目标

了解管理学的理论基础；明确旅游管理的创新方向；掌握旅游管理的相关学科理论；掌握旅游管理的基本理论与方法；熟悉旅游管理的应用理论。

核心概念

管理学；理论演进；管理创新；管理技术与工具；职能原理；系统原理；效益原理；人本原理；利益相关者原理

第一节 旅游管理的思想基础

管理的实践由来已久，自有人类活动就有了管理活动。管理思想随着生产力的发展而发展，随着人类社会的进步而进步，到了19世纪末形成了真正意义上的管理学科。管理科学的发展主要经历了中国古代管理思想、西方古典管理理论、西方行为科学管理理论、西方现代管理理论以及管理创新理论五个阶段。

一、管理学的基本理论

人类管理科学的发展有两条基本路径，一条是基于人性思考而建立起来的管理理论；另一条是基于实践活动而建立起来的管理理论。西方管理学体系无疑是走第二条道路发展起来的，中国的古代管理思想走的是第一条路。本书将概述这两套理论，从宏观上建立起完整的管理思维方式。

（一）中国古代管理思想

尽管中国古代的管理思想和理论没有形成体系，但是中国古人的管理思想在他们的时代是先进的。无论是先秦时期的都江堰，还是汉唐时期的城墙宫阙，这些宏伟浩大的建造工程，如果没有先进的管理知识是不可能指挥数万之众来完成它们的。中国古代的管理思想对现代管理具有积极的借鉴意义，本书将介绍一些具有典型代表性的思想（见表2-1）。

表 2-1 中国古代主要的管理思想

人物	代表作	主要管理思想
孔子	《论语》	认为做事要有规范,追求稳定性;中庸之道,讲究管理的"度";以"民"为本,强调人的重要性;用人为贤,强调人的发展;树立榜样,德治天下;必也正名,认为大权集中,适当分权,管理就有序
老子	《老子》	认为管理是一个不以人的意志为转移而独立发展的客观过程;人是管理要素之一,管理的中心是对人的管理;管理中充满矛盾运动;以柔克刚,小可以胜大,弱可以胜强
韩非子	《韩非子》	主张管理要集权;重视制度而不重视人的因素;人多事功,追求经济效益;充分利用别人的智慧,管理者旨在管人而不在管事
孙子	《孙子兵法》	认为管理者要预测和把握危机,防患于未然;要考察环境,了解对手,做到知己知彼;因敌制胜,必须根据环境和条件的变化而变化;上兵伐谋,强调战略和策略上的竞争
管子	《管子》	认为人是追求利益、趋利避害、可以导引的;人的情感和物欲会影响人;强调法治的同时也注重实行顺应人性的管理方法

(注:作者根据杨静光的《古今管理理论概要》(2005年版)的内容整理.)

(二)西方古典管理理论

西方古典管理理论是现代管理学的基石,是系统的、科学的管理体系。18世纪英国工业革命之后,企业大量涌现,一些学者如英国的亚当·斯密等对劳动分工和专业化问题进行了理论研究。西方古典管理理论是早期资本主义世界发展的重要成果,其中许多代表理论(见表2-2)至今仍然运用或发展。

表 2-2 西方古典管理理论代表

理论体系		理论	人物	代表作
科学管理理论	科学管理理论	泰罗科学管理理论 法约尔一般管理理论	弗雷德里克·泰罗 亨利·法约尔	《科学管理原理》 《工业管理和一般管理》
	组织管理理论	韦伯行政组织理论 厄威克的组织原则 古利克的七职能论	马克斯·韦伯 林德尔·厄威克 卢瑟·古利克	《新教伦理与资本主义精神》 《管理的要素》 《管理科学论文集》

(1)泰罗科学管理理论。科学管理理论是区别与古代经验管理而形成的一个特定范畴,最早是由被誉为"科学管理之父"的著名管理学家弗雷德里克·泰罗提出的。该理论包括标准化原理、定额化原理、分工化原理,实施例外原则,实行有差别的计件工资制。泰罗所阐述的许多深刻的管理思想奠定了科学管理理论的基础。

(2)法约尔一般管理理论。亨利·法约尔于1916年发表了著名的《工业管理与一般管理》一书,较为完整地提出了企业组织管理理论,主要包括经营活动六分法,即把经营活动分为技术活动、商业活动、财务活动、安全活动、会计活动和管理活动六个部分,将混杂的企业活动进行了系统清晰的划分;管理的必备原则,即实行分工与协作、权利与责任要相对应、制定并维护纪律、统一指挥、统一领导、个人要服从整体利益、报酬要合理、权利集散要适度、建立组织等级制度、建立并维持秩序、平等公正、组织人员稳定、具有首创精神、培养团队协作精神。

(3)韦伯行政组织理论。韦伯研究了经济组织和社会之间的关系,着重思考了国家行政体系的管理问题,他最大的贡献在于提出了"理想的行政组织体系理论"。韦伯认为任何组织都必须有某种形式的权力作为基础,只有权力才能变混乱为有序。他划分了三种纯粹形态的权力,即理性权力、传统权力和超凡权力,并一一做了解释。韦伯认为行政组织中要建立职权等级体系,通过培训和考试选用人员,建立明确的工资制度和员工制度,并按照制度理性地处理组织中的各种关系。

（4）厄威克的组织原则。林德尔·厄威克最主要的贡献在于把古典管理理论系统化,他在《管理的要素》一书中选择了一些古典管理学的代表理论和著作,探讨出一些更为广泛的管理学原则:所有组织都必须有目标;权利和责任要相符合、上级对下属的工作职责是绝对的;组织要建立等级制度;每一个员工设定单一职能;注重组织中的协调;每个职务要有明确的职责说明。

（5）古利克的七职能论。卢瑟·古利克把当时管理学上的一些重要论文合编成《管理科学论文集》,系统化地整理了法约尔等人的管理职能理论,提出了有名的七职能论,即计划、组织、人事、指挥、协调、报告和预算。

（三）西方行为科学管理理论

20世纪初期,西方管理学家们将心理学、社会学等理论引入组织管理的研究中,建立行为科学理论。管理者运用心理学和社会学的理论和方法对工人在生产中的各种行为及产生这些行为的原因进行研究分析,提出相应对策;管理学者们根据这些生产管理实践,提出了各种提高生产效率的理论(见表2-3)。

表2-3 西方行为科学管理理论

理论体系			理论	代表人物
西方行为科学管理理论	人际关系学说	人际关系学说	人际关系理论	梅奥、罗特里斯伯格
	需求动机和激励理论	激励内容理论	需要层次理论 激励-保健因素论 成就需要理论	马斯洛 赫茨伯格 麦克利兰
		激励过程理论	期望概率模式理论 公平理论 归因理论 波特-劳勒期望理论	维克多·弗鲁姆 亚当斯 凯利、韦纳 爱德华·劳勒、波特
	人的特性理论	人的特性理论	X-Y人性理论 人性假设	道格拉斯·麦格雷戈 埃德加·沙因
西方行为科学管理理论	团体和组织行为理论	团体动力理论	团体动力学 团体规范和压力理论 团体凝聚力理论	库尔特·勒温 哈罗德·莱维特 库尔特·勒温
		领导行为理论	双因素理论 管理方格理论 领导者品质论 支持关系理论	斯托格第、沙特尔 布莱克、简·穆顿 亨利·吉赛利 西斯·利克特
		组织变革和发展理论	组织变革理论 适应循环学说 组织变革模式	卢因、卡斯特 沙恩 詹姆斯·唐纳利

由于经济的发展和需求层次的提高,人们在关注物质获得的同时,也更加关注精神成就,行为科学的发展也对应了人们需求的发展。早期的行为科学侧重于"经济人"和"社会人"的研究,关注员工的物质需求和社会尊重;后期的行为科学研究侧重于人的自我实现理论研究,关注员工在工作中的成就感和自我价值的认同。

(四)西方现代管理理论

20世纪40年代至90年代,管理思想进入了现代管理阶段。第二次世界大战以后,科技迅速发展,市场不断扩大,竞争日益激烈,管理思想得到了快速发展,出现了许多新的理论和学说,形成了众多的学派。1961年,美国管理学家哈罗德·孔茨在《管理理论的丛林》一文中把管理理论学派划分为管理过程学派、经验学派、人类行为学派、社会系统学派、决策理论学派和数学学派共六个学派。此后,管理理论不断涌现和发展,管理学派林立,形成了更为复杂的理论体系(见表2-4)。

表2-4 西方现代管理的主要派别及其贡献

管理学派	主要成就	运用领域
管理过程学派	确定了管理的领域、管理的职能、管理的基本原则和管理的地位	组织建设、人力资源管理等
行为科学学派	对组织中个人和群体行为的研究	组织建设、人力资源管理等
管理科学学派	提出了管理的最大经济效益观,主张制定量化的标准,运用数学模型进行科学决策	管理决策、财务管理、成本控制、战略管理等
系统管理学派	运用系统观将管理各个派别的研究领域结合,构建组织系统管理	组织建设管理的综合领域
权变理论学派	运用数学方法研究组织与环境的主要变量以及彼此间的相互关系	战略管理、管理决策等
营销管理学派	建立了企业营销的基本理论	市场营销等

(五)管理创新理论

21世纪,伴随着工业社会向知识社会的转型步伐,人类社会面临着科技高新化、经济知识化、时空网络化、竞争全球化的机遇与挑战,只有创新管理,才能获得发展与进步。

(1)管理创新的含义。管理创新是指管理者系统地利用新思维、新技术和新方法,创造一种新的更有效的资源整合方式,以促进管理系统综合效益不断提高,达到以尽可能少的资源消耗获得尽可能多的综合效益产出的目的,具有动态反馈机制的全过程管理。可以理解为"五全管理":全员化、全要素、全方位、全过程、全面效益。

(2)管理创新的原则。管理创新最根本的原则是"经济学"原则。体现在三个方面:第一,管理创新的经济性反映在资源配置的机会成本上,即管理者选择一种资源配置方式是以放弃另一种资源配置方式为代价的。第二,管理创新的经济性反映在管理方式方法选择的成本比较上,因为在众多可进行资源配置的方式方法中,其所耗费的成本是不同的,所以如何选择一种方式方法就是一个经济性问题。第三,管理创新的经济性反映在管理对资源进行有效整合的动态过程中,即资源配置与整合的模式和过程不同,就有成本大小不同的问题存在。

可以用"ECONOMICS"来概括管理创新的9个原则:有效性(Efficient)、可控性(Controllable)、开放性(Open)、新颖性(New)、突出性(Outstanding)、群众性(Mass)、整合性(Integrative)、创造性(Creative)、系统性(System)。

（3）管理创新的方向。21世纪是信息技术日新月异的世纪，网络正在改变整个世界，导致社会资源配置方法、社会组织形态、人类工作规则、个人生活方式的重大变革。在管理创新方面主要表现为管理理念现代化、管理组织网络化、管理决策知识化、管理方式动态化、管理策略艺术化、管理文化多元化、资源管理共享化、竞争管理等方向，具体而言，就是柔性管理、项目管理、风险管理、虚拟企业、学习型组织、顾客关系管理、核心竞争力等趋势（见表2-5）。

表 2-5　管理创新的方向

创新方向	重要内容或特点	旅游应用领域
柔性管理	柔性管理是"以人为中心"，依据共同价值观和文化、精神氛围，在研究人的心理和行为规律的基础上，采用非强制性方式进行的人格化管理	旅游企业管理，包括旅行社、旅游公司、旅游饭店等
项目管理	以任务团队为核心的扁平式过程化管理组织模式	旅游规划、旅游投资、旅游事件管理、旅游会展管理等
风险管理	通过对风险的识别与衡量，采用必要且可行的经济手段和技术措施对风险加以处理，以一定的成本实现最大的安全保障的一种管理活动	旅游业管理、旅游企业管理、旅游投资等
虚拟企业	以信息技术为连接和协调手段的动态联盟形式的虚拟组织	旅游企业管理、旅游事件管理等
学习型组织	组织力求精简、扁平化、终生学习、不断自我组织再造，以维持竞争力	旅游企业管理，包括旅行社、旅游公司、旅游饭店等
顾客关系管理	确定并满足顾客的需求，认为建立和维持顾客关系的能力是企业的核心能力之一	旅游企业管理，包括旅行社、旅游公司、旅游饭店等
核心竞争力	通过识别、强化和运用企业核心竞争力以实现企业价值	旅游企业管理，包括旅行社、旅游公司、旅游饭店等

二、管理技术与工具

旅游业是国民经济体系的一个重要组成部分，旅游管理的总任务是从国家和地方旅游业发展的需要出发，贯彻国家旅游业发展的方针政策，协调各方面的关系，完善市场运行机制，维护旅游业整体利益和行业形象，提高旅游业的核心竞争力，促进旅游业的可持续发展。旅游企业的管理是旅游管理的基础和重点，在市场经济的动态竞争条件下，旅游企业不仅要建立现代企业制度，而且还要积极导入现代管理技术，只有这样，才能保证旅游企业的健康发展，保证旅游管理目标的有效实现。表2-6为旅游企业导入现代管理技术提供了一个逻辑工具箱。

表 2-6　旅游管理技术工具箱

旅游管理	管理技术
生产技术管理	计算机辅助设计、计算机辅助工艺规划、计算机辅助工程、工程设计集成系统、设计经济分析、工艺经济分析、价值工程、并行工程、虚拟制造、正交试验法、优化生产技术等
物料资源管理	现场规范化管理、项目动态管理、成组技术、看板管理、准时生产制、缩短生产周期、最优生产技术、精细生产、最优作业排序、物料需求计划、制造资源计划、企业资源计划、动态企业建模、智能资源计划、敏捷制造、绿色制造、柔性制造系统、管理信息系统、制造自动化系统、供应链管理、经济订货批量、库存控制优化、ABC分类法等

续表

旅游管理	管理技术
生产安全管理	全员生产维修制、动态规划、设备更新选择、故障分析法等
企业质量管理	质量圈、全面质量管理、零缺陷管理、自我管理小组、走动管理、基准比较法、ISO9000系列质量体系认证等
决策技术管理	组合矩阵、博弈分析、决策分析、决策树法、因果分析法、排列图法、相关分析法、投入产出法、德尔菲法、回归分析法、时间序列分析法等
经营计划管理	目标管理、线性规划、滚动计划、应变计划、网络计划技术、经验曲线、甘特图、负荷图、制造资源规划(MRPⅡ)、企业资源计划(ERP)、计量经济模型、S曲线与产品生产周期、有限增长理论、长期战略计划等
企业财务管理	零基预算、量本利分析法、成本效益分析法、利润预算管理、利润信息管理系统、投资组合理论等
旅游环境管理	ISO14001环境管理体系、因子分析法、游人密度法、可接受的变化极限(LAC)模型、游客空间行为模拟系统(TSBS)
旅游风险管理	贝叶斯(Bayes)决策法、决策树决策法、期望损益决策法、最小机会损失准则、等可能性准则、风险价值法(VAR)、整体风险管理(TRM)等
旅游客户管理	客户价值矩阵、客户管理方格、作业成本法、Logit模型、TOPSIS法、模糊评判矩阵、柏拉图分析法、灰色关联分析法、Fuzzy-AHP评价模型等
市场营销管理	全员化营销、形象营销、品牌营销、绿色营销、社会营销、关系营销等
人力资源管理	科学管理、行为科学理论、XYZ理论、权变理论、管理方格、集权策略、分权管理、授权管理、矩阵管理、T小组、横向管理、平衡计分卡(BSC)、一分钟管理、重构管理、虚拟组织、企业精神(文化)等
企业战略管理	名牌战略、企业形象战略、多角化经营战略、关键竞争战略、企业过程再造战略、企业重组战略、企业4L战略(联合、联动、联系、联盟)、虚拟经营战略等
现代管理信息技术	计算机模拟技术、网络技术、动态企业建模技术、管理信息系统、决策支持系统、专家系统、大数据、云计算、人工智能等

第二节　旅游管理的学科基础

就学科发展的历史而言,旅游管理学科的发展相对较晚。直到20世纪后半叶,世界经济持续发展,国际环境相对缓和,旅游文化日趋繁荣,旅游成为全社会的大众行为,从而旅游的巨大商业价值和发展潜力使得旅游管理研究的价值得到社会的认同。旅游是一个复杂的社会、经济、文化现象,旅游管理的研究客观上需要旅游相关学科的支撑。随着旅游学术界的扩大和旅游专业团队在各国的发展,使得旅游管理学科研究的领域更加宽广,旅游管理研究的专业化程度不断提高。

旅游的范围如此广大、复杂、包罗万象,人们有必要运用许多方法来研究该领域,不同的方法适用于旅游管理研究的不同领域。图2-1反映了旅游管理研究的跨学科性质及其相互关系。

一、经济学与旅游管理

我国学者对于旅游管理的研究最早是从经济的角度进行分析的,由此产生了旅游研究

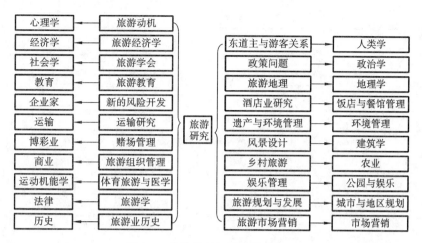

图 2-1 旅游管理领域的学科投入

(资料来源:查尔斯·R.戈尔德耐,J.R.布伦特·里奇,罗伯特·W.麦金托什的《旅游业教程——旅游业原理、方法和实践》(第 8 版),2003 年,有改动.)

领域中相对独立的旅游经济学。经济学对旅游管理研究的贡献功不可没,它在很多方面解释和支持了旅游活动(见表 2-7)。

此外,产业经济学作为经济学的重要研究领域,对旅游管理的影响很大。表 2-8 反映了产业经济学相关理论应用于旅游管理研究的情况。

表 2-7 经济学对旅游管理研究的贡献

经 济 学	旅 游 管 理
供给与需求理论	旅游供给、旅游需求、旅游供求平衡、旅游供求弹性
消费者行为理论	旅游消费特点、结构、效果和满足,旅游消费行为特征
生产理论	旅游产品的构成和开发、旅游成本、机会和决策分析
生产、成本理论	旅游投资分析、经济可行性分析、经济效用分析
市场结构理论	旅游市场竞争特点、市场的细分与开拓、旅游市场经济
不确定性和博弈论	信息不对称、旅游博弈理论、旅游消费者决策理论
收入需求理论	旅游需求、旅游决策、旅游市场发展预测
政府作用理论	环境保护、旅游政策、法律法规、政府旅游采购
经济衡量理论	旅游卫星账户、旅游乘数、旅游漏损、旅游业供求平衡
就业与供给理论	旅游效益、旅游影响、旅游产业经济
对外贸易理论	旅游国际收支平衡、汇率的影响、旅游贸易特征
经济增长理论	旅游经济增长理论、旅游产业链、旅游乘数效应
货币政策理论	利率与旅游需求和供给、货币政策的旅游价格影响
商业周期理论	旅游产品周期、旅游影响因素理论、旅游企业决策
消费和投资理论	国民旅游消费规模和特征、旅游投资

表 2-8 产业经济学对旅游管理的影响

产业经济学理论	旅游管理研究的应用领域
产业形成与发展理论	旅游产业的产生与发展、我国旅游产业的演变及发展阶段
产业结构理论	旅游产业的分类、结构、影响因素、关联分析及优化理论

续表

产业经济学理论	旅游管理研究的应用领域
产业空间理论	旅游区位理论、旅游地域分工理论、增长极理论、旅游地生命周期理论、旅游产业空间布局模式、旅游产业集群理论
产业组织理论	旅游产业组织理论、旅游产业政策
产业市场结构理论	旅游市场集中度、旅游产业的进出壁垒、旅游产品结构
产业市场绩效理论	旅游市场绩效衡量与评价理论、旅游产业竞争力分析
企业竞争行为理论	旅游企业的博弈研究、旅游企业一体化、旅游价格竞争
产业政策理论	旅游产业政策
产业发展模式理论	旅游产业发展模式理论及应用、旅游产业发展中的政府作为

二、心理学与旅游管理

旅游和人们的心理活动密不可分,旅游活动总是伴随着人们的心理活动,旅游业形成之后,人们开始关注和研究旅游活动中的心理现象。20世纪70年代末,旅游学与心理学结合,形成了如今的旅游心理学。

心理学的相关理论和方法主要应用于旅游者心理、旅游企业管理心理、旅游服务心理、旅游地居民心理以及旅游开发与设计中的心理问题研究(见表2-9、表2-10)。

表2-9　心理学在旅游管理中的应用及其成就

应用领域	理论与结果
旅游者心理	旅游知觉、旅游需求与动机、旅游态度与行为、旅游者个人心理对旅游活动的影响、社会群体对旅游行为的影响、旅游消费者行为
旅游企业管理心理	管理心理学、个性差异与管理、激励与压力、劳动心理、沟通与人际关系、领导心理、组织心理
旅游服务心理	旅游形象、服务员心理、营销心理、服务过程心理
旅游地居民心理	旅游地居民社会心理、旅游地居民文化心理、旅游活动对旅游地居民心理的影响研究
旅游开发与设计	旅游开发与设计的人性化、个性化,以及与环境的和谐化

表2-10　旅游管理中应用的心理学方法

心理学方法	说　　明
观察法	对被观察者言行举止、表情动作等外部表现的观察以了解其心理活动
谈话法	通过谈话交流以了解被访者的心理活动
问卷法	通过问卷调查在最短时间内获得最大样本的心理资料
个案法	对某一个人或人群的某一事件,在一段时间内进行全面细致的追踪研究
测验法	使用仪器设备或设计情景进行心理品质测量
内省法	对自己心理活动的体会和观察

心理学的基本原理和方法阐明了旅游者心理活动的特点和规律,分析了激发和影响旅游者决策的各种心理因素,探索了从心理角度提高旅游从业人员素质及工作质量的途径,解

决了旅游企业管理与经营活动中的心理问题,指导了旅游产品的开发与设计。

三、地理学与旅游管理

地理学分为自然地理学、经济地理学和人文地理学(社会文化地理学),旅游管理的研究应用了这三类地理学的相关理论。早在1935年,英国地理学家R. M. 布朗就倡议地理学家应把更多精力放在研究旅游业上。[1]

西方地理学界是最早关注旅游现象的,他们对旅游现象的地理学研究可以追溯到20世纪20年代。我国地理学与旅游学结合,形成系统的旅游地理学是在20世纪70年代末,一方面,1978年北京大学陈传康教授首次提出旅游地理学是中国地理学综合的方向之一的观点;另一方面,1979年,中国科学院地理研究所组建了以郭来喜研究员为领导的旅游地理学科研究组。

(1)自然地理与旅游管理。自然地理研究的对象是人类赖以生存发展的自然环境,包括人周围由"气、水、土、生、地"的物质与物质运动,以及由"气、水、土、生、地"错综复杂的相互关系共同构成的自然环境。[2] 自然地理应用于旅游的范围很广,主要有表2-11所包括的内容。

表2-11 自然地理对旅游管理的贡献

自然地理的研究领域	旅游管理涉及的相关内容
地球环境	太阳、行星、卫星等星体的存在与运动所形成的景观以及其所附有的宇宙文化
地球构造	由地球内部动力引起的地质、地壳变化所形成的地貌景观及其变化趋势
地球气候	由大气运动所产生的气候环境变化和景观
土壤地理	由于物理、化学和生物风化形成的土壤景观
生态系统	地球生态系统存在和发展所形成的生态景观
地貌体系	由地球外力作用产生的地貌及其变化所形成的地貌景观
人与自然	自然存在及其变化规律与人的相互关系

(2)经济地理与旅游管理。经济地理是研究经济活动区位、空间组织及其地理环境相互关系的学科,强调人类生存的环境和技术条件的产生与利用。经济地理学包括企业地理学、产业(部门)经济地理学、区域经济地理学,而旅游地理学与农业地理学、工业地理学、商业地理学、城市地理学一样,同属于产业经济地理学。旅游管理涉及经济地理学的全部领域(见图2-2)。

(3)人文地理与旅游管理。人文地理学研究的是人类与地理环境关系的科学,简单地说就是研究人类社会现象的地理学。人文地理学可分为区域地理学、部门人文地理学、理论人文地理学,而旅游地理学也可以与历史地理学、聚落地理学、文化地理学、社会地理学、政治地理学、军事地理学等一样纳入部门人文地理学的范畴。人文地理探讨的内容包括经济活动与地理环境、人口与地理环境、文化活动与地理环境、旅游活动与地理环境、政治活动与地理环境、自然资源的利用和保护、区域发展与协调等。这些,都与旅游活动密切相关,而人文地理的相关理论(见表2-12)更是广泛应用于旅游管理。

---

[1] 冯学钢,黄成林.旅游地理学[M].北京:高等教育出版社,2006.
[2] 杨达源.自然地理学[M].北京:科学出版社,2006.

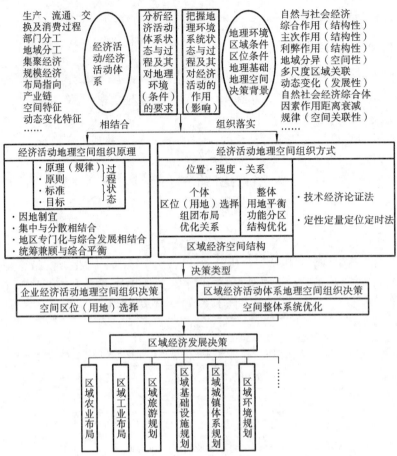

图 2-2 经济活动地理空间组织(决策)系统

(资料来源:刘艳芳的《经济地理学——原理、方法与应用》,2006 年.)

表 2-12 人文地理的相关理论

人文地理的理论		主要内容
区位论		包括区域发展理论、地域分工理论、产业集聚理论、点轴发展理论、区域协调理论、区域发展阶段论、区域发展波动论等
行为论		将心理学引入地理学,用于研究人在某种环境中的行为
文化景观论		研究人类在特定区域长期改造所形成的自然景观
人地关系论	环境决定论	认为自然环境对人类社会、经济、政治等起绝对支配作用,是社会发展的决定因素,一定的环境形成一定的人文现象
	可能论	强调人对环境的适应和利用方面的选择能力,生活方式是决定人类选择何种可能性的基本因素
	适应论	包括人群对环境的适应和区域间关系,人群通过文化发展以不断适应环境和环境变化
	生态论	强调人对环境的认识和适应,以人类经济活动为中心,以协调人口、资源、环境和社会发展为目标
	环境感知论	研究文化集团尤其是决策人的环境感知这一重要的人地关系
	文化决定论	认为在人地关系中,人对地的影响和利用程度取决于文化发展的程度,人类的文化可以改变自然
	生产关系决定论和唯意志论	否定人类社会和地理环境之间存在相互关系,强调人地关系的社会属性

实际上,地理学的各个分支学科间是相互交叉的,旅游管理中的旅游地理学可以属于人文地理学,也可以属于经济地理学,甚至还包括许多自然地理学的内容。同时,地理学研究的一些数学方法也广泛应用于旅游管理。

四、人类学与旅游管理

人类学于19世纪中叶形成,分为体质人类学和文化人类学。体质人类学研究人类的起源、进化,人的体质和形态;文化人类学研究人类创造的一切物质文化和精神文化,分为三个分支,即民族学、考古学和语言人类学。人类学和旅游是两大平行的综合学科,具有密切的亲缘关系,人类学各个派系的理论和方法都有适用于旅游管理研究的内容。

旅游学与人类学结合产生旅游人类学是在1963年,人类学学者努尼斯(Nunez)发表了一篇论文,论述了一个墨西哥山村开展周末旅游带来的影响。人类学主要应用于旅游管理研究中的旅游者、旅游者与当地居民、旅游系统的功能和结构、旅游文化、旅游影响等领域(见表2-13)。

表2-13　人类学对旅游管理研究的贡献

应用领域	理论与结果
旅游文化	旅游民俗开发与保护、旅游民族信仰与禁忌、旅游活动对文化的影响、旅游活动中的文化诉求
旅游遗产保护	旅游与文化变迁、旅游活动的文化尊重与保护、旅游遗产展示、文化遗产的可持续发展
旅游产品设计	产品设计中的文化体现、产品的文化差异与认同
旅游营销	文化对旅游消费者行为的影响、文化与旅游动机、文化与旅游态度、文化与旅游消费决策、文化与旅游体验
旅游服务	文化的服务体现、旅游人际交往、解说系统、旅游服务的文化尊重
旅游住宿	旅游建筑文化、住宿设施的文化体现
旅游交通	交通设施的文化体现、交通服务的文化尊重与保护
旅游购物	旅游商品的设计、旅游购物的文化体现
旅游地(景区)经济发展	景区发展对文化的影响、景区的文化体现与真实性

五、生态学与旅游管理

生态学产生于1866年,由海克尔(E. Haceckel)提出。从时间上几乎与旅游学产生的时间相当。20世纪70年代末,旅游业的繁荣给旅游区带来一些生态、环境问题,一些学者从生态的角度开始研究旅游的影响与发展,旅游生态学逐渐地发展起来。

生态学主要应用于旅游管理中的旅游生态系统、旅游活动影响、游客安全与健康、资源的生态评价及开发影响、旅游地规划与建设、旅游地的管理等研究领域(见表2-14)。其中景观生态学的数量方法在旅游规划与开发中广泛应用。

表 2-14　生态学对旅游管理研究的贡献

生态学科	旅游管理应用的生态学理论	旅游生态学理论
个体生态学	生态因子相互作用原理、最小限制定律、耐性定律、生态适应理论	旅游乘数效应理论 旅游地选址导向理论 旅游地聚集与分散理论 旅游目的地生命周期理论 旅游门槛距离与行为区位论
种群生态学	种群密度理论、种群空间分布理论、种群增长与动态理论、种群调节理论、种群生态对策	
群落生态学	群落组成和结构理论、生态多样性、群落稳定性理论、群落演替理论	
系统生态学	生态系统的结构与功能理论、能量流与物质流理论、系统承载力理论、生态平衡理论	
景观生态学	景观整体性理论、景观异质性理论、景观等级理论、景观格局与过程理论、景观尺度理论、景观配置理论	
环境生态学	环境容量与环境承载力理论、环境自净理论、生物修复理论	
经济生态学	生态经济平衡理论、经济外部性理论、价值流与信息流规律、生态经济区位理论、可持续发展理论	
资源生态学	资源环境价值理论、资源生态经济平衡理论、资源配置理论	
产业生态学	产品生命周期理论、工业新陈代谢理论、循环经济理论	

我国旅游业发展速度越来越快,旅游引起的生态问题也越来越明显地表现出来。一些以旅游业作为经济支柱的地区,旅游景观的破坏使其经济发展受到影响,因此,生态学在旅游管理研究中将发挥更大的作用。

六、建筑学与旅游管理

建筑学是一个研究建筑艺术和建筑技术的学科。在我国,建筑学包括建筑历史与理论、建筑设计与理论、城市规划与设计、建筑技术科学等学科。旅游活动涉及建筑学的所有学科领域,旅游管理的研究与建筑学科的研究密不可分。其中,城市规划设计与旅游管理结合最紧密,它们两者结合所形成的旅游规划是旅游管理研究中很重要的一个领域。20 世纪 30 年代的美国学者从土地利用角度切入旅游规划的早期工作是规范的旅游规划研究的起始标志。① 而既有完整的旅游规划形态的 1959 年的夏威夷规划可以被看作现代旅游规划的先驱。② 建筑学的相关学科在旅游管理研究中的应用如表 2-15 所示。其中,城市规划和风景规划作为建筑学的重要领域,其理论和方法在旅游管理中的旅游规划有直接的应用(见表 2-16)。

表 2-15　建筑学的相关学科在旅游管理研究的应用

建 筑 学 科	旅游管理研究领域
建筑历史与理论	旅游建筑文化、旅游建筑历史、旅游风景园林
建筑设计与理论	旅游建筑设计、旅游工程
城市规划与设计	旅游规划与设计、风景园林设计、旅游资源开发与策划
建筑技术科学	旅游建筑技术、旅游建筑材料

---

① 郭来喜.中西融通互鉴加快旅游规划体系建设[J].国外城市规划,2000(3).
② 吴人韦.旅游规划的发展历程与趋势[J].农村生态环境,2000(1).

表 2-16　城市规划理论在旅游管理中的应用

城市规划理论	旅游规划的相关内容及应用
城市与区域发展理论	点轴开发理论、城乡一体化理论、田园城市理论、卫星城市理论、有机疏散理论、聚集经济理论、大都市带理论、世界都市和综合城市理论
城市增长理论	旅游城市增长理论、城市发展阶段理论、城市发展规模理论
城市空间结构理论	城市空间密度、布局和形态理论，同心圆理论，扇形地带理论，多核心理论，城市竞租理论
城市开发与经营理论	城市开发类型和模式理论、生产要素经营理论、保值增值理论、竞争论、城市经营主体和模式理论
城市形象与品牌理论	城市旅游形象定位和设计理论、城市旅游品牌建设理论
城市设计理论	旅游城镇的设计理论
生态城市理论	旅游生态城市理论
城市规划思想	《雅典宪章》《马丘比丘宪章》《华沙宣言》《人居环境议程》《柏林宣言》《巴黎协定》

与城市规划不同，风景规划更侧重于艺术性和体验性，在规划理论的基础上，通过艺术手法展现风景的价值，这对旅游规划具有直接的借鉴作用。风景规划的理论包括景观的特征、保护与利用；风景区的发展历程、动因与阶段特征；风景区的组成、功能与分类；风景区规划的特点与类型；风景区规划的原理等。[1]

七、社会学与旅游管理

社会学是通过人们的社会关系和社会行为，从社会系统的整体角度来研究社会的结构、功能以及社会现象发生和发展规律的一门综合性的社会科学。[2] 20 世纪 70 年代，旅游社会学作为社会学的一个分支开始出现在旅游管理的研究领域。社会学的理论和方法主要应用于旅游管理研究中的旅游者、旅游系统、旅游影响和旅游者与接待地社会关系四个方面（见表 2-17、表 2-18）。

表 2-17　旅游管理的社会学理论

研究领域	理论与结果
旅游者	旅游者社会行为、旅游动机、旅游心理、旅游价值取向、旅游审美观念、旅游决策的社会影响因素、社会因素对旅游体验的影响
旅游系统	旅游社会关系、旅游系统结构和功能、旅游跨文化交际、旅游流
旅游影响	旅游与社会变迁、旅游与社会文化、旅游与社会效益、旅游对当地收入、就业、价格、利益分配、所有权控制等的影响
旅游者与接待地社会关系	旅游主客关系、旅游交际、接待地居民态度、旅游文化入侵、旅游社区参与

---

[1] 张国强，贾建中. 风景规划——风景名胜区规划规范实施手册[M]. 北京：中国建筑工业出版社，2003.
[2] 曹维源. 当代社会科学概要[M]. 北京：中国广播电视出版社，1991.

表 2-18 旅游管理应用的社会学理论与内容

社会学研究领域	主要内容和理论	旅游管理应用领域
社会运行	社会的功能、特点与文化，社会运行的条件和机制	旅游行政、旅游开发
人的社会化	自我意识和人格发展理论、生命历程理论、社会化的生命周期理论	旅游者行为、旅游市场营销
社会角色	社会角色的类型和特点、角色扮演、角色失调	旅游者行为
社会互动	符号互动理论、角色理论、参照群体理论、戏剧理论、社会交换论、本土方法论	旅游者行为、旅游开发与规划
社会群体	群体的类型、群体凝聚力、群体规范、群体内部结构、群体领导与决策等	旅游企业管理、旅游市场营销
社会结构	社会分层结构、社会流动特征	旅游市场营销
社会组织	科层组织理论、古典组织理论、人际关系组织理论、非正式组织理论、开发性系统组织理论、权变组织理论	旅游企业管理、旅游行政
社会城市化	城市空间结构及其演化、城市社会文化、城市规划	旅游规划
社区	社区的协调发展、社区参与、虚拟社区	旅游规划、旅游市场营销
社会变迁	马克思主义社会变迁观、社会进化论、社会循环论、社会均衡论、社会冲突论	旅游规划
社会现代化	两极论、依附论、世界体系论、社会趋同论	旅游规划
社会控制	社会控制的体系、手段、过程和途径，社会越轨	旅游规划
社会政策	社会政策的制定、执行和改进	旅游行政
社会工作	社会福利、社会服务、社会教育、社区行政	旅游规划
社会问题	社会整合理论、文化失调理论、社会解体理论、价值冲突理论	旅游开发与规划
社会指标	社会指标的类型、功能、体系及其应用	旅游开发与规划

（资料来源：郑杭生、李强、李路路、林克雷的《社会学概论新编》，1987 年；赵泽洪、周绍宾的《现代社会学》，2003 年.）

社会学与旅游管理的结合还只是初级阶段，这两者所形成的旅游社会学尚未形成独立学科。我国社会学理论和方法应用于旅游管理的研究仍属于探索阶段，其最主要的研究方向还是旅游的社会影响方面。

八、信息科学与旅游管理

信息科学是信息时代的必然产物。信息科学是以信息为主要研究对象，以信息的运动规律和应用方法为主要研究内容，以计算机、互联网和物联网等技术为主要工具，以扩展人类的信息功能为主要目标，由系统论、信息论、控制论、计算机理论和人工智能理论相互渗透、相互结合而形成的一门新兴综合性科学。旅游活动是分享信息时代发展成果的大众化活动，在这个过程中产生了各种矛盾运动，客观上需要旅游业实施"线上互联，线下物联、系统整合、协同运作、创新共享"的高效管理模式。自 2014 年开展"智慧旅游年"活动以来，我国旅游业在云服务平台、目的地门户网站、虚拟旅游、移动终端应用、智慧景区、智慧酒店、智慧旅行社、应急指挥平台等方面取得了快速进步，开始了数字旅游、虚拟旅游和智能旅游的高度系统化整合，促使旅游业整体跟上了信息化时代的发展步伐。

九、法学与旅游管理

20世纪50年代末60年代初,"旅游法"作为调整旅游活动关系的法律法规的概念被学术界提出。我国正式的旅游立法工作始于1982年的旅游法起草,旅游立法工作的第一个成果是1985公布实施的《旅行社管理暂行条例》。2013年10月1日《中华人民共和国旅游法》颁布实施。这部法律以旅游活动中形成的带有旅游或体现旅游活动特点的社会关系为调整对象,宗旨是保障旅游者和旅游经营者的合法权益,规范旅游市场秩序,保护和合理利用旅游资源,促进旅游业持续健康发展,对完善我国旅游法律体系和改善旅游业法制建设具有战略性的积极意义。

我国现阶段旅游法律体系由两个部分组成,全国旅游法律和地方旅游法律。在全国旅游法律体系没有完善的情况下,地方旅游法律在全国各地进行了相应的尝试,对调整旅游活动的关系起到巨大的作用。表2-19显示了我国现行的旅游法律体系。

表2-19 法律对旅游管理研究的贡献

国 家 法 规	地 方 法 规	相 关 法 律
旅行社管理条例 导游人员管理条例 中国公民出国旅游管理办法 旅游安全管理暂行办法 旅游投诉暂行规定 中华人民共和国旅游法	各省、市、 自治区旅游(管理)条例	中华人民共和国公司法 中华人民共和国合同法 中华人民共和国消费者权益保护法 中华人民共和国公民出境入境管理法 中华人民共和国外国人入境出境管理条例

我国与法制健全、体系完善的旅游业发达国家相比,旅游法律存在较大的差距。就纵向比较而言,我国旅游业发展仅有几十年的时间,在旅游法律环境建设,尤其是地方旅游法律环境建设方面已经取得了不小的成绩,对旅游业的健康发展发挥了积极的推动作用。但是,必须正视相对滞后的旅游立法影响了旅游业的快速健康发展,社会实践中越来越多而且越来越复杂的旅游法律问题将摆在旅游业的面前,需要旅游界、法学界和相关领域共同努力。

第三节 旅游管理的学理基础

自19世纪40年代,近代旅游业在英国诞生以来,西方社会一直重视旅游管理的基础理论研究。我国关于旅游管理的研究仅仅是从20世纪80年代才开始的。从世界范围来看,相对于其他比较成熟的学科而言,旅游管理是一个正在构建体系、逐渐走向成熟的学科。

一、旅游管理的基本原理

(一)旅游管理的职能原理

20世纪早期,法国工业家法约尔(Henri Fayol)就提出所有的管理者都在从事五种管理职能,即计划、组织、指挥、控制和协调。旅游管理活动也遵循着这五种职能分工原理(见图2-3)。

(1)计划职能。计划是旅游管理的首要职能。就是按照旅游业发展方针和决策要求,合理有效地调配现有人、财、物资源,对旅游发展未来一定时期内的任务、目标及其实现措施

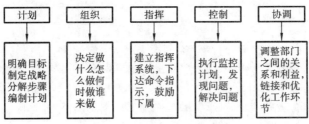

图 2-3　旅游管理职能图

所安排的一系列活动。计划管理是一项专业技术性较强的工作,是旅游发展方针和经营目标的具体体现。它直接决定着旅游业发展的资金安排、设备物资消耗和业务经营活动的开展,影响着旅游业的经济效益。旅游发展计划分类有:长期计划、中期计划和短期计划;战略计划与作业计划;指令性计划与指导性计划;综合计划、局部计划与项目计划。

(2) 组织职能。组织职能是制定和保持一种职务系统,明确组织中各成员职责和相互关系,以便于成员之间的相互合作,也就是建立组织机构,合理配备人员。建立组织结构是以工作为重点,考虑分配工作的结构和过程;人员配备则是将员工配置到合适的岗位上,而且要处理好组织与员工之间的关系。组织职能主要涉及组织设计、部门划分、组织结构的基本类型及人员的配备等问题。组织职能要处理权利与责任的合理分配;实现工作的专业化和流程化;建立和维护合理的组织文化,实现组织绩效增长和人员积极性的提高。

(3) 指挥职能。指挥职能是旅游经营活动得以正常进行并达到经营目标的必要条件和有效保证。是根据旅游管理的方针和原则,运用组织职责和权利,通过国家下达计划、指令,实现管理部门对被管理部门的领导和指导,使上级和下级密切联系,与相关部门协作,从而建立起来的统一的指挥系统。

(4) 控制职能。控制职能是指依据计划,对实际执行过程进行监督与检查,发现并纠正各种偏差的管理活动。它包括了管理人员为保证实现工作与计划一致所采取的一切行动。控制与计划是相互依存、紧密联系在一起的。计划对企业行为起着指导性作用,是管理活动的依据,控制则是为了使实际工作与计划一致而产生的一种职能。计划预先指出了企业所预期的行为与结果,控制则保证计划所规划的行为与经过变为现实。

从图 2-4 可以看出,控制过程包括三个关键步骤:衡量实际业绩;将实际业绩与标准进行比较;采取管理措施纠正偏差或不当的标准,这三个步骤相互联系形成不断循环的过程。

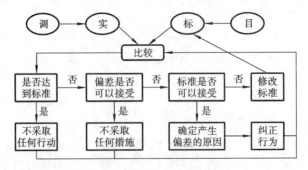

图 2-4　控制职能运动过程图

(5) 协调职能。协调就是在管理活动中为避免产生各类问题,运用各种方式,促进集体的共同努力,以达到行动统一的一系列活动。旅游管理中的协调职能,是管理人员为了发挥组织机构的集体效应,保证共同劳动的顺利进行,预防和减少各部门、各环节之间的矛盾和摩擦而采取的各种管理活动。

上述计划、组织、指挥、控制、协调五个职能之间,相互联系和相互制约,形成一个有机的统一整体,旅游管理就是研究实施五种管理职能的理论、原则、制度和方法,以便促进旅游业的发展,从而取得更好的经济效益、社会效益和生态效益。

（二）旅游管理的系统原理

（1）旅游管理系统构成。旅游管理系统,是为了完成旅游管理任务而将旅游业内部之间相互作用、相互依存的事物组织起来所形成的一种社会系统。它是系统理论在旅游管理中的运用。旅游管理系统包含不同种类的子系统,如组织系统、决策系统、程序系统、财务管理系统、质量管理系统等等。每一个子系统又由相互作用和相互依存的要素组成,由各子系统构成的旅游管理系统是一个连锁且多层次的结构。

（2）旅游管理系统特性。其一,复杂性。旅游管理系统是一个多层次、多要素的系统,这些要素之间相互联系构成一个复杂的网络。各子系统的要素之间又相互联系、相互依存、相互制约,纵横交织在一起,因此系统内部的子系统之间及各系统层次之间存在十分复杂的关系。其二,集合性。旅游管理系统是一个由多个子系统相互联系构成的综合系统。从职能上可以分为旅游决策系统、旅游组织系统、旅游财务系统和旅游控制系统等;从功能上可以分为饭店管理系统、旅行社管理系统、景区管理系统和旅游交通管理系统等。各个子系统只有相互配合,协调统一才能使旅游管理系统发挥其应有的功效。其三,相关性。构成系统的各要素之间是一种相互依存、相互制约的关系。子系统与子系统之间具有相关性,系统的存在与发展是子系统存在与发展的前提,各子系统的存在与发展都要受系统的制约。它们相互联系、相互作用,系统内某一要素的变化会影响其他要素的变化,且各要素之间的关系状态也会对系统的发展变化产生相当重要的影响。其四,目的性。任何管理系统都是为了保持各个子系统的协调,维护系统的整体目的。旅游管理系统要实现人流、信息流、物质流、能量流和价值流的流动和转化。其五,动态性。旅游管理系统的动态性是指旅游管理系统的发展变化性。旅游是一种体验活动,随着时间的演进,人们对旅游体验的要求越来越高、形式越来越多样,由此产生了新的旅游业态和提高了对管理的要求。旅游管理系统必须适应时代的变化,不断发展进步。

（3）系统原理应遵循的原则。其一,整体性原则。系统是由构成要素组成的有机体,但系统的功能不是子系统功能的简单相加。子系统在组成了系统后,产生了总体功能,即系统功能。总体功能对子系统功能来说是一种质变,其功能大大地超过了各子系统功能的总和。因此,系统内各要素之间的相互关系及要素与系统之间的相互关系的处理要以系统的整体为依据,局部要服从整体。从子系统与系统的相互关系来看,子系统的目标与系统的目标之间存在着复杂的联系,可能一致,也可能有所矛盾。当子系统与系统发生矛盾时,局部利益必须服从整体利益。其二,责任原则。管理者要从系统整体的角度出发,明确系统整体与各构成要素的关系,明确各要素要负担的责任。为了提高管理的有效性,就要将系统的总目标及如何实现目标进行认真细致的策划,再将总目标分解成一个个分目标,分别落实到各子系统,建立岗位责任制,使每项工作规范化,形成有序的系统结构,保证总体目标的实现。为了更好地发挥系统的整体功能,还要注意提高各要素的功能与素质,协调好各要素之间的关系,改善系统结构,提高系统整体效益。其三,开放性原则。系统总是存在于一定客观环境中,它要与周围的环境不断交流物质、能量与信息,才能维持系统的正常运转。旅游行业或

旅游企业必须通过投入——产出与社会进行交流,获得经济效益及经营所需的各种资源。在管理中,任何企图把系统封闭起来与世隔绝的做法都会导致失败,只有适应外界环境的变化,并据此确定自己的方针,才能获得预期效果。系统对环境的适应不是被动的,而是能动的。环境可以对系统施加影响和作用,使系统发生某些变化,系统也可以作用和影响环境,改变环境。作为旅游企业的管理者,既要注意环境对企业的影响,适应环境,因势利导搞好经营管理,又要有勇气去影响和改变环境,为企业经营管理创造更好的外部环境。其四,动态性原则。系统是运动着的有机体,其稳定是相对的,而运动是绝对的。系统本身与构成系统的各要素都处于不断的发展变化中,而且要素与要素之间、要素与系统之间、系统与环境之间的关系也会不断发展变化。如旅游业是社会的子系统,为适应外部社会经济的需要,不断地完善和改变自己的功能,而组成旅游业的各种企业的功能及相互之间的关系也要相应发生变化。旅游业就是在这种不断发展变化的动态过程中生存与发展的。由于任何管理对象都是复杂多变的系统,管理者就要注意把握管理对象运动变化的规律和趋势,实行动态管理,通过对要素的整体、要素、相互关系、关系的变化及其结果的分析,达到对管理对象的有效控制。

(4) 旅游管理的系统动力学方法。系统动力学是系统理论的一个分支,自20世纪50年代后期,由美国的福莱斯特教授创立以来,系统动力学逐步形成了适应于社会大系统研究的一套基本概念与方法。它诞生于对管理科学进行总结的基础之上,又突破了管理科学往往拘泥于最佳解这一不足,不依据抽象的假定,而是以现实的客观存在为前提;不追求最佳解,而是寻求改善系统行为的机会和途径。从技术上说,系统动力学不是依据数学逻辑的推演而获得解答,而是依据对系统实际的观测所获得的信息建立动态仿真的模型,并通过计算机上的实验来获得系统未来行为的描述。正因为系统动力学方法通过模拟系统结构,来揭示系统间的结构功能成因及系统行为,所以该方法在旅游产业及企业层面的规划制定、战略研究、策略设计与长期动态预测上有着极大的应用前景。

(三) 旅游管理的效益原理

旅游行业或旅游企业是为旅游者的旅游活动提供服务的,通过服务达到企业目标,即获得效益。

效益是指有效产出与投入的一种比例关系,可以分为社会效益、经济效益及生态效益。经济效益主要是追求利润最大化,是企业追求的基本目标;社会效益是指企业对社会发展和人民根本利益所做的贡献,经济组织的社会效益体现在三个方面,即为国家创造税收,创造就业机会,促进社会文明发展和进步;生态效益是指企业对生态环境的保护和改善所获得的成就。经济效益、社会效益和生态效益虽有区别,但也存在紧密的联系。经济效益是社会效益的基础,追求社会效益是提高经济效益的重要条件,而获得生态效益是实现前两个效益的前提和要求。旅游管理应把追求经济效益、社会效益和生态效益三者有机地结合起来。

旅游管理工作的根本目的在于实现三大效益,充分发挥管理的职能。管理效益的大小取决于系统目标、管理效能和管理效率三个因素的具体情况。旅游管理的效益原理就是管理活动要围绕系统的整体目标,提高管理效能和管理效率,以获得最佳管理效益。提高管理效益应注意以下几个方面的问题。

(1) 优化系统目标。系统目标对管理效益有着深刻影响,提高管理效益的首要问题是科学设置系统的目标体系,对系统的整体目标及子系统的分目标进行优化。高效益的管理系统要有明确的目标,并坚信这一目标体现重大价值;同时,目标的重要性足以使目标成为个体关注的重心。

(2) 优化管理要素。一个组织系统的管理效能,取决于构成组织要素的素质和要素之间相互合作协调的品质。各个管理要素自身品质的提高是管理效益获得提高的基础。

(3) 优化管理结构。管理结构的设置要有助于人流、信息流、物质流、能量流和价值流的流动和转化。优化管理结构要实现这"五流"流通效率的提高,使管理结构具有足够的灵活性和开放性。

(4) 优化管理方案。管理是围绕着组织的目标进行的,但实现目标的途径或方案可能有多种选择。管理者要对实现目标的途径或方案进行认真的系统分析,确认方案的可行性,以保证顺利实现目标,使管理活动取得应有的效益。

(5) 争取外部支持。获得外部的支持是管理效率获得提高的重要促进因素。旅游业是一个高度依赖性的行业,国家的政策法律、行业的规范、国际政治经济都会影响旅游管理系统的正常运行,合理争取良好的外部支持是提高管理效率的重要措施。

(四) 旅游管理的人本原理

人本原理就是以人为中心的管理思想,即以人的管理为核心。以激励人的行为、调动人的积极性为根本,使组织的员工主动、积极、创造性地完成自己的任务,实现组织的高效率。

1. 人本原理的主要内容

(1) 主体原则。传统管理理论把劳动者视为生产过程中的一个不可缺少的要素和管理的客体,而不注意发挥人的主观能动性。随着社会经济的发展,员工在企业生产经营中的重要作用逐渐被认识,形成了以人为中心的管理思想。旅游业的独特性表现在:员工是旅游产品的一部分。旅游产品质量的好坏,首先体现在员工的服务水平上。企业走向衰败,往往始于员工的出错率的增加,因为这意味着员工的不满意和抱怨,从而最后导致顾客抱怨,因此,只有把员工放在第一位,员工才有顾客至上的意识。"以人为本"的原理体现在:培训员工,不断提高员工的业务和思想素质;激励和挖掘员工的潜能;调整劳资关系;安抚员工,稳定员工队伍。

(2) 动力原则。动力是推动事业发展与进步的力量。它蕴藏在组织内部,根植于员工动机,来自人们对各种需要的追求,是组织获得效益的来源。在现代技术经济条件下,任何组织管理都必须有强大的动力,并得到正确的运用,才能使组织管理持续而有效地顺利进行,保持组织的生机活力。

(3) 能级原则。能级原则是指运用管理手段实行优化组合,在组织中造成良好的环境,使干部员工的能量充分释放出来。"能"指能量、能力。人的能量有大有小,如有的人善于管理,有的人适合做一般的操作工作,有的人分析能力强,有的人富有概括性和整体性。能力的发展速度也因人而异,有的人能力发展速度快,有的人能力发展速度慢。人的能力差异决定了他更适合某种类型的工作或某一层次的岗位。现代旅游管理的任务,就是要建立一个合理的能级,使各管理层次建立在一定的秩序、规范和标准上,将具有不同能量的人组织起来,使他们的能量和工作相对应,能级对应,才能充分挖掘他们的潜能,调动其工作积极性,因而获得最佳经济效益和工作成效。如果能级失调,内部混乱,甚至造成内耗,各种能量互相抵消,必然造成严重的经济损失。

2. 人本化管理的实施方法

人本原理其核心价值在于"以人为本",重视人、尊重人、依靠人、发展人,服务于人,满足人的合理需求,人本化管理就是围绕这一价值进行的。

（1）树立人本化管理的理念。树立人本化管理的理念就要实现两个主体的人本化，即员工的人本化管理和顾客的人本化服务。实现员工管理的人本化就要通过有效的激励和约束机制，激发员工的工作热情和创造性，培养员工对企业的忠诚度，加强企业集团内部的凝聚力，树立"企业的竞争就是人才的竞争"的市场观念；实现顾客服务的人本化要求企业及时准确把握市场需求，充分考虑顾客的生理和心理特征，提供温情化的个性服务，体现人文关怀。

（2）建立人本化管理的组织。人本化管理最关键的资源是人，建立人本化的管理组织要求企业提升人力资源部门在旅游企业管理中的地位和作用，扩大人力资源部门的管理职能范围。营造组织学习的环境氛围，建立学习型组织。通过员工的自我学习和组织内部的互动，使员工在新知识、新方法、新技能的学习上获得进步。

（3）制定人本化管理的机制。人本化管理强调员工自觉主动地参与，制定人本化管理的机制必须围绕员工参与进行。这些机制包括培训机制、沟通机制、激励机制和团队机制。培训要实现员工的全面发展；沟通要做到"下情上达"和"上情下达"；激励要发挥员工的积极性和创造性；团队要达成和认可一种集体意识。

旅游消费者的体验是一种强烈而密切的接触体验，这种体验往往是在与旅游行业第一线员工的互动中获得的，旅游者与一线员工的这种面对面的互动体验伴随着旅游活动的全过程。如何提高员工的工作热情和工作质量是人本原理所关注的问题，因此，旅游管理活动必须注重人本原理的应用。

（五）旅游管理的利益相关者原理

利益相关者理论的基本思想起源于19世纪，当时盛行一种协作或合作的观念(Clark，1984)。此后，这种思潮一直没有得到重视，甚至被人遗忘，直到斯坦福研究所(Stanford Research Institute)于1963年首次命名并给出定义后，利益相关者理论才逐渐引起各学者的关注，并在管理学、企业伦理学、法学和社会学等学科理论研究和实证分析方面取得很大发展。利益相关者理论不仅考虑供应商和消费者的需求，关注企业所有者和企业员工的利益，而且还将政府、社区及相关的政治、经济和社会环境纳入其中，将企业的社会责任和管理紧密联系起来，形成一种全新的管理理念和模式。利益相关者理论中的利益相关者按照Freeman在1984年给予的定义，它是指"任何能影响组织目标实现或被该目标影响的群体或个人"，具体来说，它是指任何能影响或被组织的行为、决定、政策、实践或目标所影响的个人或群体。基于所有的利益主体都具有本质上相同价值的理念，索特(Sautter)和莱森(Leisen)两人在Freeman的利益主体谱系图的基础上，绘制了一幅旅游业利益主体图（见图2-5）。

图2-5　旅游业利益主体图

利益相关者理论从企业社会责任出发，强调企业经营管理中的伦理问题，正好与20世纪末旅游业所面临的种种困难相呼应，旅游理论研究者和旅游企业管理者迅速认识到了该理论的实际价值，并以其指导研究与管理工作。目前，利益相关者理论主要应用于旅游规划方面，如利益相关者在旅游发展规划中的战略价值、社区旅游中的公众参与、合作理论在社区旅游规划中的应用等。

二、旅游管理的应用理论

(一)旅游管理的规划理论

(1) 游憩活动谱。Boniface 和 Cooper(1987)提出了游憩活动谱(见图 2-6),认为人类在闲暇时间的游憩活动是连续的,它包括从家庭内游憩、居室户外游憩、社区游憩、一日游、国内游和国际游等渐变的形式。

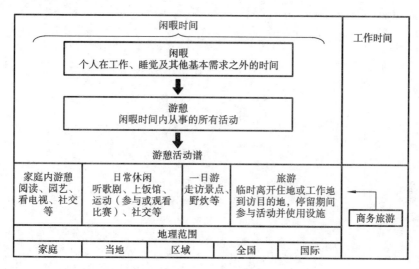

图 2-6　游憩活动谱

(2) 游憩活动空间(RAS)。游憩活动空间(Recreational Activity Space,RAS)是由等游线等多条趋势线形成的活动空间面。等游线是指出游范围内,由出游率相同的点组成的连线。等时线是指从客源地到目的地旅行的时间相等的点连接成的同心圆及其变形圈层。等游率越低,等时线值越大。RAS 理论有助于旅游规划和旅游项目的决策,是广泛应用的旅游分析技术。

(3) 可达性和旅游距离衰减理论。在消费者各种约束条件和旅行距离给定的条件下,某一目的地可达性最终可以归结为旅行费用、旅行速度(旅行时间)两个变量。一般来说,距离越近,旅游流量分布的概论越大,距离越远,流量分布的可能性越小,这一规律我们称之为旅游距离衰减规律。出游半径是测度距离衰减程度的工具,出游半径越大,距离衰减越缓慢;出游半径越小,距离衰减越迅速。我国学者吴必虎认为,在距离衰减的现象中,存在一个最小距离,在此范围内,旅游者不认为他们是离家出行,这一距离称为出行阈值。于是根据不同的情况,旅游距离衰减的曲线呈现不同状态,典型的有史密斯(1992)提出的鲍尔兹曼曲线(Boltzmann Curve)和吴必虎(1994)提出的 U 形曲线。此外,关于旅游距离衰减规律的模型研究,可以根据不同的情况使用 Pareto 模型、Wilson(1967)的最大熵-重力模型和 Crampon 的基本引力模型。

旅游人数、客源地人口、腹地实际人口等距离累计曲线揭示了游客行为、旅游地吸引力、客源潜力现状等市场空间结构和特征,对旅游市场营销具有重要意义。

(4) 旅游选择行为规律。Plog(1973)提出了 Plog 模型,解释了旅游者心理类型与目的地选择的关系。他将旅游者分为五类:自向型、异向型、类自向型、类异向型和中间型(见图 2-7)。从自向型到异向型,旅游者心理素质逐渐从内向、保守向开放、冒险变化,对目的地的

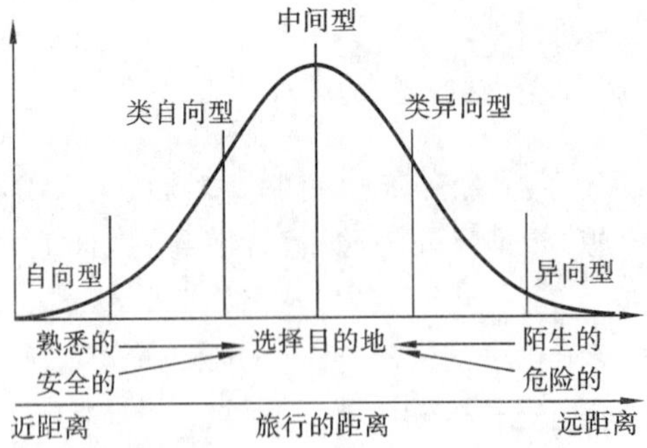

图 2-7 Plog 模型

选择也从近距离的、熟悉的、安全的,向远距离的、陌生的和危险的地区变化。

(5)旅游资源评价理论。旅游评价理论是一个综合的理论,它包括对旅游资源本身的评价和旅游地综合评价两个方面(见表 2-20)。

旅游资源的评价理论还包括 Clarke 和 Stankey 创建的游憩机会谱(ROS,Recreational Opportunity Spectrum)、指数表示法等。旅游评价理论广泛应用于旅游资源的开发和规划,其评价结果对于旅游资源的开发管理决策具有直接意义。

表 2-20 旅游评价方法

			一般体验性评价	
旅游资源评价	旅游资源本身的评价	旅游资源质量评价	美感质量评价	专家学派
				心理物理学派
				心理学派
				经验学派
			美学评分法	杭州大学地表景观优美度评价
				八度指标模型
				俞孔坚平衡不完全区组比较评判法
				邹统钎开发序位评价模型
		旅游资源类型评价	气候适宜性评估	奥利弗温湿指数和风寒指数评价
				特吉旺舒适指数和风效指数评价
			海滩类旅游资源评价	Georgulas 一级海滩评价标准
				日本东急设计咨询公司评价标准
				美国土地管理局评价标准
			滑雪类旅游资源评价	美国滑雪旅游资源的技术性评估
			地貌类旅游资源的评价	旅游资源模糊聚类分析法等
			溶洞类旅游资源评价	
			湖泊类旅游资源的评价	
			民俗文化旅游资源评价	
	旅游地综合评价		综合价值法	李功阳评价体系
				陈安泽评价体系
			层次分析法	层次分析法
			模糊数学评价法	李京颐的评价系统
				杨汉奎评价系统
			价值工程法	价值工程法
			综合评分法	魏晓鞍评价体系
				路紫评价体系
			指标评价法	"三三六"评价法
				旅游学院评价体系
			观赏型旅游地综合评价	楚义芳评价体系

(6) 旅游容量理论。在 1978—1979 年的工作计划报告"WTO 六个地区旅游规划和区域发展的报告"中,正式提出了 TCC(Tourism Carrying Capacity)的概念。[①] 旅游容量理论给旅游地设置了游客量上限,认为超过该上限就会对资源质量和游客体验质量造成破坏。但是 TCC 存在两个严重的局限,一是,由于旅游系统是一个动态体系,其承载力不断变化,因而其旅游容量也应随之变化;二是,TCC 缺乏客观的评价标准。可见,TCC 由于自身的局限性而缺乏可操作性,不能很好地控制影响,只能在稳定而静止的条件下才具有实用性。因此,基于对 TCC 的改进,学者们纷纷提出新的框架:Limits of Acceptable Change(LAC)、Visitor Impact Management Model(VIMM)、Visitor Experience and Resource Protection(VERP)、Tourism Optimization Management Model (TOMM)、Visitor Activity Management Plan(VAMP)。其中较著名的有 LCA 和 VERP,这两个框架都是基于新的 TCC 理论,游客量的上限不再是容量管理的唯一标准,使得新的 TCC 理论不仅能解释旅游容量问题,而且具有较强的可操作性,是一个较成熟的管理工具。

(7) 旅游地生命周期理论。旅游地生命周期理论最早由德国著名地理学家 Walter Christaller 于 1963 年提出。目前广泛应用的有分为四个阶段的旅游地生命周期理论和巴特勒(R. W. Butler)的六阶段生命周期理论。巴特勒把旅游地生命周期分为探索、参与、发展、稳固、停滞和后停滞六个阶段。在探索阶段,只有很少的探险者进入,目的地没有公共设施;在参与阶段,当地居民开始参与旅游接待服务,游客量开始增加,形成地域性市场;在发展阶段,设施开发增加,促销工作加强,旺季游客超过当地居民;在稳固阶段,旅游业成为地方经济的主体,游客增长率下降,形成较好的商业区;在停滞阶段,游客量和旅游地容量都达到高峰;在后停滞阶段,有五种可能的选择,极端的情况是迅速复兴和迅速衰落。

(8) 旅游空间结构理论。旅游空间结构理论主要包括旅游空间模型、旅游区位理论、旅游中心地理论、旅游圈层结构理论、环城游憩带(ReBAM)理论等。旅游空间模型中著名的有核心-边缘理论,该理论解释了旅游边缘地区对旅游核心地区的依存关系;点轴结构模型,该模型指出,点(旅游中心地)通过点与点之间相互连接的轴(旅游产业带)带动整个区域发展。旅游区位理论阐述了旅游产业的最佳布局问题,即如何通过科学合理的布局使得旅游产业能以较少的投入获得较大的效益。旅游中心地理论认为,拥有资源、交通和设施优势的城市将成为旅游中心地,高等级旅游中心地周围存在低等级的旅游中心地,旅游中心地存在吸引范围的上限和下限,上限由旅游资源吸引力、旅游社会容量、经济容量和生态容量共同决定,下限就是门槛值。旅游圈层结构理论由马勇和董观志提出(1996),主要指在资源和市场的耦合作用下,拥有综合发展优势的旅游城市对周边地区旅游产业具有集聚和扩散的共轭作用,形成了紧密型、协作型、联络型、松散型的四个关联度层次,构成了核心层、边缘层、腹地层、辐射层、扩展层的五个空间圈层结构。环城游憩带由吴必虎(1999)提出,主要指发生于大城市郊区,主要为城市居民光顾的游憩设施、场所和公共空间,特定情况下还包括位于城郊的外来旅游者经常光顾的各级旅游目的地,一起形成的环大都市游憩活动频发地带。

(9) 旅行空间理论。旅游空间理论解释了旅游者旅行线路的安排,是旅行系统在空间轨迹上的投射。著名的旅游空间模型包括 Campbell(1967)提出的 Campbell 模型、Stewart 和 Vogt(1997)提出的多目的地旅行模式、楚义芳(1992)提出的楚义芳模式,以及 Lundgren(1972)提出的旅行模式。尽管旅游者在旅行时会有不同选择,但是一般来说会有以下五种

---

① 刘扬,高峻. 国外旅游容量研究进展[J]. 地理与地理信息科学,2006(6).

基本空间模式(见图2-8)。

(10) 旅游可持续发展理论。可持续发展就是指既满足当代人的需求,又不对后代人满足其自身需求的能力产生威胁的发展。旅游可持续发展理论就是可持续发展理论在旅游管理中的应用。旅游的发展要遵循公平性、可持续性、共同性和需求性的原则,保护人类共有的旅游资源,由外延型、数量型的开发向内延型、质量型的开发转变,实现旅游开发的生态效益、经济效益和社会效益。

(二) 旅游管理的经济理论

(1) 消费者行为理论[①]。消费者行为理论的基础是旅游消费者行为模式和旅游决策理论,这两个理论解释了消费者行为与市场、消费者的类型、消费者与市场营销等问题。消费者行为模型用于描述旅游消费者行为与内外因素的相互关系。Andreason 在 1965 年提出的模型是较早的消费者行为模型之一,此后很多学者都提出各自的旅游消费者行为模型,其中最具有代表性的模型(见图2-9)是由 Howard Sheth 提出的。该模型强调了消费者购买过程中投入的重要性,而且提出了消费者在做出最终决策之前,会通过何种方式来组织这些投入。

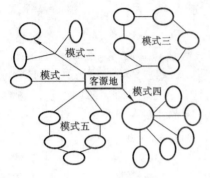

图 2-8 游客流动的模型

(资料来源:杨新军,牛栋,吴必虎.旅游行为空间模式及其评价[J].经济地理,2000(4).有改动.)

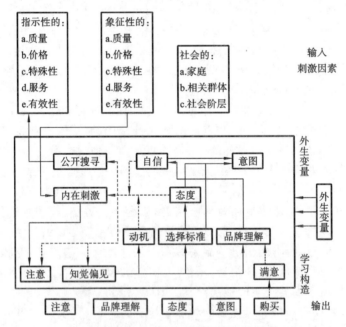

图 2-9 Howard Sheth 的购买者行为模型

旅游动机理论研究方面,学者们大量地借用马斯洛需求层次理论,认为,在适当的条件下,人们将超越他们所注重的物质层面的需求,转而寻求精神层面的满足,这种精神层面的满足很多体现于旅游。关于旅游动机的分类,著名的有麦金托什、戈尔德纳和里奇(1995)的

---

① 约翰·斯沃布鲁克,苏珊·霍纳.旅游消费者行为学[M].俞慧君,张鸥,漆小燕,译.北京:电子工业出版社,2004.有改动.

四分法(身体健康动机、文化动机、人际动机、地位与声望动机),以及前文介绍的 Plog 模型。旅游动机理论的研究包括动机与旅游体验、动机与旅游决策、动机与市场细分、动机与人口文化特征、动机与旅游产品等方面。

旅游决策理论关注决策的影响因素和不同旅游者的决策行为两大方面。在决策的影响因素方面,学者们按照不同的分类法进行划分,约翰·斯沃布鲁克和苏珊·霍纳将其分为状况、知识、态度与感知、经历四种因素;克里斯·库珀等学者将其分为生活方式与生命周期两大类因素。总的来说,我国学术界比较认同的影响旅游者进行决策的因素有闲暇时间、可自由支配收入、旅游的欲望和旅游可达性,旅游可达性包括旅游信息的可达性和旅游交通的可进入性。

(2)旅游供需与市场均衡理论。旅游供需与市场均衡理论包括旅游需求理论、旅游供给理论和旅游市场均衡理论三个部分。对旅游需求的研究不仅可以发现游客的需求特征及需求规律,找出影响旅游者需求的因素,而且可以指导旅游企业对旅游产品的开发与规划,为旅游企业制定经营管理策略提供重要参考,为旅游资源的开发与规划提供科学的依据。同时也有利于旅游企业科学合理的引导旅游者可持续消费,进而实现旅游的可持续发展。[①]旅游需求理论包括影响旅游需求的各种经济变量(见表 2-21)、旅游需求的决策层次、旅游预测模型、旅游需求的收入和价格效应等。

表 2-21 影响旅游需求的各种经济变量

客源地的经济变量(A 类)	目的地的经济变量(B 类)	关联变量(C 类)
个人可支配收入 收入分配 带薪假期 货币购买力 税收政策及对旅游消费的控制	一般价格水平 旅游供给的竞争 旅游产品的质量 对旅游者的经济管制	客源地与目的地相对价格 目的地在客源地的促销水平 汇率 旅行的时间/货币成本

(资料来源:亚德里恩·布尔的《旅游经济学》,2004 年.)

旅游需求的收入和价格效应分别有两个指标,一个是旅游需求的收入弹性,另一个是旅游需求的价格弹性。

旅游需求的收入弹性 E_y = 旅游需求变化的百分比/可自由支配收入变化的百分比

旅游需求的价格弹性 E_p = 旅游产品需求量变化的百分比/旅游产品价格变化的百分比

旅游产品作为一种特殊的消费品,有着其自身特有的弹性规律。旅游需求量与人们的收入和闲暇时间成同向变化,与旅游产品的价格成反向变化。

根据旅游需求变化的规律性,许多学者从不同角度总结了旅游需求经验,提出了 Walsh 模型、吴必虎模型、Edwards 模型等需求经验模型。比如 Walsh 模型认为随着收入水平的提高,各类户外游憩活动的参与率不同幅度增高,但收入增加到一定程度时,参与率会出现一定程度的下降,这与富有者比较繁忙有关;吴必虎模型展现了不同客源地区由于经济收入的差异所决定的旅游者出游能力和购买能力的大小;Edwards 模型认为旅游需求的价格弹性既可能很小,也可能很大,目的地长期需求是一条"S"形曲线。

旅游供给的研究集中在旅游供给的特点、旅游供给经济分析、旅游供给的衡量、旅游产

---

① 欧阳润平,胡晓琴.国内外旅游需求研究综述[J].南京财经大学学报,2007(3).

品的定价、旅游供给弹性和旅游各个行业的研究。旅游供给研究中,旅游产品吸引力的衡量是重要的领域,G. K. Zipf 和 J. Q. Stewart(1948)、Crampon(1966)、Wilson(1967)、Wolfe(1972)、马耀峰和张凌云(1986)根据牛顿引力模型,提出了各自的旅游吸引力模型。

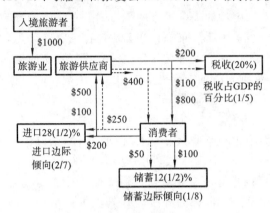

图 2-10　旅游乘数的基本原理

(资料来源:亚德里恩·布尔的《旅游经济学》,2004 年.)

(3) 旅游乘数与漏损理论。测量旅游对国民经济的影响,旅游乘数(见图 2-10)和旅游漏损是两个重要工具。我国学者李天元认为,旅游乘数是用以测量单位旅游消费对旅游接待地区各种经济现象影响程度的系数。旅游乘数分为旅游产出乘数、旅游营业收入乘数、旅游就业乘数、旅游收入乘数和旅游进口乘数等。

计算旅游乘数的两个基本方法:

方法一:$K=(1-L)/(1-c+m)$,其中,c 为边际消费倾向,m 为边际进口倾向,L 为旅游进口倾向。

方法二:$K=A/(1-BC)$,其中,A 表示旅游消费经第一轮漏损后,余额部分的比率,B 表示当地居民收到的旅游消费的比率,C 表示当地居民在本地经济中的消费倾向。

旅游漏损是旅游目的地国家或地区的旅游部门,把旅游收入用于购买进口商品或劳务,到国外进行促销宣传等原因而导致旅游外汇向国外流出的现象。

(4) 旅游卫星账户。旅游卫星账户(Tourism Satellite Account,TSA)是在不违背联合国 1993 年修订的国民经济核算体系(SNA93)的基本原则下,在国民账户之外单独设立一个虚拟账户,通过将所有与旅游消费相关的部门中,由于旅游而引致的产出部分分离出来,列入虚拟账户,来准确地测度旅游业对 GDP 的贡献。TSA 通过编制 10 张表格(见表 2-22)来综合全面地反映旅游的经济效应。

表 2-22　TSA 的 10 张表格

表 1	按照产品和游客类型编制的,以现金方式支付的入境游客最终消费的表格
表 2	按照产品和游客类型编制的,以现金方式支付的国内游客最终消费的表格
表 3	按照产品和游客类型编制的,出境旅游消费的表格
表 4	按照产品和游客类型编制的,境内旅游消费的表格
表 5	旅游业和其他产业的生产账户
表 6	按照产品编制的,国内供给和境内旅游消费的表格
表 7	有关旅游业就业的表格
表 8	有关旅游总固定资产形成的表格
表 9	有关旅游集体消费的表格
表 10	有关各类定性指标的表格

(资料来源:臧德霞,李雪丽.旅游卫星账户(TSA)发展脉络探析[J].北京第二外国语学院学报(旅游版),2007(5).)

TSA 对区域经济影响的分析和解释能力是强大的,但是其在付诸实践的时候也存在一些困难,比如,如何从 SNA93 中剥离出旅游账户,建立 TSA 的数据繁多,成本高昂等。

测度旅游经济效应的方法体系除了比较通用的 TSA 外,各国学者根据本地区的旅游经济发展情况和国家统计体系的特点,也提出了一些可供参考的方法体系(见表 2-23)。

表 2-23　测度旅游经济效应的三种方法体系

方法体系	特　点	设计单位
旅游经济评价模型 TEAM (Tourism Economic Assessment Model)	选用 60 个不同产业的产出指标,对经济影响进行估算,可以了解区域年度旅游经济影响、特殊节事吸引物或会议的经济影响等,适用于省、市级的旅游经济统计分析	加拿大旅游研究所
旅行经济影响模型 TEIM (Travel Economic Impact Model)	利用官方数据和民间机构数据,以 115 种旅行消费种类为依据,评价它们对相关的 14 个旅行行业的影响	美国旅行数据中心
密歇根旅游经济影响模型 MITEIM (Michigan Tourism Economic Impact Model)	从旅游需求和旅游消费的角度来收集和分析数据,将游客消费数据归并统计为 12 个类别,作为计算部门乘数的资料基础。最后成果中,直接影响和总影响情况将由销售收入、个人收入、就业、税收 4 个指标来体现	美国密歇根州立大学公园、游憩和旅游资源系

（5）旅游经济结构理论。狭义的旅游经济结构是指旅游产业结构,即旅游产业内部满足消费者不同需求的各个部门在旅游经济体系中的内在联系和数量比例关系。广义的旅游经济结构(见表 2-24)是指旅游经济系统各个组成部分的内在联系和数量比例关系。

表 2-24　旅游经济结构体系

旅游市场结构	反映的是旅游产品在供需之间的规模、比例及相互协调性,以及各种旅游客源市场之间所形成的比例关系	旅游需求结构 旅游供给结构 旅游供需适应结构
旅游消费结构	旅游者在旅游过程中所消费的各种类型的消费资料的比例关系,以及旅游者的不同消费层次及水平的比例关系	旅游消费类型结构 旅游层次消费结构
旅游产品结构	旅游产品的构成及各部分之间的结构比例关系	旅游产品要素结构 旅游产品组合结构
旅游产业结构	以构成旅游业的旅行社、饭店、餐饮、交通运输、旅游景点为核心的旅游业内部各大行业间的经济技术联系与比例关系	旅行社业结构 旅游饭店业结构 旅游景点结构 旅游交通结构等
旅游区域结构	在一定范围内旅游业各要素的空间组合关系,以及旅游业的生产力布局	旅行社区域结构 旅游饭店区域结构 旅游景点区域结构 旅游交通区域结构等
旅游投资结构	在一定时期内投资总额中各组成部分所占比例关系及其相互间的内在联系	旅游投资来源结构 旅游投资项目结构 旅游投资规模结构 旅游投资性质结构 旅游投资主体结构
旅游组织结构	旅游业中行业机构和旅游企业机构及旅游企业规模在旅游经济运行中的地位、作用和相互关系	旅游行业协会结构 旅游企业组织结构
旅游所有制结构	不同所有制成分在旅游经济中所处的地位、作用及相互关系	旅游产权结构

（资料来源：罗明义的《旅游经济学原理》,2004 年；田里的《旅游经济学》,2002 年.）

旅游资源的地区禀赋情况、旅游市场需求情况、科学技术进步情况、地区经济发展情况及地区政策法规等因素共同决定和影响地区旅游经济结构的形成和发展。一个优化的旅游产业结构应该能够实现资源配置的有效性、旅游产品的类型多层次和多元化、旅游产业各部门的协调性、旅游产业布局的合理性、旅游产业与生态环境的和谐性、旅游产业与科技进步的同步性和旅游经济发展的持续性。

(6) 旅游经济发展模式理论。旅游经济发展模式是指旅游经济发展的基本运行方式和管理体制[①],或者说是一个国家或地区在某一特定时期旅游产业发展的总体方式。[②] 根据不同的国家或地区的经济发展水平,不同的旅游禀赋状况以及旅游产业发展的不同阶段,采取不同的旅游经济发展模式,是一个受到广泛认可的观点。旅游经济发展的模式从不同角度可以划分为不同的类型(见表2-25)。

表2-25 旅游经济发展模式对比表

旅游经济发展模式	特 点	要 求	适用范围
超前型发展型	旅游产业的形成和发展超越国民经济总体发展水平,带动和促进其他行业发展	拥有优势旅游资源、拥有巨大潜在市场、政府足够的支持	发展中国家或旅游落后地区
滞后型发展型	在国民经济发展到一定阶段后,旅游产业自然形成和发展	经济发展较早较好、国民旅游需求成熟	经济发达国家
市场主导型	旅游产业发展主要依靠市场机制推动,政府的作用是间接的,国家政策侧重于影响市场需求	市场机制完善、旅游经济发展完善成熟	经济较发达国家
政府主导型	政府通过各种手段规范和推进旅游产业发展,市场机制起基础作用	政府具有较强的产业控制力、政府具有完善的调控体系	发展中国家
延伸发展型	以国内旅游的发展为先,逐步发展入境旅游和出境旅游	旅游经济的自然形成和发展、有良好的经济基础	经济较发达国家
推进发展型	以入境旅游的发展为先,逐步发展国内旅游和出境旅游	政府作用强大、旅游资源赋存优良	发展中国家
常规发展型	建立在国内旅游发展基础上,逐步向国际旅游的延伸式发展	旅游经济的自然形成和发展、有良好的经济基础	经济发达国家
超常发展型	建立在国际旅游发展基础上,逐步向国内旅游的推进式发展	政府作用强大、旅游资源赋存优良	经济欠发达国家
大国发展型	应用于国土面积较大的国家,旅游经济发展呈现一种非均衡发展的典型特征	旅游资源丰富而分布广泛、国土广阔、有一定的经济基础	国土面积较大的国家
小国发展型	应用于国土面积较小的国家,旅游资源丰富和旅游经济发达	旅游资源丰富、国际旅游环境良好、经济发达	国土面积较小的国家

(7) 旅游经济影响理论。旅游经济影响理论的重点在于旅游经济效益与评价理论。旅游经济效益是旅游的有效产出与旅游投入的比较,用以衡量旅游经济发展的数量和质量。

---

① 罗明义.旅游经济学原理[M].上海:复旦大学出版社,2004.
② 田里.旅游经济学[M].北京:高等教育出版社,2002.

旅游经济效益的评价是宏观和微观的统一，多层次、多方面指标的统一，以及质量和数量的统一，这"三统一"构建了旅游经济效益评价体系的基本框架(见表2-26)。

表2-26 旅游经济效益评价框架

效益分类	效益指标	说　　明
宏观经济效益分析	旅游投资效果系数	反映旅游投资所带来的利润回报率
	旅游就业人数	反映旅游提供国民就业机会的能力
	旅游创汇收入	反映旅游业的创汇能力
	旅游乘数	反映旅游的带动作用
	旅游总收入	反映旅游业规模效益和经济地位
微观经济效益分析	企业营业收入	反映旅游企业经营水平
	企业经营成本	反映旅游企业资源利用水平
	企业经营利润	反映旅游企业盈利水平
旅游专用效益分析	人均停留天数	反映旅游者滞留时间
	人均消费额	反映旅游者消费水平
	旅游人次总量	反映旅游发展水平和旅游吸引力
	旅游总收入	反映旅游产业的生产能力

(8) 旅游经济梯度理论。旅游经济梯度理论是中国旅游业在改革开放几十年的发展实践中逐步形成的产业经济理论。旅游经济梯度理论由董观志(2010)提出，王世豪(2015)进一步优化，重点在于研判区域旅游业的发展阶段。特定区域的旅游业健康发展存在要素经济、载体经济、内容经济、融合经济和集成经济的五个梯度，旅游要素经济注重吃住行游购娱等要素整合，旅游载体经济注重景点、景区、旅游区和旅游城市等载体构建，旅游内容经济注重文化创意、知识产权、衍生业态等内容创新，旅游融合经济注重旅游业与关联产业在融合中形成产业链，旅游集成经济注重产业融合发展的边际效益和集群效应。我国不同区域之间的旅游业发展存在梯度差异，相对而言，某一区域的旅游业处在五个梯度中的特定发展阶段，跨越发展梯度需要突破特殊的约束条件。

(9) 旅游政府职能理论。旅游政府职能理论探讨政府功能在旅游业中的应用。政府通过征税抽走资金，通过政府购买、政府直接投资和政府补贴来注入资金，政府运用"一取一予"来实现旅游业的经济控制。

旅游业中的政府职能主要包括政府宏观经济管理、政府旅游税收、政府旅游投资与补贴、政府制定的旅游法律法规、政府的再分配政策等。

(三) 旅游景区管理理论

(1) 游客管理理论。游客管理是指景区管理者以游客为管理对象，运用各种手段和技术，对游客在景区内活动全过程的组织、管理，是景区管理的一部分。游客管理的概念经过了两次演变，一是以游憩环境容量为基础的游客管理框架，要解决的典型问题为"多少游客才是太多"；二是"可接受改变极限"及其衍生技术开始成为主流的游客管理模式，它所要回答的典型问题是"什么是一个公园里可以接受的生物物理和社会条件"。

游客管理的方法分为直接管理和间接管理两种(见表2-27)，前者直接改变游客的行为，限制游客的活动；后者是指通过间接措施，让游客意识到其行为应该遵循某些规则，使其行为合理化。

表 2-27　游客管理的直接和间接方法

直接管理法	实施规则	加强巡视 罚款 雇用看护员 使用闭路电视或摄影机监视
	分区管理	禁止在某些区域或某些时间段内从事某些活动 关闭某些地域的活动场所
	限制利用	限制游客数量 限制停留时间
	限制活动	禁止营火晚会 禁止超出道路和游径的旅行 禁止野营 禁止携带宠物 禁止乱扔废物 禁止游客纵容马匹啃食植物等
间接管理法	物理变更	改善维护(或不改善维护)通入道路 有选择地封闭道路 新建道路 改进停车设施 改变游径,或仍保留为无游径的区域 改进通往水域的道路 增加鱼类或野生动物种群数量,或不增加 开辟水体 扩大视野
	宣传	设置较多方向标志,或很少设置 利用宣传工具做景区和游憩机会的广告,或不这么做 向游客介绍活动类型,特别是介绍开放的场所和时间 教育游客遵守规则 号召游客予以协助
	适当要求	收取固定入场费 根据场所和季节收取不同的费用

(资料来源:钟永德、方世敏、李丰生的《旅游景区管理》,2005年.)

关于游客行为管理的技术研究,从供给和需求两个方面的技术进行探讨。供给技术包括:其一,队列管理技术。在游客量高峰期,要求游客排队进入,减少景区压力。排队管理可以使部分游客放弃或延后进入,景区管理者要想办法解决游客在排队时的不满情绪,通过各种手段留住游客。其二,容量管理技术。实施弹性的容量管理,采取在旅游高峰期延长开放时间,启用备用游道,增加管理人员等方法以增加景区的日供给量;同时也可以通过采取限制进入时间、限制停留时间、限制旅游团队人数等方法来解决因过度拥挤所造成的景区破坏或体验质量下降。其三,定点管理技术。定点管理就是在游客活动较多的区域或者游客不文明行为频繁发生的地段实施定人管理或定点指示牌,以规范游客的行为,保护景区环境。

(2) 社区参与理论。所谓社区参与就是社区居民和组织以各种方式或手段直接或间接介入社区治理或社区发展的行为和过程,社区资本理论、理性选择理论、历史-制度理论是研究社区参与理论的基础。社区参与旅游发展所涉及的范畴远远不止旅游研究这一块,必然要跟政治学、社会学、人类学、公共管理、经济学等多个学科发生联系。

(3) 环境管理理论。环境管理研究侧重于生态环境和社区环境的管理，Middleton(1998)认为，为了加强旅游开发规划过程的环境管理，实现可持续旅游的目标，应该推行实施 10 个 R 的行动方案。所谓"10R"行动，就是认知(Recognize)环境保护及可持续发展的重要性；拒绝(Refuse)参与任何对环境有损的旅游活动；减少(Reduce)对不可再生资源的使用量；寻找较小环境影响的替代(Replace)产品来达到对环境呵护的目的；为了节约资源提倡重复使用(Reuse)和循环使用(Recycle)生活消费品；重新改造(Reengineer)耗费水和能源的机器设备；对从业人员进行再培训(Retrain)使其在行为方面影响旅游者的环境意识；对参与环境保护的人给予某种形式的回报(Reward)；最后，为了改变人们对环境的习惯行为，重新树立良好的环境观和行为准则，需要对人们进行再教育(Reeducate)。[①] 环境管理既要满足旅游者游憩的需求，又要满足资源节约与保护的要求。针对这一矛盾，美国国家公园管理局提出了一套工作程序框架，称为 VERP(Visitor Experience and Resource Protection)，我国学者周世强(1998)也提出了"时空差协调法"。

(4) 安全管理理论。景区安全是指景区内和景区周边的饮食安全、交通安全、游览安全、购物安全和娱乐安全等方面。游客安全事故不仅会给旅游者带来直接的伤害，还会给景区和当地旅游业带来负面影响。景区的安全表现为景区犯罪（性犯罪、赌博、毒品、恐怖事件等）、景区自然灾害（如火灾、山体滑坡等）、景区设施安全、景区活动安全（如蹦极、攀岩、走失等）、景区疾病（如食物或饮水中毒等）。因此，旅游景区应该建立安全管理体系，政府部门应该建立游客安全法律体系和监管体系，实现景区的游客安全。

(5) 旅游体验理论。关于旅游体验的内涵，Boorstin(1964)把它理解为一种时尚消费行为，一种人为的、预先构想的大众旅游体验。MacCannell(1973)则把旅游体验看成是对现代生活所遭遇的困难的积极响应，他认为旅游者是在寻求"真实"的体验以战胜困难。而Cohen(1979)认为，不同的人需要不同的体验，而体验也赋予旅游者和他们的群体以不同的意义。他将旅游体验定义为个体与多种"中心"之间的关联，在阐述这种关联时，体验的意义源自世界观，对个体来说代表着终极的意义。综合众多学者的观点，Ryan(1997)将旅游体验概括为："针对个体的，涉及娱乐或学习的多功能休闲活动。"谢彦君(1999)指出，旅游体验是旅游个体通过与外部世界取得联系从而改变其心理水平并调整其心理结构的过程。这个过程是旅游者心理与旅游对象相互作用的结果，是旅游者以追求旅游愉悦为目标的综合性体验。旅游体验理论研究比较集中于体验的真实性和旅游体验模型。

(6) 旅游解说系统[②]。国外旅游解说的相关研究起步早，研究与应用已经较为成熟，主要包括解说历史、解说概念、目的与功能、系统构成、解说媒介、理论与方法的研究等。而国内相关研究尚处于起步阶段，主要集中于解说内涵与功能、规划设计的研究等。最早的解说理论是泰德(1957)提出的解说模型。社会学方面，有克瑞曼尼(1987)的亲社会行为理论、费什贝(1975)的理性行为理论、阿吉森(1991)提出的计划行为理论。默斯卡多(1996)采用环境心理学理论进行游客分类，并提出了遗产地解说思考模型。尤森勒(1996)用社会认证理论分析博物馆在促进旅游者场所感和乡镇遗产意识中的有效性。埃姆·斯蒂沃(1998)在解说评价中引入了场所感理论。奥森(1983)利用相关性分析方法证明游客对保护区的理解与自我行为管理之间有很强相关性；卡伯(1984)利用旅行费用法等分析解说具有一定的经济

---

① 吴必虎. 区域旅游规划原理[M]. 北京：中国旅游出版社，2001.
② 张明珠，卢松，刘彭和，等. 国内外旅游解说系统研究述评[J]. 旅游学刊，2008 (1).

效益。黄石楠(2005)利用结构方程模型证明了活动参与、场所依附及解说满意度三者之间的相互关系。

在解说系统的规划方面,吴必虎(1999)根据提供信息服务的方式将旅游解说系统分为自导式和向导式两类,并对北京与香港旅游解说系统进行了对比分析,进而将北京旅游解说系统在空间上分为交通网络导引解说系统、接待设施解说系统、观光度假地解说系统及可携式解说系统4种类型。王辉(2005)将旅游解说系统在空间上分为交通导引解说、接待设施解说、景区解说、游客服务中心、外部旅游协作解说系统5部分,其中景区解说又包括软件部分(解说员、导游员、咨询服务等)和硬件部分(导游图、导游手册、牌示、语音解说、资料展示柜等)。冯淑华(2005)构建古村落旅游解说的3个子系统:静态文字解说、动态导游解说和空间游览线路解说。张静(2005)还提出生态旅游解说系统规划的原则,将牌示解说分为全景牌示、指路牌示、景点牌示和忠告牌示;解说方式分为文字解说、绘图解说、牌示解说、定点牌示及导游等,并进行详细节点路径规划。周可华(2007)将旅游解说系统分为目的地诱导型、导览解说、安全解说、说明型解说和管理解说系统5类,并提出"双筛法"的解说规划方法。

(7) 旅游景区管理模式①。邹统钎认为旅游景区不可能采用某种通用的管理模式,而应该根据景区的类型采用不同的管理模式。他将旅游景区的管理模式分为三种:科教基地模式、中间模式和快乐剧场模式(见表2-28)。

表2-28 旅游景区管理的三种模式的比较

管理模式	科教基地模式	中间模式	快乐剧场模式
资源等级	世界级、国家级垄断资源	垄断竞争性资源	竞争性资源
典型例证	世界遗产	城市公园	主题公园
主要功能	保护与科教功能	科教休闲功能	旅游休闲功能
利益中心	全民中心	地方中心	游客中心
管理目标	资源保护为主	保护开发并重	经济开发为主
指导理论	旅游可持续发展理论	融合理论	旅游体验论
管理性质	事业管理为主,企业经营为辅	企业管理政府监督	企业管理
资金运作	拨款+特许经营+赞助	经营创收+补贴	经营创收

思考与练习

1. 旅游管理受到哪些管理思想的深刻影响?
2. 哪些学科对旅游管理做出了建设性贡献?
3. 旅游管理必须遵循管理学哪些基本原理?
4. 旅游规划管理应该遵循哪些基础性理论?
5. 旅游经济管理应该遵循哪些基础性理论?
6. 旅游景区管理应该遵循哪些基础性理论?
7. 特定区域的旅游业发展存在什么样的梯度关系?
8. 不同区域之间的旅游业存在什么样的逻辑关系?

---

① 邹统钎.旅游景区开发与管理[M].北京:清华大学出版社,2004.

第三章

旅游的流程化管理

学习目标

掌握旅游业的基本价值链与旅游业流程的概念;理解基于价值链的旅游业核心流程系统的构成;了解旅游业流程管理的基础理论;熟悉旅游业流程模块化管理的内容与原理;掌握旅游流程型的特点及其构建;掌握旅游企业业务流程再造的原则与实施体系。

核心概念

旅游业基本价值链;旅游业流程;基于价值链的旅游业核心流程系统;旅游业流程管理;流程型组织;模块管理;业务流程再造

第一节 基于价值链的旅游管理

一、流程的定义

（一）流程定义的沿革[①]

作为规范和独立的管理理论科学体系中的一部分,流程的概念是以 EPSRC 革新制造活动的重要组成部分的姿态出现的。同时,它在技术前沿透视组织的年终报告中以主题词的形式出现(OST,1995)。在 IMI 研究报告中,业务流程被界定为"一系列将组织运作和顾客需求连接起来的活动"。米勒则把业务流程分析解释为"理解组织业务如何开展的一种方式"(Miller,1994)。表 3-1 概括了流程的各种定义。

从以上对流程定义沿革的分析中,不难看出流程的定义包含了这样六个要素:输入资源、活动、活动的相互作用(即结构)、输出结果、顾客和价值。一般情况下,流程是由一系列共同为顾客创造价值的,相互关联而又各自独立的活动(或任务)组成的,使一个输入经其变成输出的全过程(见图 3-1)。

---

① 王田苗,胡耀光.基于价值链的企业流程再造与信息集成[M].北京:清华大学出版社,2002.

表 3-1　流程的各种定义

作者或组织	定义
迈克尔·哈默	业务流程是把一个或多个输入转化为对顾客有价值的输出的活动
T.H.达文波特	业务流程是一系列结构化的可测量的活动集合,并为特定的市场或特定的顾客产生特定的输出
A.L.斯切尔	业务流程是在特定时间产生特定输出的一系列客户、供应商关系
H.J.约翰逊	业务流程是把输入转化为输出的一系列相关活动的结合,它增加输入的价值并创造出对接受者更为有效的输出
ISO9000	业务流程是一组将输入转化为输出的相互关联或相互作用的活动

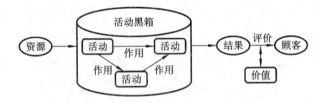

图 3-1　流程要素关系图

(二) 流程的特点[①]

分析流程的定义及其所包含的要素,可以发现流程具有以下特点。

目标性。即有明确的输出(目标或任务)。

整体性。即至少是由两个活动所组成的集合。

结构性。流程的结构可以有多种表现形式,如串联、并联、反馈等,而且结构形式的不同,对流程的输出有着很大的影响。

动态性。流程不是一个静态的概念,它是由一个活动到另一个活动,并且按照一定的时序关系而展开。

层次性。即组成流程的活动本身也可以是一个流程(子流程),并可以继续分解下去。

二、旅游业的价值链活动

运用价值链的基本原理来分析旅游业的流程,有利于把握旅游业流程中的价值元素,科学地安排流程组合。也可以说,基于价值链的流程分析是有效的旅游业流程化管理的基础。

价值链(Value Chain)最初是由迈克尔·波特于 1985 年在其所著的《竞争优势》中提出的。在波特最初基于制造业的观点中,价值链被看作由原材料转化为最终产品的一系列过程。按照波特的观点,每一个企业都在一条价值链上占有一个位置。供应者从上游提供原材料,产出的原材料里含有比自然资源更多的附加值。加工企业再向这些原材料添加价值,然后把它向下游传递到下一个参与者。这一参与者可能是另一个加工企业,可能是分销者,也可能是最终消费者。价值链传递的过程也就是产品被不断增值的过程。最初的价值链理论作为一种对企业竞争优势进行强有力的战略分析的框架,多年来不断发展,并已扩展到财务分析、成本管理、市场营销等专门或更为宏观的领域。[②]

[①] 王玉荣.流程管理[M].北京:机械工业出版社,2002.
[②] 王田苗,胡耀光.基于价值链的企业流程再造与信息集成[M].北京:清华大学出版社,2002.

从企业经济活动的角度分析,可以这样来定义价值链:是企业为客户、股东、企业职员等利益集团创造价值所进行的一系列经济活动的总称。在价值链中,价值的概念可以从内外两个视角来理解,对外针对企业客户,指产品的使用价值;对内针对企业自身及其内部流程等,指产品能为企业带来销售收入的特性,其数量表现就是在特定时间、特定地点顾客支付的产品价款。企业创造价值的过程一般可以分解为产品开发、设计、生产、营销,以及对产品起辅助作用的一系列互不相同但又相互关联的经济活动(如产品的售后服务等),或称之为"增值作业",其总和即构成企业的价值链。

而企业与企业之间的价值流动,便形成了整个产业链上的价值,构成了价值链的纵向联系,可以称之为行业价值链。行业价值链是指从最初原材料到最终产品到达消费者手中直到消费者消费活动结束的整个链环;对于某一企业来说,它则可能处于行业价值链的某一环或某几环,也有跨越整个行业链环的。旅游价值链是指从旅游资源到旅游产品最终为旅游者提供接待服务的全过程,这个过程一般分为上游、中游、下游三个环节;处于某一环节的旅游企业,根据价值链原理而组成一个企业集群。图 3-2 反映了它们之间的相互关系。

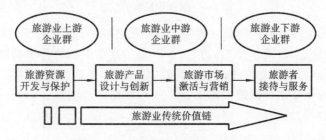

图 3-2 传统旅游业价值链的网络关系

传统旅游业价值链网络解释了旅游业价值链的基本原理和主要环节。旅游业发展到今天,高度竞争的旅游业市场和信息技术的广泛应用已经使顾客成为旅游业的中心。传统旅游业价值链网络是从旅游资源开发和保护开始的,即从旅游企业的资产或者核心能力开始的。这与围绕顾客的关键需求进行企业活动的客观要求产生了矛盾。因此,旅游企业应该以客户为中心作为出发点,然后转向企业自身的资产与核心能力,于是产生了现代旅游业价值链网络(见图 3-3)。

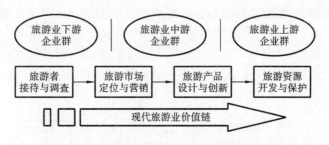

图 3-3 现代旅游业价值链的网络关系

旅游业的价值链活动,一方面创造旅游者认为有价值的产品或服务,另一方面也需要负担各项价值链活动所产生的成本。其中,旅游企业的主要目标,在于尽量增加旅游者对旅游产品或服务的价格支付与价值链活动所耗成本间的差距(即利润)。因此,要从价值链的角度仔细分析旅游行业的价值链构成。

旅游业构成价值链的过程,具有明显的复杂性和综合性,从不同的分析角度出发便会架构出不同的体系。我们认为,旅游者作为旅游经历的体验者、旅游产品的消费者和接待服务的享受者,在旅游业价值链的分析中应该将旅游者的旅游活动作为分析的主线索。因此,从为旅游者的旅游活动提供保障的角度出发,这里将旅游业的价值链活动分为基本活动和辅助活动两大类(见图 3-4)。

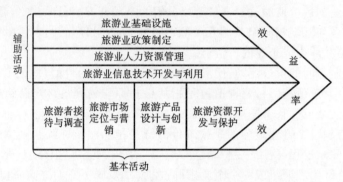

图 3-4 旅游业基本价值链

其中,基本活动是涉及旅游产品或服务流程中的各种活动;辅助活动则是指辅助基本活动并通过提供基础设施、政策环境、人力、技术以及产业范围内的各种功能以相互支持的各种活动。基本活动和辅助活动都指向效益和效率的获得,但这里需要注意的是,不同于单个企业的价值链,旅游业基本价值链中的效益是一个严格综合的概念,即必须求得生态效益、社会效益和经济效益的统一。

三、旅游业流程

从旅游者旅游动机的产生,到旅游活动结束并返回居住地,我们可以看到旅游者旅游活动的发生和进行总是由某些紧密联系而又相对独立的环节所组成,同时,这些环节还存在着一定的先后顺序。如前所述,同样应将旅游者行为作为旅游业流程分析的中心和认识旅游业流程的起点。在此基础上,我们可以将旅游业流程理解为一系列相关活动组成的,并按照一定的先后次序发生的,具有某种特定输出的旅游业务过程,即将输入转化为输出的一组相关的资源和活动,其中资源包括人力资源和物质资源。

无论是生产制造,还是通过消费而获得的某种服务,流程无处不在。而其表现也可以归纳为"需求—供应"的一般形式。需求是消费者提出的整个流程的输入活动,供应是供应者提供的整个流程的输出,需求与供应发生的转变的过程,就是整个流程的处理过程。这就是流程的一般本质。具体到旅游业的流程,则包括旅游消费者、旅游供应方以及输入/输出之间的价值增值过程(见图 3-5)。

图 3-5 旅游业流程概念图

在旅游业基本价值链和流程概念的基础上,接下来分析基于价值链的旅游业核心流程系统。这里,首先引入产业经济学中的"模块"思想。青木昌彦在《模块时代:新产业结构的本质》一书中分析认为,模块是指半自律性的子系统,通过和其他同样的子系统按照一定的规则相互联系而构成的更加复杂的系统或过程。① 将旅游业核心流程系统按照这一思想进行解构,有助于清晰地认识旅游业内部各子系统之间的联系规则,进而为科学把握旅游产业的演进路径与创新趋势奠定基础。这一模块化的流程系统如图 3-6 所示。

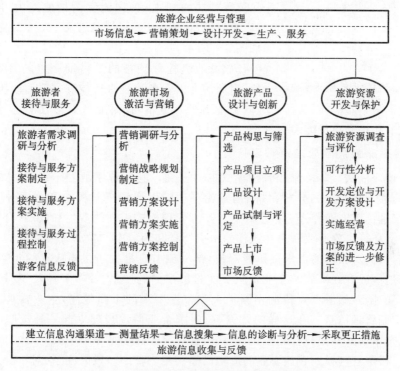

图 3-6 基于价值链的旅游业核心流程系统

如图 3-6 所示,旅游者接待与服务、旅游市场激活与营销、旅游产品设计与创新、旅游资源开发与保护、旅游企业经营与管理及旅游信息收集与反馈六大模块共同构成了旅游业流程系统中的关键流程。这里需要说明的是,综合性与技术性较强、具有自身独特性质的旅游规划活动之所以在这里未作为一个流程模块单独列出,是因为本书作者认为,旅游规划活动的基本内容和一般流程仍可归纳为以上六个关键流程模块之中。

在六个模块中,又存在其客观的自有流程,从而在每一模块内部形成可以良性循环的子系统;六个模块之间,因产业的关联力而首尾衔接,从而在宏观层面上形成循环大系统。旅游业的主要收益②,便伴随价值流在以上系统间的运转过程而源源产生。

四、流程管理的基础理论

流程管理模式是一种重要的管理思想。在旅游业中实行流程管理,是相对于传统的科层或职能导向管理而言的。现今,随着市场经济在我国的逐步发展与完善,企业之间的竞争已经由在产品开发和生产层面的竞争转变为企业组织结构、运作机制等流程性因素的竞争。相应地,企业管理也正从以产品为核心逐渐向以流程管理为核心转变。新的竞争优势、可持

---

① 青木昌彦,安藤晴彦.模块时代:新产业结构的本质[M].周国荣,译.上海:上海远东出版社,2003.
② 严格来讲,与核心流程系统相依存的旅游业支持流程系统(其主要对应于旅游业价值链中的辅助活动)也产生收益,而且其作用是不可替代的。但由于这里论述的重点在于核心流程系统,故从略。

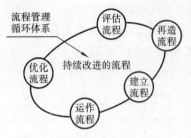

图 3-7 流程管理的循环系统

续的竞争优势,都将来自企业所独有的以提高顾客满意度为目标的流程变革管理上。

流程管理也是一个不断循环的管理体系。这个体系从流程的层面切入,关注流程的增值能力,形成建立流程、运作流程、优化流程、评估流程、再认识流程的循环,如图 3-7 所示。

旅游业流程管理指的是借助一定的管理和技术手段,对旅游业的业务流程进行梳理、分析、改善和监控,并通过业务流程的不断优化,从而有效降低业务处理成本,提高业务处理效率,实现快速反映旅游市场需求和提升决策能力的过程。

(一)实施旅游流程管理的必要性

如前所述,科层管理,是流程管理模式的对立面。它根源于亚当·斯密(Adam Smith)《国民财富的性质和原因的分析》(即《国富论》)中的生产经济学概念和劳动分工的效益思想,并且一直是传统产业和企业中主导的生产和管理模式。它的产生和发展,有着相应的历史背景和经济环境。旅游业就是在这样的历史背景和环境中产生并发展起来的。在旅游业发展的前期,人们对旅游的需求被迅速释放,部分旅游产品处于供不应求的状态(这种状态在中国局部地区还存在),旅游企业也只关注旅游产品的产量、成本和增长。但是情况不久就发生了改变,随着旅游业规模的不断扩大和市场要求的不断提高,企业要求有严密的预算、计划和控制管理体系。在这样的背景下,旅游企业便逐步建立起一种按职能部门划分的、标准的、金字塔式的集权控制模式,即科层管理模式。

到今天,科层管理模式在旅游业的应用已经有相当长的一段时间了,对于管理的科学性和管理效率的提高起到了巨大的推动作用。但当信息时代和旅游体验时代到来的今天,作为社会大生产模式产物的科层管理,就越来越显露出管理上的弊端。一方面,企业要发展,就必须彻底面向顾客、市场和注重创新、速度、品质与服务;另一方面,由此带来的规模进一步扩大、组织层次的不断增加,带来了日益增大的沟通成本和持续延长的信息沟通渠道,进而造成组织的运转效率日益下降并形成逐渐失去控制的强大组织惯性。加之信息技术的飞速发展和广泛运用,已经对传统的企业运作机制和组织体制产生了强烈的冲击。于是,科层管理模式中的弊端已经逐渐演变为企业乃至产业发展的无形障碍,流程管理也就顺理成章地取代科层管理,成为旅游企业管理的主流模式。

表 3-2 对比了不同社会形态下旅游业发展的动力机制和走势判断。

表 3-2 不同社会形态下旅游业发展的动力机制和走势判断

社会形态	工业社会	后工业社会	信息社会
核心技术	机电技术	微机电技术	信息技术
旅游动机	功能化	模仿化	本源化
产品特征	标准化	个性化	定制化
服务特征	规范化	人性化	体验化
供求关系	供不应求	供过于求	供求动态平衡
经济形态	建造业	服务业	体验业

续表

社会结构	组织化	零碎化	互动化
管理模式	科层式、职能化	扁平化、流程式	虚拟化

（二）实施旅游流程管理的原则

（1）遵循环境要求的原则。遵循环境要求是旅游企业进行流程管理的前提。旅游企业在一个具体的环境中运营，必须受到环境的约束。旅游业是一个高度依托化的行业，企业对周围环境的依赖程度很高，因此企业必须遵循环境要求。比如，企业在设计流程的时候就必须考虑政府的法律法规，例如健康、安全、环保等因素，把食品卫生检测、游客安全管理和游客影响管理设计进流程管理中。

（2）尊重游客要求的原则。顾客满意是旅游企业流程管理的起点，也是流程管理的最终评判标准。信息技术在旅游业的广泛应用，使得顾客参与旅游产品设计和执行流程成为可能。由于旅游企业每个部门只做一项工作，顾客需要多个部门的工作来获得其旅游产品，于是通过信息系统和咨询系统，顾客自己设定流程，快速地实现需求。

（3）立足企业资源的原则。在流程管理中，企业的资源主要为组织资源和技术资源。企业资源是企业实施流程管理的基础条件。如果饭店没有相应的信息技术就不可能建立信息化的预订流程，如果旅行社没有计调岗位就不能设计服务协调流程，这一切流程设置都依赖于企业的相关资源。

（4）发挥员工主动性的原则。要发挥员工的主动性，要求流程管理要使决策点位于工作执行的地方。信息技术能够捕捉和处理信息，专家系统又拓展了人们的知识，于是一线员工可以自行决策，发挥了员工的主动性和创造性。因此，在流程设计上要压缩管理层次和注重权力下放。

（5）应用信息技术的原则。与科层管理相比，流程管理要求有更强大的信息交流和处理能力。没有信息技术的支持，流程管理就无法顺利进行。

（三）实施旅游流程管理的问题[①]

旅游流程是客观存在的，它贯穿于旅游业产生和发展的始终。但流程管理的实施不是一个单纯的流程问题，或者一个纯粹的技术问题，而是一种复杂的变革项目和工程。在旅游业中，由于对流程管理的长期忽视和旅游流程意识的不足，使得流程管理在旅游业的实践中出现了一些比较集中的问题，主要有以下几个方面。

（1）主体不清。不能有效辨识旅游业的流程阶段以及核心流程；即便流程意识已然初步建立，但实践中落实不足；流程和业务有脱节。

（2）流程过细。大多数流程过细，没有分级概念，一项具体的业务活动，要经过若干个部门、环节，整个运作过程时间长、成本高，不利于监控和维护；过细的同时又不能穷举，描述过粗，不能有效解决实际问题。

（3）推动不足。推动力量单一，主要来自流程管理部门；流程接口处人员不稳定；对流程管理理念、方法、工具等缺少系统培训等等。

---

① 相关方面的进一步分析，参见计算机世界网，http://www.ccw.com.cn和数字化企业网，http://www.e-works.net.cn的资料内容。

第二节 旅游业流程的模块管理

一、旅游资源开发与保护模块流程管理

(一)旅游资源的调查与评价

(1)旅游资源的调查。旅游资源的调查工作是基础性的前期工作,其调查的内容不应仅限于旅游资源本身的信息,还要包括旅游资源所处的环境状况。对于旅游资源本身赋存信息的调查,主要应包括旅游资源的类型、规模、成因、组合结构和开发现状调查。其中,出于对可进入性的考虑,尤其要注意的一个重点是交通和区域通达性的调查。对于旅游资源所处的环境调查,可分为自然环境调查和人文环境调查。旅游资源自然环境调查的主要内容有所在地区的自然和地理概况、地质地貌条件、气象气候条件、水文条件、生物环境和环境质量。人文环境调查的主要内容有所在地区的经济发展状况、市场需求环境、社会文化环境以及历史的沿革。

(2)旅游资源的评价。旅游资源评价是在合理利用和保护旅游资源的基础上,从取得最大生态、社会和经济效益的角度出发,借助某种方法技术,对一定区域内旅游资源本身的价值和其外部环境进行综合鉴定分析和判断的过程。旅游资源评价是在旅游资源调查基础上进行的更深入的研究工作,并直接影响到区域内旅游资源开发利用的程度和模式。

旅游资源评价的内容。旅游资源评价的内容可包括三大部分,即旅游资源价值评价、旅游资源环境评价和旅游资源开发条件评价。

旅游资源价值评价是对旅游资源本身品质和丰度的评价。从定性描述的角度,旅游资源价值包含旅游资源的特性和特色、旅游资源的价值和功能以及旅游资源的数量和布局三大部分;从指标量化的角度,常用的指标有美学观赏价值、历史文化厚度、科教功能、稀有性、利用维度多寡和规模与组合特点六大指标。

旅游资源环境评价包括对该区域自然、社会和经济三方面环境的评价,需在旅游资源调查所获得数据的基础上,从战略和策略两个层面进行综合而客观的评价。旅游资源环境评价,要注意对旅游资源环境容量(或称承载力)的分析,以获取最佳的和可持续的旅游效益。

由于旅游资源的调查和评价涉及社会、经济、文化和环境等多个领域,所以对于旅游资源开发外部客观条件的分析和评价是一项必要且迫切的工作。对于开发条件的评价,主要包括旅游资源的区位条件、客源市场条件、已有的开发基础、投资条件和建设施工条件等的评价。

旅游资源评价的方法。旅游资源评价是区域旅游开发和管理中技术性较强的工作,目前常用的方法有定性和定量两类。定性评价又称经验法,主要是通过评价者观察后的印象和感觉做出结论。这种方法简便易行,但往往会受到评价者主观意识和知识范围的限制。根据评价深入程度及评价结果形式的不同,可以将定性评价大体上分为一般体验式评价和美感质量评价。定量评价则是借助赋予旅游资源的指标体系,对其加以量化,然后根据各指标的权重来评分。定量评价方法具有指标数量化、评价模型化和评定标准公众化的优点,因而在旅游资源评价的实践中被广泛运用。

(3)旅游资源调查与评价流程的模块管理。旅游资源调查与评价的基本流程如图 3-8

所示。旅游资源调查与评价流程中有五个模块,调查准备模块需要公关部门提供公关信息、调查部门做好人员调配、财务部门提供资金保障;实地调查模块主要由调查部门完成;调查总结模块需要调查部门和信息部门完成;选择模型模块需要决策部门和技术部门完成;实施评价模块主要由技术部门完成。

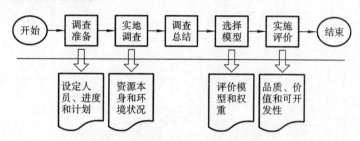

图 3-8　旅游资源调查与评价流程图

（二）旅游资源开发的可行性分析

由于旅游活动本身的经济技术性,在进行开发和投资以前,都需要进行可行性分析与论证。可行性分析是指对旅游项目的经济效益、社会效益和生态效益进行评估,从而确定该旅游项目是否可行的一系列的调研分析和预测活动。

(1) 可行性分析的内容。可行性分析应包括经济可行性分析、技术可行性分析和社会与生态环境可行性分析三个部分,以便确定该旅游项目能否产生经济效益,对社会和生态环境有何种程度的影响,以及技术上是否可达到要求的水平。可行性分析所涉及的内容极为庞杂,因此,在分析过程中,应该反复向各方面征求意见并在现实中进行仿真模拟,通过反馈信息进一步对可行性分析进行修正,以尽量提高可行性分析的准确性和科学性。

(2) 可行性分析流程的模块管理。可行性分析的基本流程如图 3-9 所示。旅游资源开发的可行性分析流程包括四个基本模块,尽管不同的资源,不同的开发企业会按照不同的顺序进行分析,但是流程图所表示的基本关系是一致的。四个模块中技术分析模块主要由技术部门完成;社会可行性分析模块主要由公关部门获取资料和政策支持;生态可行性分析由公关部门和技术部门完成;经济可行性分析主要由财务部门完成。

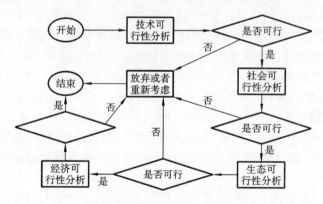

图 3-9　可行性分析流程图

（三）开发定位与开发方案设计

(1) 旅游资源的开发定位。定位实际上是一种理念的表达,是消费者的理念感知和凝固。[1]旅游资源的开发定位可以从两个角度来理解:从旅游者的角度,旅游资源的开发定位是指在旅游项目的建设和旅游活动的过程中被不断表达出来的理念和价值观念;从旅游资源开发者的角度,则是指为适应旅游者感知的某一特定形象和地位而设计旅游资源开发方案和营销组合的行为。

旅游资源的开发定位从营销管理的角度,可以分为开发目标定位、旅游功能定位和旅游形象定位三个层次,如图 3-10 所示。

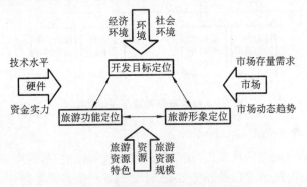

图 3-10 旅游资源开发定位系统图

旅游资源的开发定位一般需经过三个步骤。首先,分析旅游资源的特色和具有吸引力的市场机会,进行二者的优势匹配,即找出适合该旅游资源特色的优势目标市场。其次,针对目标市场,以系统的观念指导制定出旅游资源的功能定位和形象定位,同时也要制定出包括产品、价格、渠道、促销在内的营销组合及策略。最后,通过恰当的媒介和方法,以一定的营销策略将旅游资源的开发定位向目标市场传播。

(2) 旅游资源的开发方案设计。旅游资源的开发方案设计是在旅游资源前期调查和评价工作的基础上,根据旅游资源的开发原则和保护途径,在已确定的定位指导下,研究旅游资源的开发内容、进度和规模,并进一步拟定区域内的空间布局、功能分区,最终在所选择的领域内制定时间、空间和要素三个维度的总体实施方案。

旅游资源的开发方案设计所要解决的问题,实际上是旅游者与旅游资源的关系问题(刘德谦,1995)。因此,在方案的设计过程中,必须把旅游者的需求作为考虑的核心。

在旅游资源开发实践中,合理地选择好启动项目是影响一个方案能否较快取得效益的主要因素。科学的启动项目选择对于迅速形成该旅游资源的主题形象以及打开市场都具有直接推动作用。开发规划方案的指导性与适应性之间的矛盾是又一在实践中较为突出的问题。针对这一问题的解决,有学者提出了"概念性规划——后续规划"的运作流程(刘德谦,2003),指出概念性规划是一种在理想状态下对资源开发和发展的概念性的创新性构思,是一种在开发地域社会经济条件下的关于实现开发目标的总体规定;概念性规划是下一步后续规划及建筑设计的纲领和思想指导,同时也不硬性要求后续的规划编制及建筑设计完全照搬此一构想。[2]

(3) 开发定位与设计流程的模块管理。开发定位与开发方案设计的基本流程包括六个基本模块(见图 3-11)。前四个模块——资源开发定位模块、主题形象策划模块、内容和功能

---

[1] 李瑞,王义民.旅游资源规划与开发[M].郑州:郑州大学出版社,2002.
[2] 刘德谦.旅游规划需要新理念——旅游规划三议[J].旅游学刊,2003(5).

分区设计模块以及项目初步构思模块主要为开发部门和技术部门完成;项目构思评价模块由技术部门和财务部门完成;项目设计决策模块由决策部门完成。

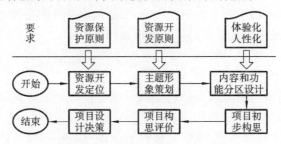

图 3-11　开发定位与设计流程图

（四）实施经营、市场反馈及方案的进一步修正

旅游资源开发方案制定之后,便进入具体实施和经营运行阶段。这一阶段工作的有效开展,是保证旅游资源的开发与保护和客观市场环境以及需求结构之间互动发展的关键,是贯彻过程管理理念的必然要求。在实施经营的过程中,要重视科学管理的主导作用,并及时就市场信息的反馈进行分析论证,进一步认识、优化和提升旅游资源的价值和旅游功能,使原有方案在科学性的基础上不断发展,以期实现整个旅游资源开发和保护流程的良性循环。

（五）旅游资源开发与保护流程的模块管理

旅游资源开发与保护的基本流程和相关部门配置如图 3-12 所示。

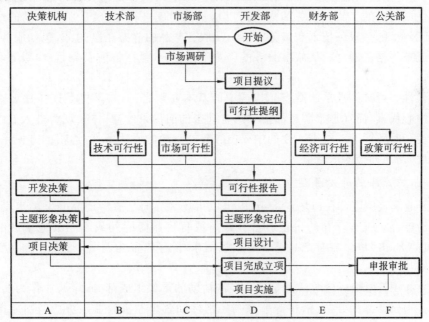

图 3-12　旅游开发与保护的基本流程与模块关系图

二、旅游产品设计与创新模块流程管理

（一）旅游产品的概念及构成要素

(1) 旅游产品的概念。旅游产品是指旅游者以货币形式向旅游经营者购买的,一次旅

游活动所消费的全部产品和服务的总和。考察某个旅游产品,应当从两个角度去看:一是从旅游企业角度看,旅游产品就是指旅游经营者凭借着旅游吸引物、交通和旅游设施,向旅游者提供的用以满足其旅游活动需求的全部服务;二是从旅游者的角度看,旅游产品就是指旅游目的地所提供的,满足旅游者多方面需求的设施和服务。

(2)旅游产品的构成要素。旅游产品的基本构成要素主要包含旅游吸引物、旅游设施、旅游服务和可进入性四个方面。

旅游吸引物。旅游吸引物是指一切能够吸引旅游者的旅游资源及条件,它既是一个地区能否进行旅游开发的先决条件和旅游者选择目的地的决定因素,也是构成旅游产品的基本要素。旅游吸引物的存在形式既可以是物质实体,也可以是某个事件,还可能是一种现象。

旅游设施。旅游设施是完成旅游活动所必须具备的设施、设备和相关的物质条件,是旅游者到达旅游目的地的基本条件和旅游业取得效益的前提,也是构成旅游产品的必备要素。旅游设施一般可以分为专门设施和基础设施两大类。专门设施是指旅游经营者用于直接服务于旅游者的凭借物,通常包括游览设施、交通设施、餐饮设施、住宿设施等。基础设施是指旅游目的地的道路、桥梁、供电、供热、通信、给排水、排污、消防、环境保护和环境卫生以及城市街区的美化、绿化、路标、路灯、停车场等。专门设施是建立在基础设施上的,如果没有基础设施的完善,专门设施的功能就不可能得到有效发挥。

旅游服务。旅游服务是旅游产品的核心,旅游者购买并消费旅游产品,除少量有形物质产品外,大量的是无形的服务产品,旅游产品之所以能以一种混合体的形态出现,主要是由它的服务性质决定的。旅游服务的内容可以从不同角度进行划分:从服务产品的产生过程划分,包括服务观念、服务技术和服务态度。从服务产品的静态角度划分,包括服务设施、服务项目和服务价格三部分。从旅游服务的经营阶段划分,包括售前服务、售中服务和售后服务三部分。

可进入性。可进入性是旅游产品构成中的基本要素之一,它不仅是连接旅游产品各组成部分的中心线索,而且是旅游产品能够组合起来的前提条件,具体表现为进入旅游目的地的难易程度和时效标准。可进入性的主要内容包括交通的通达条件、通信的方便条件、手续的繁简程度、当地社会的承受能力。

(二)旅游产品的开发原则

(1)因地制宜原则。在市场经济条件下,以市场为导向是旅游产品开发的出发点,没有市场的旅游产品就没有存在的价值。盲目跟风或盲目照搬国外或本国其他地区的旅游产品,结果可能大相径庭。旅游产品是否有市场需求,除了产品本身外,很大程度上受目的地的区位影响。

(2)经济效益原则。旅游活动是现代经济活动的重要组成部分,旅游业作为一项产业,根本目的是通过产品的开发、销售等一系列经济活动获得经济效益,也就是说,旅游业具有一切产业共有的特性——盈利性。所以开发旅游产品同样必须按客观经济规律办事,讲求经济效益。

(3)社会效益原则。在旅游产品开发中,不仅要考虑当地社会经济发展水平,也要考虑政治、文化及地方风俗习惯,还要考虑旅游地居民的心理承受能力,形成健康文明的旅游活动,并促进当地精神文明的发展。

(4)生态效益原则。按照旅游产品开发的规律和自然环境的可承载力,以开发促进环境保护,以环境保护提高开发的综合效益。从而形成保护——开发——保护的良性循环,创造出和谐的生存环境。

(三)旅游产品的创新方法与流程

(1)旅游产品创新的基本类型。创新是旅游业的灵魂。旅游产品必须不断地改进和完善,才能拥有持久的生命力和竞争力。在最基础的水平上,我们可有两种类型的创新:产品创新,也就是旅游经营者提供的旅游产品的改善;流程创新,即旅游产品生产方式或服务提供过程的改善。

产品创新与流程创新这两种类型之间的相对重要性在旅游产品生命周期的不同阶段不断发生着改变。在整个周期内,旅游产品创新的数量和程度上有一些可以预见的模式[①](见图3-13)。

在旅游产品导入期,产品创新大量存在,主要表现为新产品的不断开发。进入旅游产品的成长期,主要的产品变化让位于价格、质量、各个组成部分以及提供方式的竞争,即流程创新比产品创新更加重要,例如,对于处在成长期的某旅游景点来说,

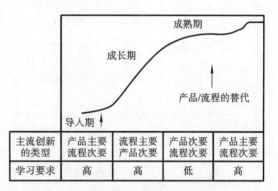

图 3-13 旅游产品生命周期中创新的类型
(根据 Nadler 和 Tushman,1986.)

通常经历的产品改造和项目更新包括增加游乐项目、引入新的景点解说方法、改造景区内餐饮、零售等服务设施。在产品生命周期的成熟阶段,由于市场需求逐渐趋于稳定,旅游企业往往会致力于市场营销;与此同时,产品创新与流程创新都有着越来越重要的意义,产品或流程中的较小的改变,都可能导致费用的明显降低以及质量的大幅改善。基于市场需求的不同表现形式的产品或流程创新,可以有效延长旅游产品的生命周期,延缓其衰退期的到来。

(2)旅游产品创新的主要方法。旅游产品创新的开发是以"旅游者的需求以及满足这种需求的可能性"和"具有开发与发展这种新产品的技术"为基本前提的。国内学者崔凤军(2002)认为,旅游产品创新的实质是吸引力的提升,也就是旅游产品市场竞争力的提升;核心是旅游产品竞争力因素的创新。

旅游产品创新方法在很大程度上决定着新产品开发成果的质量和前途,因而是旅游新产品开发的基础和先导。旅游产品的创新方法很多,董观志(2000)提出了旅游产品创新的八种常见方法[②](见表3-3)。

表3-3　旅游产品创新的八种方法

序号	创新方法	操作要点
1	提问清单法	针对要创新的问题,周密思考,列出若干要提出的问题,形成一个提问的清单,然后对这些提问进行逐一探讨,寻求答案,从中得到创新构想

---

① Nadler D A,Tushman M L. A model for diagnosing organizational behavior[J]. Organizational Dynamics,1980(2).

② 董观志.旅游主题公园管理原理与实务[M].广州:广东旅游出版社,2000.

续表

序号	创新方法	操作要点
2	联想类比法	直接类比法,从与创新对象类似的事物中得到启迪,经发挥、创造得出的新方法;象征类比法,从向往的和从表面看难以实现的事物中得到启迪,形成的新方法;拟人类比法,将设计者置身于被创造的事物中,亲临其境,得到启迪,形成新的方法
3	头脑风暴法	针对某一个问题,召集5—10人参加,设1名记录员。会议时间一般定为1小时,会议室要布置得轻松、舒适,给人以愉快的感觉,整个会议过程中不准批评、议论别人提出的想法;提倡自由思考。鼓励新奇想法;提倡改进他人意见,或者结合别人的意见组合形成新的想法。可以采取默写式表达法和卡片式表达法
4	列举法	把要研究的对象所要涉及的问题全部列举出来,然后针对列举的问题提出改进的方法,从而形成一种新思路。如特性列举法、缺点列举法、希望列举法、困难列举法
5	要素组合法	通过重新组合形成新的创意
6	强行联系法	先列出一张现有产品的目录,然后把它们任意进行联系,并进一步考虑有无可能创造出新产品来,适合个人或小组进行
7	形态综合法	将要创新的问题所涉及的问题、因素特征都列出来,确定几个独立的因素及各因素包括的可能状态,加以系统分析组合,形成创新的产品
8	逻辑推理方法	运用逻辑推理方法,把要达到相同目的的不同手段或同类产品的不同特征一一列举出来,从中推断出大量构思,然后绘制出"逻辑思考树形图",按照这个图形列出许多可能方案,从中进一步优化,得出创新方案

(3) 旅游产品创新的操作流程。该流程主要由以下五个阶段构成。[①]

确定问题。对旅游产品的现状进行全面而细致的分析,了解其存在的问题。问题确定意味着创新的发展方向,决定了创新过程最后获得成果的价值量大小。

搜集意见。认真听取一线员工、旅游者、旅游经营者、旅游专家等主要利益相关方的意见,尽量搜集具有创造性的建议。

筛选方案。这是旅游产品创新流程中最关键、最重要的一环。它实际上是一个比较、分析和选择的过程。这一过程对创新决策者要求很高,一要对产品进行准确定位;二要进行可行性研究论证;三要做到决策果断而谨慎。

实施方案。特别注意为主要项目提供的辅助性设施和服务等配套建设以及细节的精致化管理。

评价与修正。对推出的新产品要跟踪调查,不断将信息反馈回来,从各方面了解产品的反映情况,并对不足之处及时提出修正。

(四) 旅游新产品的开发流程

针对旅游新产品的开发,主要包括机会确认、产品设计、产品试验和向市场推介4个步骤(Urban and Hauser,1980)。机会确认是指确认旅游产品系列中将来最有发展前途的开发项目。产品设计是指将一些好的想法转变为某种可以实现的形式,包括旅游产品特性的描述及用以促销的开发战略。如果设计方案可行,可在更大的范围内对旅游产品进行试验,

---

① 崔凤军.中国传统旅游目的地创新与发展[M].北京:中国旅游出版社,2002.

以确定它是否具有市场潜力,是否对旅游者具有吸引力。如果试验的结论也是积极性的,就可以将这种新产品向市场推介了。①

三、旅游市场激活与营销模块流程管理

(一)旅游市场的概念

旅游市场是现代化市场体系中的重要组成部分,是旅游商品供给者(企业)与旅游产品消费者(旅游者)相互作用,形成供求导向的旅游商品市场化交换的空间、经济过程等关系的总和。

旅游市场与其他商品市场一样,它的形成必须具备四个要素,即人口、购买力、旅游愿望和闲暇时间。这四个要素和市场的关系可用以下等式表示:

$$旅游市场=人口×购买力×旅游愿望×闲暇时间$$

这个等式表示:当等式右边任一要素为零时,即缺少任一要素,那么等式的左边也将是零,即没有形成市场。

(二)旅游市场的有效竞争和市场竞争手段

(1)旅游市场竞争的内容。竞争是激活市场、提高市场活动效率的关键。旅游市场竞争的主要内容包括争夺旅游者、争夺旅游中间商和提高旅游市场占有率三个方面。

争夺旅游者是旅游市场竞争中最核心的内容,旅游者越多,旅游产品的销售量越大,旅游企业的经济效益也就越好。

争夺旅游中间商,是指对从事转销旅游产品、具有法人资格的经济组织和个人的争夺。因为,各种各样的旅行社和旅游经纪人,是销售旅游产品的重要分销渠道。争夺到的旅游中间商越多,得到的支持越大,旅游产品销量就越多。

提高旅游市场占有率,也是旅游竞争的重要内容之一。旅游市场占有率有绝对占有率和相对占有率之分。旅游市场绝对占有率是指一定时期内,某旅游经营者所接待的旅游人数绝对量与同期该旅游市场总接待的旅游人数总量的比率。旅游市场相对占有率是指一定时期内,某旅游经营者的市场绝对占有率与同期、同市场范围最大竞争者的市场绝对占有率的比率。若旅游市场相对占有率大于1,则说明该旅游目的地国家、地区或旅游企业在市场竞争中处于优势;若旅游市场相对占有率等于1,说明该旅游经营者与最大竞争对手势均力敌;若旅游市场相对占有率小于1,则说明该旅游经营者在市场竞争中处于劣势。

(2)旅游市场的有效竞争。要保证旅游市场竞争的有效性,一方面要鼓励竞争,同时要充分利用规模经济。有效竞争是指既保持竞争活力又充分利用规模经济的竞争格局。旅游市场的有效竞争体现在两个方面:其一,从市场结构方面来看,主要标志是市场上存在很多的旅游产品的供给者和购买者;每个旅游产品的供给者都不占有市场很大份额;任何旅游企业或旅游企业集团都不存在"合谋"行为;新的旅游企业可以进入市场。其二,从市场效果方面来看,主要体现在:旅游企业存在着改进产品的市场压力;当旅游产品生产费用降低时,可使价格下降;在最有效率的、规模适当的旅游企业中进行生产集中;没有长期的旅游设备过剩;能避免旅游销售活动中的资源浪费。

在旅游行业中开展有效竞争,要注意两个方面的问题:一是要促进竞争,抑制垄断;二是

---

① 吴必虎.区域旅游规划原理[M].北京:中国旅游出版社,2001.

要限制过度竞争,保持竞争的有效性。

(3) 市场竞争手段。企业的市场竞争,是企业的一种市场行为,市场结构不同,企业的市场行为也就不同。市场竞争手段与市场结构是密切相连的。在旅游行业中,企业的市场竞争主要表现在以下几个方面。

旅游企业的价格竞争。旅游市场竞争通过旅游产品的供给者之间、需求者之间及供给者和需求者之间的竞争决定市场价格。供给者之间竞争的结果使市场价格在较低的价位上实现;需求者之间竞争的结果,使市场价格在较高的价位上实现。因此,当旅游产品供过于求时,旅游价格只能体现旅游企业或旅游经营者的生存目标即较低的供给价格;当旅游产品供不应求时,旅游价格可以体现旅游企业或旅游经营者的利润最大化目标,从而体现了较高的价格,但不能超过旅游需求的价格。旅游企业制定价格的原则,一方面是为了获得最大的利润,另一方面也是为了尽量限制新企业的进入。

旅游企业的非价格竞争。根据旅游企业和旅游产品的性质以及旅游产品的差异性,在旅游行业中,非价格竞争应占有重要地位。所谓非价格竞争,是指旅游企业在产品类型、产品质量、促销方法和手段等方面的竞争。非价格竞争,旨在通过扩大旅游企业产品(品种、质量等)与其他旅游企业产品的差异,来增加旅游企业产品的销售。旅游者和市场需求的多样性,为旅游企业开展非价格竞争创造了广阔的、有利的条件。旅游企业应注重旅游产品的特色,既能保证产品的销售,获得较好的收益,同时,也能起到限制企业进入的作用。

旅游企业的兼并。兼并是一家旅游企业收购或吞并另一家旅游企业而形成的资本集中。兼并是生产要素在企业间整体性流动,是社会资源存量调整的一种形式。旅游企业兼并的类型主要有横向兼并、纵向兼并和混合兼并三种。横向兼并是提供同种产品的企业间的兼并。如一家饭店兼并另一家饭店。纵向兼并是产品有连带关系的企业间的兼并。如一家旅行社兼并汽车公司。混合兼并是产品没有直接关系的企业间的关系。如一家旅游饭店兼并一家化工厂。企业兼并是企业出于生存和发展的需要;通过兼并,旅游企业可以扩大生产和规模,实现规模经济,以增强市场的竞争优势。

(三) 旅游市场营销流程系统概要

(1) 旅游市场营销流程系统的基础。营销调研与分析、营销战略规划制定、营销方案设计、营销方案实施、营销方案控制以及营销反馈是我们分析得出的旅游市场激活与促销模块的核心流程。显然,这是一个有着内在逻辑的流程系统,其中营销调研与分析是整个流程的基础环节,它不仅在向管理者提供市场营销管理所需信息方面发挥非常重要的作用,而且是消弭旅游者旅游体验与实际服务质量之间鸿沟的最有效途径。在整个社会经济结构的不断演进和旅游者日趋理性与成熟的背景下,营销调研与分析的预期收益将远大于其所耗费的成本(见图3-14)。

在营销调研与分析的过程中,互联网正发挥着日益重要的作用。这一工具主要从以下几个方面影响着营销调研工作[①]:它在很大程度上替代了图书馆和各种印刷材料作为二手资料的来源;其本身可以作为强大的数据收集工具;能为项目管理提供帮助,并可以为某一项目的小组成员彼此的及时沟通提供方便;可以被用来发送报告,使得营销调研与分析的结果能够以最快的速度提供给世界各地需要它的使用者。

(2) 旅游市场营销价值链中的主要利益相关者。旅游市场营销的目的,就是通过与重

---

① 小卡尔·迈克丹尼尔,罗杰·盖茨.当代市场调研[M].范秀成,等,译.北京:机械工业出版社,2000.

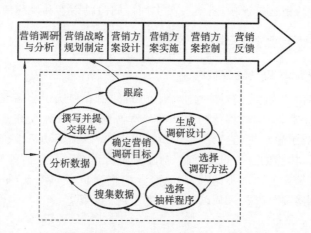

图 3-14　旅游市场营销流程系统的基础——营销调研与分析
（根据 McDaniel 和 Gates,1999.）

要的旅游者市场建立有特定价值倾向的关系,从而获利且营造旅游者满意。相应地,这一目标也必须在流程系统的过程设计与管理中得到切实体现。而这一目的的达成,仅靠营销部门是无法完成的,它们只有和组织内部其他部门密切合作,和组织的整个价值传递系统内的其他组织合作,才能给予旅游者卓越的服务与体验。因此,旅游市场营销流程系统实施的首要任务,是分析整个营销价值链中的主要利益相关者(见图 3-15)。

在通常情况下,旅游市场营销包括为旅游者提供旅游服务和产品,同时还必须面对竞争对手。而旅游供应商和其竞争对手都直接或间接通过中间商、营销(代理)商来向旅游者市场传播各自的信息。这一价值链条上的所有环节又都会受到营销环境力量的影响,这一力量主要包括四大环境因素:人口—经济环境、政治—法律环境、技术—自然环境和社会—文化环境。还必须认识到,这一链条上的每一环节都能够为下一级增加价值。因此,营销流程系统中与自身行为同等重要的是,整个价值链条对旅游者需要的满足程度。

(3) 旅游市场营销流程的本质。从营销调研与分析到营销反馈,旅游市场激活与促销模块的六个自有流程,都是围绕着营销目标、营销资源、营销方法或技术这三个核心而展开的,即选定最有利,同时也最能够达到理想效果的营销目标;确定由此所需要的营销资源,以便可以最大化影响目标市场;针对不同的目标旅游者群体,选择不同的营销方法和技术(见图 3-16)。

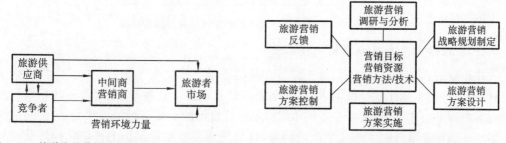

图 3-15　旅游市场营销价值链中的主要利益相关者　　图 3-16　旅游市场营销流程系统的核心

而最有效的营销方法和技术的选择过程,必须建立在对以下三个重要领域透彻了解的基础之上:目标旅游者市场及其需要;旅游企业所提供的产品和服务及该企业的特定业务需要;旅游产品和服务的销售渠道中,各类有关中间商的激励因素和反应要诀。

四、旅游者接待与服务模块流程管理

(一) 旅游者接待与服务流程概述

旅游者和旅游者行为是我们对旅游业流程分析的中心和认识旅游业流程的起点。作为分析和认识成果的反映,旅游者接待与服务的流程必须建立在对旅游者旅游动机进行研究和把握的基础上。对旅游动机的研究,可以包括以下内容:旅游动机、决策过程、产品或服务的满意度、旅游经历/体验的总体可接受性、旅游环境舒适感和与旅游地居民的相互关系。

在此基础上,旅游产业内部不同的部门、企业应根据自身的特点,制定出符合旅游者旅游动机的接待与服务流程。图3-17以旅游主题公园(董观志,2000)为例,具体说明了这一流程的构建过程。

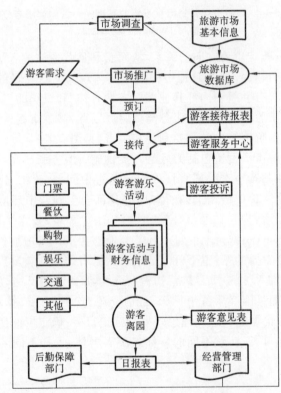

图3-17 旅游主题公园旅游者接待与服务流程框架

(二) 旅游产品和服务模块化技术①

旅游业进入体验时代,人们对于旅游产品的需求已经发生了质的变化。人们在购买旅行社产品时,越来越注重个性需求,他们会要求旅行社设计独特产品,这就是我们所说的个性化定制服务。因此,旅游企业不得不思考如何将自己的产品尽可能模块化,灵活应对顾客的需求。旅游企业通过大规模生产的构建,特别是旅游者经常购买的模块化构件获得规模效应,而将各式各样模块构件配置成旅游者设定的个性化商品又实现了产品的定制化。

---

① 李长江,苏繁,陈衡. 做好一个人的市场——定制营销的实现方法[J]. 经营与管理,2004(9). 参考引用。

因此,如何将旅游产品和服务模块化,以及将各个模块有效组合是旅游者接待与服务模块流程管理的核心技术。

五、旅游规划流程管理

(一) 旅游规划概念与要素

旅游规划是指在旅游资源调查评价的基础上,针对旅游资源的属性、特色和旅游地的发展规律,根据社会、经济和文化发展趋势,而对旅游资源进行总体布局、项目技术方案设计和具体实施(马勇,2002)。其中,经济、技术是规划开展的先决条件,正确处理旅游业发展与环境、旅游资源的保护之间的关系是旅游规划的前提。旅游规划的要素如图 3-18 所示。

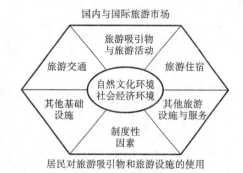

图 3-18 旅游规划要素图

(资料来源:史蒂芬·佩吉,保罗·布伦特,格雷厄姆·巴斯比,乔·康奈尔的《现代旅游管理导论》,2004 年,有改动.)

(二) 旅游规划的研究框架

作为一个整体概念的旅游规划,可以包括基础研究、战略研究、实施策略研究与专题研究四个不同层面的体系内容。各层面的具体描述及相互之间的逻辑关系如图 3-19 所示。

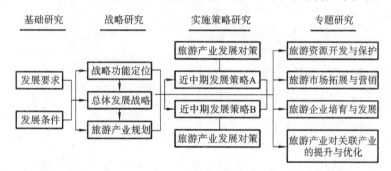

图 3-19 旅游规划的研究框架

(三) 旅游规划的流程管理

对于旅游规划的实施程序,世界旅游组织提出六个步骤,分别如下。①

第一阶段,研究准备。明确规划范围,组建规划队伍。规划队伍应由旅游学、社会学、市场营销、经济和财务分析、规划设计、基础设施规划、工程师及招标承包商、地理学与环境科学、律师、管理顾问等多学科的专家学者组成。

第二阶段,目标确定。在包括政府机构和当地居民在内的各方面密切合作下确定开发项目发展的预期目标,这个预期目标在规划制定过程中可以根据反馈信息加以修正。

第三阶段,可行性分析。这个阶段要采取定性与定量相结合的方法,进行开发项目的实地调查和综合分析。实地调查内容包括市场形势、旅游设施的现状、道路交通和基础设施、土地利用现状、社会经济发展模式、旅游项目开发现状、自然文化环境特征、政府发展政策和计划现状以及地方的投资能力。从而进一步决定旅游地发展的主要机会、问题和制约条件,

---

① 董观志.旅游主题公园管理原理与实务[M].广州:广东旅游出版社,2000.

以及社会、经济和环境承载力。根据市场预测、成本与效益估算，对开发项目进行财务分析，对国民经济评估、投资风险及不确定性进行研究，决定开发项目的盈利能力、负债清偿能力、投资回收期、社会效益、内外部经济与不经济。

第四阶段，制定方案。旅游规划方案包括政策制定与操作规程两个方面。政策制定方面包括经济、立法、环境保护、投资政策的制定等；操作规程方面包括土地规划、市场营销计划、人力资源配置等。

第五阶段，方案评价与选择。方案的评价与选择一定要注意平衡区域与开发项目之间的利益关系，兼顾当地居民、企业与政府的目标和利益。对于方案的评价一般采用损益分析、目标实现矩阵和规划平衡表等方法。

第六阶段，方案实施与调整。在规划制定过程中必须考虑实施各项规划内容的措施，这些措施包括制定分区规划原则、旅游设施设计标准、编制开发计划、分析相关社会性因素等，在规划大纲中应分别予以说明，同时要对开发项目发展和环境进行不断监测，以确保开发项目按照规划方案循序渐进，达到预期目标。

结合上述六个步骤以及实际情况，我们认为旅游规划的一般流程框架应如图3-20所示。

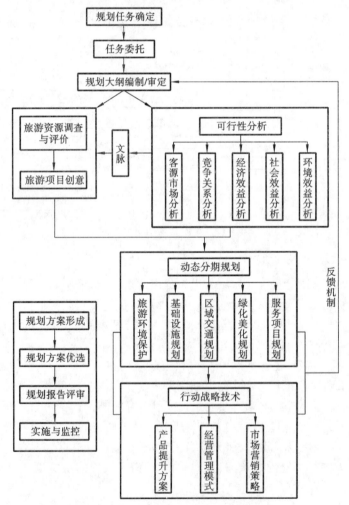

图 3-20　旅游规划的一般流程框架

第三节 旅游流程型组织的管理

一、流程型组织的定义和特点

流程型组织的定义很多,本书认为流程型组织就是以顾客满意为目标,以组织的各种流程为基础来设置部门,决定分工,从而建立和完善起来的有机职能组织。图 3-21 显示了传统组织形态向流程型组织转化的过程。在这一过程中,组织关键流程与职能部门的关系进行了再造,流程型组织中原有职能部门的设置功能弱化,原先存在于各个职能部门内部的资源被释放出来,借助信息平台搭建的组织内部信息网络,根据市场机会进行灵活的资源集散。

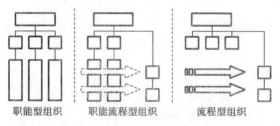

图 3-21 传统组织向流程型组织转化的一般流程
(根据梅绍祖和 James T. C. Tend,2004.)

流程型组织的特点:第一,优化的组织结构。流程型组织管理幅度宽,管理层次少,呈现了"扁平化"的趋势;其流程横贯不同部门,流程团队往往由不同专业的人员组成,团队与团队之间不存在较大的专业化区别。这样的组织结构尤其适合于地区分布广阔、人员组成复杂的组织。第二,合理的权责制度。流程型组织是能够应对非程序化任务的柔性组织结构,强调对流程节点的监控,比较适应多变的现代企业环境。流程型组织兼有集权组织结构和分权组织结构的优点,总部是投资中心,其各个流程分部是利润中心。第三,合作的组织成员。流程型组织致力于培养员工多重的忠诚度,要求员工为自己的生涯规划负责,组织对个人和团队的贡献进行奖励。组织中以知识型员工为主,他们乐于承担责任,寻求发挥其职业技能的工作。第四,协调的领导方式。流程型组织的高层管理者要求有适应变化的柔性领导能力,能够迅速进入角色,根据每一次任务的性质和难易程度实施领导职能,统筹协调流程的全过程。同时,流程型组织的管理者具有能够带领组织共同学习的能力。第五,高效的工作平台。流程型组织一个突出的特点是以信息平台为基础,组织的人流、物流、资金流和信息流等要素的流动通过信息网络进行传播和处理,实现了精确、快捷和高效。

二、旅游流程型组织的构建

建立流程型组织大致有以下几个步骤(见图 3-22)。

（一）寻找核心流程

核心流程是集成组织的各个核心竞争力的流程。比如旅游开发设计公司以旅游规划设计为核心流程;大多数旅行社以旅游销售和旅游接待作为核心流程。需要指出的是,核心不

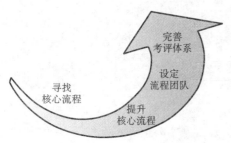

图 3-22 流程型组织建立的一般流程

是唯一的,一方面,组织的核心竞争力是综合的,因而核心流程也可能是多样的;另一方面,各个流程相互交错,组织的核心流程可能由多个子流程支持。

寻找企业的核心流程对于企业认识和强化自身竞争力具有十分重要的意义。旅游企业的有限资源应该集中在关键的业务当中,企业的其他业务流程要围绕核心流程进行。界定企业的核心流程有以下几种方法。

(1) 根据业务现状界定。组织在长期发展过程形成的流程结构具有一定的合理性和稳定性,在这样的流程体系中,某些流程自然地确立了其核心地位,它们对组织的现实贡献最大,具有较大的增值能力,可能是组织的核心流程。

(2) 根据发展战略界定。组织制定的发展战略对组织结构和职能设置具有决定作用。如果组织的战略定位或业务范围进行重大调整,则核心流程的确定就要根据未来的发展方向而定了。

(3) 根据顾客价值界定。旅游企业就是要通过流程的运作来寻找和满足顾客的要求,不同的流程对顾客的重要性和影响力是不同的。根据顾客关注的流程或者决定顾客满意的流程来确立核心流程是一种基于顾客导向的方法。

(二) 提升核心流程

提升核心流程的方式有两种,一种是原有流程的优化;另一种是进行流程再造。关于流程再造的问题将在本章第四节进行详细介绍;而关于流程的优化,现行比较常见的方法有以下几种。

(1) 准时生产(JIT)。准时生产的核心思想是消除一切无效劳动,杜绝浪费。在流程体系中采用拉动作业,只当下一道工序有需求时才开始按需求生产。提升核心流程就是要使核心流程按需求进行,减少不必要的流程运作。

(2) 精益生产(LP)。精益生产是准时生产的延续,它以供、产、销三方紧密协作的一种相对固定的关系为实施背景。精益生产要求各种资源按最优比例配置,实现生产的精益化。

(3) 全面质量管理(TQC)。全面质量管理强调全员参与、全员互动、全流程优化。全面质量管理通过对企业全部流程的提升和完善来实现核心流程的提升。

(4) 约束理论(TOC)。组织受到资金、技术、人力和市场因素的制约,不可能无限度地提升自身流程。运用约束理论寻找流程提升的边界,树立提升标杆,制订合理的提升计划来实现流程的优化。

(三) 设定流程团队

要实现流程的优化和合理运作,就要为流程配置合适的员工,组建流程团队。流程团队的组成形式多种多样,按照存在时间的长短和任务的专业化程度可以分为以下 4 种(见图 3-23)。

(1) 长期流程团队。长期流程团队是长期存在的,是以团队形式完成非程序化工作的团队。针对某一流程,把具有不同知识结构、能力的人员从各个部门中抽调出来,组成长期的流程小组。这样的流程团队具有较高的默契程度和稳定性,工作效率比较高,且易于管理控制。

(2) 临时流程团队。旅游企业为了完成某项接待任务常常临时组建流程团队,流程结束后,团队成员回到各自的部门工作。这种流程团队机动灵活,人员多样,适合完成大型复杂的流程工作。

(3) 长期流程专员。长期流程专员是针对专业化程度高的流程而设置的流程团队。流程专员实施自我管理,对其他人员没有管理的权利,只有沟通、协调和提醒的责任。长期流程专员承担的任务往往不程序化,需要集中一个固定的力量来完成。

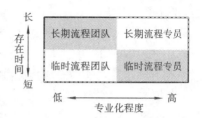

图 3-23 流程团队的类型

(根据梅绍祖和 James T. C. Tend,2004.)

(4) 临时流程专员。临时流程专员担负流程负责人的角色,对整个流程进行管理和监控,尤其是在组织结构变革时期,增设临时流程专员保证流程的正常运行和畅通。

旅游企业要根据自身的情况和需求,设立适宜的流程团队。

(四)完善考评体系

绩效管理是流程管理的重要方面。建立和完善流程型组织的绩效考评体系对激励员工、提高组织绩效具有促进作用。旅游企业在不同的发展阶段、不同的业务部门应该采用相应的考评体系。旅游流程型组织在设计考评体系时必须注重以下几点。

(1) 顾客导向。旅游企业是服务性组织,建立旅游流程型组织的最终目标在于提高顾客的满意度,从而提高组织的效益。因此,流程型组织尤为注重以顾客为中心的绩效考评,建立顾客参与考评体系。

(2) 业绩导向。绩效考评的核心在于员工所创造的价值,这一价值在很大程度上表现为员工的工作业绩。流程型组织的业绩导向考评是把员工的业绩同整个流程产出挂钩,促使成员在关注自身工作的同时也关注整个流程和其他同事的工作,有效培养团体意识。

(3) 团队导向。一个人的成功不代表整个流程队伍的成功,绩效考评要注重团队绩效,倡导团队协作文化。在考评中要为员工创造发展空间和机会、注重员工的自身进步和团队的协同效应。

(4) 全面客观。绩效考评要做到公平、公正,实现考评的全面客观。360 度考评体系是旅游流程型组织值得借鉴的考评方法。通过参考相关者的观点和视角,可以实现对某个员工绩效考评的客观全面。

第四节　旅游企业业务流程再造

一、业务流程再造的概念和适用条件

(一)业务流程再造的概念

业务流程再造(Business Process Reengineering,简称 BPR)最初于 1990 年由美国前麻省理工学院教授 Michael Hammer 在《Reengineering Work:Don't Automate,But Obliterate》一文中提出;其后于 1993 年,Michael Hammer 与 CSC Index 的首席执行官 James Champy 出版了《公司重组:企业革命的宣言》一书。此后,BPR 作为一种新的管理思

想,迅速席卷了整个美国和其他工业化国家,并开始在世界范围内风行。业务流程再造理论是近些年国外管理学界在 TQC(Total Quality Control,全面质量管理)、JIT(Just In Time,准时生产)、Workflow(工作流管理)、Workteam(团队管理)和 Benchmarking(标杆管理)等一系列管理理论与实践全面展开并获得成功的基础上产生的,是西方发达国家对已运行了 100 多年的专业分工细化及组织分层制的一次反思及大幅度改进。根据 Hammer 和 Champy 的定义,业务流程再造指的是对企业的业务流程进行根本性再思考和彻底性再设计,从而获得在成本、质量、服务和速度等关键指标上业绩的显著改善。另外,还有众多学者对业务流程再造做了不同的定义①,如表 3-4 所示。

表 3-4 业务流程再造的各种定义

作 者	时 间	定义或观点
Davenport	1993	提出企业流程创新的概念。认为流程创新是一种革命的新方法,这种方法通过使用信息技术和人力资源管理技术对企业的流程进行创新,可以极大地提高企业的成本、实践、质量等指标
Morrow 和 Hazel	1992	提出企业流程再设计的概念,即通过检查和简化企业关键流程中的活动和信息流,达到降低成本、提高质量和增大柔性的目的
Kaplan 和 Murdock	1991	提出核心流程再设计,即对企业运营进行根本性再思考,对其工作流程、决策、组织和信息系统同时以集成的方式进行再设计
Loewenthal	1994	提出组织再造,强调以组织核心竞争力为重点,对业务流程和组织结构进行根本性的再思考和再设计,以达到组织业绩的巨大提高
Grover 和 Kettinger	1995,1999	提出企业流程变化管理的概念,并发表文章认为 BPR 已经进入了企业流程改变管理的阶段,连续性的改变显得越来越重要。企业流程变化管理是一种战略驱动的组织变革,是对企业流程的改善和重新设计,通过改变管理、信息、技术、组织结构和员工之间的关系,使企业在质量、响应速度、成本、柔性、顾客满意度、股票价值以及其他重要流程业绩方面取得优势

从以上不同角度的定义中,我们可以看出,业务流程再造的核心是面向顾客满意度的业务流程,而其基本内涵是以流程为中心,摆脱传统组织分工理论的束缚,提倡顾客导向、组织变通、员工授权及合理运用信息技术,以达到适应快速变动的环境的目的。

(二)业务流程再造的特点②

(1)以柔性、扁平化和团队为基础的新组织结构取代传统的层级式结构。以信息技术和高素质的人员为依托,削减了繁杂的中间组织,使权力由上向下移动。同时,顾客被纳入新流程,权力从企业内部向外部顾客转移。

(2)企业将原来因任务分工而被分割的流程重新整合为面向客户的完整流程,由一个工作小组共同完成,以利于信息共享,简化交接手续,缩短时间。另外,还可将多项生产或服务程序、步骤同步进行,以提高流程的效率。

(3)强调信息的共享与及时获取,加强了企业与顾客及企业经营与职能部门的沟通。网络技术在新流程的应用,使企业获得了共同的信息平台,加强了企业内外部之间的交流与联系。

---

① 王田苗,胡耀光.基于价值链的企业流程再造与信息集成[M].北京:清华大学出版社.2002.
② 刘萍萍,韩文秀.业务流程再造(BPR)及其应用[J].天津工业大学学报,2002(6).

(三)业务流程再造的适用条件

流程再造是产生在一定的适用条件之下,只有在明晰市场形势变化,确定需要重新决定竞争战略和市场定位时,流程再造的必要性才会充分显现出来,其实施才会取得真正的收益。因此,在判断是否需要进行流程再造时,认清企业的经营和管理战略异常重要。通常情况下,可用于判断企业是否需要实施流程再造的战略因素包括[①]:认识到竞争对手将在成本、速度、灵活性、质量及服务等方面产生优势;建立增强运营能力所需要的新的愿景或战略;有重新评估战略选择的需要,进入新市场或重新定位产品与服务;现有的核心业务流程基于过时的管理假设或技术基础而建立;企业的战略目标似乎无法实现;市场变化,如失去市场份额、新的竞争对手、新的竞争规则、产品生命周期缩短、新的技术得以应用等。

(四)业务流程再造的类型

不同行业及不同性质的企业,其业务流程再造的形式不是完全相同的,应根据经营战略、竞争策略和业务处理的基本特征及可利用的信息技术的水平来选择实施不同类型的业务流程再造。

(1)功能内的业务流程再造。指对职能内部的流程进行再造。在原有的旧体制下,各项职能的管理机构重叠、中间层次多,而这些中间管理层一般只执行一些非创造性的统计、汇总、填表等工作;在新环境下,信息和网络技术的应用完全可以取代这些业务而将中间层进行压缩。

(2)功能间的业务流程再造。指在企业范围内,跨越多个职能部门边界的业务流程再造。比如在组织机构内,以项目和目标为管理的基本单位,打破原有部门的界限,实行团队管理。

(3)组织间的业务流程再造。指发生在两个或两个以上企业之间的业务流程再造。比如旅游企业同其供应商之间进行协作,通过采用共享的数据库等信息技术,将旅游企业的经营活动与供应商的经营活动连接起来,在许可的范围内对双方的服务和销售计划及实施状况进行一体化管理。这样便可实现对整个旅游企业供应链的有效管理,缩短经营周期,减少非生产性成本和简化工作流程。

二、旅游企业业务流程现状分析

在本章第一节中,对于旅游业流程中存在的问题,已经给出了定性的描述,主要集中在主体不清、流程过细和推动不足三大方面,这是从产业的宏观角度得出的结论。

(一)旅游企业整体流程分析

旅游企业长期以来基于分工而建立起来的专业化职能部门在初期的确起到了使企业工作权责明确和环节有序的作用。但随着商业环境和市场背景在信息化时代发生了根本性变化,竞争要求企业以最低的成本、最高的效率、最好的产品和服务来满足瞬息万变的消费者需求,在这样的背景下,顾客(Customer)、竞争(Competition)、变革(Change)(简称3C)已经成为现代企业生存和发展的三个重要因素。而原有体制下旅游企业的业务流程却远不足以达到这一要求,主要有以下几点表现。

(1)管理方面。组织机构庞杂、重叠;某些旅游企业迫于竞争压力而采用新的经营方式,但却往往忽略组织结构的配套变革,使企业结构变得更加狭长,内部交易成本和管理费

---

① 张继焦.价值链管理:优化业务流程和组织,提升企业综合竞争能力[M].北京:中国物价出版社,2001.

用更加高昂。

（2）生产和服务方面。旅游企业深受工业时代规模化和同质化观念的影响，生产和服务流程的设计偏向于以一种模式来处理服务过程中发生的所有问题，这与旅游需求本质上的多样性是相互矛盾的。而且企业的这一流程属连续性的流程，每一工作环节有着严格的先后顺序，任何的环节故障将很容易对工作的运转效率和输出结果产生严重影响，不利于旅游企业多样化旅游产品及服务的提供，阻碍了旅游者有效满足的获得。没有部门或员工负责整个业务流程，各项产品和服务都是由各部门共同提供，采用的是"全员式"服务模式，极易滋生本位主义和造成经营运作成本的居高不下。

（3）财务方面。由于财务信息系统多数没有实现与整个旅游企业信息管理系统的对接，企业财务管理人员的手工劳动仍大量存在，无法提高财务预算、分析能力及财务监控的有效性。不少旅游企业仍停留在对业务的事后核算的层次，财务管理缺乏动态性。

（二）旅游企业关键流程的诊断与分析

（1）关键流程的判定。关键流程是企业业务流程中的核心问题流程。正是因为关键流程的存在使得企业的流程管理出现了问题，同时也引致了其他流程问题。关键流程应该是运转出现问题，绩效表现低下，流程地位又相对重要的流程。因此，找出关键流程，并为其制定相应的改进措施是一项重要的工作。本书将介绍两种关键流程的判定方法。

第一，绩效—重要性矩阵。绩效—重要性矩阵以流程的绩效表现为纵坐标，以流程的重要性为横坐标（见图 3-24）。从图 3-24 可以清楚地看出，流程 B 的重要性很高，但是绩效表现又很低，应该是进行流程再造的对象；相比较而言，流程 A 的重要性程度不高，绩效又表现良好，像这种流程进行再造对整个流程系统的优化所起的作用不大。

第二，需求程度—准备程度矩阵。在流程再造的过程中，对于某个流程，员工或者企业要求再造的程度是不一样的；而且改造需要做前期准备，这种准备的程度也是不一样的。如图 3-25 所示，横轴代表流程再造的准备程度，纵轴代表流程再造的需求程度。流程 A 的再造需求比较高，前期的准备工作也做得比较好，是进行再造的优先选择。

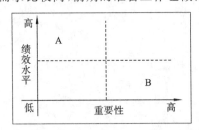
图 3-24 关键流程绩效—重要性矩阵

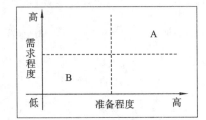
图 3-25 关键流程需求程度—准备程度矩阵

（2）关键流程的诊断与分析。流程的诊断与分析分为六个步骤：流程环节分解、寻找关键点、因果分析、比较分析、分析总结、提出改进方案。

三、旅游企业业务流程再造的原则与实施体系

（一）旅游企业业务流程再造的原则[①]

（1）以顾客满意为中心目标。旅游者及其行为是旅游业流程分析的中心和起点。旅游

---
① 张继焦.价值链管理：优化业务流程和组织，提升企业综合竞争能力[M].北京：中国物价出版社.2001.

企业的业务流程再造更应时刻以顾客满意为目标和原则。这里的顾客不仅指企业外部的顾客，还包括内部的员工和相互之间有业务联系的部门；不仅指通常意义上的旅游消费者，还包括该旅游企业价值链和供应链上的合作伙伴。只有将以上各方都纳入企业"顾客满意"的流程体系，才能再造出可增值及真正有增值潜力的旅游企业流程。

（2）全面关注业务流程的系统优化。过往旅游企业强调的是功能齐备的组织结构和职能部门，而业务流程再造则重视以顾客满意为中心的流程设计以及并行管理的模式。组织机构为流程而定，而非流程因组织而定；整个企业的业务以流程为中心，并将业务流程分化为一个个任务，同时进行。

全面关注业务流程的系统优化，还要讲求集成化和简约的流程设计和管理理念。

（二）旅游企业业务流程再造的策略

（1）取得高层支持。来自国际上对业务流程再造的研究资料表明，高层管理者持续性的参与和明确的支持是企业业务流程再造的关键成功因素（Key/Critical Success Factor，简称 KSF/CSF）之一。因为业务流程再造是一项跨功能的工程，是改变企业模式和人的思维方式的变革，必然对员工和他们的工作产生较大影响。特别是再造常常伴随着权力和利益的转移，有时会引起一些职员尤其是中层管理者的抵制，如果没有管理高层的明确支持，则很难推行。

（2）选择关键流程。旅游企业应定期或不定期地对企业各方面的管理要素进行研究，以最需要改进的局部流程作为关键流程，来实现业务流程再造的持续循环。因为，在一般情况下，一次性再造所有业务流程会导致其超出企业的承受能力。所以，在实施业务流程的再造之前，要选择好对象。应该选择那些可能获得阶段性收益或者是对实现旅游企业战略目标有重要影响的关键流程作为再造的对象，使企业尽早地看到成果，在企业中营造乐观、积极参与变革的气氛，减少人们的恐惧心理，以促进业务流程再造在企业中的进一步推广。

（3）授权于操作者。在旧式管理方式中，操作者、督导者和决策者是严格区分的。这是基于一个传统的管理学假设，即认为一线的操作者没有足够的时间、眼界和知识来做出决策，监控流程。这种假设也构成了整个等级制组织结构和管理体制的基础。由于旅游产品和服务的自身特性，在旅游企业中，一线的操作者对于向消费者成功的递送价值具有决定性的作用。因此，在旅游企业的业务流程再造中，应让操作者有工作上所需的决策权，进行自我管理和自我决策，以消除信息传输过程中的延时和误差，提高对客服务流程的质量，同时这对于操作者本身也具有很大的激励作用。

（4）建立沟通渠道。从旅游企业决定实施业务流程再造开始，企业管理层与员工之间就要不断进行有效的沟通。要向员工宣传再造带来的机会和利益，同时也要如实说明再造对组织机构和工作方式的影响，特别是对他们自身岗位的影响及企业所采取的相应解决措施，以尽量取得员工的理解与支持。如果隐瞒可能存在的威胁，则有可能引起企业内部动荡不安，从而使潜在的威胁成为现实。

（三）旅游企业业务流程再造的实施体系

旅游企业业务流程再造的实施结构可以被设想成一种多层次的立体形式，即整个业务流程再造实施体系由观念再造、流程再造和组织再造三个层次构成。其中，以流程再造为主导,而每个层次内部又有各自相应的步骤过程,各层次也交织着彼此作用的关联(见图 3-26)①。

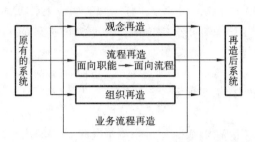

图 3-26 旅游企业业务流程再造实施体系图

每个层次内部相应的实施步骤系统,以流程再造层次为代表,其过程如图 3-27 所示。②

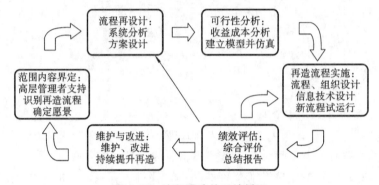

图 3-27 流程再造的系统循环

对于业务流程再造实施体系中的观念再造和组织再造,则主要包括以下工作。

(1) 旅游企业业务流程再造的观念再造。要在旅游企业内部树立实施业务流程再造的正确观念,使员工理解业务流程再造对于企业管理的重要性。其中主要涉及三方面的工作:第一,组建业务流程再造小组。由于业务流程再造要求大幅度地变革基本理念、转变经营机制、重构组织形式,这就需要有很好的管理和组织上的保证。第二,内部人员沟通。进行有针对性的系统培训和广泛的有关旅游企业业务流程再造的知识共享;协助员工从客观的和企业长远发展的角度出发,来认识业务流程再造的意义,以避免由于员工的不认同而造成对业务流程再造的抵触情绪;并进一步结合业务流程再造的进度开展多种形式的沟通活动。第三,设置合理目标和激励系统。给业务流程再造活动设置一个明确的目标,常见的目标有降低成本、缩短时间、增加供应、提高质量、提高顾客满意度等;同时,通过合理的激励系统来保证并强化员工对业务流程再造的逐步接受,通过群体合力塑造企业的新文化。

(2) 旅游企业业务流程再造的组织再造。组织再造的目的是给流程再造提供制度上的保证,并追求不断改进。其一般包括两项基本内容,一是职能解析,二是管理过程分析与再造。职能解析,是指确定企业所应具备的基本职能和为实现基本职能所需执行的工作内容。管理过程分析与再造,即对为实现基本职能所进行的活动的顺序分析,找出不合理部分,进行重新构建,以使活动更加有效。

---

① 张继焦. 价值链管理:优化业务流程和组织,提升企业综合竞争能力[M]. 北京:中国物价出版社,2001.
② 朱友芹,张新龙,夏国平. 基于全生命周期的企业流程再造(BPR)模型框架[J]. 工业工程,2002(2).

需要说明的是,旅游业的流程化管理与其自身的信息化进程是密不可分的。旅游业的流程化管理一方面是产业运行和企业经营发展的需要,这是需求推动的一面;另一方面则是由于信息技术的发展及信息化的不断深入,提供了技术支持,这是技术推动的一面。只有这两者的作用相结合,才能保障和促成旅游业流程化管理的顺利开展。

思考与练习

1. 什么是旅游业价值链活动,如何再造旅游业流程?
2. 旅游业具有哪些功能模块,如何实现模块化管理?
3. 什么是流程型组织,如何构建旅游业流程型组织?
4. 互联网如何影响旅游业的流程型组织再造?
5. 物流网如何影响旅游业的流程型组织再造?
6. 实地考察旅行社,提出旅行社流程型组织的构建方案。

第四章

旅游的标准化管理

学习目标

了解旅游业标准化管理的可行性与功能;理解旅游业标准化管理的任务;认识旅游业标准化管理的实施体系;熟悉旅游企业标准化管理体系;掌握旅游企业与行业进行质量管理的方法。

核心概念

标准;旅游业标准化管理;旅游业标准体系;旅游服务质量;服务质量体系;过程模式;PDCA 循环;全面质量管理

第一节 基于标准化的旅游管理

一、标准与旅游业标准化管理

标准是对重复性事物和概念所做的统一规定,它以科学技术实践经验的综合成果为基础,经过有关方面协商一致,由主管部门批准,以特定的形式发布,作为共同遵守的准则和依据(魏小安,1998)。为在一定的范围内获得最佳秩序,对实际的或潜在的问题制定共同的和重复使用的规则的活动,称为标准化。它包括制定、发布及实施标准的过程。标准化的重要意义是改进产品、过程和服务的适用性,防止贸易壁垒,促进技术合作。"通过制定、发布和实施标准,达到统一"是标准化的实质;"获得最佳秩序和社会效益"则是标准化的目的。

旅游业标准化管理是指在标准意识的指导下,在遵循标准化发展规律的基础上,针对旅游产业生产经营的全过程和主导要素,通过规范化的管理制度,统一的岗位服务项目、程序、技术标准以及预期目标的设计与培训,来向旅游产品及服务的消费者提供可追溯和可检验的重复服务的管理活动与过程。旅游业标准化管理植根于旅游业的生产实践,并以改进和提高旅游产品和服务质量,更好地满足旅游者需要为目标。

与国际水平相比,中国的旅游服务远未标准化。为顺应世界服务经济发展趋势,国际标准化组织专门颁发了 ISO9004-2《Quality Management and Quality System Element》,其中第二部分为《Guidelines for Service》,中国国家技术监督局于 1995 年 6 月 1 日正式实施与该标准完全等同的中华人民共和国国家标准 GB/T19004.2《质量管理与质量体系要素第二部分：服务指南》。[①]

旅游业标准化管理依据的有关标准和规范既来源于实践，又指导和服务于实践。与行政管理、经济管理等其他方面制定的法律和规章不同，标准化管理所依据的这些标准、规范是以相应领域和范围的生产实践和顾客需求为基础，以科学理论和先进思想为指导，确定一定范围的重复性事物和现象的技术准则和技术设计，是一种技术性的要求。这种技术要求由旅游业有关方面的生产和服务遵照执行，可以形成一定的技术效果和产品质量，减少无效劳动和资源浪费，提高劳动生产率和资金效益。从这样的意义上来看，旅游标准化管理既是一种行政管理手段，也是技术管理手段。

随着社会主义市场经济的深入，市场经济的规则将促使法规逐步健全，而旅游业行政管理手段会趋于弱化。作为法规和标准化两种主要的管理方式之一，旅游业标准化管理将是旅游行业管理的主导。多年的旅游行业管理工作实践证明，政府主导的旅游行业管理的本质，就是如何使法规和标准化双轨制管理有效运行，即一方面要加强法规的建设，另一方面要推进旅游业的标准化工作。

根据国际公认的准则和标准化法律法规的阐述，严格意义上的"标准"是由标准化组织或者政府部门制定颁布的具有技术法规性质的文件，根据制定发布的组织机构以及适用性的不同，可分为国际标准、国家标准、行业标准、地方标准和企业标准五类。作为技术法规的这些标准，其文件格式、审查修订、印行发布都有严格的要求，要按照标准化法律法规和专门制定的《标准化工作导则》执行。按照政府部门的职责分工，国家质量监督检验检疫总局（现国家市场监督管理总局）是国务院标准化工作行政主管部门，该局标准化司负责有关工作；各行业行政主管部门是行业标准化工作的主管部门，国家旅游局（现文化和旅游部）负责主管旅游业标准化的有关工作并领导旅游行业的标准化管理。地方标准由省级标准化行政主管部门负责制定，报国务院标准化行政主管部门和国务院有关行业主管部门备案，在本省级范围执行。

政府部门制定颁布的关于旅游业的标准可以是国家标准，也可以是行业标准，其区别在于两者的等级。如《旅游饭店星级的划分与评定》和《旅游景区质量等级的划分与评定》是国家标准，而《旅行社国内旅游服务规范》则是行业标准，分别由国家质检总局（现国家市场监督管理总局）和国家旅游局（现文化和旅游部）批准发布，并分别以汉语拼音字母"GB"和"LB"为标准的代号。根据《中华人民共和国标准化法》的规定，地方标准不光适用范围较小，其范畴也限于国家标准和行业标准还没有规范的某种工业产品的安全和卫生要求方面，所以不存在旅游业的地方标准。

根据标准化法律法规的要求，按照约束力的不同，标准分为强制性标准、推荐性标准和标准化指导性技术文件三类。在国家标准和行业标准当中，保障人体健康和人身、财产安全的技术要求，其他法律法规规定的通用术语、符号、方法，国家需要控制的重要产品和工程建设标准等，都是强制性标准。此外，按照《关税及贸易总协定》的规定，保护国家安全、防止欺诈行为、保护动植物的健康或安全等方面也应纳入强制性标准的范畴。在强制性标准以外的其他国家标准和行业标准，都是推荐性标准。强制性标准和推荐性标准代号上以后者在首两位标准代码字母后加"/T"区别。强制性标准必须不打折扣地遵照执行，推荐性标准不

---

① 吴必虎.区域旅游规划原理[M].北京:中国旅游出版社,2001.

具备强制性标准的硬性约束力,只是政府鼓励企业采用,但推荐性标准也是先进的科学技术和管理经验的综合成果,代表着社会需求和发展趋势,对有关方面起着引导和指导作用,企业采用最新的推荐性标准将有利于加强内部管理,取得更好的经济社会效益。要注意在一定条件下,推荐性标准也会具有强制性标准的等同约束力。例如,行业主管部门对推荐性标准用行业规章的形式发布通知要求执行,这时该推荐性标准就成为强制性约束的标准。当企业把推荐性标准作为组织生产经营的依据,对外宣传承诺或者注明,该标准对该企业来说也是强制执行的,因为这个推荐性标准已成为检验产品是否合格的直接依据。目前的旅游业国家标准和行业标准都属于推荐性标准,但如果企业决定采纳,也就形成强制性,不光企业内部管理要按照标准严格执行,政府部门和社会各界也会按照标准去检查监督。

标准化指导性技术文件是为仍处于技术发展过程中(或为变化快的技术领域)的标准化工作提供指南或信息,供科研、设计、生产、使用和管理等有关人员参考使用而制定的标准文件。符合下列情况即可判定指导性技术文件:技术尚在发展中,需要有相应的标准文件引导其发展或具有标准价值,尚不能制定为标准的;采用国际标准化组织、国际电工委员会及其他国际组织的技术报告。

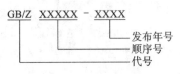

图 4-1 标准化指导性技术文件的编号规则

国务院标准化行政主管部门统一负责指导性技术文件的管理工作,并负责编制计划、组织草拟、统一审批、编号、发布。指导性技术文件编号由指导性技术文件代号、顺序号和年号构成,如图 4-1 所示。

根据标准的对象和作用,又可以将标准区别为基础标准和一般标准两大类,其中一般标准又可包括产品标准、方法标准、安全标准、卫生标准和环境保护标准等。基础标准是指在一定范围内普遍使用的,有指导意义的标准,在标准体系中起基础的作用,例如旅游业标准中已经颁布的国家标准《旅游业基础术语》。在基础标准以外的其他标准都是一般标准,按照它们的性质,又可以细分为技术标准、管理标准和工作标准三类。旅游业标准化管理的大量工作,主要是就旅游业的操作服务和管理展开,所涉及的主要是工作标准和管理标准,但也涉及清洁卫生标准、环境保护标准、工程建设标准等不仅适用于旅游行业的通用性技术标准。标准的基本分类体系如图 4-2 所示。

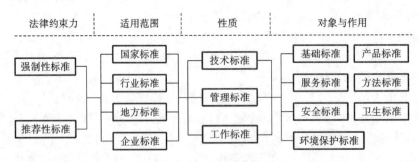

图 4-2 标准的基本分类

不在标准化法律法规的"标准"范畴,不属于严格意义上的技术法规,但同样是旅游业标准化管理的内容,还有旅游行政管理部门颁布的一些管理标准、服务规范和旅游企业自己制定的管理手册、操作要求等等。前者如国家旅游局(现文化和旅游部)制定的《中国优秀旅游城市检查标准》和1991年颁布的《旅游行业对客人服务的基本标准(试行)》,都分别是全国旅游城市和整个旅游行业的标准化管理的重要依据；后者在不少旅游企业普遍存在，特别是在较多学习和引进国际先进管理方式的旅游饭店当中，各部门岗位的工作规程都制定得比较详细。虽然这些工作规程并没有被称作企业标准，但在一定意义上具有"标准"的性质：员工必须学习自己岗位的工作规程并遵照执行，同一岗位的服务具有同样的规范，企业对员工的服务按照工作规范实施标准化管理。所以，作为企业生产运作的技术规范和管理规程，有关的管理手册和岗位规范等也可以看作旅游企业内部的技术法规，是旅游企业开展标准化管理，规范生产秩序和服务质量的依据。

二、旅游业标准化管理的基本原理与可行性

（一）标准化的基本原理①

1. 统一原理

统一原理就是为了保证事物发展所必须的秩序和效率，对事物的形成、功能或其他特性，确定适合于一定时期和一定条件的一致规范，并使这种一致规范与被取代的对象在功能上达到等效。

2. 简化原理

简化原理就是为了经济有效地满足需要，对标准化对象的结构、形式、规格或其他性能进行筛选提炼，剔除其中多余的、低效能的、可替换的环节，精炼并确定出满足全面需要所必要的高效能的环节，保持整体构成精简合理，使之功能效率最高。

3. 协调原理

协调原理就是为了使标准的整体功能达到最佳，并产生实际效果，必须通过有效的方式协调好系统内外相关因素之间的关系，确定为建立和保持相互一致，适应或平衡关系所必须具备的条件。

按照特定的目标，在一定的限制条件下，对标准系统的构成因素及其关系进行选择、设计或调整，使之达到最理想的效果，这样的标准化原理称为最优化原理。

（二）旅游业标准化管理的可行性

传统的观念认为，只有有形产品才适合导入成熟的标准体系进行管理，服务等无形产品并不适宜进行标准化管理。但随着经济的不断演进和服务活动自身的开展，服务的标准化管理已经成为不可逆转的趋势。1996年，第27届世界标准日的主题就是呼唤服务标准。而旅游业标准作为服务标准化管理的典范，更是我国服务业中较早借助标准化手段来推进管理工作的领域。实际上，旅游业向旅游者提供的服务这一特殊产品，其经营管理体制本质上是一种过程控制。这表现在，旅游业的每一个活动都可以被分解为若干个环环相扣、彼此承接又制约的服务过程，并伴随着严谨和细致的分工协作。著名的 ISO（国际标准化组织）TC/176 技术委员会所制定的 ISO9000 系列国际标准，在 2000 版本中采用了过程方法和 PDCA 循环相结合的形式，明显地体现出对服务行业的倾斜。

应当注意的是，作为一对永恒的主题，标准化与个性化从来都是相互依存的。二者存在着客观的历史进程顺序与逻辑关系，标准化的发展趋势之中就蕴含着个性化的因子；标准化是个性化的前提；个性化是标准化的归宿。具体到旅游管理领域，只有对旅游业标准化管理

---

① 资料来源：中国标准化信息网。

有了科学和全面的理解后,才有可能向旅游者提供个性化的服务,进而才有可能寻求标准化与个性化之间的均衡发展。标准化服务是工业社会大生产方式在服务领域中的反映和必然结果,更是由大众旅游时代相对稳定的旅游需求所决定的。从这个意义上讲,制造业领域的标准化生产与管理也成为旅游业标准化管理的前提,使得后者的出现和发展具备了必要性和可行性。相对于我国旅游业的发展实践,标准化管理应是中国目前根基性的基础工作和不可逾越的历史阶段。

三、旅游业标准化管理的功能

(一)旅游业标准化管理的产业管理功能

旅游标准在促进产业素质提高方面有着巨大的作用,已经成为旅游产业管理的一柄利器。

首先,标准化管理可以规范旅游产品质量,指导旅游供给与消费。服务行业的质量问题经常由于缺乏合适的评价尺度而引起纷争。旅游业制定的有关标准和规范对相关领域明确了质量的要求,提供了衡量和评价旅游服务产品的相应依据。一方面,旅游企业可以根据国家和行业标准及本企业的管理规范实施管理,衡量员工的工作质量;也可以根据有关标准的要求,组织旅游经营活动,提供相应的服务。另一方面,由于有相关的旅游设施和旅游服务标准作为依据,旅游者在选择旅游产品购买对象和享受旅游服务时有了指南,可以根据自身的需要和能力购买相应类型和级别的产品,也有可能对得不到规定的服务有标准为依据去投诉,通过司法救济,争取保障自己的合法权益。也正是从这一角度,旅游业标准化管理可最大限度地使旅游产品和服务的信息在旅游行为主体之间对称分布。

其次,标准化管理规范旅游经营活动,是建立正常旅游市场秩序的保障。旅游市场的运行如果没有一定规范,任由经营者随意吆喝,乱打招牌,必然造成经营秩序的混乱,对诚实经营和优质服务的企业和广大消费者造成损害。而标准化管理可以有效地规范旅游企业的经营行为,维护和改善市场经济秩序。

最后,标准化管理促进旅游产业与国际的接轨,从而提高产业整体水平。标准化管理是国际经济交流的技术接口。随着经济全球化趋势的发展,各国产品和服务标准的互相统一是国际贸易得以进一步发展的关键。作为一个涉外产业,旅游业国家标准和行业标准往往都要参照国际通行做法制定,与国际惯例相适应,而旅游企业本身的管理规范和操作要求,也需要借鉴国际先进经验,对有关的科学管理理论、现代科技知识和优秀实践经验加以系统总结。所以,标准化管理对于在旅游业采用国际服务语言,遵循国际惯例,引用国际先进管理方式起到重要作用,得到世界各国游客的欢迎,促进了国际旅游业的发展。相应地,与国际接轨的标准化管理又在相当程度上对规范国内旅游接待和提倡文明旅游行为方面有较大影响,引导了国内旅游整体水平的不断提高。旅游企业通过贯彻和实施标准,改进服务和管理,提高劳动生产率,降低经营运作成本,增加经济效益,进一步确立了企业的市场形象,增强了市场竞争能力。而推广和贯彻实施代表先进科技和管理经验的各项标准,对于推动旅游行业由粗放经营向现代化经营的不断进步,树立行业形象,也起到重要作用,并在不少方面影响了相关的服务行业,带动了服务行业整体水平的提高。

(二)旅游业标准化管理的制度创新功能和产业结构优化功能[①]

旅游业标准化管理是推动旅游产业和旅游企业制度创新的基本要素。标准化意味着旅

---

① 戴斌.饭店服务标准化进程研究[J].南开管理评论,2000(3).

游产品及服务相互之间差异性的减少,在极端的意义上,标准化会导致产品的无差异。而产品的无差异又是完全竞争市场赖以形成的必要前提。在一个接近完全竞争的市场上,旅游产品的任何一个生产厂商都不可能存在垄断利润。于是在利润最大化动机的驱动下,旅游企业就会或者尽最大努力扩大生产规模,或者向市场上提供更高质量的产品及服务,或者通过品牌化、集团化等制度创新与管理创新来"制造差异"。无论是哪一种情况,都会激励旅游市场竞争从低层次的价格竞争向以质量、品牌、管理模式等为核心的非价格竞争层次提升。

旅游业标准化管理还可以促进产业结构的优化变迁。一方面,标准化生产的必然结果是产业规模的扩大和服务价格的下降,于是越来越多的旅游者可以消费高质量的、可预期的旅游产品及服务;另一方面,标准化也使得旅游产品、服务趋于无差别化和行业利润趋于平均化,从而为服务个性化的发育提供了最为直接的动力。在寻求服务特色、保持竞争优势的市场压力下,旅游产品及服务的市场分割会越来越细。从产业结构角度而言,标准化加强产品及服务的供给厂商集中度,大型旅游企业集团在市场中居于主导地位。个性化却又给各具特色的小型企业留下了有效的生长空间,使之能够依靠个性化服务来抗衡集团化的压力。这样一来,结果是产业结构的集中化与分散化趋于并存,从而放大旅游者的选择空间。

(三)旅游业标准化管理在整个服务标准化中的标杆功能

我国旅游业近些年来的飞速发展,有力地带动了第三产业的发展,而旅游标准化工作对推动我国服务标准化进程也产生了积极影响,已经起到了事实上的带动作用。比如,饭店星级评定标准成功地将星级概念和星级评定制度引入我国旅游行业,产生了巨大的经济效益和广泛的社会影响。在此基础上,星级概念得到了进一步延伸,继星级饭店后,在我国又出现了 A 级旅游景区、星级农家乐、星级民宿客栈、星级厕所等。星级代表着优质服务的观念已经在全社会形成,对推动我国服务业的整体质量水平的提升发挥了积极作用。

四、旅游业标准化管理的任务

1989 年 4 月 1 日,全国开始实施《中华人民共和国标准化法》。2017 年 11 月 4 日,全国人民代表大会常务委员会审议修订了《中华人民共和国标准化法》,自 2018 年 1 月 1 日起施行。该法明确提出,标准化工作的任务是制定标准、组织实施标准,以及对标准的制定、实施进行监督。

2000 年 3 月 3 日,国家旅游局(现文化和旅游部)发布了《旅游标准化工作管理暂行办法》。2009 年 9 月 9 日,国家旅游局(现文化和旅游部)印发了《全国旅游标准化工作管理办法》。该管理办法明确指出,旅游标准化工作的任务是为实现我国旅游业发展的总体目标,建立和完善旅游业标准体系,制定标准、组织实施标准和对标准的实施进行监督,为旅游业的发展提供技术支撑和保障作用。

第二节 旅游业标准化管理体系

一、我国旅游业标准化管理体系的初步形成

我国旅游业标准化管理体系是逐步建立起来的。从旅游业管理与标准化的关系来看,分为三个阶段:一是改革开放后到 20 世纪 80 年代末,旅游行业管理主要借助行政法规和措

施,其优势是实施进程快、贯彻力度大,但也明显存在"头痛医头、脚痛医脚"的非系统性局限,而且不能够很好地实现国际接轨,从而影响到入境旅游的健康发展。二是1990年至2013年,旅游业管理转向依靠行政法规和旅游标准化工作共同支持的阶段,而且旅游业在很大程度上是外向型服务产业,特别需要标准化工作的支持。1989年4月1日实施的《中华人民共和国标准化法》,促进了旅游标准化工作的全面发展。三是2013年10月1日实施《中华人民共和国旅游法》以来,旅游业管理提升到有法可依和依法兴旅的阶段,旅游标准化工作进入全面执行法律法规的新阶段。

我国旅游业标准化工作是从评定星级饭店开始的。1988年8月,国家旅游局(现文化和旅游部)制定发布了《中华人民共和国评定旅游涉外饭店星级的规定》及《中华人民共和国评定旅游涉外饭店星级标准》,我国开始实行星级评定制度。国家质量技术监督局(现国家市场监督管理总局)于1993年9月1日正式发布了《旅游涉外饭店星级标准的划分及评定》国家标准,自1993年10月1日起执行。按一星到五星划分饭店等级,其中五星级标准最高。标准规定了旅游涉外饭店的星级分类和评定的原则、方法和要求。

2000年3月3日,国家旅游局(现文化和旅游部)发布了《旅游标准化工作管理暂行办法》。根据这个办法,组成了全国旅游标准化技术委员会(SAC/TC210),主要负责旅游领域的国家标准制修订工作,对口国际标准化组织旅游及相关服务技术委员会(ISO/TC228)。2000年11月,全国旅游标准化技术委员会根据国务院1998年机构改革"三定"方案中所确定的国家旅游局(现文化和旅游部)的主要职能和1993年国家质量技术监督局(现国家市场监督管理总局)批准的国家旅游局(现文化和旅游部)《旅游行业标准归口管理范围》(技监局标函〔1993〕529号),按照基础标准、设施标准、服务标准、产品标准和方法标准的5大类一般划分标准和吃住行游购娱6个要素、综合类的7大类旅游业构成要素划分标准,编制了《旅游业标准体系表》。

2009年4月17日,国家旅游局(现文化和旅游部)印发《全国旅游标准化发展规划(2009—2015)》,这是国家旅游局(现文化和旅游部)首次编制旅游标准化发展规划,从此,我国旅游标准化事业快速发展,基础性、规范性和引领性地位显著增强,较好地发挥了对旅游发展的支撑和保障作用。2009年9月9日,国家旅游局(现文化和旅游部)印发了《全国旅游标准化工作管理办法》,同时废止了2000年版的《旅游标准化工作管理暂行办法》,全国旅游标准化工作走上健康发展轨道。根据发展规划,国家旅游局(现文化和旅游部)重新编制的《全国旅游业标准体系表》,突破了原2000版体系表的二维模式,建立了框架较合理、分类较科学、覆盖较全面的旅游业标准体系表。新版体系表概述了修订工作的背景情况、指导思想、编制依据、主要作用、编制原则和标准体系的解释。建立了旅游业标准体系总框架和分体系框架,其中分体系框架分为旅游业基础标准、要素系统标准、支持系统标准和工作标准4个图表。对应于体系表,还列出了旅游业标准体系明细表,即旅游业已发布实施、正在制定或修订、计划发展的国家标准和行业标准项目。

2016年4月15日,国家旅游局(现文化和旅游部)印发了《全国旅游标准化发展规划(2016—2020)》(以下简称《规划》)。提出到2020年,我国旅游国家标准将达45项以上,行业标准达60项以上,地方标准达300项以上,新建200个以上全国旅游标准化试点示范单位。推动我国旅游从"景点旅游"模式向"全域旅游"模式转变。该《规划》提出,到2020年,我国旅游标准化工作的总体目标是:旅游标准化工作改革有效深化,体制机制进一步完善;支撑产业发展的旅游标准体系更加健全,标准质量水平显著提升;旅游标准实施效果明显增强,整体质量效益及其对旅游业发展的贡献大幅提升;旅游标准化发展基础更加坚实,标准创新能力和参与国际旅游标准化活动能力明显增强,我国迈入世界旅游标准强国行列。《规划》强调,未来5年,全国旅游标准化工作的主要任务是深化旅游标准化改革、完善旅游标准体系、提高旅游标准质量、增强旅游标准实施效果、夯实旅游标准化基础。同时明确了旅游标准化改革创新工程、旅游标准优化拓展工程、旅游标准实施推广工程、旅游标准化试点示范工程、旅游标准化基础优化工程5项工作重点。同时,全国旅游标准技术委员会对2009年版的《全国旅游业标准体系表》进行了修订(见图4-3)。新版标准体系表不再以生产要素作为分类标准,而是以业态、产品(服务)供应商类型、功能类别作为分类依据,划分为自愿性标准和技术性法规标准,这两大类标准区分为基础性标准(如术语、图形符号等)与非基础性标准。对于各旅游产品不再单独做标准,而是出现在旅游业基础术语中,以及旅游业态的标准中,鼓励产品开发的市场主体创意创新。

二、我国旅游业标准化管理实施体系的构成与职责

根据《中华人民共和国标准化法》《中华人民共和国旅游法》《中华人民共和国标准化法实施条例》《全国专业标准化技术委员会管理办法》和《全国旅游标准化工作管理办法》等有关规定,国家文化和旅游部是全国旅游行业标准化工作的行政主管部门,接受国务院标准化行政主管部门的业务指导,全面负责旅游标准的组织实施和监督检查。各级旅游行政管理部门应当在本行政区域内积极开展旅游标准的宣传、推广,加强对标准实施的监督检查。

(一)国家旅游主管部门的主要职责

(1)贯彻国家有关标准化工作的法律、法规、方针、政策,制定旅游标准化的实施办法。

(2)制定全国旅游标准化发展规划、年度计划和工作措施,建立和完善旅游业标准体系。

(3)负责全国旅游标准化组织机构的建设和管理,组织全国旅游标准化技术委员会(以下简称"旅游标委会")的换届、专家推荐和监督检查工作,负责分技术委员会的组建。

(4)负责旅游业国家标准的立项、制定、修订、审查、报送和复审工作。

(5)负责旅游行业标准的立项、制定、修订、审批、编号、发布和备案工作。

(6)组织旅游标准的宣贯、实施和监督检查。

(7)归口负责旅游标准化工作的国际交流与合作。

(8)指导地方旅游行政管理部门、旅游行业协会和旅游企业的标准化工作。

(9)组织全国旅游标准化人员的专业培训、考核和资格认证工作。

(10)组织旅游标准化研究成果的申报工作和旅游标准化工作的表彰奖励。

(二)全国旅游业标准技术委员会的主要职责

(1)研究分析旅游专业领域标准化的需求,提出旅游标准化发展规划、标准体系表,落实旅游业国家标准、行业标准的制定、修订项目计划。

(2)负责旅游业国家标准、行业标准的起草,组织标准草案的技术审查。

(3)负责旅游业国家标准的复审工作,提出标准继续有效、修订或废止的建议。

(4)参与强制性国家标准的对外通报、咨询和国外技术法规的跟踪工作。

(5)组织标准起草人员的培训,开展旅游专业领域国家标准、行业标准的宣讲、解释工作。

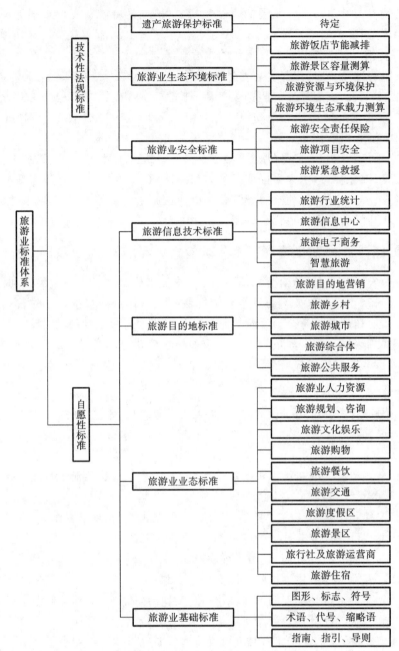

图 4-3 全国旅游业标准体系表

(6) 开展旅游标准化工作信息交流和咨询服务工作。

(7) 承担国际标准化组织旅游及相关服务技术委员会(ISO/TC228)的工作。

(8) 组织开展旅游标准化基础理论研究、学术交流活动。

(9) 负责管理分技术委员会。

(10) 每年至少召开一次全体委员会工作会议,并向国务院标准化行政主管部门提交年度工作报告和年度工作报表。

（三）自治区、直辖市旅游行政管理部门的主要职责

（1）贯彻国家标准化法律、法规和旅游标准化有关规定，制定本行政区域旅游标准化工作的具体实施办法。

（2）根据国家文化和旅游部的部署，制定本行政区域旅游标准化工作规划、计划。

（3）指导旅游地方标准的制定、修订工作。

（4）指导旅游企业和相关经营单位建立旅游标准化工作机构，开展标准化工作。

（5）组织开展旅游标准的宣传、培训和实施。

（6）对旅游标准实施情况进行监督检查。

（7）承担国家文化和旅游部委托的其他旅游标准化工作。

（四）旅游企业的主要职责

（1）贯彻执行国家和旅游行业关于标准化的法律、法规及方针、政策。

（2）组织实施有关的旅游业国家标准和行业标准。

（3）制定和实施企业标准，并报送当地政府旅游行政主管部门备案。

（4）开展标准化宣传培训活动，表彰奖励优秀企业标准成果和标准化先进个人。

第三节 旅游企业标准化管理体系

旅游行业的标准化管理体系为我国旅游企业管理的标准化提供外部标准化环境和理论参考。旅游企业在旅游业标准化管理体系的指导下，适应市场发展的需求，根据企业自身的情况也制定和实施了旅游企业标准化管理体系。

当前，我国旅游业发展已经进入了新的历史时期，旅游企业要发展壮大，企业内部的标准化管理必不可少。一方面，标准化管理使企业连锁扩张具备基本的模式；另一方面，标准化管理使旅游企业的服务质量得到保证。企业进行标准化管理大致经历建立——培训——试运行——评价与改进——正式运行五个阶段。

一、标准化管理体系的建立

建立标准化管理体系是旅游企业管理的一项战略性决策，决策的正确与否决定了企业未来的发展成败。旅游企业在建立标准化管理体系时，要考虑三个维度的要素：其一，企业自身状况。企业自身状况是指企业自身运营的情况和所具有的资源。要进行标准化管理，旅游企业应该能够稳定地提供符合法律法规要求和满足顾客需要的产品和服务。如果旅游企业自身提供的服务无法实现程序化和标准化，产品和服务的生产时有时无，那么企业进行标准化管理就可能起不到应有的作用。其二，企业环境状况。企业的环境状况主要关注行业的发展趋势和同业竞争的态势。如果行业发展呈现连锁扩张、合作经营的态势，标准化管理可以使旅游企业具备连锁扩张的管理基础。其三，企业市场状况。企业市场状况就是要预测旅游企业标准化所带来的顾客反应。旅游产品的消费者在要求产品标准化的同时，也追求产品的个性化，因此，旅游企业标准化管理体系的建立必须考虑消费者的这种心理，在标准化和个性化之间取得平衡点。旅游企业必须能够通过标准化管理体系的实施，达到提高顾客满意度的目的。通过对以上三个要素状况的评价与分析，旅游企业的管理者可以对

是否建立标准化管理体系进行决策。当完成决策之后,旅游企业就进入了标准化管理体系的设计和编制阶段。

旅游企业标准化体系的设计可以通过多方参与(见图4-4)来进行。在旅游企业标准化管理体系设计的过程中尤其要注重员工的参与,因为员工是企业标准化管理体系的直接执行者。强调员工参与,一方面可以提高标准化管理的可操作性;另一方面可以提高标准化管理体系的员工认同感。

旅游企业标准化管理体系是一种微观应用性的标准化体系,与旅游业标准化管理体系提供宏观指导控制和法规要求的功能不同,它要求标准化管理体系具有操作性。旅游企业标准化管理体系除了要规定具体流程的执行团队或个体、标准执行的责任和权限外,还要规定流程完成的细节、所要达到的效果、完成的时间等。图4-5呈现了酒店标准化管理体系所包含的子系统。

图4-4　旅游企业标准化管理体系的实施步骤

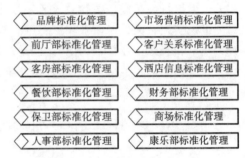

图4-5　酒店标准化管理体系的子系统

二、标准化管理体系的培训

(一)策划和建立阶段的培训

在这一阶段的培训要注重对管理层的培训,让管理层了解标准化的程序和原则等基础性的知识,同时提高全体员工对于企业所要进行的标准化建设的认识。

(1)应接受培训的人员。最高层管理者及其助手,部门管理者代表及标准执行班子成员,基层管理人员,参与标准化管理体系编制和审核的人员,外聘的相关专家和人员。

(2)培训的基本内容。国际标准化管理体系,国家相关标准和法律法规,行业标准和规定,同行业竞争者的标准化管理体系,企业对标准化管理体系建设的要求。

(二)运行和改进阶段的培训

由于建立起来的标准化管理体系是一个复杂而庞大的体系,要求每一位员工学习全部内容是不现实的,也是事倍功半的。此阶段的培训应注重专业化和细致化,针对不同层级的管理者和员工要有相应的培训内容(见表4-1)。

表4-1　培训对象和内容

培训对象	培训内容
高层管理人员	标准化管理体系框架和决策标准化管理
部门管理人员	所在部门标准化管理和执行程序
检查评审人员	标准化管理体系和审核机制
基层员工	所在岗位标准化管理和执行程序

三、标准化管理体系的试运行

任何体系的建立和完善都要经过"运行——改进——运行——再改进"这一持续改进的循环过程。试运行的目的在于识别和改进体系中存在的问题,确保按标准和质量管理体系文件的要求运作,并对标准化管理体系文件自身的适宜性进行识别和改进。旅游企业标准化管理体系的试运行一般经历以下步骤。

第一步:管理者审查。标准化管理体系建立完成之后,应该由旅游企业的管理者对体系文件进行全面审查,做到四个确认:确认体系的标准化是否具有科学性和操作性;确认体系的标准化是否包含全部内容;确认标准化体系是否符合企业自身情况;确认标准化体系是否建立了相应的审查程序。

第二步:体系实验。标准化管理体系的运行对于企业来说是一次巨大的变革,所以管理者要格外慎重。在标准化管理体系全面运行之前,企业可以选择合适的部门或者岗位对标准化管理体系的相关内容进行实验,对实验的结果进行分析和研究,发现问题及时改进,同时对其他部门或岗位的类似问题也进行研究改进。

第三步:体系培训。体系实验的完成,标志着企业标准化管理体系初步建立。为了使标准化管理体系能够在企业全面实施,企业要对全体员工进行宣传和培训,让员工了解自己在体系中的职责和权利。

第四步:试运行与改进。以上工作完成之后即可进行标准化管理体系的试运行,在全面的实践中对体系的可行性和有效性进行检验和评估。评估的结果要能够满足顾客的要求,符合企业的实际情况,达到预期的效果。与此同时,将试运行中出现的问题进行收集、分析、查找原因并提出改进意见,进而整改,完善体系。

四、标准化管理体系的评价与改进

试运行是一种全面的实验,其结果是企业高层管理者决定是否全面运行标准化管理体系的依据。标准化管理体系的评价包括三个方面,即部门审核、管理评审、体系审核。

其一,部门审核。旅游企业在运行一段时间(一般为一个月)之后,各个部门对部门的标准化管理体系进行审核,重点关注试运行以来系统的改进内容和整体效果,对试运行的结果做一个部门内的系统评价,提出部门意见和建议。其二,管理评审。管理评审是企业高层管理和部门管理者共同研究各部门提交的意见和建议,评价试运行以来整个企业的绩效。需要指出的是,管理评审应该按周期性(一年或者半年)进行,对企业标准化管理体系进行修正。其三,体系审核。企业标准化管理体系自身就具有审核程序,它用于评价具体岗位和部门的绩效,这些绩效数据的综合就是整个试运行的成绩单。

五、标准化管理体系的正式运行

试运行的成功说明了系统的有效性,旅游企业可以对标准化管理体系进行正式运行了。但是标准化管理体系的正式运行并不代表体系改进活动的结束。旅游企业的标准化管理体系是一个持续改进的动态体系,它随着企业环境、管理技术、市场需求的变化也要做相应改进。

第四节 旅游业的服务质量管理

目前,我国经济的运行体制中,已初步形成了以质量管理体系(GB/T 19000)、环境管理体系(GB/T 24000)和职业健康安全管理体系(GB/T 28000)组成的三大管理体系系列国家标准,这对于提高我国经济发展的效能有着十分重要的意义。三大管理体系标准的核心无疑都指向质量;其共同的管理模式都是过程方法,即PDCA循环,或者说,通过全面质量管理来实现持续改进。

作为我国国民经济中一项正在快速成长的重要产业,旅游业的质量型、效益型发展也应是旅游业标准化管理工作紧紧围绕的核心。而旅游服务质量这一旅游者投诉最为集中的方面,在旅游者旅游体验的形成过程中,是最直接的决定要素。因此,有必要在本章中辟出篇幅,从标准化管理的角度来论述旅游业服务质量的管理。

一、旅游业服务质量的内涵

国际标准化组织颁布的标准 ISO9000:2000《质量管理体系 基础和术语》中对"质量"的定义是:一组固有特性满足要求的程度。其中,"要求"的定义是:明示的、通常隐含的或必须履行的需求或期望。相应地,旅游服务质量的含义可以这样来表达:旅游服务质量是旅游服务自身含有的特性能满足旅游者要求的程度;这里的旅游服务依托于旅游资源和旅游设施,并由旅游业从业人员向旅游者提供。下面,我们从动态和静态两个角度来考察旅游服务质量的内涵。

(一)动态角度的旅游服务质量内涵

从动态角度考虑旅游服务质量内涵,就要对旅游服务质量形成的流程和规律进行描述。这里,我们借助服务质量环的概念模式,在从识别需要到评价这些需要是否得到满足的各个阶段中,分析影响旅游服务质量的那些相互作用的活动(见图4-6)。

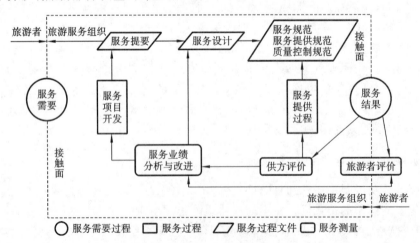

图4-6 旅游服务质量环

旅游服务质量环是设计和建立旅游服务质量体系的基础,也是旅游企业实施全面质量管理的原理和基础。由于其涵盖了旅游服务质量体系的基本活动,所以,只有对本组织、企业或部门的旅游服务质量环进行准确的分析,才能有针对性地选择旅游服务质量要素进行控制,从而实现对旅游服务质量的动态识别和实时控制。

(二)静态角度的旅游服务质量内涵

从静态角度来考察,旅游服务质量的内涵又可体现在以下几个方面。

1. 旅游设施状况

旅游设施是旅游服务形成的凭借和依托,因此旅游设施的规格档次、工艺水平、完善程度、保养状况等等,都是旅游服务质量的一定体现。一定等级的旅游产品,以一定规格档次的设备设施为基础,并以其对旅游者相应需求的舒适、方便和完善而表现其质量。火车是向旅游者提供交通服务的工具之一,但普通列车硬席座位与特快列车软席卧铺相比较,其舒适程度和设施档次显然不可相比,当然,其所提供的相应服务质量也有区别。即便对于一定的旅游资源来说,其开发程度和开发水平不同,旅游景区、景点内设施设备有所差异,给旅游者所提供的美感和愉悦程度也有所不同,相应的旅游服务质量也表现出差异。而具备一定的设施、设备,但维护保养不好,清洁卫生差,其所提供的服务质量也与设备设施崭新、清洁时候的状况有距离。

2. 旅游服务技术水平

一定岗位上娴熟、高明的服务技术是旅游服务质量的保障。生疏笨拙的操作伴随的不仅是工作的低效率,可能产生的疏漏和差错对旅游服务质量也将造成明显的影响;而枯燥简单的介绍与生动风趣的讲解的巨大反差,在服务质量方面也有明显差别。至于高超的服务技术可以将若干工序的操作呈现为某种艺术表演,使观者赏心悦目,得到相应的享受,其服务质量就更与低层次的操作不可相提并论。

3. 旅游服务态度

旅游服务绝大部分是旅游从业人员在旅游者亲临现场的情况下实时提供的,是人与人关系的一种体现。所以,员工的旅游服务态度是构成旅游服务质量的重要内容。热情友好的服务与生硬淡漠的接待相比,其服务质量的差别是不言而喻的。建立对旅游服务的正确认识,具备关心和尊重客人的基本观念,树立踏实敬业的精神风范,是培养和保持良好旅游服务态度的深层基础。没有正确的服务理念,缺乏勤勉的敬业精神,旅游服务态度只有暂时和表面的热情,甚至会表现出不应有的冷漠和粗暴,会使得旅游服务质量大打折扣。需要指出,作为与"物"的因素相对应的"人"的服务,光有热情的服务态度没有熟练的操作技能,并不能提供良好的服务质量;而只有高明的技术水平而缺乏友好的服务态度,也同样不会形成良好的服务质量,所以,旅游服务态度和旅游服务技术水平两者都是不可缺失的。

4. 旅游企业管理水平

旅游服务中人的因素和物的因素都不是各自孤立的。在旅游产业组织里,旅游设施设备与人力资源一起,在一定的管理体系之下协同提供旅游服务,这其中体现的就是旅游组织的管理能力。在许多情况下,旅游设施设备的状况和企业员工的表现反映着企业的管理水平,因此,旅游管理水平也是旅游服务质量的重要因素。改进和提高服务质量观念,建立完善、科学的质量管理体系,是提供良好旅游服务质量的关键。对于旅游设施设备来说,不仅平时的维护保养需要加强管理以得到应有的服务质量,设施设备的策划选用也要体现组织的管理水平。员工的服务技术水平不光靠经验的积累,也需要进行教育培训,员工的服务态度更与企业的长期培训有关,而培训作为人力资源开发的手段本来就是企业管理的基本内容之一。所以,旅游管理水平作为旅游设施设备和旅游服务的组织协同因素,对旅游服务质量具有重要影响。

5. 旅游活动各环节的协调能力

综合性强是旅游产品及服务的明显特征之一。大多数情况下,旅游活动都会涉及众多的服务行业,如果各个环节互相协调出现问题也会严重影响旅游服务质量。近年来随着国民经济的快速发展,旅游供给能力不断提高,但旅游活动的季节性和波动性使得旅游供给在旺季不能满足高涨的旅游需求,热点地区的旅游接待可能会出现因为供不应求使得对承诺的接待标准无法兑现而不得不降低标准,甚至无法提供某些服务内容的情况。而即便是平时,由于各种原因也可能在某些环节上出现问题。加强互相协调,提高应变能力,用热情服务弥补硬件设施的某些不足等等,都是保持和修补旅游服务质量的一些经验。至于旅游业发展整体环境方面的问题,例如基础设施水平低、环境卫生差、市场秩序混乱等问题则需要加强建设和加强执法监督等综合手段加以解决。

二、旅游业服务质量体系

任何一个旅游产业组织,如果没有完善的服务质量体系作保证,那么实现自己的质量战略都只是一个空洞的口号。因此旅游产业组织开展服务质量管理工作,应该以保证和提高旅游服务质量为目标,把各部门、各环节的生产经营活动系统组织起来,将质量管理活动标准化、制度化,在组织内建立和健全服务质量体系。

(一) 服务质量体系的含义[①]

和制造企业相比,服务质量体系中人的因素更为复杂和重要,服务提供和消费中的不确定因素也更为常见,服务质量的控制和保证更加困难。因此,迄今为止,对服务企业质量管理的理论和方法的研究并不像制造企业那样深入和成熟。下面对服务质量体系的有关问题进行简要介绍。

服务质量体系就是为实施服务质量管理所需的组织结构、程序、过程和资源。对其理解应注意以下三个方面:服务质量体系的内容应以满足服务质量目标的需要为准;服务企业的质量体系主要是为满足服务企业的内部管理的需要而设计的,它比特定顾客的要求要广泛,顾客仅仅评价该服务质量体系的相关部分;可根据要求对已确定的服务质量体系要素的实施情况进行证实。

服务质量体系的作用是使服务企业内部确信服务质量达到要求,并使顾客确信服务满足要求。服务质量体系是服务企业实施质量管理的基础,又是服务质量管理的技术和手段。建立服务质量管理体系的最终目的是要服从于服务企业的质量方针和目标。

如图 4-7 所示,管理者的职责、资源与质量体系结构是服务质量体系的三个关键方面,而旅游者则是服务质量体系三个关键方面的核心,并且只有当管理者的职责、资源及质量体系结构三者之间相互配合和协调时,才能保证旅游者满意。

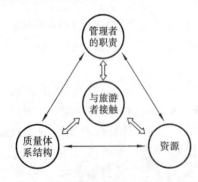

图 4-7 旅游服务质量体系的关键要素

[①] 龚益鸣. 现代质量管理学[M]. 北京:清华大学出版社,2003.

具体来说,旅游服务企业管理者的职责是制定和实施服务质量方针并使旅游者满意。成功地实施这个方针取决于管理者对服务质量体系的开发和有效运行的支持程度;而资源是服务质量管理体系的物质、技术基础和支撑条件,是服务质量体系赖以存在的根本,也是其能有效运行的前提和手段。资源主要包括人力资源、物质资源和信息资源三个部分;质量体系结构则描述了一个组织服务质量体系的构成,通常有组织机构、过程和程序文件三个部分;以上的三个关键方面,都围绕着旅游者这个核心,只有服务质量体系的其他因素相互沟通,共同发展并和谐地服务于旅游者这个中心时,才能使服务质量体系有效地运行。

(二)服务质量体系建立的步骤

旅游企业要向市场提供满足旅游者要求的产品。由于旅游者的需求和期望在不断变化,加上竞争的压力和技术的发展,这就促使组织必须持续地改进产品、服务和过程。服务质量管理体系方法鼓励组织分析旅游者要求,规定相关的过程,并使其持续受控,保证和提高服务的质量。

在市场经济活动当中,服务质量仅由作为市场主体一方的旅游企业本身加以说明显然不够,需要除了旅游者以外的第三方对其加以确认,并应该确立一定的通用标准。由于国际贸易的发展需要,由第三方进行质量认证的方法和标准逐步得以建立。质量管理科学和方法从产品质量管理发展到建立企业质量管理体系的新阶段以来,国际标准化组织(ISO)通过充分协商和反复修改,提出了关于建立和实施质量管理体系的 ISO9000 系列国际标准,得到了世界各国的纷纷采用。在跨入 21 世纪之际,ISO9000 标准通过了第三个版本的修改定案,于 2000 年 12 月正式发布。我国国家标准化管理机构迅速完成了这个 ISO9000 系列主要标准 2000 版的翻译定稿,等同采用为 GB/T 19000-2000 系列标准,于 2001 年 6 月 1 日开始实施。2016 年 12 月 30 日,国家质量监督检验检疫总局(现国家市场监督管理总局)发布了 GB/T 19000-2016 系列标准,于 2017 年 7 月 1 日开始实施。

按照 ISO9000:2016 国际标准,旅游企业建立服务质量管理体系的方法应包括以下步骤:确定旅游者和其他相关利益者的需求和期望;建立组织的质量方针和质量目标;确定实现质量目标必需的过程和职责;确定和提供实现质量目标必需的资源;规定测量每个过程的有效性和效率的方法;应用这些测量方法确定每个过程的有效性和效率;确定防止不合格并消除产生原因的措施;建立和应用持续改进服务质量管理体系的过程。采用上述方法的组织能对其过程能力和服务质量树立信心,为持续改进提供基础,从而增进旅游者和其他相关利益者满意并使组织成功。这些方法不仅可以用于建立服务质量管理体系,也适用于改进现有的服务质量管理体系。

(三)服务质量体系中的过程模式思想

从以上分析中可以看出,服务质量体系强调将与服务的提供相关的各种资源和活动作为过程来进行管理,并试图通过这种方式来高效地达到预期的目的。这其中体现的便是过程模式的管理思想。

过程,可以看作使用资源将输入转化为输出的活动的系统。而过程模式就是组织系统地识别并管理所采用的过程以及过程的相互作用(见图 4-8)[①]。

---

① 李亨.旅游业实战质量与环境管理体系标准[M].北京:中国计量出版社,2002.

过程模式中的管理职责、资源管理、服务实现,与测量、分析、改进,共同构成了一个 P(Plan 策划)—D(Do 实施)—C(Check 检查)—A(Action 改进)循环,对此循环的持续改进,又构成了阶梯式上升,使 PDCA 循环进入一个更高的层次(见图 4-9)。这就是美国质量管理专家戴明博士在总结实践经验基础上提出的 PDCA 模式,又被称为戴明环;其也是国际标准化组织 ISO9001:2000 标准结构设计的框架。于是,我们容易得出,PDCA 模式便是基于过程模式的思想而产生的。PDCA 模式四个阶段的主要内容如下。

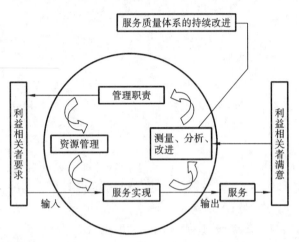

图 4-8 服务质量体系的过程模式

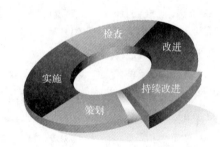

图 4-9 基于过程的 PDCA 循环

P——策划:根据旅游者的要求和组织的质量方针,确定质量管理目标,明确质量管理职责,制定质量管理标准,设立质量检查、分析和处理的程序。

D——实施:实施确定的质量管理计划,按照质量管理的要求提供服务,执行质量管理标准,根据质量管理的责任分工各自履行自己的职责。

C——检查:根据质量方针、质量目标和质量要求标准,对服务提供过程和产品进行监视和测量,并报告结果。

A——改进:根据检查的结果采取措施及时纠正,以改进和提高质量。

PDCA 循环具有如下四个特点。

(1) 循环递进。PDCA 循环的四个过程不是运行一次就完结,而是循环递进地进行。一个循环结束了,解决了一部分问题,可能还有问题没有解决,或者又出现了新的问题,再进行下一个 PDCA 循环,以此类推。

(2) 大环带小环。如果把整个旅游业的质量管理工作作为一个大的 PDCA 循环,那么各个部门、企业,甚至企业内部的小组还有各自小的 PDCA 循环,如此大环带动小环,一级带一级,有机地构成一个运转的体系。

(3) 阶梯式上升。PDCA 循环不是在同一水平上循环,每循环一次,就解决一部分问题,取得一部分成果,工作就前进一步,水平就提高一步。到了下一次循环,又有了新的目标和内容。

(4) 科学管理方法的综合应用。PDCA 循环应用以 QC 七种工具为主的统计处理方法及工业工程(IE)中工作研究的方法,作为进行工作和发现、解决问题的工具。PDCA 循环的四个阶段又可细分为八个步骤,每个步骤的具体内容和所用的方法(见表 4-2)。

表 4-2　PDCA 循环的步骤和方法

阶段	步　骤	主　要　方　法
P	1. 分析现状，找出问题	排列图、直方图、控制图
P	2. 分析各种影响因素或原因	因果图
P	3. 找出主要影响因素	排列图、相关图
P	4. 针对主要原因，制订措施计划	回答"5W1H"： 为什么制定该措施(Why)？ 达到什么目标(What)？ 在何处执行(Where)？ 由谁负责完成(Who)？ 什么时间完成(When)？ 如何完成(How)？
D	5. 执行、实施计划	组织内所有职能或部门
C	6. 检查计划执行结果	排列图、直方图、控制图
A	7. 总结成功经验，制定相应标准	制定或修改工作规程、检查规程及其他有关规章制度
A	8. 把未解决或新出现的问题转入下一个 PDCA 循环	

正如在本章第一节中所分析的，旅游业的经营管理体制本质上是一种过程控制。所以，过程模式思想的引入和拓展，以及在国际标准化组织系列标准中的应用，对任何一个期望稳定地向旅游者提供预期和满意的服务并得以持续改进的旅游产业组织来说，都是一个绝好的契机。此外，也只有深刻理解过程模式这一思想的精髓，才能真正识别并建立起适合本组织的服务质量体系。

三、旅游业服务质量管理

（一）旅游企业全面质量管理——服务质量的微观管理

通常认为，近现代质量管理理论的发展大致经历了质量检验阶段、统计质量管理阶段和全面质量管理阶段，并经历了一个逐步完善的发展过程。20 世纪 50 年代起，尤其是 60 年代以后，经济的不断发展，已经使得消费者对于产品品种和服务质量的要求越来越高，特别是由于服务业的迅猛发展，更进一步引发了服务质量及服务质量管理的新问题。人们逐渐认识到，产品与服务质量的形成不仅与生产过程有关，而且还与所涉及的其他许多过程、环节和因素相关。只有将影响质量的所有因素统统纳入质量管理的轨道，并保持系统、协调的运作，才能确保产品及服务的质量。正是在这样的社会背景下，全面质量管理的理论应运而生，并在世界各国企业，包括为数众多的旅游企业中得到了广泛应用，产生了显著效果。全面质量管理已经成为当今世界质量管理最基本、最经典的理论。

1. 全面质量管理的含义

全面质量管理(Total Quality Management)通常也使用其英文术语的简称 TQM，或者 TQC(全面质量控制)，是美国质量管理专家费根鲍姆、朱兰等先后提出，并由戴明向日本企业传授和发展起来的管理方法。按照国际标准 ISO8402：1994 给出的定义，全面质量管理是一个组织以质量为中心，以本组织全体成员参与为基础，目的在于通过顾客满意和组织全体成员及社会受益而达到长远成功的管理途径。这里的全面质量包括组织内部全部过程、职能部门和全体人员的质量。按照这一管理方法,TQM 注重顾客需要,强调参与和团队工作,并力争形成一种文化,以促进所有的员工设法持续改进组织所提供产品及服务的质量。表 4-3 给出了质量和全面质量的简要区别。[①]

表 4-3　质量与全面质量的简要区别

要　素	质　量	全面质量
对象相关者	提供产品/服务外部顾客	提供产品/服务及所有与产品/服务有关的事物外部顾客和内部顾客
包含过程	与产品提供直接相关的过程	所有过程
涉及人员	组织内部分人员	组织内所有人员
相关工作	组织内部分职能或部门	组织内所有职能或部门
培训	质量部门	组织内所有人员

2. 全面质量管理的特点

全面质量管理是一种管理途径,既不是某种狭隘的概念或简单的方法,也不是某种模式或框架。旅游企业的全面质量管理是指旅游企业为保证和提高服务质量,组织企业全体员工共同参与,综合运用现代管理科学,控制影响服务质量的全过程和各因素,全面满足顾客需求的系统化管理活动。将全面质量管理引入旅游企业,要注意把握以下四个特点。

(1) 全员参与的管理。旅游服务质量是旅游企业各部门全部工作的综合反映,企业每个员工的工作状况都会不同程度地直接或者间接影响服务质量。因此,必须充分发动企业各个部门的全体员工,启发大家认识质量管理与服务效果以至经济效益之间的关系,调动所有员工的积极性与创造性,人人做好本职工作,个个关心服务质量,全面参与质量管理。

(2) 全过程的管理。旅游者的体验是一种过程经历,旅游者对体验的评价是过程中各个环节评价的综合。旅游服务质量不光是现场的对客服务,更涉及与服务的提供相关的各个环节。从旅游市场调查,旅游产品的设计、生产、销售到最后提供服务的全过程,都要考虑质量问题,都要进行服务质量管理。只有对服务产品形成和实现的全过程都注意质量管理,才能形成旅游服务质量的综合保障,不至于因某个环节的疏漏产生不良影响,全面提高旅游服务质量。

(3) 全系统的管理。质量管理的有关工作往往分散于企业的各职能部门,要保证和提高旅游服务质量就必须综合各部门、各环节的管理力量,围绕企业服务产品生产开展质量管理。要使大家认识到,各部门的质量管理工作都是改进和提高服务质量不可缺少的部分。不同部门从计划管理、销售管理、财务管理、安全管理、设备管理等不同方面所进行的质量管理工作,都要围绕整个企业进行。由于各部门的职责与作用不同,为在全企业有效地开展质量管理工作,必须加强互相协调,注意配合,形成系统力量。应该注意的是,企业生产不是一个封闭系统,全面质量管理要求管理对象要从本企业扩展到企业生产的相关方,包括到服务产品涉及的全系统,全面促进旅游服务质量的提高。

(4) 多样化的管理。社会经济的发展导致的旅游需求多样化对旅游服务质量提出了多方面的要求,旅游产品的综合性又使得影响旅游服务质量的因素越来越复杂。全面质量管理要求必须针对企业实际,全面采用各种管理方法对旅游服务质量加以综合管理和控制。除了传统的管理方法以外,要注意应用各种现代管理技术方法,特别是关于质量分析统计检验的有关数学方法和计算机处理手段,以促进旅游服务质量的提高。

[①] 龚益鸣.现代质量管理学[M].北京:清华大学出版社,2003.

(二)旅游行业服务质量管理——服务质量的宏观管理

旅游业服务质量的宏观管理是指由旅游行政管理部门对旅游服务质量的监督管理。由行政管理部门对市场产品和企业实施行业管理,依靠有关政策法规和标准规范促进旅游服务质量的提高,是旅游业服务质量管理的重要方法。

(1)旅游行业服务质量宏观管理的必要性。市场经济的实践已经证明,仅靠企业本身的自律并不能完全保障产品及服务质量,作为社会发展的管理者,政府部门必须担负市场监督的职能,开展对产品及服务质量在内的有关监督。

(2)旅游行业服务质量宏观管理的指导方针。为了规范市场秩序,提高产品质量,近些年来,我国加强了有关方面的政策法规建设,先后颁布了《中华人民共和国产品质量法》《中华人民共和国反不正当竞争法》《中华人民共和国消费者权益保护法》等加强质量建设的法律法规。1996年年底,国务院颁发了《质量振兴纲要(1996年—2010年)》,作为当时质量监督管理方面的纲领性文件;1999年年底,国务院发布《关于进一步加强产品质量工作若干问题的决定》,对加强质量管理监督做出了部署。2015年12月30日,国务院办公厅印发了《国家标准化体系建设发展规划(2016—2020年)》(国办发〔2015〕89号),部署推动实施标准化战略,加快完善标准化体系,全面提升我国标准化水平。这是我国标准化领域的第一个国家专项规划。

(3)旅游行业服务质量宏观管理的实践。2000年3月3日,国家旅游局(现文化和旅游部)发布了《旅游标准化工作管理暂行办法》。根据这个办法,组成了全国旅游标准化技术委员会(SAC/TC210)。2009年4月17日,国家旅游局(现文化和旅游部)印发《全国旅游标准化发展规划(2009—2015)》,这是国家旅游局(现文化和旅游部)首次编制旅游标准化发展规划。2009年9月9日,国家旅游局(现文化和旅游部)印发了《全国旅游标准化工作管理办法》,我国旅游业标准化工作步入健康发展轨道。2013年10月1日实施《中华人民共和国旅游法》以来,旅游业管理提升到有法可依和依法兴旅的阶段,旅游标准化工作进入全面执行法律法规的新阶段。2016年4月6日,国家旅游局(现文化和旅游部)印发了《全国旅游标准化发展规划(2016—2020)》,部署进一步推进旅游标准化工作,全面提升旅游标准化水平,更好地服务于经济新常态下旅游业的改革创新、转型升级和提质增效,推动我国旅游从景点旅游模式向全域旅游模式转变。同时,全国旅游标准技术委员会对2009年版的《全国旅游业标准体系表》进行了修订,形成了自愿性标准和技术性法规标准,显著增强全国旅游业标准化工作的基础性、规范性和引领性地位,发挥了技术支撑和保障作用。

思考与练习

1. 为什么要对旅游业实行标准化管理?
2. 如何理解旅游业国家标准与旅游业国际标准的关系?
3. 我国旅游业标准化工作经历了哪几个阶段,每个阶段取得了哪些突出的工作成果?
4. 旅游业标准化工作可以划分为几个管理层次,每个管理层次的主要职责是什么?
5. 旅游企业标准化管理体系经历哪几个阶段才能建立起来?每个阶段的主要任务是什么?
6. 实地考察旅游企业,分析如何改进旅游业服务质量管理?

第五章

旅游的信息化管理

学习目标

掌握旅游业信息化管理的基本概念；熟悉旅游业中信息技术的应用；熟悉旅游管理信息系统的设计思路；掌握智慧旅游应用流程；理解旅游管理信息系统的工作原理与典型应用。

核心概念

信息化；旅游业信息化；数字化；智慧旅游；旅游管理信息系统

第一节 基于信息技术的旅游管理

当今世界已经进入信息化时代，旅游业如何跟上信息时代的步伐，加快智慧化管理进程，实现效益最大化，是一个十分紧迫的课题。

一、旅游信息化管理

（一）信息技术

"信息"这一术语在信息化不断发展的今天已经成为一个经常使用的名词，但在哲学、信息论、系统论、控制论、通信技术、计算机科学及信息系统等不同的学科分支里，信息的描述和定义并不尽相同。

一般来说，信息是事物的再现，是人们所感知的客观事物的运动形式及变化方式，从信息技术处理的角度来看，信息则是客观事物属性的数据集合。

世界万物都在不断运动，运动状态和运动方式多种多样，但事物的各种变化要被人类感知，必须具备一定的图像、声音、气味。为了解决对事物实时运动感知的传递和储存问题，人们创造了文字符号，使感知到的信息有效地保存下来，成为社会生产和科学研究的资料。对这些资料去伪存真、去粗取精以后，就获得一定的知识。虽然信息的含义包括客观事物直接发出的信息及人类对事物的直接感知，但在许多场合下所讲的信息往往只涉及已被感知的记录，并把事物变化新近记录的消息、资料与知识一起称为信息的三种类型。

在管理工作中,信息是对客观事物属性的反映,具有一定的含义,经过加工处理后能够获得对决策有价值的数据集合。

图像、声音实际上是视频和音频的不同表现,是信息的动态形式,而文字、符号和图形是静态的。这些可被人类感知的信息存在形式统称为信息的媒体(Medium),而用来承载信息媒体的物质称为载体。计算机科学技术按照一定的编码规则,将动态和静态的信息转换为数码让计算机进行各种处理,再输出成文字、图形、图像和声音等多种媒体使人们得以感知,承载这些多媒体信息的载体也就从原来只能用笔记录信息时最常用的纸张发展为磁盘、光盘等多种形式。

由于通信技术的发展,计算机处理的信息可以通过信息网络互相交换,甚至全球传递。有关信息获取的技术也有很大进步,综合各个方面的描述,可以说,现代信息技术(Information Technology,常简称IT)是计算机和通信技术结合,对文字、数值、图形、图像、声音和各种传感信号的信息获取、加工、存储、变换、显示和传输的技术的总称。

"技术"这一概念的含义就是人们用来扩展人类各种器官功能的具体方法和手段。由于现代信息技术的飞速进步,人们获取和处理信息的能力显著增强。将信息技术运用到管理领域,扩展人们的器官功能来处理有关的信息,取代大量手工操作,显然顺理成章。

(二)旅游信息源

旅游信息源,是旅游信息的发送源和传播的载体。它是旅游者获取信息的途径。旅游信息源可以是任何含有旅游信息的负载体。

Engel、Blackwell 与 Miniard(1995)将旅游信息源分为商业或非商业信息源,以及个人或非个人形式的信息源。结合现阶段我国旅游产业发展的实际,我们可以进而做如图5-1所示的矩阵形式的匹配。

		信息源种类	
		非个人的	个人的
信息源种类	商业的	报纸、杂志旅游信息源 电视、广播旅游信息源 网络旅游信息源 各种形式的实物旅游信息源	旅游俱乐部 汽车俱乐部 旅行社 专业旅游信息咨询
	非商业的	地方旅游信息中心 国家旅游信息中心	亲属与朋友 个人经验

图 5-1 旅游信息源种类的矩阵匹配

(三)旅游信息化

旅游信息化是旅游业利用信息技术、数字技术和网络技术转变运行方式、优化产业结构与提升竞争力的行动举措和系统过程。旅游企业信息化、旅游服务信息化、旅游网络营销、旅游电子商务、旅游电子政务五个方面构成了旅游信息化的整体框架。旅游企业信息化主要是旅游相关企业通过建设信息网络和信息系统,调整和重组企业组织结构与运营模式,提高企业的核心竞争力。旅游服务信息化主要是旅游业利用现代信息传播工具将旅游供给信息传达到终端旅游消费者,满足旅游者在旅游活动各个环节中的信息需要,提高旅游业的有效供给和旅游者的有序消费。旅游网络营销主要是旅游业顺应信息化改变旅游消费的时代大趋势,通过互联网营销旅游产品和旅游服务,叠加在线旅游与线下旅游的竞争优势。旅游电子商务主要是利用现代信息技术手段宣传旅游目的地和旅游企业,促销旅游产品和旅游服务,加强旅游市场主体之间的信息交流和沟通,提高旅游市场运行效率和服务质量。旅游电子政务主要是旅游目的地政府部门构建上传下达内部信息与对外发布公共信息的业务数据库和网络平台,实现"突出政务特点、体现政府主导、丰富旅游资讯、强化便民服务"的业务处理和信息服务。

对于一个国家来说,产业领域内的信息化便构成了国家信息化体系中的纵向结构。旅游业作为国民经济的重要产业部门,其信息化建设与管理是我国信息化体系中不可或缺的组成部分。旅游业信息化是信息技术向旅游业深层次渗透,推动旅游产业发展的过程。[①]它是"充分利用电子技术、信息技术、数据库技术和网络技术,收集、整理、整合利用各类信息资源,使之成为旅游业发展的生产力,成为推动旅游产业发展和管理水平的重要手段。"(钟海生,2001)

旅游信息化管理包含旅游信息资源管理、旅游管理信息系统、旅游业信息化的实现技术、信息化人力资源管理和旅游业信息化政策法规建设五大要素(见图5-2)。

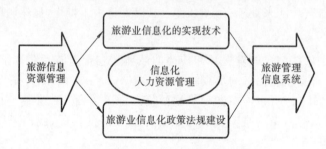

图5-2　旅游业信息化管理要素系统模型

二、旅游数字化管理

(一)数字技术

数字技术是一项与电子计算机相伴相生的科学技术,它是指借助一定的设备将各种信息,包括图、文、声、像等,转化为电子计算机能识别的二进制数字"0"和"1"后进行运算、加工、存储、传送、传播、还原的技术。由于在运算、存储等环节中要借助计算机对信息进行编码、压缩、解码等,因此也称为数码技术、计算机数字技术等。数字技术也称数字控制技术。

数字技术可以追溯到17世纪的数字计算器。1642年,法国数学家Blaise Pascal设计了一台能自动进位的加减法计算装置,被称为世界上第一台数字计算器,为以后的计算机设计提供了基本原理。1671年,德国数学家Gottfried发明了可以进行乘法和除法计算的机器。19世纪,英国数学家Charles Babbages制造了一台用于计算航行时间表的自动计算机器,这台机器被公认为现代计算机的先驱。1847年,英国数学家Gorge Boole发明了一个处理数字的二进制符号的逻辑数学计算法,它是现代数字逻辑设计的核心。在图形处理操作中引用这种逻辑运算方法,可以把基本图形组合产生新的图形。20世纪30年代,美国贝尔实验室的Claude Shannon继承Gorge Boole的早期工作,提出了用于数字逻辑设计的现代交换

---

① 巫宁,杨路明.旅游电子商务理论与实务[M].北京:中国旅游出版社,2003.

代数,实现了电话交换的自动化。1946年,世界上第一台电子计算机ENIAC诞生于美国的宾夕法尼亚大学,Van Neumann首次提出存储程序概念,将数据和程序一起放在存储器,使编程更加方便。这标志着人类创造了可增强和部分替代脑力劳动的工具。它与人类在农业、工业社会创造的只增强体力劳动的工具相比,已经发生了质的飞跃,让人类进入了信息社会。

（二）数字时代

随着电子学的发展,数字系统以惊人的速度发生着迭代创新。第一代（1946—1957年）是电子管计算机,它的基本电子元件是电子管,内存储器采用水银延迟线,外存储器主要采用磁鼓、纸带、卡片、磁带等。第二代（1958—1964年）是晶体管计算机。1948年,美国贝尔实验室发明了晶体管,10年后晶体管取代了计算机中的电子管,诞生了晶体管计算机。第三代（1965—1970年）是中、小规模集成电路计算机。随着半导体技术的发展,1958年夏,美国得克萨斯公司制成了第一个半导体集成电路,推动了数字逻辑和计算机的发展。第四代（1971—2016年）是大规模集成电路计算机。20世纪70年代初,英特尔设计出第一个微处理器,电子计算机发展进入了第四代。2000年,Pentium-4拥有大约4000万个晶体管,随后出现INTEL的酷睿i7四核处理器已经达到7.31亿个晶体管。接入技术、芯片技术、嵌入式操作系统、中间件技术、应用软件、工具软件、信息资源建设及服务不断创新,新一代电子系统设计师可以制造一系列的数控产品,帮助人们进行生产过程控制、远程通信、远程诊断、文化娱乐、探索太空奥秘和预测天气。第五代（2017年至今）是量子计算机。量子计算机是一种全新的基于量子理论的计算机,遵循量子力学规律进行高速数学和逻辑运算、存储及处理量子信息的物理装置。量子计算机的概念源于对可逆计算机的研究。量子计算机应用的是量子比特,可以同时处在多个状态,而不像传统计算机那样只能处于0或1的二进制状态。2017年5月3日,中国科学技术大学潘建伟教授宣布,在光学体系,研究团队在2016年首次实现十光子纠缠操纵的基础上,利用高品质量子点单光子源构建了世界首台超越早期经典计算机的单光子量子计算机。同年12月,德国康斯坦茨大学与美国普林斯顿大学及马里兰大学的物理学家合作,开发出了一种基于硅双量子位系统的稳定的量子门。仿真的广泛应用正在成为数字化设计技术发展的主要趋势。

（三）数字旅游

数字旅游的概念来源于数字地球,数字旅游也是数字地球的重要组成部分。数字旅游是整个旅游活动过程中的数字化和网络化,属于旅游信息化的一个重要领域。数字旅游是旅游信息化的一个重要领域,指的是整个旅游活动过程的数字化和网络化。数字旅游是以3S（RS、GIS、GPS）技术、分布式计算技术、三维可视化技术、虚拟现实技术、数据库技术、数据挖掘和数据融合技术、宽带网络技术、通信技术、云计算技术、SOA（服务导向框架）等技术作为支撑。数字旅游体系是一项系统工程,输入的是各种旅游信息,包括空间信息和非空间信息,信息处理是对数字旅游体系中各种应用功能的实现;输出的是数字旅游体系提供的所有服务。

数字旅游体系的建设核心主要是旅游应用信息系统工程,包括旅游非空间信息管理系统与旅游空间信息管理系统的建设,具体由系统管理模块、旅游信息管理系统、旅游信息网络发布系统、旅游目的地信息咨询系统、三维虚拟旅游系统、旅游管理与规划信息系统、旅游灾难预警系统等若干子系统组成。数字化旅游,运用音视频资料、电子地图、手机彩信等技

术,让游客不出门就可以了解景点资源信息、行程价格比较、线路比较。游客想逛景区,只要通过手机"移动电子旅游平台"购买电子门票后,在景区门口的"电子眼"上一扫描,便可轻松进入景区。以手机短信、彩信、说客、手机电视、手机视频、手机充值卡、手机报等信息化的手段全面整合旅游资源亮点的同时,通过推广"电子门票""电子导游系统"等信息化业务让景区预订更便捷、管理更高效低碳,极大推动旅游产业跨越式发展。

(四)旅游数字化

旅游是一种自发自愿消费性质的活动,具有天然的市场经济的个性。于是,在国际服务贸易壁垒逐渐缩减的形势下,旅游市场的"国内竞争国际化,国际竞争国内化"特点已经越来越明显。这就要求旅游业切实开展旅游市场调研,努力把握旅游者不断变化的旅游需求,并且针对市场需求开发旅游资源和设计旅游产品。而通畅的旅游信息网络和旅游信息服务体系,可以起到沟通旅游者与旅游企业,消弭两者之间的信息不对称,以及帮助科学决策的功能;从宏观上讲,旅游业的信息化建设与管理,将增强旅游市场运转的灵活性,有力支持宏观规制的基础性调节。旅游产业具有多种鲜明的特点:跨行业(异质性)、跨地区(异地性)、时间连续和空间离散(网络性)、想象推销(无形性)、动态不稳定(实时性)、敏感性、产地消费性及高关联协作性等。①从而在本质上便导出了旅游业的信息密集型与信息依托型的产业特性。互联网的交互性、实时性、丰富性和便捷性优势促使旅游消费和旅游供给迅速融入数字化的网络时代。

数字旅游归根到底,就是提供旅游信息服务。数字旅游体系的服务对象主要包括政府主管部门、旅游企业、旅游者及旅游专业的学生。一是为政府主管部门提供决策依据,提高政府的工作效率;二是为旅游企业提供及时的旅游信息,为企业的市场营销、线路设计提供技术上的支持;三是为旅游者个人提供旅游地的与旅游有关的各种旅游信息和预订服务,虚拟现实技术可让旅游者提前进行体验,根据旅游者的喜好为旅游者量身定制的旅游产品和旅游服务;四是为旅游专业的学生提供虚拟的实习环境,为旅游教学服务。数据库技术、计算机网络技术和信息共享技术的发展,使旅游数字化管理获得了更大的突破。

三、智慧旅游管理

(一)移动终端

移动终端是移动通信终端的简称,主要是指可以在移动中使用的计算机设备。广义地讲,移动终端包括手机、笔记本电脑、平板电脑、POS 机和车载电脑等消费类电子产品。但是,大部分情况下是指手机或者具有多种应用功能的智能手机和平板电脑。随着网络信息技术的发展,移动终端已经拥有强大的处理能力,具有内存、固化存储介质及像计算机一样的操作系统,正在从简单的通话工具升级为一个综合信息处理平台,可以完成复杂的处理任务。目前,移动终端不仅可以通话、拍照、听音乐、玩游戏,还可以实现地理定位、信息处理、指纹扫描、身份证扫描、条码扫描、IC 卡扫描、人脸识别以及酒精测试等丰富功能,成为快递、保险、移动银行、移动办公、移动商务和移动执法的重要工具。

随着宽带移动通信技术和 Web 应用技术的不断进步,移动互联网进入快速发展阶段。互联网和移动通信网是当今世界上发展较快、创新较活跃的两大业务。移动运营商和业务

---

① 巫宁,杨路明.旅游电子商务理论与实务[M].北京:中国旅游出版社,2003.

提供商合作推出了基于移动互联网的无线数据增值服务,用户通过手机接入移动互联网,随时随地享受互联网的综合服务,极大地延伸了传统互联网的内涵和功能,移动互联网的用户规模越来越庞大,已经成为现代社会生活不可或缺的组成部分,移动互联网的发展势不可挡。

(二)云服务平台

随着信息技术应用的深化,结构化和非结构化数据的数量日益增长。如今,不管是个人还是企业在使用计算机的过程中都会产生文档、邮件、报表、网页、声音、影像、扫描文件、工程图、记录资料、演示文稿等大量的繁冗文件;作为信息发布系统的传统网站由于信息资源被绑定在各个栏目上,不易拓展,无法控制具体栏目下的每一个信息资源,因而导致了信息资源加载和发布的速度急剧下降,难以支持网站海量数据的峰值访问。传统的计算机和网站迫切需要一种具有完备的信息资源管理能力、全面的网络安全管理手段、支持海量数据峰值访问的新型信息服务技术,在这样的时代背景下,就产生了云服务。

云服务是基于互联网相关服务的增加、使用和交互模式,主要是通过互联网提供动态化、易拓展、虚拟性的资源。云是互联网的一种比喻说法,主要是抽象表达相对于传统互联网而言的现代互联网,意味着计算能力可以作为一种商品通过互联网进行流通。云服务主要涉及内容管理和云计算。

在个人和企业存储的大量数据中,传统关系型数据库管理系统(RDBMS)处理的结构化数据仅占数据信息总量的20%左右,超过80%的信息是纸上的文件、报告、视频和音频文件、照片、传真件、信件等非结构化数据。科学管理和合理开发这些内部和外部信息资源已经成为企业正确决策和增强竞争力的关键。为了促进个人和企业对混乱的信息内容进行管理,以便提高信息内容的实时性、正确性、重用性、安全性和高弹性,就出现了内容管理。内容管理就是对各种非结构化或半结构化的数字资源进行采集、利用、传递和增值,并且集成到ERP、CRM等结构化数据的系统中,为应用系统提供更加广泛的数据来源。对于单个组织来说,一般具有内容条目、内容类型、内容分区、内容分类、生存周期、工作流、元素、模板、版本信息、内容创作工具10个方面的内容管理要素。在内容管理领域,国内外软件厂商开发了安全内容管理、电子文件管理、电子表单管理、全文检索等系列产品,创新了面向电子政务和电子商务的应用解决方案。

在个人计算机时代,随着计算机越来越普及,用户期待计算机之间能够实现互联互通,由此,出现了互联网的概念。在计算机实现互联互通之后,计算机网络上存有的信息越来越多,用户却无法用便利和统一的方式来发布、交换和获取其他计算机上的信息,因此,出现了实现计算机信息无缝交换的万维网概念。万维网形成之后,信息越来越多,汇集成为信息爆炸时代,从而产生了在互联网和万维网的基础上直接面向用户需要提供服务的云计算概念。云计算技术是在分布式计算、并行计算、网格计算的基础上形成的一种新型计算模型,提供了安全可靠的数据储存、强大的计算能力和方便快捷的互联网服务。

(三)智慧旅游

随着移动终端和云服务平台的普及,旅游业迎来了通过互联网、物联网、通信平台、运营商构建综合性旅游信息服务体系的机会,产生了智慧旅游。智慧旅游与旅游信息化既有联系又有区别。信息化是旅游信息化的基础,旅游信息化是智慧旅游的过程。数字旅游和智能旅游是技术范畴,代表着旅游信息化的发展阶段。智慧主要强调技术对人们产生的效果,所以，数字旅游和智能旅游是智慧旅游的重要组成部分。

智慧旅游是解决旅游者对个性化旅游信息精准需求与信息海量增长之间矛盾的旅游信息服务。智慧旅游建设具有横向能贯穿、纵向能融合、外围能扩展、整体能对接的特点，核心是以游客为本的高效旅游信息化服务。"横向能贯穿"就是能充分挖掘旅游信息资源，全面覆盖旅游者、旅游经营者、旅游管理者和旅游地居民的主体需要，提供系统的旅游信息应用服务。"纵向能融合"就是为旅游利益相关者提供技术上同步、功能上协同、执行上互动、数据上共享的有效旅游需求和有序旅游供给。"外围能扩展"就是综合性旅游业在扩展和融合的过程中可以与关联性产业的智慧系统实现协同共享。"整体能对接"就是作为战略性支柱产业的旅游业在智慧旅游建设中可以与智慧城市等社会智慧系统实现无缝对接。智慧旅游以云计算为基础，以人工智能和移动终端应用为核心，以物联感知层、网络通信层、数据和服务支撑层、智慧应用层为内容，通过采用新一代信息技术整合旅游产业链，构建智慧旅游标准规范体系、智慧旅游安全保障体系、智慧旅游建设管理体系和智慧旅游产业运行体系，实现旅游服务、旅游管理和旅游营销三大功能的最优化，提升旅游业的有序供给，满足旅游者日益增长的有效需求，推动国民经济实现高质量的可持续发展（见图5-3）。

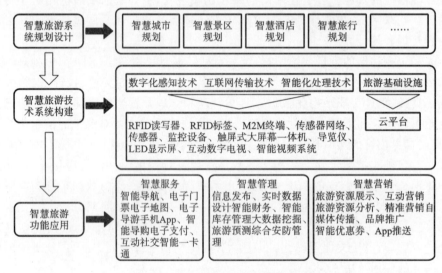

图 5-3　智慧旅游应用构建流程框图

第二节　旅游业信息化的实现技术

以信息技术为核心的高新技术的广泛应用推动了现代旅游业的迅猛发展，并使得旅游业在旅游开发、旅游管理、旅游营销、旅游交通、旅游服务及旅游教育等方面大大提高了其服务质量、工作效率和经济效益，对旅游者满意的旅游体验的获得产生了越来越直接的作用。因特网、万维网、网际销售、网络预订、多媒体、无票旅游、虚拟旅行、虚拟现实、电子地图、卫星导游、旅游信息系统、高科技主题公园等概念已很快被旅游界采纳。一个上下联通、纵横交错、点面结合的技术层群网络系统正在逐步形成。旅游业发达国家具有轰动效益的旅游产品都有高新技术的投入，以信息技术为核心的高新技术已经成为旅游产业优胜劣汰的关键,成为强化国际旅游市场竞争力的重要手段(见图5-4)。①

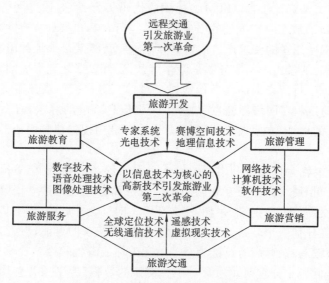

图 5-4 旅游业与信息化实现技术

旅游业信息化管理要依托各种现代信息技术。由于信息技术在迅速发展,各种新技术层出不穷,本节只能在这里择要介绍,通过这几种应用技术来了解旅游业信息化管理实现的技术路径的一些侧面。

一、旅游电子商务技术

(一)基于互联网的电子商务技术

"它正在深刻地改变着经济、市场和产业结构,改变着产品、服务及其流量,改变着消费者细分化、消费者价值和消费者行为、岗位和劳动市场",而对"社会和政治,尤其是对我们看世界及我们自己在世界上的行为方式的影响,甚至会更大"。以上描述出自美国著名的管理思想家彼得·德鲁克对于电子商务影响及前景的论断。电子商务作为经济信息化的必然发展趋势,现今已经在经济管理的各个领域开始了普遍应用。

根据《中国电子商务年鉴》(2002),电子商务(Electronic Commerce,简称EC)是指现代信息技术手段,以通信网络和计算机装置替代传统交易过程中纸介质信息载体的存储、传递、统计、发布等环节,将买方、卖方、合作方和中介方等联结起来并进行各种各样商务活动的方式,从而实现商品和服务交易管理等活动全过程的无纸化和在线交易。简而言之,电子商务是"在开放的网络环境中进行的整个商务过程中发生的电子数字化信息交换"。

电子商务的本质是利用信息技术,有效地将资源的管理和人们商业行为相互结合,从而改善企业内部、企业之间及企业与顾客间的信息交换和商业处理过程。换个角度说,将商务交易的信息交换通过计算机网络来实现,将进行交易的整个过程都用电子方式来提高运作效率,是电子商务的核心。

基于互联网的现代电子商务技术主要是网络信息的发布接收与管理技术和数据通信的

---

① 郭来喜,刘峰.21世纪的中国旅游业——向高技术化、质量型、效益型发展[J].科技导报.1999(10).

安全保密技术。互联网上的信息发布主要是基于万维网的信息处理技术。在万维网上的信息表示是一种用超文本标记语言（HTML）标识的代码集合，所有通过网络发布的信息要事先用 HTML 编码以后放在一定地址的服务器中。运行在客户端计算机的客户机程序（通常是浏览器软件）根据使用者的要求产生信息服务请求发送给某个地址的服务器，并对服务器发来的数据解码以后展示出来。服务器是储存信息、运行数据处理程序的计算机，它根据客户机的请求提供数据，将所查询的信息传送提交对方。客户机与服务器之间的数据通信遵循 HTTP 协议的约定。在网络环境当中，为了减少信息查询的麻烦，有专门的服务器负责搜索网上各类信息的地址，方便大家的使用，建立这种专门搜寻信息服务器的网站被形象地称为"门户"网站。

传统的商务交易活动以口头和书面的形式讨价还价，双方确定交易价格，签订合同，交付产品和服务并支付货款，而基于互联网的现代电子商务完全通过电子数据交换的方式进行，没有传统商务交易的书面记录；并且，网络环境是向社会开放的，网上传输的数据可能经过许多电子环节，在任何一个环节上均可能发生数据被截获的可能；再者，计算机系统当中的电子数据容易被改写或删除，有可能为某些蓄意破坏或者抵赖否认提供方便。因此，网络环境数据通信安全问题十分重要。通常对于要交换的数据，要采用各种加密技术对数据加密，接收方接收后再予以解密。类似于在书面文件上签名的数字签名（Digital Signature）技术也被使用到网络环境中，接收方要将处理出来的文件与解密的数字签名比较，以判定文件是否在传输过程中破坏或者被篡改。此外还可以通过从事网上公证业务的专门认证中心用数字时间戳（Digital Time-Stamp）、数字证书（Digital Certificate）等为文件和用户提供第三方认证服务。有关企业和组织还制定了若干安全交易协议标准，比一般的 HTTP 协议提高了安全可靠程度。而对于网络环境下计算机系统使用防火墙技术（Firewall）防止外来入侵者的恶意破坏，更是每个联入国际互联网计算机系统的安全必须。

（二）旅游电子商务技术的应用

旅游电子商务在实践中的内容十分丰富，它是指通过先进的网络信息技术手段实现旅游商务活动各环节的电子化，包括通过网络发布、交流旅游基本信息，以电子手段进行旅游宣传促销、开展旅游售前售后服务；通过网络查询、预订旅游产品并进行支付；也包括旅游企业内部流程的电子化及管理信息系统的应用等（巫宁、杨路明，2003）。

仅就"以电子手段进行旅游宣传促销"来说，旅游地和旅游企业借助国际互联的网络环境信息传播范围广阔、费用低廉、信息展示形式丰富多样的特点，可以在全球更广泛地吸引游客，寻求合作伙伴，并且可以根据变化将信息随时更新；以往每年都要印制大量宣传品、到处参加旅游展销会的做法将退居幕后，互联网的产生和发展已经在网上形成了超越国界、永不闭幕的展示宣传场所，可供旅游业永续利用。此外，旅游者通过网络也可以更容易寻找到适合自己需要的旅游产品，根据自己的兴趣、时间有选择地出游，这就借助网络为旅游者提供了更好的服务。

旅游业利用互联网开展电子商务，主要有三种类型。第一种类型是旅游企业与消费者之间的旅游电子商务（B2C）。这是旅游者最熟悉的一种旅游电子商务。在旅游向个性化与定制化发展的新形势下，这种模式大大降低了旅游者与企业的交易成本，无疑具有传统旅游组织无可比拟的优势。第二种类型是旅游企业间的电子商务（B2B）。即企业与企业之间，通过互联网或者专用网方式进行旅游电子商务活动。第三种类型是旅游企业内部的电子商务。即企业内部之间，通过企业内部网交换与处理旅游商务信息。该模式对于增强旅游企业对市场变化的反应能力,更好地为旅游者服务具有很大作用,并且该功能在信息化的背景下将会不断彰显。

旅游电子商务的应用在技术上必须解决的问题之一是申请域名设立服务器建设自己的网站或者在其他网站服务器上租用空间放置自己的宣传网页。要让用户在网上的信息海洋中看到自己的宣传信息,除了所展示的网页应该形象生动、独具特色、有吸引力以外,还应该与若干重要的门户网站链接,借助于门户网站的搜索引擎让访问者容易发现自己的网站。在企业的管理信息系统中安排与互联网的接口,使对本企业的商务需求及时得到了解和处理,是做好旅游电子商务的关键。如果没有这种接口或者还没有自己的信息系统,就必须安排专人经常注意网络的访问信息,进行手工操作。

二、网络多媒体及虚拟现实技术

(一)网络多媒体与虚拟现实技术简介

文字、声音、图形、图像都是信息的表现形式,在信息技术学中的专门术语中称为信息的媒体。多媒体技术是基于计算机系统可以同时获取、处理、存储和传输两种以上不同类型信息媒体的技术,其原理仍然是把自然形式存在的各种媒体信息数字化,再利用计算机将数字表示的文、图、声、像和计算机程序集于一体。而多媒体要实现信息的异地传输,就不可避免地要朝网络化发展,于是网络多媒体技术的各种应用方兴未艾。

虚拟现实(Virtual Reality,简称 VR)技术是一个由图像技术、传感技术、计算机技术、网络技术及人机对话技术相结合的产物,它以计算机技术为基础,通过创建一个三维视觉、听觉和触觉的环境使用户利用系统提供的人机对话工具,同虚拟环境中的物体交互操作,能为用户提供现场感和多感觉通道,并依据不同的应用目的,探寻一种最佳的人机交互界面形式。利用虚拟现实技术,可以使参与者在赛博空间中体验各种身临其境的感觉。它的3个最基本的特征是 Immersion(沉浸)、Interaction(交互)和 Imagination(构想)。人在虚拟现实技术中处于主导地位。用户不仅沉浸于虚拟环境中,还可以查询、浏览及分析赛博空间中的物体,并进行决策。基于VR的三维全景技术可以得到优美的360°全景照片,显示景区内的优美景点,游客可触摸屏幕设计个性化的旅游线路,与在线游客交流信息和感受。

总之,这样的人机界面技术逼真地模拟人在自然环境中的视、听、动等行为,是多媒体技术的高新发展,目前的主要问题是整套设备系统的造价还较高,在一般民用领域的较普遍应用还有待时日。

(二)网络多媒体技术及虚拟现实在旅游业中的应用

网络多媒体技术的应用有两个关键:其一是,尽量减少多媒体文件的尺寸。在网络环境下实现多媒体技术,最重要的前提是在旅游者可接受的品质下,最大限度地压缩庞大的多媒体信息量。其二是,支持"流"传输方式。使用这种方式,信息的接收者在没有接到完整的信息前即可处理已收到的信息,这种边接收边处理的方式,很好地解决了多媒体信息在网络上的传输问题。

除去网络传输问题的解决以外,多媒体技术还在向旅游者生动地宣传旅游地形象,形象地介绍旅游信息方面可以起到很好的作用。它将文字、声音、图形和图像集成在一起,并可以交互性展示,使用者可以根据需求,通过人机对话主动控制计算机系统执行不同的工作,需要几种信息展示就给出几种。近些年来,利用多媒体技术制作旅游地的宣传光盘,在旅游

信息咨询系统和旅游网页中应用多媒体技术介绍旅游信息,已经成为普遍的做法,今后的方向是注意紧密跟踪多媒体技术的新发展,在应用多媒体技术开展旅游宣传促销方面继续努力,并要与逐渐普及的虚拟现实技术注意结合。

以上用多媒体技术整合旅游宣传促销是目前最主要的应用领域,而将多媒体信息管理技术用于旅游教育培训则是旅游业的另一个应用方向。发挥计算机系统信息管理的作用,在旅游教育培训中普遍应用多媒体技术还需要不断努力。至于未来虚拟现实技术有所普及以后能在旅游职业培训中加以应用,无疑将会以逼真的环境和模拟操作对旅游服务岗位员工培训起到很好的作用,值得加以探索。

三、赛博空间技术[①]

(一)赛博空间技术简介

在对虚拟现实技术的介绍中,我们提到了"赛博空间"技术。赛博空间,对应英文为Cyberspace,其目前尚未有一个明确的定义;据Benedikt(1992)的定义,"赛博空间是一个全球网络化的,由计算机创造并支撑的,通过计算机存储数据的、多维的、人工智能的虚拟空间"。赛博空间的实现需多学科的支持,其关键支撑技术主要包括信息高速公路和计算机网络、遥感技术、虚拟现实技术和GIS等。由于计算机网络与虚拟现实技术等前文已多有论及,下面来简要介绍一下信息高速公路、遥感技术与GIS技术。

信息高速公路(Information Super-highway,ISH)是由全球的计算机及数据库和通信网络组成,并通过Internet相连接的计算机通信网络系统。Internet由层次不同、功能各异的计算机网络互联技术构成。目前主要包括三个层次的网络:骨干网、区域网和用户网。万维网是一个信息发布系统,用来浏览和搜索世界范围的互联网网页上的数字信息,它的出现促使互联网飞速发展,使网络用户可以访问到各种各样的数据。为了满足赛博空间的需要使远程用户能共享网络资源,各用户通过本地服务器连接到Internet上。同时为了保证数据传输的实时性,也必须运行在ISH上。

在旅游景观虚拟重建过程中,景观三维模拟的构建需要依托遥感技术。航空摄影测量特别是数字摄影测量技术可以提供一系列重要数据:旅游景观的三维重建模型、数字高程模型和数字正射影像。利用多光谱影像可区分地物中的植被和人造景观等。直接使用激光扫描仪来量测表面几何关系,并易于获取高精度数字表面模型。此外,为了获取更详细的地物信息以供重建,还可以采用摄影测量和地形测量中的控制点定位相结合的方法。

GIS(Geographical Information System,地理信息系统)是一个对空间数据进行组织、管理、分析与显示的系统。其往往由计算机、地理信息系统软件、空间数据库、分析应用模型和图形用户界面及系统管理人员组成。在旅游信息的管理中,应用GIS技术对旅游地理信息进行采集、管理、分析、应用,能很好地解决旅游地理信息管理、评价与预测等方面的问题。

(二)赛博空间技术在旅游业中的应用

1.为旅游规划提供虚拟技术平台

赛博空间技术让旅游规划过程得以基于旅游信息数据库,并以栩栩如生的虚拟景观展示于旅游者面前,从而可以使公民和规划者同时参与旅游规划。并且因为数据可以永远保

[①] 王璐.赛博空间技术及其在虚拟旅游规划中的应用前景初探[J].湖北大学学报(自然科学版),2003(3).

存,以及容易更新和维护,便于规划者对不同阶段方案的比较,而使规划变得更为灵活;旅游规划人员可以及时调整规划方案,方便对各种空间信息进行分析,短时间内获得旅游资源条件、旅游市场的供给与需求分析,由此来确定旅游发展的内在机制和规律。

虚拟旅游作为数码城市的组成部分之一,将利用赛博空间的相关技术在互联网上生成数码景观,使旅游规划适应信息时代的要求,转变规划思路:由感性到理性,静态到动态,实际与虚拟相结合,使旅游规划成为现实规划与虚拟规划的结合。

2. 设计全新的虚拟旅游吸引物和旅游产品

在虚拟技术平台之上,完全可以利用赛博空间的相关技术重塑旅游景观。这里的旅游吸引物是不同于现实中的,它集真实的旅游景观特征于一体,又被赋予了虚拟感受,而且景点间的时空距离由于赛博空间的特性而消失,游客可以瞬间由信息高速公路到新的景点,同时虚拟现实技术设备(键盘、鼠标、数据头盔、手套、眼镜等)会给游客沉浸式的感官体验。此时旅游吸引物的外延已包括了能满足游客心理的虚拟物。旅游产品的开发则要在虚拟旅游资源管理和电子商务发展的基础上,建立便捷的虚拟旅游网络资源的查询和搜索系统,并通过 Java 与 VRML 的结合逐步实现对三维场景的控制,达到人机交互,满足旅游者的需要。

赛博空间技术的发展已经而且仍必将给旅游业的发展带来机遇和挑战,旅游业也将从地理空间扩展到网络空间,从真实规划发展为虚拟规划。虽然目前虚拟旅游仅限于起步阶段,但其潜力极其巨大。并且随着数字城市的国家信息基础设施的建设和网络通信技术的发展,网上旅游将是商机无限。

四、卡技术及其应用

社会上已经普遍使用的电话卡、信用卡是卡技术应用的常见例子,弄清卡技术的原理,可以在旅游信息化管理各个方面实现更多的应用。

(一) 磁卡和 IC 卡简介

磁卡和 IC 卡都是记录信息的载体,其区别在于塑料卡基上镶嵌的信息载体前者是磁条,后者是集成电路(IC)芯片,读写设备将信息写入卡中或者感应读出,从而实现信息的记录和识别。二者比较,磁卡的发明较早,技术较成熟,价格便宜,但安全保密性较差,容易被复制和修改,受外界强磁场影响可能会扰乱卡中数据。由于磁条记录的信息有限,要用于较复杂的用途,必须建立强大的中央数据库和可靠的网络系统支持应用的实时授权控制。

IC 卡依靠嵌入的集成电路存储和处理信息,各种 IC 卡中存储信息的集成电路都是 EEPROM(电可擦除可编程只读存储器),卡片断电以后存储在其中的信息不会丢失,但不同的卡所嵌入的集成电路有所不同,功能上也有差别。只含有 EEPROM 的卡称存储器卡,卡本身没有计算功能,成本低,但对存入的信息卡片不提供保护。在存储器卡的基础上增加逻辑加密功能的称为逻辑加密卡,其芯片内的集成电路对 EEPROM 的读、擦和写的动作提供密码保护,有一定的安全保障,但仍没有计算功能。嵌入微处理器(MPU)、只读存储器(ROM)、随机存取存储器(RAM)并有通信接口的 IC 卡叫 CPU 卡,也有人称为智能卡(Smart Card),其 RAM 内固化有片内操作系统 COS(Chip Operating System),通过编程可以完成较复杂的工作。此外,IC 卡与读写设备的通信方式有接触型和非接触型两种,接触型通过 IC 芯片上的 8 个触点与读写设备连接进行数据通信,以前广泛应用的 IC 电话卡就是接触型 IC 卡,而非接触型卡通过电磁感应进行通信,IC 芯片表面没有专用触点,根据芯片和相应读写设备制作的标准不同,非接触型卡与读写器的最大距离可以有 0.5cm、10cm 和

70cm 三种。

(二)磁卡和 IC 卡在旅游业中的应用

利用磁卡和 IC 卡可以记录和储存信息的性质,在旅游业信息管理当中可以有广泛的应用。一些旅游景点使用磁卡门票,游客进门时人数、收入等信息就由读写设备实时传输到与之相连的计算机系统,并与售票处数据对照,有效地解决了纸质门票不好统计,仅由售票处的记录得到相关数据的问题。一些旅游企业用磁卡记录考勤,也可以实时得知员工的出勤记录,而不是事后才有了解,特别是避免纸质卡片用笔做记号有时会出现的人为因素。通过这些实例可见,在一些需要实时采集数据的场合,可以使用廉价的磁卡及相应的读写设备与计算机系统实现信息化管理。

卡技术还可以用于制作电子门锁,应用这种信息化管理技术不仅提高客房门禁的安全性能,更重要的是加强了旅游饭店的信息管理程度。比如电子门锁系统可以按照客人的住店时间设定门锁可以开启的时段,有效地保障饭店应得的收入;多种级别开锁钥匙卡的提供全面适应饭店管理的各种需要;通过集成为一体的饭店信息系统,不光可以控制住店客人的住宿开支,还可以实现店内消费"一卡通"等等。利用卡技术可以设定信息、记录信息的特点,在旅游度假区等一定范围使用信息卡作代金券,可以方便消费,保障服务质量,同时又能有效地实施管理控制。类似的利用卡技术加强和改进信息管理的应用,还可以在旅游业管理的实践当中不断开拓。

五、数字地图技术及其应用

(一)数字地图技术简介

旅游业的旅游开发规划、旅游景区管理和旅游交通都要了解地理信息,将一定范围的地理信息按照一定数学法则和相应符号表示在平面所得到的图形称为地图。地图来源于人们对一定范围地理信息的测绘,根据实际经过适当综合取舍测绘所得,并使用地图学习惯的线条和符号按一定比例缩小后描绘在图纸上就编绘成地图。若将地理信息进行数字化使其通过计算机系统可以处理、维护并绘制出地图的技术称为数字地图技术。

数字地图技术的基础是地理信息数字化。现代测绘设备可以将实地观测资料直接转化为计算机可以处理的数据,从而避免数据采集、转换过程中的失真,对现有的地图则一般可以通过数字化仪将地图信息转换成相应的数字化信息,或者用扫描仪将地图扫描下来用相应软件将所得栅格地图信息转换为计算机方便处理的矢量信息加以保存。各种途径采集和转换的地理信息都可以按照一定格式和方式保存在数据库中,国际地学界提出来的"数字地球"计划就是要将地球表面所有区域的地理信息数字化,保存在公用数据库系统供社会各界使用。

数字地图技术的另一方面是使用专用制图软件将所得到的有关地理信息绘制成电子地图。工程技术界常用的计算机辅助制图软件如 AutoCAD 等除可以用于机械零件设计、建筑设计等方面以外,同时可以进行二次开发来用于地图绘制或其他相关专题图的绘制工作,但 Map Inform、MapGIS 等专门的地理信息系统软件编制一些专题地图更为方便,数据处理维护功能更加强大。

(二)数字地图技术在旅游业中的应用

应用数字地图技术,旅游业可以从国土资源部门建成的数字化地理信息数据库当中获得所需要的信息,应用于旅游规划和管理。如果车载移动式计算机系统与中央数据库的通信可以保持畅通,旅游车辆在任何地方、任何时候都可以获得前往地区的详细地理信息,从而提供更好的旅游交通服务。所以,与兄弟管理部门合作,将局部或者区域范围建成的地理信息数据库应用于旅游管理和旅游咨询服务,是旅游业信息化管理发展的方向。如果由于各方面原因一时还无法实现公用地理信息数据库的信息共享,旅游行业根据需要设法建立自己的旅游地图数据库也是值得努力的。

旅游行业数字地图技术应用有待深入的另一方向,是在旅游管理和旅游规划当中使用计算机辅助制图和管理旅游地图。目前许多专门的旅游规划设计单位已经使用计算机辅助制图,但在一些地方旅游管理部门还缺乏计算机辅助制图的力量,在旅游高等教育当中有关的训练也很不够,有待在今后加强和补充。

六、Web1.0 与 Web2.0 技术

互联网的发展经过了几个阶段,最初的互联网是静态的,只起到一个展示的作用,跟用户是没有任何交互的。经过一段时间的发展,随着新技术的出现,为了便于信息的发布组织与用户的交互,互联网开始向动态转变。利用 ASP、VBScript 和 CGI 等动态网页技术制作的网页已经有了很好的交互功能。随着 Web2.0 的概念被提出,网站发生了巨大的变化。①

Web2.0 是 2003 年之后互联网的热门概念之一,一般来说,Web2.0(也有人称之为互联网 2.0)是相对 Web1.0 而言的新的一类互联网应用的统称。Web1.0 的主要特点在于用户通过浏览器获取信息,Web2.0 则更注重用户的交互作用,用户既是网站内容的消费者(浏览者),也是网站内容的制造者。

Blogger Don 在他的"WEB2.0 概念诠释"一文中提到"Web2.0 是以 Flickr、Craigslist、Linkedin、Tribes、Ryze、Friendster、Del.icio.us、43Things.com 等网站为代表,以 Blog、TAG、SNS、RSS、WIKI 等社会软件的应用为核心,依据六度分隔、XML、Ajax 等新理论和技术实现的互联网新一代模式"。

Web2.0 技术主要包括:博客(BLOG)、RSS、百科全书(Wiki)、网摘、社会网络(SNS)、P2P、即时信息(IM)等。2006 年被视为中国互联网 Web2.0 的真正爆发期,各种各样的 Web2.0 新应用模式正慢慢改变着中国网民的生活。

Web2.0 技术给旅游信息化带来的变化是革命性的,它在旅游业的信息化发展有以下应用。

多方信息提供方式。Web2.0 不再采用由几个网站编辑提供网站信息的模式,而是让用户变成网站信息的使用者和提供者。当用户越来越多的时候,网络信息量会呈现几何式增长,Web2.0 的优势就会明显地表现出来。

个性化的信息供给。旅游消费者已经从以前单纯地接受旅游市场营销宣传,转变为在 Web2.0 时代为旅游目的地及其他产品和服务"主动"进行市场营销了。让用户参与网站功能的建设和内容的编辑,直接获取用户的需求和习惯,确保策划出来的网站、设计出来的功能和内容能让用户满意。

互动化的信息交流。Web2.0 突破了 Web1.0 互动不足的瓶颈,加强了旅游信息供给方和需求方的交流。用户在网站上的时间越久,参与的程度越高,就会有越多的朋友,网站对

---

① 王东伟. WEB2.0 时代旅游网站的发展[J]. 福建电脑,2007(9).

他的黏性也就越强,这样网站的用户就不易流失。

公正化的信息评估。由于信息的多方提供,使得原来由于信息单方提供所带来的信息偏向性大大减小,公众在Web2.0网站上获得的信息是全面的、客观的、公正的。这对旅游消费者评价某个旅游产品具有极大的帮助。

第三节 旅游业信息化的系统管理

一、信息系统

(一) 信息系统的概念

信息系统是指能够对数据进行采集、处理、存储、管理、检索、传递和反馈,能向相关人员提供有用信息的系统。任何一个组织机构不论其形式如何,都要进行信息管理,都有自己对信息进行输入、存储、处理和输出的信息系统作为系统整体的一部分。由于信息处理加工用手工也可以进行,计算机并不是信息系统的必要条件,但信息科学和信息技术的飞速发展使得计算机及通信设备在现代信息系统当中广泛应用,并陆续形成了具有一定含义和适用范围的计算机信息系统类型,例如数据处理系统(Data Processing System,DPS)、管理信息系统(Management Information System,MIS)、办公自动化系统(Office Automation System,OAS)、决策支持系统(Decision Support System,DSS)、专家系统ES(Expert System)、电子商贸系统(Electronic Business Processing System,EBPS)等等。

利用计算机及有关设备进行信息管理的信息系统不管所应用的信息科学理论方法如何变化,其基本功能都是把有关信息使用某种输入设备转换成计算机可以处理的数据,输入计算机系统,进行加工处理、存储维护、传输和输出。DPS是信息系统发展的早期阶段,主要是对单项事务的有关数据进行处理,例如早期的一些工资处理系统、库存处理系统、会计记账系统、数据统计系统等。DPS利用计算机提高工作效率,减轻人的劳动强度,降低人工费用,但各系统之间一般不交流和共享数据。随着计算机硬件和软件技术的发展,信息科学技术在解决不同方面问题的过程中发展起多种分支,因而在DPS的基础上产生针对一个单位中各种事务信息的分析处理,进行有效管理控制的MIS;分析和描述问题,形成备选的决策方案并对之比较优化,提供决策支持的DSS;利用计算机储存专家的知识和经验并仿真推理做出智能决策的ES;利用微机和局域网及有关办公自动化设备帮助办公室人员进行文字数据处理、图形图像处理、录放音、电子日程安排、召开电子会议、收发电子邮件及轻印刷系统等的OAS;利用计算机及环球网络处理国际贸易有关订货发货、运送管理、报关、保险、商检和银行结算等综合事务的EBPS等。

(二) 旅游管理信息系统

旅游管理信息系统目前还没有严格的定义,可以简单地定义为旅游管理信息系统是一个以人为主导,利用计算机硬件、软件、网络通信设备及其他办公设备,进行信息收集、传输、模拟、处理、检索、分析和表达,以提高效益和效率为目的,并能进行决策、控制和运作的人机系统。这种人机系统基于信息技术,并对外部环境、决策组织者的管理水平提出了要求。旅游管理信息系统是随着对生产、对社会的不断认识,随着生产、生活及旅游产业管理的需要而逐步产生和发展起来的,它是管理信息系统(Management Information System,简称MIS)的一个分支。①

旅游管理信息系统如同所有的信息系统一样,都需要处理数据的收集和输入、数据的存储、数据的加工处理、数据的传输、数据的维护、信息的输出等问题。数据的收集和输入是要把分散在各处的数据收集并记录下来,整理成信息系统要求的格式和形式,通过一定的输入设备输入信息系统。输入的数据要在系统中存储起来,供不同的数据处理过程共享,有的要多次使用,在处理过程中又产生新的数据,需要大容量的存储能力。数据经过加工处理才能产生有用的信息,从简单的查询、核对、分类、排序、检索到利用数学工具分析、预测、优化、仿真,现代科学的发展不断提高了信息系统的数据加工处理能力。信息系统中的数据传输包括计算机系统内部和系统外部的传输,以保证系统不同部分对数据处理的请求和存储需要。信息系统要根据用户的需要以不同的形式将系统处理和保存的信息从系统中输出,提供信息服务,而为了保证信息的准确、及时,要注意系统中数据的补充、更新和安全保密。

旅游企业的信息管理可以区别为基层的业务作业、中层的管理控制和高层的辅助决策三个不同层次。基层业务作业不需要复杂的数学方法处理数据,只进行普通的分类、排序和简单的计算,例如饭店前台的房态管理、收银管理及会计信息的处理等等。管理信息系统发展初级阶段的DPS就主要只是对数据进行简单的事务处理。中层的管理控制需要对数据进行分析、比较,可以应用各种适用的数理统计方法、运筹学方法对特定问题进行评价,例如使用线形规划方法安排工作计划,利用回归分析方法剔除日常经营的数据波动等。高层的辅助决策要根据企业所在具体领域的业务运作特点和相应的专家知识构建数学模型,根据企业内部信息和外部信息加以分析综合,提供预测意见,提交决策参考。评价管理信息系统的辅助管理能力,不仅要看基层作业的信息处理是否方便、完善,更要看中高层的管理控制和辅助决策功能的强弱。只有能够对所涉及的各方面进行全面管理控制,特别是具有较强辅助决策功能的旅游管理信息系统,才算较好地发挥了计算机系统信息化管理的作用。

(三)旅游管理信息系统的层次结构

旅游管理信息系统的结构是指旅游管理信息系统各个组成部分的框架结构。由于存在对各个组成部分的不同理解,于是就形成了不同的结构方式,如概念结构、层次结构、功能结构、软件结构和物理结构等。对应于本章的论述重点,这里主要从概念与层次这两个角度来分析旅游管理信息系统的结构。

旅游管理可分为基层(作业处理)、中层(管理控制)、高层(战略与决策)三个管理层次,相应地,旅游管理信息系统也可以分为三层子系统。若考虑系统内部的职能划分,则在每个层次上又可横向分为信息管理子系统、市场营销管理子系统、财务管理子系统、人力资源管理子系统等。每个子系统都支持从基层到高层不同层次的管理要求(见图5-5)。

二、旅游管理信息系统的实现

实现工作包括以下几个部分。

(一)业务分析

1. 组织结构分析

组织结构基本决定了旅游管理信息系统的结构布局,旅游饭店组织、旅行社组织、旅游

---

① 查良松,陆均良,罗仕伟.旅游管理信息系统[M].北京:高等教育出版社,2002.

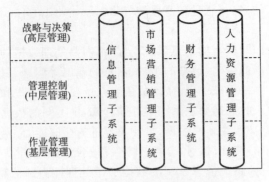

图 5-5 旅游管理信息系统的层次结构

交通组织及旅游行政组织都具有各自不同的组织结构,这种天然的组织结构差异决定了它们的旅游管理信息系统的结构差异。

一般说来,旅游组织具有五种不同的结构形式,即职能结构、地区结构、产品结构、过程结构、顾客结构(见图 5-6)。

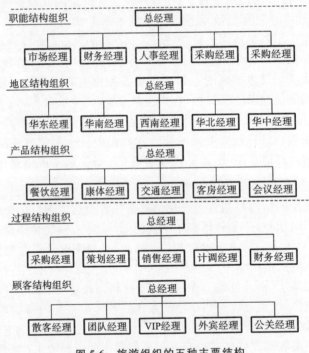

图 5-6 旅游组织的五种主要结构

2. 组织业务分析

组织业务分析可以根据本书第三章的业务流程进行分析。组织业务分析的作用在于利用流程的模块来设计旅游管理信息系统数据节点。

(二)需求分析

旅游管理信息系统是在充分把握手工信息处理流程的基础上,进行信息采集、归类、整理,从而达到统一地管理信息及其流向。需求分析是旅游信息系统设计的关键工作,其分析的结果直接影响信息系统功能的完善性、可靠性和整体性。

1. 数据需求分析

数据流是按照业务流程进行运动的,根据业务流程各个模块、节点的不同要求,当数据流动到相应模块或节点时会产生不同的数据信息。数据需求分析就是要调查研究各个模块和节点所需要的数据内容,数据提供的时间、地点和所要达到的要求。

2. 功能需求分析

业务流程的各个模块和节点除了需要获得相关数据,还需要对数据进行相应的处理分析。功能需求分析就是要调查研究各个模块和节点所需要设置的系统操作程序和功能,为系统的各个子集提供高效的信息服务。

(三) 系统设计

1. 系统结构设计

旅游管理信息系统的结构反映系统整体与各个部分之间的关系,也反映整个旅游管理信息系统的数据处理方式和传输方式。旅游管理信息系统由硬件和软件两部分组成。从硬件结构上分,可以设置为单机系统、局域网系统和广域网系统,其中单机系统和局域网系统目前比较成熟,应用也比较广泛;广域网系统适合于大型的旅游管理信息系统。软件结构是旅游管理信息系统的功能结构,这种结构是根据管理的层次和要求的功能导出并划分的。系统可以由许多软件模块组成,把各个功能模块和文件数据组合起来,构成一个功能矩阵图就形成了系统的软件结构。

2. 数据库设计

旅游管理信息系统需要处理大量的数据,因而对其中的数据库和数据结构要专门进行认真设计,以提高旅游组织的信息处理能力和反应速度。设计者在掌握需求分析和业务分析的基础上,设计数据库和数据结构。

3. 系统功能设计

旅游管理信息系统功能具体体现在系统设计阶段所规划的系统功能结构。系统的各个功能是由相应的软件模块实现的。模块是一组程序命令的集合,它是在子系统下的又一次功能划分,模块的功能是相对独立的,它是设计和构造系统的最基本单位。因此,对系统功能的描述也是对软件模块功能的描述。

三、旅游管理信息系统的应用

旅游产业的组织主要包括旅游行政管理部门、行业协会和各类旅游企业。除了旅游管理部门的旅游行政管理信息系统以外,旅游饭店和旅行社的生产运行因为与其他一般企业有所不同,它们的管理信息系统也就具有一定的独特性,而其他旅游企业因为生产运行与一般企业相同或者类似,其管理信息系统在这里不另作介绍。此外,旅游地管理信息系统也是旅游业重要的信息系统类型之一。

(一) 旅游行政管理信息系统

旅游行政部门的管理信息系统属于政府系统信息化工程的一部分,要处理机构内部的办公信息和旅游行政管理信息,其主要的子系统除了办公自动化、档案管理、人事管理、财务管理等内部信息管理子系统以外,还包括旅游统计、导游管理、饭店管理、旅行社管理、旅游车船管理、旅游区(点)管理等行业管理子系统,以及市场促销信息子系统、旅游规划信息子系统等。其中,机构内部信息管理子系统主要是在内部办公网上运行,各行业管理子系统则需要收集下一级旅游管理部门和旅游企业的信息,以及向上一级旅游管理部门和同级政府部门报告信息,都要对外界进行信息交流。而市场促销子系统则主要是本区域旅游信息的对外宣传展示,更进一步则可以开发成本地旅游电子商务平台,接纳旅游企业上网或者开辟与企业管理信息系统的接口,扩展政府部门信息管理系统的功能(见图5-7)。

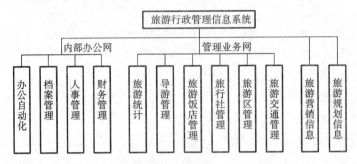

图 5-7　旅游行政管理信息系统主要功能结构

旅游行政管理信息系统的开发建设还很不平衡。国家旅游局(现文化和旅游部)根据国家信息化工作的总体要求和旅游业发展的需要,决定在全行业实施"金旅工程",提出了建设和完善政府系统办公自动化网络的任务,并对各级旅游行政部门信息系统的建设提出了指导意见,明确了技术规范。在国家旅游局(现文化和旅游部)的统一部署之下,未来各级旅游行政部门管理信息系统的开发建设将更加普及和完善。

(二)旅游饭店管理信息系统

旅游饭店的管理信息通常分为前台接待服务信息和后台管理信息,其管理信息系统一般也分前台系统和后台系统两大部分。按照旅游饭店的一般情况,饭店前台信息管理系统主要包括预订、入住接待、结账、夜间稽核、客房管理、收银管理、电话计费、公关销售、总经理查询等功能模块,后台信息管理系统则主要是财务管理、库存采购、人力资源管理、工程设备管理、固定资产管理等模块(见图5-8)。如前所述,由于信息技术的不断发展,近年来电子门锁系统、VOD视频点播系统等已经加入饭店信息系统之中,而与电视监控系统、综合通信系统等信息系统的集成,也已在饭店信息管理系统的开发建设当中有所探索。

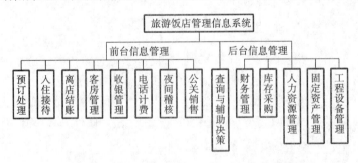

图 5-8　旅游饭店管理信息系统主要功能结构

旅游饭店管理信息系统是旅游各行业当中技术发展较为成熟的一类,模式已基本定型,功能也较齐全,国内外都有商品化的通用软件,根据需要旅游饭店也可以自己开发或者委托软件公司专门开发。为适应信息技术和网络环境的发展,不断改善旅游饭店管理信息系统,改进信息化管理,是旅游饭店管理的长期任务。

(三)旅行社管理信息系统

旅行社的生产运作与其他行业相比有其独特性,因而旅行社管理信息系统也与其他行业有所不同,但与旅游饭店相似,旅行社的管理信息系统也可以分为旅游接待服务和内部管理事务两大部分。根据旅行社的一般运作,旅行社接待服务主要是外联销售和导游陪同工作,相应的管理信息子系统可以根据旅行社的规模大小和业务复杂程度来决定。简单的旅行社管理信息系统接待服务部分可以只有旅游产品销售管理子系统、旅游服务采购管理子系统和旅游接待服务管理子系统,其中的产品销售管理子系统处理外联销售信息,旅游服务采购子系统处理旅行社向交通部门、旅游饭店、餐厅饭馆、景区景点、娱乐场所等分别购买单项旅游产品的信息,旅游接待服务子系统处理导游员、车队的计划调度和工作量统计信息。较为复杂的则可以根据旅行社的需要将外联报价、接团管理、散客管理、本地组团出游、接待核算、票务管理、接待管理等分别构成管理信息子系统。在内部事务管理部分,旅行社管理信息系统通常也有一般企业管理信息系统的人力资源管理、财务管理和档案资料管理子系统,其中的资料管理子系统主要是管理旅行社积累的各种业务信息,为旅行社运作提供基本保障(见图 5-9)。根据需要,旅行社管理信息系统也可以设置单独的总经理查询子系统,为高层管理者提供信息服务。

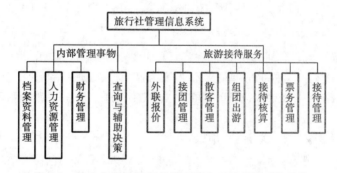

图 5-9 较为复杂的旅行社管理信息系统主要功能结构

总之,旅行社管理信息系统必须围绕旅行社的经营特点进行设计,其职能是对旅行社生产服务过程的管理实现信息化,从而提高旅行社的生产率和管理效率,同时提高旅行社的市场竞争能力,满足现代人旅游的个性化服务要求。从整体上来说,旅行社管理信息系统还处于发展阶段,商品化的系统软件虽然已经在市场出现,但还不够成熟。各旅行社业务管理的习惯不同,以及许多小规模旅行社手工作坊式的运作都使得旅行社信息化管理的进程比较缓慢。随着加入 WTO 以后旅行社行业的逐渐对外开放及整个社会信息化的发展,旅行社管理信息系统也将不断普及和更加完善。

(四)旅游地管理信息系统

通常,把一定地理空间的旅游资源同旅游专用设施、旅游基础设施及相关的其他条件有机结合起来,称为旅游者停留和活动的目的地,即旅游地。因此,旅游地是具有以旅游业为主体的社会经济结构,凭借旅游资源、旅游服务设施及相关条件,满足旅游者旅游需求的地域综合体。旅游地管理信息系统主要提供旅游地的信息咨询服务、经营管理决策服务,用于协调、开发目的地旅游产品的生产和交易并为此提供便捷的途径,它可以提高管理工作的效率。目前,旅游地管理信息系统主要用于辅助经营管理、信息服务、旅游地的设施与设备管理、旅游地的内务管理等方面,从而构成旅游地管理信息系统的经营管理子系统、信息服务

子系统、设施管理子系统和内务管理子系统。

旅游地经营管理子系统的核心就是辅助旅游地企业的经营管理,参与旅游地所有与经营有关的管理工作,如旅游主题公园、旅游风景区、博物馆等旅游地企业的收费管理、领料管理、成本管理、报表管理及查询管理等。

旅游地信息服务子系统是为旅游者提供信息服务的一种管理应用系统。其操作对象不是旅游地的经营管理人员,而是广大的游客。因此,在设计该系统时,一要考虑旅游者可能是不懂熟练操作计算机的对象,二要考虑由于旅游者在旅游地的停留时间往往短暂,且人数众多,因此不适合用不方便的键盘来进行操作。由于旅游者所需要的信息服务主要是查询,输入内容比较简单,都是按菜单功能点菜操作,所以,可以用触摸屏代替键盘的输入。这种系统也叫多媒体触摸屏式信息服务系统。其一般安装在旅游地的公共场所,可以单机使用,也可以连接到计算机网络上使用,联网以后数据的维护和更新比较方便并且可以动态刷新数据。

旅游地的设施、设备管理子系统主要是对旅游地固定资产的管理,主要功能有设施管理、查询管理、报废管理、统计报表管理与固定资产的折旧核算。

旅游地内务管理子系统针对的是旅游地企业中与旅游者无直接关联的企业内部管理。其功能主要有人力资源管理、库存管理、财务管理、客户管理、采购管理等。

（五）旅游空间数据管理信息系统

空间数据是单个或群体地以空间位置为参照的数据。旅游信息中相当多的数据具有空间数据的特征,对该类型数据的管理是旅游与旅游业信息管理的重要内容之一。地理信息系统是空间数据管理的主要技术工具,其在旅游管理中的应用很早就已经开始了,并取得了一定的成果。

在空间信息系统(地理信息系统)中,地理空间数据常用的数据结构有两种:栅格数据结构和矢量数据结构。栅格数据结构由像元陈列构成,每个像元用网格单元的行和列来确定它的位置,常用于表示面状要素。矢量结构是另一种常见的图像数据结构。它通过记录坐标的方式,尽可能地将点、线、面等空间实体表现得精确无误。该数据结构常用于描述线状、点状分布的地理要素,如旅游线路、景点位置等。

多媒体电子地图和 Internet 地图是旅游空间数据管理信息系统的另外两个重要的内容。多媒体电子地图是一种模拟地图,它运用地理信息系统和多媒体技术,集地图、影像、文字和声音等多种信息于一体,具有地图的符号化数据特征,能实现计算机屏幕快速显示,供人们阅读和查询。Internet 地图是指在互联网上能够查询阅读或者下载的地图,具有实时更新和人机交互功能。

Google Earth 卫星模拟地图是空间数据的突破性发展,旅游管理中对卫星模拟地图的应用是近些年的一种趋势。

旅游空间数据管理信息系统在旅游管理中主要应用于空间位置咨询、空间位置选址、旅游地空间结构和形态演变研究及空间型客户关系管理。

四、国家信息化发展战略

（一）国家信息化发展战略纲要

2016 年 7 月,中共中央办公厅和国务院办公厅印发了《国家信息化发展战略纲要》。这个纲要是规范和指导国家信息化发展的纲领性文件,是国家战略体系的重要组成部分,是信息化领域规划、政策制定的重要依据。

《国家信息化发展战略纲要》提出的战略目标是:

到 2020 年,固定宽带家庭普及率达到中等发达国家水平,第三代移动通信(3G)、第四代移动通信(4G)网络覆盖城乡,第五代移动通信(5G)技术研发和标准取得突破性进展。信息消费总额达到 6 万亿元,电子商务交易规模达到 38 万亿元。核心关键技术部分领域达到国际先进水平,信息产业国际竞争力大幅提升,重点行业数字化、网络化、智能化取得明显进展,网络化协同创新体系全面形成,电子政务支撑国家治理体系和治理能力现代化坚实有力,信息化成为驱动现代化建设的先导力量。互联网国际出口带宽达到 20 太比特/秒(Tbps),支撑"一带一路"建设实施,与周边国家实现网络互联、信息互通,建成中国-东盟信息港,初步建成网上丝绸之路,信息通信技术、产品和互联网服务的国际竞争力明显增强。

到 2025 年,新一代信息通信技术得到及时应用,固定宽带家庭普及率接近国际先进水平,建成国际领先的移动通信网络,实现宽带网络无缝覆盖。信息消费总额达到 12 万亿元,电子商务交易规模达到 67 万亿元。根本改变核心关键技术受制于人的局面,形成安全可控的信息技术产业体系,电子政务应用和信息惠民水平大幅提高。实现技术先进、产业发达、应用领先、网络安全坚不可摧的战略目标。互联网国际出口带宽达到 48 太比特/秒(Tbps),建成四大国际信息通道,连接太平洋、中东欧、西非、北非、东南亚、中亚、印巴缅俄等国家和地区,涌现一批具有强大国际竞争力的大型跨国网信企业。

到 21 世纪中叶,信息化全面支撑富强民主文明和谐的社会主义现代化国家建设,网络强国地位日益巩固,在引领全球信息化发展方面有更大作为。

(二)数字乡村发展战略纲要

2019 年 5 月 16 日,为了贯彻落实中共中央、国务院《关于实施乡村振兴战略的意见》《乡村振兴战略规划(2018—2022 年)》和《国家信息化发展战略纲要》,中共中央办公厅和国务院办公厅印发了《数字乡村发展战略纲要》。

《数字乡村发展战略纲要》提出的战略目标是:

到 2020 年,数字乡村建设取得初步进展。全国行政村 4G 覆盖率超过 98%,农村互联网普及率明显提升。农村数字经济快速发展,建成一批特色乡村文化数字资源库,"互联网＋政务服务"加快向乡村延伸。网络扶贫行动向纵深发展,信息化在美丽宜居乡村建设中的作用更加显著。

到 2025 年,数字乡村建设取得重要进展。乡村 4G 深化普及、5G 创新应用,城乡"数字鸿沟"明显缩小。初步建成一批兼具创业孵化、技术创新、技能培训等功能于一体的新农民新技术创业创新中心,培育形成一批叫得响、质量优、特色显的农村电商产品品牌,基本形成乡村智慧物流配送体系。乡村网络文化繁荣发展,乡村数字治理体系日趋完善。

到 2035 年,数字乡村建设取得长足进展。城乡"数字鸿沟"大幅缩小,农民数字化素养显著提升。农业农村现代化基本实现,城乡基本公共服务均等化基本实现,乡村治理体系和治理能力现代化基本实现,生态宜居的美丽乡村基本实现。

到 21 世纪中叶,全面建成数字乡村,助力乡村全面振兴,全面实现农业强、农村美、农民富。

思考与练习

1. 如何理解旅游信息化?
2. 智慧旅游的核心是什么?
3. 旅游信息化有哪些实现技术?
4. 如何实现旅游智慧化管理?
5. 如何构建旅游管理信息系统?
6. 旅游业如何实施国家信息化发展战略?

第六章

旅游的智慧化管理

学习目标

掌握旅游信息化到旅游智能化的必然性；掌握智能管理的基本概念；熟悉智慧旅游的移动通信技术；熟悉智慧旅游的物联网技术；熟悉智慧旅游的云计算技术；熟悉智慧旅游的人工智能技术。

核心概念

智能旅游；移动通信；互联网；移动网络；物联网；云计算；人工智能

第一节 智慧旅游的移动通信技术

随着科学技术的不断创新与快速发展，以大数据、云计算、互联网、物联网、人工智能等应用技术为代表的新一轮技术革命推动着人类社会从信息时代步入了智能时代，旅游业已经开启了更具规范性、融合性、系统性和突破性的智慧旅游发展模式。

一、从移动网络到智能终端

（一）移动网络

随着蜂窝技术的快速发展，世界范围内的电信环境发生了巨大的变化，用户彻底摆脱了终端设备的束缚，实现了个人移动性、可靠传输手段和接续方式的完整融合。不断完善的移动接入网络，不断提高的移动通信速率，不断增强的移动终端性能，促进手机开始承担语音通话、文字短信之外的更多功能，演变成为人们工作生活中必不可少的工具。在这种移动网络条件下，智慧旅游对于提高旅游者的旅游体验和满意度具有决定性意义。

移动网络是 Mobile Web 的中文翻译，指基于浏览器的 Web 服务，一般不把它等同于移动互联网。主要是指使用手机、掌上电脑和其他便携式工具等移动设备连接到公共网络，这种连接不需要台式电脑，没有一个固定的固定连接。

智能手机不仅能够满足最基本的语音通信功能，还可以提供 MMS、LBS、资料下载与上网冲浪、网上游戏、数据多媒体等各种速率的移动数据业务功能，还能够提供蓝牙、WLAN

等多种无线接入方式的移动应用解决方案功能。随着芯片运算速度的提高和存储容量的增大,手机具备了更强大的计算能力,更加优化的移动网络、终端和编码技术应用解决方案,让视频、音频实现了实时多媒体压缩传输的技术目标。

随着通信技术的代际更迭,不需要电缆的超高速无线网络将使手机用户以无线和三维空间虚拟实境连线,随时随地享受速度更快、频谱更宽、通信方式更灵活、智能性更高、兼容性更强、增值服务更多、费用更加便宜的高质量电信服务。从雅虎(Yahoo)到谷歌(Google),再到脸书(Facebook)所代表的网络技术可以看到,智慧旅游将在更加优越的移动网络条件下获得更加快速、更加方便、更加系统、更加协同的运作效能和实施效果。

(二)社交网络

随着以 Facebook 和 Twitter 为代表的网站应用脱颖而出,各种"以人为本"的网络互动模式和商业模式被越来越多地创新出来,一个属于社交网络的时代来临了。

数学领域里有一个人际关系的小世界猜想:一个人最多通过六个人就能够认识任何一个陌生人。这个猜想就是六度分隔理论(Six Degrees of Separation)。六度分隔理论包含着两个含义:一是地球上任意两人(用户)都可以通过社交网络建立联系,从而保证了这样的网络具有覆盖的广泛性;二是信息到达任意一个节点(用户)的过程不超过六次传递。从信息传递效率的角度来讲,这充分说明了社交网络区别于机器网络的巨大价值。

一个典型的社交网络就是其全部用户的个人主页的集合。个人主页是用户在社交网络上的具象化展现,其内容包括用户的基本信息与资料、职业、兴趣爱好、个人状态、微博、日志、相册和用户在该网络上全部行为的动态记录以及好友用户的动态行为记录,网站还会在个人页面的显著位置展示出最近来访的好友消息。这些元素导致用户只需要停留在自己的个人主页面上就可以完成与网站几乎一切交互——发布内容和浏览他人内容。

在社交网络中,最基本的用户关系是"好友",双向认证的好友决定了用户的圈子大小,实名制注册使"好友"具备了真实社会化属性和更强的信任关系,从而为社交网络建立起更加强大的用户黏性并利用六度分隔理论迅速扩张用户数量。与真实社会类似,社交网络中作为平等节点的用户其实具有不对等的信息传递关系,也就是意见领袖与聆听者的关系。由此产生了无须获得对方认可即可关注对方所有动态的单向机制,由于六度分隔理论的作用,单向机制可以快速地建立弱关系的单向关系。在新型社交网络上,单向机制被发展为"关注"(Follow)机制,每个用户都可以自由地关注别人,也可以拥有关注自己的"粉丝"。关注机制更大程度上激发了用户对于"被关注"的渴望,进一步转化成为"分享"原创内容的强大动力。分享功能真正意义上发掘出社交网络的超强实力,基于用户自主分享行为的信息传播意味着极低的营销成本和良好的口碑营销效果,社交网络营销成为拟人化品牌形象的精准营销平台。依靠用户关系网络传播信息只是社交网络成功的部分原因,通过社会群体智慧帮助人们发现价值从而传递价值才是社交网络的核心所在。

(三)移动定位

1996 年,美国联邦通信委员会(FCC)下达了要求移动运营商为移动电话用户提供紧急求援服务(E-911)。这个指示实际上就要求对所有移动电话用户实现定位功能。1999 年,美国联邦通信委员会对定位精度提出了新的要求。这些举措客观上促进了紧急求救电话服务、物流管理、商业求助电话服务、个人问询服务、车辆导航服务、特定跟踪服务等定位技术及其服务业务的快速发展。2004 年,在国际上的各种移动通信业务用户数量排名中,定位业务用户已经超过移动电子商务、移动银行等增值业务,仅低于语音业务而位居第二,代表着移动技术发展的一个新阶段。

当移动终端接入一个无线通信网络的时候,终端需要和网络中的接入节点(基站)建立通信连接,通过对点对点之间无线电波的一些参数(信号强度、信号到达角度、信号到达时间等)进行测量,就可以计算出移动终端与这些基站之间的相对位置关系。由于网络中基站的地理位置一般是固定且可以获知的,通过一定的算法就可以对移动终端的位置进行求解或估算。这就是移动定位技术的基本原理。在实际应用中,根据应用环境和定位精度要求,可以选择使用不同的移动定位技术,而与之对应的则是不同的接入网络和终端通信能力。

按照提供服务的方式,移动定位技术可以划分为基于移动终端的定位系统、基于移动网络的定位系统,以及把两者结合起来的混合定位系统。基于移动终端的定位系统一般是某个企业和政府部门自己使用的定位系统,基于移动网络的定位系统一般由移动服务商提供。

目前,卫星定位技术、蜂窝定位技术、基站定位技术、Wi-Fi 定位技术就是常用的基于移动网络的定位系统。一般情况下,主要由五个定位技术支持着基于移动网络的定位系统。

一是基于 Cell-ID 的定位技术。该技术又称起源蜂窝小区定位技术。每个小区都有自己特定的小区标识号(Cell-ID),当进入某一小区时,移动终端要在当前小区进行注册,系统的数据中就会有相应的小区 ID 标识。系统根据采集到的移动终端所处小区的标识号来确定移动终端用户的位置。这种定位技术在小区密集的地区精度相对较高,容易实现,无需对现有网络和手机做较大的改动,所以得到了广泛的应用。

二是到达时间 TOA 定位技术。移动终端发射测量信号到达 3 个以上的基站,通过测量到达所用的时间(须保证时间同步),并施以特定算法的计算,实现对移动终端的定位。在该算法中,移动终端位于以基站为圆心,移动终端和基站之间的电波传输距离为半径的圆上,三个圆的交点即为移动终端所在的位置。

三是到达时间差 TDOA 定位技术。移动终端对基站进行监听并测量出信号到达两个基站的时间差,每两个基站得到一个测量值,形成一个双曲线定位区,这样,三个基站得到 2 个双曲线定位区,求解出它们的交结点并施以附加条件就可以得到移动终端的确切位置。由于所测量为时间差而非绝对时间,不必满足时间同步的要求,所以 TDOA 备受关注。

四是增强型观测时间差 E-OTD 定位技术。在无线网络中放置若干位置接收器或参考点作为位置测量单元 LMU,参考点都有一个精确的定时源,当具有 E-OTD 功能的手机和 LMU 接收到 3 个以上的基站信号时,每个基站信号到达两者的时间差将被算出来,从而估算出手机所处的位置。这项技术定位精度较高,但硬件实现比较复杂。

五是角度达到角度 AOA 定位技术。这种定位技术的首要条件是基站需装设阵列智能天线。通过这种天线测出基站与发送信号的移动终端之间的角度,进一步确定两者之间的连线,这样移动终端与两个基站可得到两条连线,其交点即为待测移动终端的位置。这项技术的缺点是对智能天线的要求比较高,且有定位盲点。

实际上,基于各类短距离无线通信技术的定位技术应用更加广泛。从应用角度出发,这些技术被称为室内定位技术。目前,主要有五种应用比较广泛的室内定位技术。

一是光跟踪定位系统。这个系统种类繁多,但要求所跟踪的目标和探测器之间都是线性可视,这就把它的应用局限到了室内范围,而且必须保证所监测的目标是不透明的。在视频监视系统中,往往采用在被监控的环境中安装多台摄像设备,这些摄像设备可连接到一台或几台视频监控器上,通过视频监控器,对观察对象进行实时动态监控,有的甚至可以进行

必要的数据存储。光定位技术也被应用于机器人系统,通过固定的红外线摄像机和很多红外线发光二极管的一系列协同配合,达到定位目的。

二是室内GPS定位技术。当GPS接收机在室内工作时,由于信号受建筑物的影响而大大衰减到十分微弱的地步,要想达到室外一样直接从卫星广播中提取导航数据和时间信息是不可能的。为了得到较高的信号灵敏度,就需要延长在每个码延迟上的停留时间,A-GPS技术为这个问题的解决提供了可能性。室内GPS技术采用大量的相关器并行地搜索可能的延迟码,同时,也有助于实现快速定位。这种室内GPS定位技术由于需要在手机内集成GPS接收器,决定了它的应用受限性,为此,把具有该功能的手机价格降到人们可以承受的范围内成了室内GPS技术追求的目标之一。普通GPS接收机正朝着单片机的方向发展,并努力实现把GPS的RF电路和多相关器电路集成入手机现存的RF芯片和综合数字芯片中。

三是超声波定位技术。目前,市场上的超声波收、发器技术成熟且价格低廉,因而应用较为广泛。超声波测距大都采用反射式测距法,即发射超声波并接收由被测物产生回波,根据回波与发射波的时间差计算出待测距离,有的则采用单向测距法。超声波定位系统可由若干个应答器和一个主测距器组成,主测距器放置在被测物体上,在微机指令信号的作用下向位置固定的应答器发射同频率的无线电信号,应答器在收到无线电信号后同时向主测距器发射超声波信号,得到主测距器与各个应答器之间的距离。当同时有三个或三个以上不在同一直线上的应答器做出回应时,可以根据相关计算确定出被测物体所在的二维坐标系下的位置。

四是蓝牙技术。这是一种短距离低功耗的无线传输技术,支持点到点、点到多点的话音和数据业务。可以实现不同设备之间的短距离无线互联。在室内安装适当的蓝牙局域网接入点,把网络配置成基于多用户的基础网络连接模式,并保证蓝牙局域网接入点始终是这个微微网(piconet)的主设备(master),就可以获得用户的位置信息,实现利用蓝牙技术定位的目的。采用蓝牙定位技术的优点是容易发现设备且信号传输不受视距的影响,缺点是稳定性容易受到噪音信号的干扰。

五是射频识别技术(RFID)。射频识别是一种无线通信技术,俗称电子标签。射频一般是1—100GHz的微波,适用于短距离的自动识别通信。射频标签是物品电子代码(EPC)的物理载体,附着于可跟踪的物品上,可全球流通,通过无线电信讯号识别特定目标并读写相关数据,而无需识别系统与特定目标之间建立机械或者光学接触。一套完整的射频识别技术系统是由阅读器与电子标签也就是所谓的应答器及应用软件系统三个部分所组成,其工作原理是阅读器发射一特定频率的无线电波能量,用以驱动电路将内部的数据送出,此时阅读器便依序接收解读数据,送给应用程序做相应的处理。射频标签包含了电子存储的信息,数米之内都可以识别。与条形码不同的是,射频标签不需要处在识别器视线之内,也可以嵌入被追踪物体之内。交互关联的性能特点和动态实时通信的技术优势,促进了射频识别技术的大幅度发展和广泛应用。

（四）5G技术

2019年6月6日,工信部正式向中国电信、中国移动、中国联通、中国广电发放5G商用牌照,中国正式进入5G商用元年。

2020年,移动通信网络的容量在2016年的网络容量上增长了1000倍。移动数据流量的暴涨给网络带来了严峻的挑战。第一,如果按照当前移动通信网络发展,容量难以支持千倍流量的增长,网络能耗和比特成本难以承受;第二,流量增长必然带来对频谱的进一步需求,而移动通信频谱稀缺,可用频谱呈大跨度、碎片化分布,难以实现频谱的高效使用;第三,要提升网络容量,必须智能高效利用网络资源,例如针对业务和用户的个性进行智能优化,但这方面的能力不足;第四,未来网络必然是一个多网并存的异构移动网络,要提升网络容量,必须解决高效管理各个网络,简化操作,增强用户体验的问题。为了解决上述挑战,满足日益增长的移动流量需求,新一代5G移动通信网络就发展起来了。

第五代移动通信技术由英语5th generation mobile networks 或 5th generation wireless systems、5th-Generation 简称为"5G",是 2G(GSM)、3G(UMTS、LTE)和 4G(LTE-A、WiMax)系统后延伸而来的最新一代蜂窝移动通信技术。它相比第四代(4G 和 4G LTE)网络在数据传输速度、减少延迟、节省能源、降低成本、容量和大规模设备连接方面都有较大的飞跃。5G所带来一系列新技术,将促使从无人驾驶汽车到智能城市、从外科手术到智能电网、从虚拟现实到作战网络等各领域重新建立公众及个人的业务标准。因此,5G移动通信必须具备六个关键技术。

一是超密集异构网络。5G网络正朝着网络多元化、宽带化、综合化、智能化的方向发展。随着各种智能终端的普及,到2020年,移动数据流量呈现爆炸式增长。在未来5G网络中,减小小区半径,增加低功率节点数量,是保证未来5G网络支持1000倍流量增长的核心技术之一。所以,超密集异构网络成为未来5G网络提高数据流量的关键技术。

二是自组织网络。传统移动通信网络中,主要依靠人工方式完成网络部署及运维,既耗费大量人力资源又增加运行成本,而且网络优化也不理想。在未来5G网络中,将面临网络的部署、运营及维护的挑战,这主要是由于网络存在各种无线接入技术,且网络节点覆盖能力各不相同,它们之间的关系错综复杂。因此,自组织网络(Self-Organizing Network,SON)的智能化将成为5G网络必不可少的一项关键技术。

三是内容分发网络。在5G中,面向大规模用户的音频、视频、图像等网络流量的爆炸式增长,极大地影响用户访问互联网的服务质量。如何有效地分发大流量的业务内容,降低用户获取信息的时延,成为网络运营商和内容提供商面临的一大难题。仅仅依靠增加带宽并不能解决问题,它还受到传输中路由阻塞和延迟、网站服务器的处理能力等因素的影响,这些问题的出现与用户服务器之间的距离有密切关系。内容分发网络(Content Distribution Network,CDN)对未来5G网络的容量与用户访问具有重要的支撑作用。

四是D2D通信。在5G网络中,网络容量、频谱效率需要进一步提升,更丰富的通信模式以及更好的终端用户体验也是5G的演进方向。设备到设备通信(Device-to-Device Communication,D2D)具有潜在的提升系统性能、增强用户体验、减轻基站压力、提高频谱利用率的前景。因此,D2D是未来5G网络中的关键技术之一。

五是M2M通信。M2M(Machine-to-Machine,M2M)作为物联网最常见的应用形式,在智能电网、安全监测、城市信息化、环境监测等领域实现了商业化应用。广义的M2M主要是指机器对机器、人与机器间以及移动网络和机器之间的通信,它涵盖了所有实现人、机器、系统之间通信的技术;从狭义上说,M2M仅仅指机器与机器之间的通信。智能化、交互式是M2M有别于其他应用的典型特征,这一特征下的机器也被赋予了更多的"智慧"。

六是信息中心网络。随着实时音频、高清视频等服务的日益激增,基于位置通信的传统TCP/IP网络无法满足数据流量分发的要求。网络呈现出以信息为中心的发展趋势。作为取代现有IP的一种新型网络体系结构出现了,这就是信息中心网络(Information-Centric

Network, ICN)。ICN 信息传递流程是一种基于发布订阅方式的信息传递流程。首先，内容提供方向网络发布自己所拥有的内容，网络中的节点就明白当收到相关内容的请求时如何响应该请求。然后，当第一个订阅方向网络发送内容请求时，节点将请求转发到内容发布方，内容发布方将相应内容发送给订阅方，带有缓存的节点会将经过的内容缓存。其他订阅方对相同内容发送请求时，邻近带缓存的节点直接将相应内容响应给订阅方。因此，信息中心网络的通信过程就是请求内容的匹配过程。和传统的 IP 网络相比，ICN 具有高效性、高安全性且支持客户端移动等优势。

（五）智能终端

智能手机和平板电脑的超强便携性，为基于移动互联网的 App 智能终端等提供了坚实的技术支撑。移动通信技术在旅游活动中应用越来越广泛，主要体现在六个方面。

一是基于电子地图的路径导航与位置服务。移动终端上的电子地图让旅游者了解所处的环境，内置的移动定位传感器让旅游者随时随地自由选择最优旅游线路，搜索周边吃住行游购娱的旅游供给信息，为旅游消费提供行动指南。

二是基于语音语义识别技术的即时翻译。旅游者离开常住地前往异地旅游，语言是自助出游的主要障碍。目前，语音处理技术就像"机器的听觉系统"，可以识别与理解几十个国家和地区的民族语言，对识别出的语言进行翻译判断，用旅游者熟悉的语言显示出来，真正实现语言沟通无障碍。语音处理技术涉及四类信息技术：第一类是信息时代的译员的基础知识。包括文字编码、文字录入、语音输入、光学字符识别、文件管理、印刷排版、电子信息出版和信息建构等的计算机基础知识和网络技术工具。第二类是翻译过程和翻译研究的信息辅助技术。包括语料库技术、互联网搜索引擎、特定互联网信息服务、电子词典和电子工具书，以及其他类型的电子辅助工具。第三类是计算机辅助翻译技术。包括翻译记忆、术语管理、机器翻译、质量保证等方面的工具书。第四类是团队翻译管理的辅助工具。

三是基于社交网络的新奇发现和体验分享。在旅游过程中，随时随地登录社交网络，建立围绕主题旅游线路和旅游目的地的圈子群组，可以查看别人的新奇发现、旅游感悟、消费点评和攻略建议，也可以在自助出游过程中拼车出行和拼团消费，还可以把旅途中拍摄的照片和记录的心情实时发布到自己喜欢的社交网络上去，将旅游体验和情境状态即时分享给远方的家人和朋友。

四是基于移动支付技术的消费体验。目前，可以把常用银行卡、会员积分卡、交通旅游卡和预订支付凭证等个人信息自动接入移动智能手机，实行分类管理，既方便又安全地完成吃住行游购娱的旅游消费，还可以关注旅游服务商的活动信息或者在其合作商家进行位置签到获得额外的价格优惠。只要手机在手，乘坐交通工具、入园景区、入住酒店、用餐、购物、娱乐都可以电子支付，全方位地提高旅游活动的体验质量。

五是基于定位服务的客流监控和救援服务。通过基于位置的移动定位技术，就可以实时测算景区内旅游者的数量，根据景区承载量管理标准，旅游部门可以向旅游者发布预警信息或者采取限流措施，旅游者可以重新安排旅游线路或者错峰旅游。旅游部门还可以利用历史数据实施旅游旺季的信息预报、出游提示和事项指引。由于移动定位技术的普及，旅游者遇到险情或者特殊情况，就可以通过手机的定位报警功能寻求警务中心和急救中心的旅游救援，极大地提高了救援的成功率。

六是基于移动定位的客源分析和消费研究。利用移动定位技术，结合图像分析和人脸识别技术，可以对旅客数量、旅游行为、来源地、性别、年龄等信息进行数据挖掘和统计分析，并通过多终端实时展现。针对旅游者不同的旅游消费特征,制定相关的接待服务策略,为旅游者提供定制化的旅游攻略,实现有效旅游消费与有序旅游供给的精准对接,从而促进旅游部门提高决策水平和管理能力。

二、从智能技术到旅游智能化

(一) 智能技术

随着现代通信技术、计算机网络技术以及现场控制技术的飞速发展,数字化、网络化和信息化日益融入现实生活之中。随着时代变迁,人们对生活质量提出了更高的要求,智能技术就是在这一背景下产生的,而且其需求日益增长,不断提高智能化水平。

智能技术是为了有效地达到某种预期的目的,利用知识所采用的各种方法和手段,主要体现在计算机技术、精密传感技术、GPS定位技术、智能控制技术等方面的综合应用。智能化是指事物在网络、大数据、物联网和人工智能等技术的支持下,所具有的能动地满足人的各种需求的属性。比如无人驾驶汽车,就是一种智能化的事物,它将物联网、移动互联网、大数据分析等技术融为一体,从而能动地满足人的出行需求。

(二) 智能管理

智能,我国历史上早有实践和论述,如周易的八卦,其卦象方位是人类空间智能的体现,而卦爻的演变,又是人类数理逻辑智能的演绎。春秋战国时期,老子《道德经》"知人者智,自知者明,胜人者力,自胜者强",其中就包含人对智能运用的哲理。"存心养性、明心见性、修心炼性"儒释道三家贯通人心性的论述,其实就是开发人的智能。"内圣外王之道"这是儒道法三家思想结合的产物,也是立足于对智能的修养。不同角度智能的论述,在中国古代经史子集中可谓比比皆是。

智能管理是人工智能与管理科学、知识工程与系统工程、计算技术与通信技术、软件工程与信息工程等多学科、多技术相互结合、相互渗透而产生的一门新技术和新学科。它研究如何提高计算机管理系统的智能水平,以及智能管理系统的设计理论、方法与实现技术。智能管理是现代管理科学技术发展的新动向。智能管理系统是在管理信息系统、办公自动化系统、决策支持系统的功能集成、技术集成的基础上,应用人工智能专家系统、知识工程、模式识别、人工神经网络等方法和技术进行智能化、集成化、协调化设计和实现的新一代计算机管理系统。智能管理在旅游业管理中发挥着越来越重要的作用。

(三) 智能旅游

智能旅游主要是将智能化、信息化技术运用到旅游管理和服务的过程中,注重细节上的创新应用,以提升旅游管理效率和旅游服务质量。旅游智能化是智能化系统应用于旅游业产生的作用和效果,是旅游信息化发展的高级阶段。旅游智能化主要解决旅游资源的有效配置和旅游产业的有序运行问题,也就是通过解决旅游产业中各个要素之间的结构和关系问题,全面提升旅游产业的核心竞争力。

一个旅游目的地的旅游网站内容充实程度、网速、可信度和链接等要素体现了这个地区的旅游业发展水平。具体实践中,旅游业通过旅游网站、移动终端和新技术实现旅游智能化。我国旅游网站分为政府门户网站和商业网站。政府门户网站由政府主导建设,一般由旅游政务网和旅游资讯网组成,主要用于政府旅游部门发布信息、网上办公、数据统计、旅游咨询和旅游产品订购链接。旅游商业网站是由市场主导发展的,一般分为旅游企业自建网站和平台式旅游商业网站，主要是实现线上线下互动营销。旅游移动终端主要是指利用无线通信技术、语言合成技术、图像传输技术、地理定位系统等信息技术实现为旅游者随时随地提供旅游信息服务的媒介，随着智能手机的普及，旅游移动终端的发展更加迅速，为旅游者和旅游业提供了更全面、更快捷、更生动的旅游信息服务。

第二节　智慧旅游的物联网技术

一、什么是物联网

20世纪90年代，美国施乐公司开发出网络可乐贩售机，拉开了人类使用物联网的帷幕。

1999年，美国麻省理工学院研究员凯文·阿什顿（Kevin Ashton）提出了物联网的概念。物联网的英文名是 Internet of Things(IOT)，也称为 Web of Things。凯文·阿什顿认为，计算机无需人工干预，最终能够自主产生和收集数据，让所有能够独立寻址的普通物理对象互联互通，从而推动物联网的诞生。

2005年，在突尼斯举行的信息社会世界峰会上，国际电信联盟发布了《ITU互联网报告2005：物联网》，正式提出了"物联网"的概念。主要是指依托射频识别（RFID）等信息传感技术和设备，将任何物品按照约定协议与网络进行连接和通信，从而构成"物物相连的网络"，实现物品信息的智能识别和管理。

2008年，美国IBM提出的把新一代信息技术充分运用在各行各业之中形成物联网的"智慧地球"被上升为美国国家战略。

2009年6月，欧盟委员会提出了《欧盟物流网行动计划》，以保障欧洲在组建物联网过程中发挥主导性作用。

2009年8月，国务院总理温家宝在考察无锡传感产业时提出要尽快建立"感知中国"中心，把新一代信息技术充分运用到各行各业之中去，把各种传感器装备到电网、铁路、桥梁、隧道、公路、建筑、供水系统、油气管道等领域中去，形成物联网，通过超级计算机和云计算机，将物联网整合起来。

与时俱进，"中国式标签"的物联网把当下涉及信息技术的应用都纳入了物联网的范畴，具有网络化、物联化、感知化、自动化、智能化的基本特征。时至今日，在《中国制造2025》中，物联网已经是一个"中国制造"的概念。

二、物联网的体系架构

物联网是集成应用信息传感设备和技术，按照约定的协议，实时进行物与物、物与人、人与人之间的信息交换和通信，实现对物体和过程的智能化识别、定位、跟踪、监控和管理的综合服务网络体系。一般情况下，物联网就是利用传感器、射频识别技术、全球定位系统、红外线感应器、气体感应器、现代网络技术、人工智能和自动化技术等设备和技术，采集任何需要监控、连接、互动的物体或过程的声、光、电、热、力学、化学、生物、位置等信息，实现智能化的全程跟踪监管。从本质上讲，物联网是现代信息技术发展到一定阶段之后出现的一种集成应用和技术提升。物联网具有全面感知、可靠传输、智能处理三大特征，大致划分为感知层、传输层、应用层三个层次（见图6-1）。

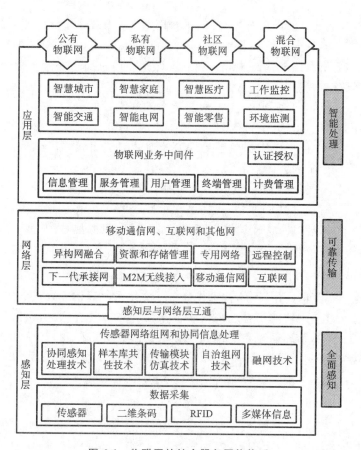

图 6-1 物联网的综合服务网络体系

三、物联网的旅游应用

随着互联网+时代的到来,科技的研发成本正在降低,旅游的创新力量正在不断壮大。许多旅游目的地政府和旅游企业在其后端部署了物联网功能,不断强化智能设备、处理器、智能系统和人之间的连接互通,在飞机、高铁、观光车、出租车、景区、服务区、酒店、购物点之间形成串流,使旅游运作、旅游管理、旅游消费和支付方式等快速向精细化和个性化转变,深度改变着几乎每个层面的旅游体验。物联网作为智慧旅游的关键技术,自助导览、电子导航、一键导购、实时导流、快速分享、智能终端、网上支付等应用功能,让游客可以随时随地制订定或改变旅游计划和行程,加强了游客、旅游企业、旅游服务区和旅游监管部门之间的互动联系,大幅度地提升旅游企业经济效益和旅游城市品牌形象,促进智慧旅游实现高质量的可持续发展。

第三节 智慧旅游的云计算技术

一、什么是云计算

云计算(Cloud Computing)是虚拟化(Virtualization)、公用效用计算(Utility

Computing)、IaaS(基础设施即服务)、PaaS(平台即服务)、SaaS(软件即服务)等概念的混合演进并跃升的结果,或者说是并行计算(Parallel Computing)、分布式计算(Distributed Computing)、网格计算(Grid Computing)和效用计算(Effect Computing)等传统计算机和网络技术融合发展的产物。

云计算将所有的计算资源集中起来,使计算分布在大量的分布式计算机上,而非本地计算机或远程服务器中,并由软件将资源切换到需要的应用上,实现自我管理,根据需要访问计算机和存储系统。这使得应用提供者无需为繁琐的细节而烦恼,能够更专注于自己的核心业务,有利于降低成本和创新发展。

云计算可以说是网格计算的一个商业演化版,是一种通过网络将弹性可拓展的共享物理和虚拟资源池以按需自助服务的方式提供和管理的模式。资源池具备自我管理能力,用户只需少量参与就可以方便、快捷地按需获取资源。这种资源池称为"云",云是一种比喻说法,即提供资源的网络,通常包括计算服务器、存储服务器、宽带资源等大型服务器集群。

(一)云存储存

云存储是指通过集群应用、网络技术或分布式文件系统等功能,将网络中大量各种不同类型的存储设备通过应用软件集合起来协同工作,共同对外提供数据存储和业务访问功能的一个系统。当云计算系统运算和处理的核心是大量数据的存储和管理的时候,云计算系统中就需要配置大量的存储设备,这样,云计算系统就转变成为一个云存储系统,所以,云存储是一个以数据存储和管理为核心的云计算系统。

(二)云开发

云开发是规模经济的直接表现。对于开发者而言,升级一个云应用比传统的桌面软件更容易,只需要升级集中的应用程序,应用特征就能够快速顺利地得到更新,而不必逐一升级组织内每台台式机上的单独应用。有了云服务,一个改变就能够影响运行应用的每一个用户,从而大大地降低了开发者的工作量。对于应用者而言,利用云计算供应商提供的基础设施,与单一企业的开发相比,开发者能够提供更好、更便宜和更可靠的应用。如果需要,应用者能够利用云的全部资源而不需要投资类似的物理资源。云中的资源(硬件、平台、软件)不仅可以无限拓展,而且随时获取、按需使用、随时扩展、按使用付费,从而适配用户和业务量的快速变化。

(三)云安全

云安全是云计算的基本前提条件。现实中,基于Web的云应用具有3个潜在的安全风险:一是云托管的应用和存储在少数情况下会产生数据丢失;二是云计算宿主离线导致的事件;三是提供云服务的服务器被攻击导致的数据泄露。因此,为避免云服务的安全风险,就需要提供系统的云安全技术。

(四)云计算

云计算是一种按使用量付费的模式,具有资源虚拟化、灵活定制、可拓展性、按需自助服务、泛网络接入、快速弹性、按量计费7个关键特征,IaaS、PaaS、SaaS 3层服务模式,公有云、私有云、社区云、混合云4类"云"部署模式。归纳起来,云计算具有海量运算能力、资源对用户"透明"、高可靠性、高资源利用率、可伸缩性、快速自助服务、价格相对低廉7个主要优势。

二、云计算的技术架构

技术架构不仅定义了系统内部各个模块之间是如何整合与协调的,而且方便大家更深入理解大型软件系统平台的复杂性和整体性。对于云计算而言,技术构架是非常重要的。目前,云计算的技术架构在整体上分为云服务和云管理两个部分。

在云服务方面,云计算主要是基于云为用户提供各种服务。现阶段,业界主要有 IaaS、PaaS、SaaS 3 层服务模式(见图 6-2):一是基础设施即服务模式(Infrastructure as a Service),简称 IaaS,对应硬件层和虚拟层,主要作用是将各种底层的计算和存储等资源作为服务提供给用户,包括虚拟机资源服务、存储资源服务、Web 存储服务、监控服务、IaaS 服务管理等模块。二是平台即服务模式(Platform as a Service),简称 PaaS,对应软件平台层、能力层和应用平台层,主要作用是将一个应用的开发和部署平台作为服务提供给用户,包括软件过程管理服务、开发测试平台服务、系统运行平台服务、PaaS 服务管理等模块。三是软件即服务模式(Software as a Service),简称 SaaS,对应软件服务层,主要作用是将应用以基于 Web 的方式提供给用户,包括 SaaS 社区门户、SaaS 平台与云管理平台的整合功能、基础 SaaS 软件服务、SaaS 服务管理等模块。

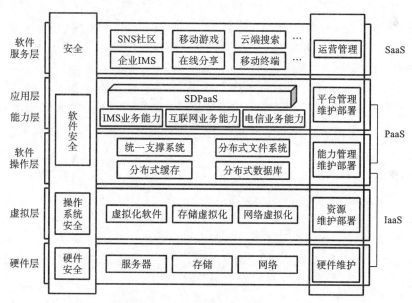

图 6-2 云计算的技术架构示意图

云增加了管理的复杂性。社交网络、移动互联网、云计算等新兴技术催生了创新性的管理模式——云管理。对于云计算而言,云管理是云最核心的部分。云管理是云计算 IT 和应用平台的管理,是 IaaS、PaaS、SaaS 3 层服务的基础,也可以理解为是以云计算技术和其他相关技术为依托,为了实现经营管理的目的,通过集中式管理系统建立完善的数据体系和信息共享机制,其中集中式管理系统统一安装在云计算平台上,通过严密的权限管理和安全机制来实现的数据和信息管理系统和过程。SOA 面向服务架构和 BPM 业务流程管理是云管理的核心技术。

云管理层由用户层、机制层和检测层等构成。其中,用户层是由用户管理、客户支持、服务管理和计费管理 4 个模块构成的,机制层是由运维管理、资源管理、安全管理和容灾支持 4

个模块构成的,检测层是监控系统。检测层主要负责监控整个云计算平台运行的方方面面,并采集相关数据,以供用户层和机制层使用。全面监控云计算的运行主要涉及3个层面:一是物理资源层面,主要监控 CPU 使用率、内存利用率和网络带宽利用率等物理资源的运行状况。二是虚拟资源层面,主要是监控虚拟机的 CPU 使用率、内存利用率等虚拟资源的运行状况。三是应用层面,主要记录应用每次请求的响应时间和吞吐量,以判断它们是否满足预先设定的 SLA(Service Level Agreement,服务级别协议)。

三、云计算的关键技术

在云计算的发展过程中,有几项技术深刻地影响着云计算的研究和应用。其中,有两项技术较为重要:一是支持动态扩展和配置应用的虚拟化技术;二是支持计算密集型应用的分布式计算技术。

(一)虚拟化技术

虚拟化(Virtualization)是一种资源管理技术,是将计算机的服务器、网络、内存、存储等各种实体资源予以抽象和转化之后呈现出来,从而打破实体结构之间不可分割的障碍,使用户充分整合与高效利用这些资源。可以理解为:一是虚拟化是资源的一种逻辑表达,并不会受限于物理资源;二是运行的环境不在真实的硬件上,而是在硬件之上的虚拟内存中的一段,或者说虚拟的环境中;三是虚拟化为数据、计算能力、存储资源等提供了一个逻辑视图,而不是物理视图;四是虚拟化的发展,大幅度地降低了 IT 硬件成本,减少了资源的浪费,提高了系统的稳定性和安全性。在实际的生产环境中,虚拟化技术主要用来解决高性能的物理硬件产能过剩和老旧硬件产能过低的重组重用,透明化底层物理硬件,从而最大化地利用物理硬件。目前,主要有服务器虚拟化、存储虚拟化、平台虚拟化和应用虚拟化。

(二)分布式计算技术

分布式计算技术(Distributed Computation)是相对于集中式计算而言的一种计算方法,一个分布式系统包括若干通过网络互联的计算机,这些计算机互相配合以完成一个共同的目标。分布式计算的具体过程是将需要进行大量计算的目标数据分割成小模块,由多台计算机分别计算,再上传运算结果后统一合并得出数据结论。这样可以节约整体计算时间,大大提高计算效率。在分布式系统上运行的计算机程序称为分布式计算程序,分布式编程就是编写这些程序的过程。分布式计算与集中式计算相比较,具有三个优点:一是共享稀有资源;二是在多台计算机上平衡负载;三是可以把程序放在最适合运行它的计算机上。分布式计算技术是实现云计算能力的核心支撑技术,通过分布式的服务器部署架构和基于多台计算机的并行计算机制,云计算平台就可以实现海量数据存储和数据分析,既节约了硬件资源,又提供了高性能服务。

四、云计算的旅游应用

云计算对旅游业具有变革性的深刻影响,主要体现在四个维度。

一是旅游消费维度。随着智能手机的快速普及,旅游者基于互联网自主获取旅游消费信息越来越方便快捷,随时随地和量身定制的个性化需求快速增长。

二是旅游供给维度。随着互联网技术的快速发展,从基础的订餐、订房、订票到 GPS 全程导航、实时在线导览、移动支付导购等创新性的旅游产品和定制服务加速涌现出来。

三是旅游支持维度。随着物联网技术的快速发展,多元化交通、互联网银行、垂直搜索引擎、在线旅游代理商、在线旅行社群等面向旅游者、旅游业和旅游公益组织的共享云服务平台加速发展起来。

四是政府监管维度。随着电子政务向构建服务型政府方向发展,旅游行业政务信息化的高级阶段必将是海量数据信息的充分利用、分析挖掘和辅助决策,根据预测趋势和模拟预案,以"旅游公共服务"为核心的服务规范和管理流程的无缝整合,实现旅游服务与管理的决策科学化。

这四个维度的加速迭代变革,为云计算提升旅游业的服务能力和产品创新提供了战略机会,其意义在于全方位提高旅游业的资源利用率、服务效率和服务可用性。在此基础上构建旅游业云服务门户、旅游业云服务管理平台、旅游业云服务运维平台,以游客为中心,在五个方面再造旅游业的业务流程:一是将上游业务中的信息网络和商业信息源归入行业信息管理模块中。加强旅游业与外部合作机构的联系,获得准确及时的市场、游客、政策以及监管信息。二是将上游业务中移动端、网络、呼叫中心和中游业务中的渠道管理、市场以及理财顾问归入游客信息交流模块。加强与游客的沟通、提升旅游业的游客服务能力。三是将中游业务中的人力资源数据管理和绩效考核管理归入人力资源管理模块,帮助旅游业进行员工信息的管理和更新,以及绩效考核管理。四是将下游业务中的日记账簿管理和监管报告,以及产品开发和产品风险管理分别归入监管管理和产品管理模块。定期向监管部门报告其运营状况,并对新开发的旅游产品进行风险评估。五是将下游业务中的计算机管控和安全管理职能归入计算机管理和安全管控模块。进行计算机架构建设及维护,对旅游业敏感数据进行保护和监控。总之,云计算不论是对旅游者的消费体验,或者是对旅游供给的商业模式和旅游业支持系统的业务融合,还是对政府监管的运作模式,都将带来高强度的系统影响。

第四节　智慧旅游的人工智能技术

一、什么是人工智能

人工智能(Artificial Intelligence,英文缩写为 AI)就是让计算机完成人类心智能做的各种事情。一般情况下,人工智能被理解为是"人工"制造出来的"智能"。"人工"是通常意义中的人工系统,就是人力所能及实现目标的心理技能,比如知觉、联想、预测、规划和运动控制。"智能"是特定意义上的"智能系统",就是计算机模拟人的某些思维过程和智能行为,比如智能感知、机器学习、数据挖掘、智能推理、智能行为和智能控制。人工智能主要包括计算机实现智能的原理、制造类似于人脑智能的计算机,使计算机能够实现更高层次的应用。人工智能的研究范式经历了漫长的历史演变过程(见图 6-3)。

二、人工智能的发展进程

19 世纪 40 年代,埃达·洛夫莱斯(Ada Lovelace)伯爵夫人预言了人工智能。更准确地说,她预言了部分人工智能。她专注于符号和逻辑,从未考虑过神经网络、进化编程和动力系统。她也没有考虑过人工智能的心理目标,而纯粹对技术目标感兴趣。她认识到了分析机的潜在通用性和处理符号的能力,描述了存储程序、分层嵌套的子程序、寻址、微程序设

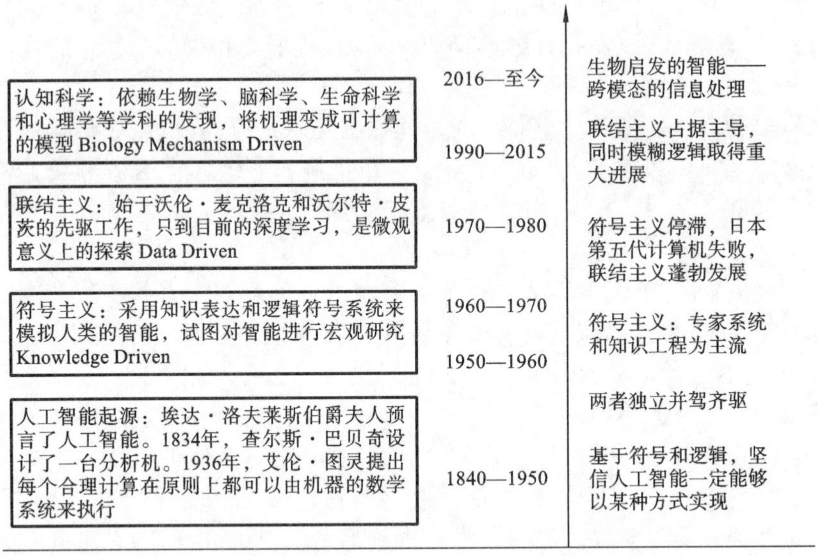

研究范式	时间	特点
认知科学：依赖生物学、脑科学、生命科学和心理学等学科的发现，将机理变成可计算的模型 Biology Mechanism Driven	2016—至今	生物启发的智能——跨模态的信息处理
	1990—2015	联结主义占据主导，同时模糊逻辑取得重大进展
联结主义：始于沃伦·麦克洛克和沃尔特·皮茨的先驱工作，只到目前的深度学习，是微观意义上的探索 Data Driven	1970—1980	符号主义停滞，日本第五代计算机失败，联结主义蓬勃发展
符号主义：采用知识表达和逻辑符号系统来模拟人类的智能，试图对智能进行宏观研究 Knowledge Driven	1960—1970	符号主义：专家系统和知识工程为主流
	1950—1960	两者独立并驾齐驱
人工智能起源：埃达·洛夫莱斯伯爵夫人预言了人工智能。1834年，查尔斯·巴贝奇设计了一台分析机。1936年，艾伦·图灵提出每个合理计算在原则上都可以由机器的数学系统来执行	1840—1950	基于符号和逻辑，坚信人工智能一定能够以某种方式实现

图 6-3 人工智能的研究范式和演变历程

计、循环、条件、注释以及程序错误等现代编程的各种基础知识。1834 年，她的密友查尔斯·巴贝奇（Charles Babbage）设计了一台用于求解代数和处理数字的分析机，其本质相当于一台通用数字计算机。这表明，人工智能可以实现，但是实现的方法当时仍然是一个谜团。

一个世纪以后，艾伦·图灵（Alan Turing）解开了这个谜团。1936 年，图灵提出，每个合理计算在原则上都可以由现在被称为"通用图灵机"（Universal Turing Machine）的数学系统来执行。图灵机是一个虚构系统，建立和修改用"0"和"1"表示的二进制符号组合。图灵坚信，人工智能一定能够以某种方式实现。20 世纪 40 年代初，他的这一信念得到了神经病学家、精神病学家沃伦·麦卡洛克（Warren McCulloch）和数学家瓦尔特·皮茨（Walter Pitts）的支持。20 世纪 40 年代，在神经学和逻辑学的指引下，处于萌芽期的控制论运动得到了蓬勃发展。1948 年，图灵帮助设计的第一台现代计算机在曼彻斯特完成。

20 世纪 50 年代初，艾什比（William Ross Ashby）制作了被称为世界上第一个机械大脑的同态调节器（Homeostat），这是一个生理性自体调解的电化学模型。格雷·沃尔特（William Grey Walter）在研究自适应行为过程中研发了一款类似乌龟的微型电子机器人。这些情境机器人具有寻找光线、避开障碍，以及利用有条件的反射进行联想学习。20 世纪 50 年代中期，出现了功能更强大且更容易使用的机器，就是编程语言更加容易的虚拟机。20 世纪 50 年代末期，阿瑟·塞缪尔（Arthur Samuel）的国际跳棋程序打败了塞缪尔本人。这无疑暗示着计算机有一天可能会具有超人的智力，超过设计它们的程序员的能力。同时，还出现了逻辑理论机（Logic Theory Machine）和超越逻辑理论机的一般问题解决器（General Problem Solution，简称 GPS）。这两者率先应用了"启发法"和"规划"，对今天的人工智能至关重要。

1956 年，在达特茅斯学院（Dartmouth College，成立于 1769 年，是美国历史较悠久的世界著名学院之一）的夏季研讨会上，约翰·麦肯锡（John McCarthy）关于"达特茅斯暑期人工智能项目"的提案中首次提出了"人工智能"一词。这个词暗示了用机器代替人类大脑的可能性，这在后来导致了科研人员分成了人工智能（Artificial Intelligence，AI）和智能增强

(Intelligence Augmentation,IA)两大阵营。但是,麦肯锡认为"人工智能"一词与人类行为几乎毫无关系,它唯一可能暗示的是机器可以去执行类似人类执行的任务。

大约从1960年开始,科研工作者的研究方向就出现了分歧。广义上来说,对生命感兴趣的人只关注控制论,对心智感兴趣的人则只关注符号计算。网络爱好者们对大脑和心智都感兴趣,通常研究联想学习,而非具体的语义内容和推理,所以他们关注控制论而不是符号人工智能。实际上,就是微分方程与逻辑之间的较量。

20世纪60年代到70年代,经典人工智能研究占绝对的主导地位,符号型人工智能在媒体上如日中天。

1986年,具有分布式并行处理(Parallel Distributed Processing,简称PDP)能力的人工神经网络,作为计算机科学的人工智能名声大振,引发了神经科学家、心理学家和哲学家们的兴趣,至今仍然受到媒体的追捧,与人工神经网络相关的深度学习被广泛宣传。

进入21世纪,随着人类科学水平的迅猛发展,计算机技术、信息技术、机器人技术和人工生命等技术的重大突破,众多研究者们不断发展、完善人工智能理论、技术和应用,人工智能领域也随之不断演进和扩展,人工智能无处不在。

三、人工智能的研究方向

经过几十年的发展,特别是在移动互联网、大数据、超级计算、传感网、脑科学等新理论新技术,以及经济社会发展强烈需求的驱动下,人工智能加速发展,呈现出深度学习、跨界融合、人机协同、群智开放、自主操控等新特征。大数据驱动知识学习、跨媒体协同处理、人机协同增强智能、群体集成智能、自主智能系统成为人工智能的发展重点,受脑科学研究成果启发的类脑智能蓄势待发,芯片化、硬件化、平台化趋势更加明显,人工智能发展进入新阶段(见图6-4)。当前,新一代人工智能相关学科发展、理论建模、技术创新、软硬件升级等整体推进,正在引发链式突破,推动经济社会各领域从数字化、网络化向智能化加速跃升。

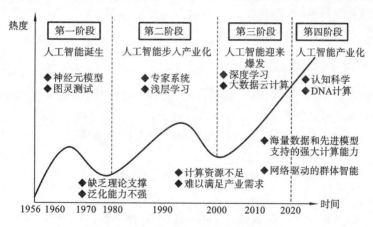

图6-4 人工智能技术应用的发展阶段

人工智能有两大主要目标:一是技术层面的,利用计算机完成有益的事情;二是科学层面的,利用人工智能概念和模型,帮助回答有关人类和其他生物体的问题。目前,人工智能处于思维科学的技术应用层次,计算机是研究人工智能的主要物资手段和机器载体,应用计算机软硬件模拟人类思维过程和智能能力是人工智能的主要方向。除了计算机科学技术之外,人工智能研究还涉及自动化、信息论、控制论、数理逻辑、仿生学、心理学、哲学和语言学等学科,可以说人工智能研究几乎涵盖自然科学和社会科学的所有学科,远远超出了计算机科学技术的范畴(见图 6-5)。

图 6-5　人工智能的研究领域

人工智能从诞生以来,理论和技术日益成熟,应用领域不断扩大,比如自动汽车驾驶、情报检索系统、棋类游戏、人脸识别、疾病诊断、集成电路自动设计分析、人类自然语言合成、水下机器人、航天航空控制系统等。可以设想,未来人工智能带来的科技产品,将广泛地应用于家居、办公室、银行、医院、交通、户外运动、军事、天空、外太空等领域。

在人工智能的发展过程中,主要有 3 个研究方向:一是符号主义,又称为计算机学派,认为人工智能起源于数理逻辑。研究方向注重问题求解中启发式搜索和推理过程,在逻辑思维的模拟方面取得成功,是逻辑电路设计、智能机器系统结构、知识工程、程序设计的研究基础,自动定理证明和专家系统是比较成功的研究成果。二是联结主义,又称为仿生学派,认为人工智能起源于仿生学,特别是人脑模型研究。着重结构模拟,研究重点是神经元特征、人工神经网络、学习规则、网络的非线性动力学性质和自适应的协同行为,研究原理主要是神经网络和神经网络之间的联结机制和学习算法。三是行为主义,又称为控制论学派,认为人工智能起源于控制论。控制论把神经系统的工作原理和信息理论、控制理论、逻辑以及计算机联系起来,通过模拟人在控制过程中的自寻优、自适应、自校正、自镇定、自组织和自学习等智能行为和作用,实现智能控制和智能机器人系统。现在,3 个研究方向不断融合与集成,共同为发展人工智能贡献力量。

四、人工智能的基础理论

大数据智能、跨媒体感知计算、人机混合增强智能、群体智能、自主协同控制与优化决策 5 个基础理论研究引领人工智能技术升级,高级机器学习、类脑智能计算、量子智能计算 3 个跨领域基础理论研究引领人工智能范式变革的方向,人工智能算法、模型发展的数学基础理论研究成为人工智能的前沿科学(见表 6-1)。

表 6-1　人工智能的基础理论

理　论	主　要　内　容
大数据智能理论	研究数据驱动与知识引导相结合的人工智能新方法、以自然语言理解和图像图形为核心的认知计算理论和方法、综合深度推理与创意人工智能理论与方法、非完全信息下智能决策基础理论与框架、数据驱动的通用人工智能数学模型与理论等
跨媒体感知计算理论	研究超越人类视觉能力的感知获取、面向真实世界的主动视觉感知及计算、自然声场景的听知觉感知及计算、自然交互环境的言语感知及计算、面向异步序列的类人感知及计算、面向媒体智能感知的自主学习、城市全维度智能感知推理引擎

续表

理论	主要内容
混合增强智能理论	研究"人在回路"的混合增强智能、人机智能共生的行为增强与脑机协同、机器直觉推理与因果模型、联想记忆模型与知识演化方法、复杂数据和任务的混合增强智能学习方法、云机器人协同计算方法、真实世界环境下的情境理解及人机群组协同
群体智能理论	研究群体智能结构理论与组织方法、群体智能激励机制与涌现机理、群体智能学习理论与方法、群体智能通用计算范式与模型
自主协同控制与优化决策理论	研究面向自主无人系统的协同感知与交互,面向自主无人系统的协同控制与优化决策,知识驱动的人机物三元协同与互操作等理论
高级机器学习理论	研究统计学习基础理论、不确定性推理与决策、分布式学习与交互、隐私保护学习、小样本学习、深度强化学习、无监督学习、半监督学习、主动学习等学习理论和高效模型
类脑智能计算理论	研究类脑感知、类脑学习、类脑记忆机制与计算融合、类脑复杂系统、类脑控制等理论与方法
量子智能计算理论	探索脑认知的量子模式与内在机制,研究高效的量子智能模型和算法、突破量子加速的机器学习方法,建立高性能计算与量子算法混合模型,形成高效精确自主的量子人工智能系统架构。

五、人工智能的核心技术

在人工智能的发展过程中,智能感知、机器学习、智能推理和智能行动等 4 个方面影响着人工智能的研究和应用(见图 6-6)。

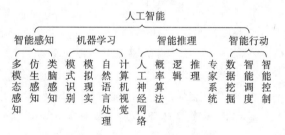

图 6-6 人工智能的核心技术

（一）智能感知

智能感知是一种无须或者仅需极少的人为干预,就能够独立地感知环境并完成对目标自动控制的系统技术,重点研究基于生物特征、以自然语言和动态图像的理解为基础的"以人为中心"的智能信息处理和控制技术。目前,智能感知有两种研究路径。

一是结合现有的传感器完成对不同模态感知数据的融合,克服作用距离、感知特性等方面的差异,融合多种感知手段可以显著地提升主体对外界的感知能力。近年来,由于元器件和传感器的发展,光场成像、深度成像、可见光与红外线成像、雷达成像等多种信息获取技术被设计应用,为智能感知提供了强有力的原始信息获取手段,使得计算机的感知能力在很多方面甚至超过了人类的感知能力。

二是建立在仿生和类脑机制下的感知系统成为近年来的研究热点。以往图像/视频的采集和记录是以服务人类视觉系统的再观察为首要目标的,因此使用了均匀采样和线性量

化的处理方法。但对感知目的而言,就必须兼顾分辨率、视野、传输和处理能力,就需要探索动态视觉感知、角度感知、光流和焦点流感知、触觉感知等新型的感知和处理方法。

(二) 机器学习

机器学习是机器获得知识的基本手段和机器具备智能的根本途径,因此是人工智能的核心技术。近年来,基于深度学习的模式识别方法在语音识别、图像分类和行为识别等领域获得了巨大成功,识别精度比其他方法所取得的最高性能都有明显提高。机器学习主要体现在四个方面:

一是模式识别。它是对表征事物或现象的数值、文字和逻辑关系等各种形式的信息进行处理和分析,以及对事物或现象进行描述、辨认、分类和解释的过程,主要有统计模式识别、句法模式识别、模糊模式识别、人工神经网络法和逻辑推理法等模式识别方法,已经在天气预报、卫星航空图片分析、工业产品检测、字符识别、语音识别、指纹识别、遥感、医学诊断等领域得到成功应用。

二是虚拟现实(Virtual Reality,简称为VR)。它是一个在计算机图形学、人机接口技术、计算机仿真技术、实时分布处理技术、图像处理与识别、多媒体技术、数据库技术、多传感器技术和人的行为学等现代科学技术的基础上发展起来的交叉科学技术,具有沉浸性、交互性和构想性3个突出特征,沉浸性是指计算机建立的三维虚拟环境给用户带来身临其境的感觉,交互性是指用户能够通过使用交互输入设备操作虚拟物体和改变虚拟世界,构想性是指用户从虚拟环境的激发中获取新知识和产生新构想,虚拟现实的动态环境建模技术、三维动画技术、三维跟踪技术、立体显示和传感技术、系统集成技术已经得到了广泛应用。

三是自然语言处理。它是用计算机对人类的书面和口头形式的自然语言信息进行处理加工的技术,涉及语言学、数学和计算机科学等多学科领域,主要任务在于建立各种自然语言处理系统,表现为面向机器翻译的自然语言处理和面向人机接口的自然语言处理两大研究主流。目前,可以将任意输入的源语言的句子作为处理对象的机器翻译系统有直接方式、转换方式和中间语言方式3类基于规则的实现方式。随着语料库语言学的发展,人助机译和机助人译的基于实例的机器翻译系统在性能和质量方面显示出了明显的优势。

四是计算机视觉。它是使用计算机以及相关设备对生物视觉进行模拟,以实现类似于人的视觉感知功能。计算机视觉系统的主要功能包括图像获取、预处理、特征提取、检测分割和高级处理,前沿研究领域包括实时并行处理、主动式定性视觉、动态和时变视觉、三维景物的建模与识别、实时图像压缩传输与复原、多光谱和彩色图像的处理与解释。计算机视觉广泛应用于医疗图像分析、电子警察监控、数字图书馆、工业装配、商标管理、探矿采矿、体育、交通、金融、军事、深海、太空、危险环境中代替人工作业等领域。

(三) 智能推理

智能推理是用能在计算机上实现的方法来模拟人的思维规律和过程。推理是按照某种策略从已有事实和知识推出结论的过程,是人类解决问题的主要思维方法。人类的智能活动有多种思维方式,人工智能作为对人类智能的模拟,相应地也有多种推理方式。

一是逻辑。人工智能用到的逻辑主要包括经典逻辑和非标准逻辑。经典逻辑中的谓词逻辑是一种表达能力很强的形式语言,用这种语言不仅可以让人用符号演算的方法进行"自然演绎"推理,而且可以让计算机用符号推演的方法实现不同于人的"归结反演"推理。人工智能程序设计语言Prolog就是一种完全机械化的推理方法。非标准逻辑泛指多值逻辑、多类逻辑、模糊逻辑、模态逻辑、时态逻辑、动态逻辑、非单调逻辑等为弥补经典逻辑的不足而发展起来的逻辑,在承认经典逻辑定理的基础上,这些逻辑有的扩充了经典逻辑的语言,有的补充了经典逻辑的定理。

二是搜索。它是为了达到某一"目标"而连续地进行推理的过程。搜索技术是对推理进行引导和控制的技术,"启发式"搜索算法是基于符号推演方式的传统搜索技术,近年来将神经网络技术用于"问题求解"过程,开辟了搜索技术研究的新路径。

三是专家系统。人类专家能够高效率地求解复杂问题,不仅因为他们拥有大量的专门知识,而且他们具有选择知识和运用知识的能力。知识的运用方式称为推理方法,知识的选择过程称为控制策略。专家系统是一个基于专门的领域知识来求解特定问题的计算机程序系统,主要用来模仿人类专家的思维活动,通过推理和判断求解问题。专家系统通常由人机交互界面、知识库、推理机、解释器、综合数据库、知识获取6个部分构成,随着专家系统类型、功能、规模的不同而具有不同的体系结构。按照知识表示技术,可以划分为基于逻辑的专家系统、基于规则的专家系统、基于语义网络的专家系统和基于框架的专家系统。按照任务类型,可以划分为解释型、预测型、诊断型、调试型、维修型、规划型、设计型、监护型、控制型、教育型等专家系统。近年来,在广泛应用于工程、科学、医药、军事、商业等领域的基础上,专家系统诞生了分布式专家系统和与其他信息系统相结合的综合型智能信息系统。

(四)智能行动

智能行动是机器按照某种策略求解问题的方法和过程。人工智能不是人的智能,但是通过模拟人的意识、思维等信息处理过程,能够像人那样思考,也有可能超过人的智能。数据挖掘、智能调度和智能控制3个方面体现了人工智能信息处理能力。

一是数据挖掘。数据挖掘是数据库知识发现的核心环节,是统计分析方法学的延伸和扩展,是一种通过分析数据自动从大量数据中寻找其规律并抽取知识的技术(见图6-7)。通过数据准备、规律寻找和规律表示3个步骤,利用统计、在线分析处理、情报检索、机器学习、专家系统和模式识别等方法,发现和探测数据中隐含的趋势和模式,实现数据挖掘的目标。数据挖掘是一种决策支持过程,主要任务是关联分析、聚类分析、分类分析、异常分析、特异群组分析和演变分析。数据挖掘常用技术包括人工神经网络、决策树、遗传算法、近邻算法和规则推导。

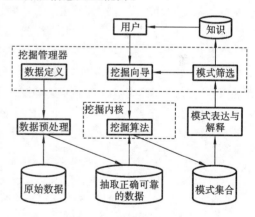

图6-7 数据挖掘系统模型

二是智能调度。现实中有许多比较复杂的组合问题,要从可能的组合或序列中寻找出一种最佳调度方案,不仅需要很大的搜索空间,而且可能产生组合爆炸问题。智能调度又称为基于知识的调度,就是充分应用有关问题域的知识,尽可能地减少组合爆炸,使得最佳调度或组合问题获得有效解决的调度方法,实际上就是一种运用智能技术代替人工调度的现代化调度方式。在软件工程中,问题域是指被开发系统的应用领域,即在客观世界中由开发系统处理的业务范围,比如电网、电信、交通、物流等实时性强的即时调度领域。智能调度涉及计算机及通信技术、数据及模型技术、智能调度高级应用技术和智能可视技术。智能调度的核心技术是算法,不同应用领域的智能调度具有不同的算法,有二维的、三维的,也有多维的,有的基于模型关系,有的基于数据,有的基于规则,有的基于学习。蚁群算法和遗传算法是商业领域比较常用的动态规划算法,这类算法并不是某一种具体的规则或计算方式,而是一种解决问题的方式方法。例如,高铁调度就是一个比较复杂的智能调度问题。第一,在高铁开行方案方面,主要是基于客流预测对高铁列车的开行总类、开行数量、停站方案三个方面进行优化,采用以旅客出行总时间最小和铁路部门效益最大为目标来建立规划模型并采用智能算法进行求解。第二,在列车运行图编制方面,属于所有列车处于安排状态、不考虑突发事件来编制它的开行计划的静态调度,主要是以能源消耗最低、列车运行时间最少、列车运行成本最小为目标,采用最优化算法、启发式算法和智能算法进行求解。第三,突发事件下高铁列车运行图调整方法属于动态调度,主要是以总晚点列车数量最少、总晚点时间最小为优化目标,采用离散事件模型和仿真方法,根据突发事件对列车运行计划的不同影响程度进行预测控制、滚动优化、实施反馈的列车运行调度。

三是智能控制。智能控制是在无人干预的情况下驱动智能机器自主地实现控制目标的过程。智能控制是以系统论、信息论、控制论、运筹学、计算机科学、人工智能为基础,扩展了模糊逻辑、神经网络、专家系统、认知科学和遗传算法等学科,建立起来的一种适用于复杂系统的自适应控制、自组织控制和自学习控制的理论和技术。智能控制的研究对象通常具有任务复杂性、系统非线性、结构不完全性、模型不确定性,以及不存在已知算法的非数学过程的特点。因此,在研究和设计智能系统的时候,主要注意力不是放在数学公式的表达、计算和处理方面,而是放在对任务和现实模型的描述、符号和环境的识别以及知识库和推理机的开发上,即智能控制的关键问题不是设计常规控制器,而是研制智能机器的模型。智能控制的核心是对实际环境或过程进行组织、决策和规划来求解广义问题的高层控制,涉及分级递阶控制理论、分级控制器设计的熵方法、智能逐级增高而精度逐级降低原理、专家控制系统、学习控制系统和神经控制系统等用以构建智能控制系统的理论和技术。智能控制的研究领域非常广泛,研究课题既具有独立性,又相互关联,目前研究较多的是智能机器人规划与控制、智能过程规划、智能过程控制、专家控制系统、语音控制以及智能仪器6个方面。近年来,智能控制技术已经进入工程化和实用化的发展阶段,随着计算机技术和人工智能技术的迅速发展,将不断拓展智能控制的应用领域。

六、人工智能的新一代技术

近年来,人工智能发展速度越来越快,以算法为核心,以数据和硬件为基础,以提升感知识别、知识计算、认知推理、运动执行、人机交互能力为重点,形成了新一代人工智能关键共性技术的研究体系。

一是知识计算引擎与知识服务技术。重点突破知识加工、深度搜索和可视交互核心技术,实现对知识持续增量的自动获取,具备概念识别、实体发现、属性预测、知识演化建模和关系挖掘能力,形成涵盖数十亿实体规模的多源、多学科和多数据类型的跨媒体知识图谱。

二是跨媒体分析推理技术。重点突破跨媒体统一表征、关联理解与知识挖掘、知识图谱构建与学习、知识演化与推理、智能描述与生成等技术,实现跨媒体知识表征、分析、挖掘、推理、演化和利用,构建分析推理引擎。

三是群体智能关键技术。重点突破基于互联网的大众化协同、大规模协作的知识资源管理与开放式共享等技术,建立群智知识表示框架,实现基于群智感知的知识获取和开放动态环境下的群智融合与增强,支撑覆盖全国的千万级规模群体感知、协同与演化。

四是混合增强智能新架构与新技术。重点突破人机协同的感知与执行一体化模型、智能计算前移的新型传感器件、通用混合计算架构等核心技术,构建自主适应环境的混合增强智能系统、人机群组混合增强智能系统及支撑环境。

五是自主无人系统的智能技术。重点突破自主无人系统计算架构、复杂动态场景感知与理解、实时精准定位、面向复杂环境的适应性智能导航等共性技术,无人机自主控制,以及汽车、船舶和轨道交通自动驾驶等智能技术,服务机器人、特种机器人等核心技术,支撑无人系统应用和产业发展。

六是虚拟现实智能建模技术。重点突破虚拟对象智能行为建模技术,提升虚拟现实中智能对象行为的社会性、多样性和交互逼真性,实现虚拟现实、增强现实等技术与人工智能的有机结合和高效互动。

七是智能计算芯片与系统。重点突破高能效、可重构类脑计算芯片和具有计算成像功能的类脑视觉传感器技术,研发具有自主学习能力的高效能类脑神经网络架构和硬件系统,实现具有多媒体感知信息理解和智能增长、常识推理能力的类脑智能系统。

八是自然语言处理技术。重点突破自然语言的语法逻辑、字符概念表征和深度语义分析的核心技术,推进人类与机器的有效沟通和自由交互,实现多风格、多语言、多领域的自然语言智能理解和自动生成。

七、人工智能的旅游应用

当前,新一轮科技革命和产业变革正在萌发,大数据、理论算法、计算能力和网络设施的快速提升和迭代演进,驱动着人工智能进入发展新阶段,智能化成为技术和产业发展的重要方向。我国人工智能产业按照"系统布局、重点突破、协同创新、开放有序"的原则,着力围绕着5个方面的主要任务,推动了战略性新兴产业的总体突破。

一是兼顾当前需求与长远发展,聚焦人工智能重大科学前沿问题,以突破人工智能应用基础理论瓶颈为重点,超前布局可能引发人工智能范式变革的基础研究,促进学科交叉融合,为人工智能持续发展与深度应用提供强大科学储备。

二是重点培育和发展智能网联汽车、智能服务机器人、智能无人机、医疗影像辅助诊断系统、视频图像身份识别系统、智能语言交互系统、智能翻译系统、智能家居产品等智能化产品,推动智能产品在经济社会的集成应用。

三是重点发展智能传感器、神经网络芯片、开源开放平台等关键环节,夯实人工智能产业发展的软硬件基础。

四是深化发展智能制造,鼓励新一代人工智能技术在工业领域各环节的探索应用,提升智能制造关键技术装备创新能力,培育推广智能制造新模式。

五是构建行业训练资源库、标准测试及知识产权服务平台、智能化网络基础设施、网络安全保障等产业公共支撑体系,完善人工智能发展环境。

旅游是一种文化空间的跨越行为,是人们在旅途中和目的地探索与体验的过程。在山川湖海等自然地理条件的约束下,不同文化空间之间存在着孤岛效应和碎片现象,给人们的文化空间跨越行为带来了不确定性甚至潜在风险,影响着人们在旅途中和目的地的探索过程与体验质量。现代社会中,旅游者数量规模大幅增长,旅游消费模式千差万别,给旅游供给和旅游服务提出了个性化、定制化和品质化的要求,给旅游决策和旅游监管提出了更高

效、更精准和更科学的要求。只有智慧旅游,才能满足网络化和散客化条件下现代旅游业发展的新需求。人工智能技术是智慧旅游的关键技术,在现代旅游业中有着广泛的应用前景。

(一)基于人工智能技术的旅游消费市场预测

旅游消费市场预测是旅游研究、旅游规划、旅游决策、旅游运营和旅游监管的重要内容,是旅游业实现可持续发展的前提条件。20世纪90年代以前,一般采用市场问卷调查分析方法和回归预测的定量分析方法,对旅游消费市场进行预测分析。进入21世纪以来,旅游消费预测开始采用灰色模型、遗传算法、模糊时间序列、人工神经网络等趋向于人工智能技术的定量预测方法。相对于传统的预测方法,这些方法数据的概率分布等额外信息没有严格要求,因而具有更好的包容性和适用性。目前,以百度为代表的门户网站,以携程为代表的在线旅游服务商,以高德地图为代表的在线出行信息服务商,以大众点评为代表的在线消费信息服务商,以腾讯为代表的在线社群服务商,以网银为代表的电子金融服务商等机构都在利用机器学习的预测模型对旅游大数据进行挖掘,精准分析旅游消费市场的分布态势和变化趋势,积极推动旅游供给和旅游服务的智能配置,有效促进旅游决策和旅游监管的协同创新,从而引领旅游消费市场的新动向和新模式。

(二)基于人工智能技术的旅游信息服务平台

随着时代的进步和社会的变迁,智能感知、机器学习、智能推理、智能行动等人工智能技术的发展突飞猛进,推动文本、音频、视频、图像等大数据的处理、分析、提取和呈现,实现了自动化和集成化,促进社会力量构建了基于人工智能技术的旅游信息服务平台,为旅游用户更精准地获取旅游知识和消费信息提供强有力的技术保障。

一是信息推送功能,可以让旅游者获得关于目的地的综合介绍、基于游客评论的旅游消费指南、个性化行程定制、旅途中基于位置的信息服务。

二是自助导游功能,可以为旅游者提供基于位置、季节、天气、具体时间和出行预算等多维数据查询,有利于旅游者提高消费决策、线路搜索、交通换乘、互动导航、电子票证和探索体验的效率和质量。

三是标识翻译功能,可以为旅游者提供路标、问答、预订、广告语等标识的多语言服务,自然语言处理和光学字符识别技术让出国旅游更加方便,实现个性化定制的自由行。

四是市场细分功能,通过人工智能的分类技术,采用决策树和聚类等典型的数据挖掘工具,定义游客细分群,描述细分游客消费特征,有利于旅游企业在资源约束条件下提高目标市场营销的有效性和协同性。

五是公共管理功能,在旅游消费快速增长和旅游供给日益活跃的情况下,导航、导游、导览、导购对旅游资源深度开发和旅游信息资源共享提出了多元化和协同化的更具体的要求,对旅游决策和旅游监管的公共管理事务提出了实效性和准确性的更高要求。

基于人工智能技术的旅游信息服务平台具有电子商务、电子政务、行业监管、智能服务、云计算存储、跨平台感知相应、分布式物联网、旅游集散中心等综合性能,构建旅游数据库系统、旅游信息化公共服务系统、旅游信息化应用支撑系统和旅游信息化管理标准系统,为旅游业实现智慧化管理提供现代化的技术保障。

(三)基于人工智能技术的旅游安全防范系统

随着计算机技术、网络技术、人工智能技术等高科技的迅猛发展和快速普及,指纹识别、文字识别、虹膜识别、人脸识别、车牌识别等图像识别,对具有动态连续特征进行识别的视频分析技术已经广泛应用于旅游业,为旅游安全防范提供了有效的技术保障。旅游景区、旅游饭店、旅游购物、旅游演艺、旅游节事活动等都是人群集聚的场所,基于模式识别的智慧旅游安全防范系统可以在以下5个方面发挥重要作用。

一是特定旅游场所的人数统计。从入口门禁系统获取进入人数,用视频分析统计出口人数,从而推算特定旅游场所内的滞留总人数,为制定安全防范预案和实施安全防范处置措施提供了基础数据和现场情景。

二是人群控制和周边安全防范。在拥堵和高危时段设定管制边界,识别人群的整体运动特征,现场即时引导人群的动向和速度,避免和处置客流异常情况。

三是重点通道监控。旅游消费具有游客流时段集中、地段集中甚至时空双集中的特点,预留应急通道和安排重点通道是最主要的应对措施,为了保证随时能用而且发挥作用,必须进行划界监控。

四是智慧交通系统。结合全球定位系统(GPS)、北斗定位系统(BDS)、智能通信技术和智能汽车驾驶技术,监控旅游特定旅游场所的路况、车况、停车场泊车位等动态交通情况,实现精准定位和即时导航,确保旅游交通的顺畅、有序和安全。

五是防灾减灾救援系统。旅游区多数分布在地质地貌条件复杂、森林覆盖率高的地区,旅游属于强流动性的户外活动,潜藏着导致地质灾害、森林火灾以及次生灾害的风险。比如,森林火灾具有突发性、随机性和短时间造成巨大损失的特点,因此,必须坚持"预防为主"和"积极扑救"相结合的原则,采用森林防火视频监控系统,最大限度地降低旅游区森林火灾的风险尤其重要。森林防火视频监控系统就是一个以计算机技术和网络技术为基础,将视频监控和地理信息系统(GIS)、北斗定位系统(BDS)、林火自动识别报警系统、多媒体技术结合起来,能够实现森林火灾火情实时监控、自动识别、自动报警的人工智能技术系统。人工智能技术还可以用于地质灾害、气象灾害、生物灾害等多发地的防灾减灾和保护救援等工作。

思考与练习

1. 如何理解智能管理和智能旅游?
2. 智慧旅游需要哪些基础技术?
3. 旅游业如何利用移动通信技术?
4. 旅游业如何利用物联网和云计算技术?
5. 人工智能有哪些基础理论和核心技术?
6. 旅游业如何利用人工智能技术?

第七章

旅游的企业化管理

学习目标

熟悉旅游者及旅游企业经济行为；掌握旅游企业经济行为分析；熟悉并掌握旅游企业经营管理预测和决策的基本方法；了解旅游企业管理制度创新的基本内容及意义。

核心概念

旅游企业经济行为模型；微观旅游经济活动循环；管理预测；管理决策；管理制度创新

第一节 旅游企业经济活动分析

在市场经济条件下，旅游经济活动是在两个层面上进行的，即宏观层面上的旅游产业经济活动与微观层面上的旅游企业经济活动。政府主管部门和旅游行业组织是旅游产业经济活动的主体，旅游企业和旅游者是旅游企业经济活动的主体。在旅游经济活动的实现过程中，旅游企业是连接宏观层面与微观层面的核心。

一、旅游经济行为

（一）旅游者经济行为

在市场经济条件下，可自由支配的收入是旅游者实现旅游目的的基本条件之一。旅游者只有通过向社会提供劳动的方式获得一定的收入，才能以可自由支配的收入购买旅游商品，从而获得旅游者消费欲望的满足。如果旅游者在旅游市场中所追求的唯一目标是满足最大化，满足的大小取决于旅游产品的消费量；而产品的消费量则取决于产品价格、旅游者的收入水平、旅游者的个人偏好等因素。因此，旅游者的消费行为就是在上述条件的限制下，为追求满足最大化的目标而采取的行动。旅游者经济行为模型（见图7-1）。

（二）旅游企业经济行为

旅游企业通过使用生产要素从事旅游商品的生产，通过销售旅游产品取得利润，如果旅游企业追求的唯一目标是生产利润的最大化,利润是总收入与总成本的差额,而总收入取决于产品销售量和产品价格,总成本取决于生产要素价格和要素使用量。因此,旅游企业经济行为就是在各种条件限制下,为追求利润最大化而采取的行动(见图7-2)。

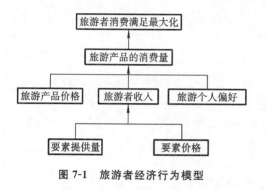

图7-1 旅游者经济行为模型

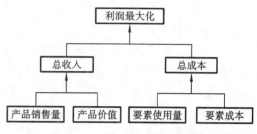

图7-2 旅游企业经济行为模型

(三) 微观旅游经济活动循环

在市场经济条件下,旅游企业和旅游者是微观旅游经济活动的主体,而旅游产品与旅游要素是微观旅游经济活动的基础。旅游企业、旅游者、旅游产品、旅游要素之间的逻辑关系,可以简化为微观旅游经济活动循环图(见图7-3)。

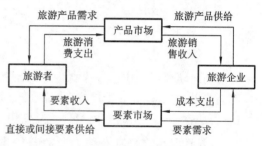

图7-3 微观旅游经济活动循环图

1. 旅游企业与旅游者两个中心

旅游者在微观旅游经济活动中,既是旅游产品的消费者,又是旅游生产要素的直接或间接供给者,因此,旅游者作为消费者,追求满足最大化,而作为要素的供给者,追求收入的最大化。

旅游企业是旅游产品的生产者,在生产过程中追求成本最低、利润最大。

2. 旅游产品市场和旅游要素市场

旅游者需求旅游产品,旅游企业供给旅游产品。在市场经济条件下,需求与供给之间的矛盾运动,决定了旅游产品的数量和价格。

旅游资源、旅游投资、旅游接待条件等旅游要素是旅游经济活动的客观基础之一。旅游企业通过合理配置旅游要素,生产旅游者所需的旅游产品;可自由支配收入是旅游者产生出游活动的基本条件,旅游者为了获得个人收入,就必须从事社会劳动,这种社会劳动的成果,直接或间接地形成了旅游要素的供给能力。所以,旅游企业和旅游者都对旅游要素的市场特征产生影响。

3. 两个流程

一个是产品流通过程,即旅游产品的生产、交换和消费的过程;第二个是货币流通过程,即在旅游产品的生产、交换和消费的过程中,所伴随的货币流动过程。

二、旅游企业经济行为分析理论

在当今市场经济条件下,旅游企业的一切经济活动都应讲究社会效益、经济效益和生态效益。有了社会效益,企业的生产经营活动才能得到社会承认;有了经济效益,企业才能生存和发展;有了生态效益,企业才能实现健康而可持续的发展。企业只有站在系统、动态和联系的角度,通过经济活动分析,从企业错综复杂的现象中,掌握现实情况,落实改正措施,预测发展方向,才能达到三大效益最大化的目的。

(一)旅游企业经济行为的规律性

现代企业都存在着物质流、资金流和信息流运动,要研究企业的经济行为,就必须找出这三大要素运动的规律性。

1. 物质运动规律

物质运动规律的核心是以最小的投入获得最大的产出。企业物质运动的规律性在于分析产品生产的技术条件和发展方向,认识产品生命周期的规律;分析企业生产全过程的规律性,组织好生产作业链和管理工作;分析物质在各部门和岗位的流动规律,协调好作业的配合和步调。

2. 资金运动规律

资金运动规律的核心是以最少的投资在最短时间内获得最大收益。现代企业的资金运动,主要表现为筹集、投入、转换和退出,资金通过循环和周转形成相互依存、密切衔接的价值链。

3. 信息运动规律

信息运动规律的核心是提高物质流和资金流的运动效率和效果。企业信息运动产生两种信息结果:一是反映企业生产经营活动实际情况和进程的流动信息,如企业的会计、统计信息;二是企业在一定时间内可以重复使用的固定信息,如计划决策信息、定额标准信息等。

(二)旅游企业经济行为分析的指标体系

旅游企业的生产经营与服务活动,体现着技术与经济的结合,因此,综合企业各项经济数据具有极其重要的经济意义。为了全面评价企业经营业绩,核算企业经济效益,达到提高经济效益的目的,需要设置一套完整的、能正确反映企业生产经营经济效益的指标。

企业经济行为分析的指标体系就其适用范围通常可以分为企业通用的经济指标(见表7-1)和反映企业不同生产技术特点的技术经济指标两大类。

表7-1 企业通用的经济指标体系

指标用途	指标名称
反映企业为社会提供使用价值状况的指标	产品产量、品种、质量、产值、产品销售收入、销售品种结构、市场占有率等
反映人力资源状况与人力利用水平的指标	全员劳动生产率、工人劳动生产率、出勤工时利用率、小时工资率、人力资源价值等
反映物力利用状况与水平的指标	单位产品材料、能源消耗量、生产设备利用率、材料利用率、每万元GDP耗用标准煤等
反映财力利用状况与水平的指标	资产负债比率、流动比率、所有者权益构成比率、存货周转率、利润总额增长率等
反映劳动耗费水平的指标	单位产品制造成本、单位产品总经营成本等
反映安全生产状况的指标	每千名职工因公死亡率、病假率等
反映生产经营总效果的指标	销售净利率、总资产净利率、总资产周转率、权益乘数、权益报酬率、资本报酬率等
反映企业发展能力指标	销售增长率、资本积累率、研发费用占销售收入比例等
反映企业综合经济效益指标	经济增加值EVA(经济附加值)

(资料来源:王又庄的《现代企业经济分析(第三版)》,2004年.)

由于各个旅游企业所属的生产部门、生产的产品、技术装备及耗材的不同，因此企业要在使用通用经济指标体系的基础上，紧密结合各自特点制定一系列技术经济指标。

（三）旅游企业经济行为分析的方法

企业经济活动分析的基本方法是定性分析和定量分析。定性分析分为两大类：一是经验判断法；二是调查综合法。这两种方法简单易行，但是由于过于着重于人的经验和判断技术能力，所以容易受到主观因素的影响。定量分析是在分析所掌握的数据资料的基础上，运用一定的数学模型来分析的方法，表 7-2 介绍了几种用于企业经济活动分析的定量方法。

表 7-2　企业经济活动分析的定量方法

定量方法	方法介绍
比较法	把相关的指标或事物进行对比，用以说明和反映两个指标或事物之间的联系、差异，并分析原因，提出改进措施。比较法有绝对数比较和相对数比较，相对数比较又分为计划完成相对数、利用程度相对数、比较相对数等
图表法	利用平面上的点或线，以几何形式描述经济现象的函数关系。如因果图、雷达图、扇形图、折线图、散布图、决策树等
平均分析法	平均分析的基本内容是计算平均数，分为算数平均数、几何平均数、众数和中位数等
动态分析法	研究经济现象在时间上的变动，它是从发展观点来研究经济现象的变化及其趋势
结构分析法	将经济现象的内部各个组成部分（因素）与整体进行分解分析的一种方法。结构分析法分为分组法、因素分析法、平衡分析法、ABC 分析法等
回归分析法	依据数理统计理论和方法，找出因变量与自变量之间的依存关系，加以模型化，建立回归方程，用于预测的方法
层次分析法	把复杂的问题或工程项目分解成各个组成要素，各要素按支配关系分组形成梯形层次结构模型，然后再进行分析

三、旅游企业经济行为分析实践

（一）旅游企业战略和经营目标分析

关于旅游企业的战略问题将在后文有详细叙述，在这里，主要叙述企业战略和经营目标的分析内容。

1. 企业外部环境分析

旅游企业的外部环境分析要考量国家政策和法律因素、经济因素、科技因素、社会文化因素、生态因素，以及企业所在行业的定位与演变、行业的态势、行业的结构与战略群体等因素。

2. 企业内部条件分析

旅游企业内部分析要考量企业产品或服务项目、生产和服务条件、市场营销能力、材料和能源等供应链状况、产品开发与研制能力、财务状况与经济效益、组织结构与员工队伍等因素。

3. 企业经营战略分析

旅游企业经营战略分析要考量企业所制定的具有决定性的指导企业经营全局的谋划，它包括企业的内部战略和外部战略两个方面。

4. 企业经营目标分析

旅游企业经营目标分析要考量企业的社会效益目标、经济效益目标、生态效益目标、企业能力目标和投资者权益目标等因素。

5. 企业经营政策执行分析

企业经营政策执行分析要考量企业战略和目标策略的执行情况,分析执行结果,把各阶段所出现的问题按性质分为过渡性问题、运行性问题、缺陷性问题和运筹性问题,并有针对性地制定改进措施。

(二)旅游企业生产分析

1. 旅游企业的生产要素

主要包括以下几类。

(1)旅游资源。旅游资源因对旅游者具有吸引力而产生对旅游企业的价值,是旅游企业赖以经营的客观基础。

(2)资本资产投资。如设备、建筑物、交通工具等旅游企业所拥有的实物体,这一类资源称为资本品。资本品是经过投资而形成的,又称为投资品,它是旅游企业生存和发展的根本依据。

(3)流动资金。流动资金是维持旅游企业正常生产和经营的一项重要资金。资本资产是企业死的资金,而流动资金是企业活的资金,它们共同构成旅游企业生产的资金要素。企业在生产过程中,流动资金的作用,就是推动和确保旅游企业资金的快速周期性流动。

(4)劳动力。劳动力是指旅游企业生产中所消耗的一切体力和智力的总和。这里的"劳动"包括体力劳动和智力劳动,熟练劳动和非熟练劳动。

(5)技术。技术是旅游企业经营管理中不可缺少的一个中心环节,是构成旅游企业产品的主要成分。如饭店硬件设施的水平及维护技术,直接关系到饭店接待的服务质量;另外,菜食加工,也是一个技术性很强的工种,直接反映饭店的餐饮水平。

(6)企业才能。在旅游企业的经营中,企业家和优秀的企业管理者根据市场预测,有效组合生产要素从事旅游产品生产,以追求最大利润。因此,企业才能是指旅游企业所形成的团队精神和团队能力,以及人们在企业中才能的扩充和企业的组织能力、管理能力和创造能力。

2. 旅游企业的生产函数

所谓生产函数,是表示生产要素的投入与产出之间的技术关系。它是在一定的技术条件下,任何一组特定投入所能生产的最大产量。可用公式表示如下:

$$VQ_i = f[L_i(p_i,q_i), K_i(m_i,u_i) \cdots T_i] = MaxQ_i$$

式中,VQ_i 代表产出量;L 代表劳动,其中 p 为体力,q 为智能;K 代表资本,其中 m 为变动资金,u 为不变资本,T 代表技术。

上式表示,企业生产某种旅游产品的产量,取决于劳动、资金等因素的投入和企业生产的技术水平。同时,旅游企业组织生产的方案是很多的,投入量及投入结构的变化就意味着产出量的变化。因此,在资金等投入要素受到限制时,就需要通过调整要素投入量及投入要素的合理配置来调节生产,获得最大产出量。

旅游企业的生产同其他行业企业生产差异很大,主要表现在产品特征、生产期限和流通环节上,如表 7-3 所示。

表 7-3　不同企业类型生产过程对比

企业种类	产品特征	生产期限	流通环节
旅游企业	有形与无形并存,客人对产品一次性购买,并且是整个产品的一部分	有长期生产也有瞬间完成的生产过程	产品的生产、消费、流通一次性完成
工业企业	产品一般为有形的,对产品一次性购买,并有所有权	一般为中长期生产,推出新产品需很长时间	只在生产领域内完成产品
商业企业	出售其他企业生产的产品,增加了服务	短期	在商品流通中完成

由此可见旅游企业生产可分为瞬时、短期和长期三种情况。

旅游企业的瞬时生产是指在一个极为短暂的时期,企业无法变动投入数量和技术水平,也就是说,其产品在极短时间内完成生产。

旅游企业的短期生产是指在一个相当短的时期,企业只能变动一部分要素的投入,可以变动的那部分要素投入叫变动投入,无法变动的那部分要素投入叫固定投入。劳动、原材料等是可以变动的,产量随变动投入的变动而变动。

旅游企业的长期生产是指在一个足够长的时期,企业能够变动所有的要素投入,包括技术水平和资本投资,因而只有变动投入,没有固定投入。

（三）旅游企业的规模经济分析

规模经济是指通过扩大企业规模,来达到降低成本,提高经济效益的目的。经济学上对规模经济标准的一般解释是,在其他条件不变时,产量增加的比例大于各种要素增加的比例,也就是当全部生产要素增加等于 1,而产量增加大于 1 时,规模经济才会出现。旅游产业的运行特点,决定了旅游企业在追求规模经济的过程中必须按照旅游市场需求规律,根据旅游者空间流动的形式来增加生产要素,安排企业的生产能力或接待能力,通过旅游者的空间流动追求规模经济(张辉,2002)。对于旅游企业来讲,规模经济主要表现为以下几种。

1. 内在规模经济

内在规模经济主要表现为在旅游企业经营过程中,不断投资以扩大内在规模。例如,增加饭店的经营面积,增设各种特色的餐厅、娱乐厅,增加员工数量,另建酒店办公楼,扩大客房规模等,能够获得很大的利益。

2. 内在不经济

当企业扩大到一定规模后,必然会出现规模报酬递减阶段,因为规模过大、层次过多、不易协调、难以管理而形成的效益下降,称为内在不经济。以酒店为例,一般国外酒店联号合理的客房出租率都控制在 70%—75%,最高在 80% 左右,这样经营管理最终效果使得酒店的服务质量及有形设施所创造的舒适、方便、安全程度均达到了客人满意的程度;如果客房出租率出现破坏性经营则将极大地影响饭店的服务质量。

3. 外在规模经济

外在规模经济是指旅游企业所处地段的公共交通设施及工业企业的集中程度、商业企业的繁华程度、政府部门投资开发程度等周围环境所形成的潜在巨大市场,以及旅游企业与其他企业共同出资修建公共设施等企业必有的配套设施。

4. 外在不经济

由于旅游企业规模过大、远离市场,交通不便,产品销路受到市场的限制,使大量旅游产品闲置。同时,旅游企业还要独立出资建设一些不必要的公共附属设施,使成本增加。

(四)旅游企业的成本分析

我国旅游企业的成本分为营业成本、营业费用和企业管理费三项。营业成本是指旅游企业为旅游者提供各种服务时直接消耗的费用。例如,旅行社拨付的房、餐、车费及陪同费、邮电费等服务支出,旅游饭店的餐饮成本,车船队的材料费、燃料费、工资福利费、折旧费等。营业费用是指旅游企业各部门支出的需要分摊的工资福利。例如,燃料费、折旧费、修理费、低值易耗品摊销、宣传费、服装费、劳保费、旅游业务费等。旅游企业管理费是指整个旅游企业的管理费用。

旅游企业的成本控制包括事前控制、事中控制和事后控制。成本的设计阶段,称为成本的事前控制,包括成本预测、成本决策和成本计划。成本的执行阶段,称为成本的事中控制,包括成本预算和成本日常控制。成本的考核阶段,称为成本的事后控制,包括成本分析和成本考核。三个阶段循环往复,紧密衔接,相辅相成,不可分割,形成了成本控制循环过程(见图 7-4)。

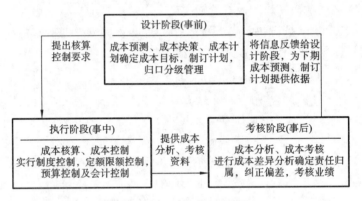

图 7-4 成本控制循环过程图

(五)旅游企业的量、本、利分析[①]

量、本、利分析法就是依据旅游企业产品业务量或销售量、成本、利润之间的相互关系,对企业的盈亏情况进行分析的方法。它亦称盈亏平衡分析、保本分析、损益两平衡点分析等。它的基本原理是,任何一个旅游企业都要注重经济效益,旅游企业在预测企业利润时,首先要抓好保证企业不赔不赚的销售额,使企业的成本首先得到补偿,进而研究使企业能获取利润的销售量和销售额。为此,旅游企业必须对成本、销售量和利润三者的关系进行分析研究,也就是对企业的经营成果进行损益平衡分析。

量、本、利分析适应短期(年、季、月)经营分析和决策需要,不宜用于长期决策活动。主要分析旅游企业总的量、本、利盈亏平衡问题,对多品种、多经营项目中的某一品种、项目进行分析时,要将固定费用分摊到各品种、项目的成本费用中才能进行。

量、本、利三者之间的关系用公式表示是:

$$销售收入 = 销售成本 + 利润$$

$$销售单价 \times 销售量 = 单位变动成本 \times 销售量 + 固定成本总额 + 利润$$

---

① 王云才,李建利,王见平. 旅游企业经营管理实务[M]. 青岛:青岛出版社,1996.

设销售单价为 P,销售量为 Q,单位变动成本为 V_C,固定成本总额为 F_C,利润为 T_P,T 为税率,则:$P \times Q = V_C \times Q + F_C + T_P$。

旅游企业保本销售时,利润 $T_P = 0$,所以,$P \times Q = V_C \times Q + F_C$。

因此,在量、本、利分析中,保本销售量是每一个管理者都要掌握的一个特征值,即在价格不变的情况下,求保本销售量为:

$$Q = \frac{F_C}{P - V_C} \quad 或 \quad Q = F_C / [P(1 - T) - V_C]$$

式中,P 为销售单价,V_C 为单位产品变动费用,F_C 为固定费用,Q 为盈亏平衡点销售量。

例如,某酒店有客房 150 间,平均房价为 286 元,固定费用 2400 万元,变动费用合计 2250 元。则酒店保本销售量为:

$$Q = \frac{F_C}{P - V_C} = \frac{2400 \times 10^4}{286 - \frac{2250}{150}} \approx 88560（间次）$$

所以,客房保本出租间次为 88560。

通过保本销售量计算,管理者会想到,在价格不变的情况下,通过销售量可得到保本销售额,用公式表示为:

$$S_0 = P \times Q \quad 或 \quad S_0 = \frac{F_C}{1 - \frac{V_C}{P}}$$

式中,S_0 为保本销售额。

那么,此例中:

$$S_0 = \frac{2400 \times 10^4}{1 - \frac{2250}{286 \times 150}} \approx 2532.84（万元）$$

用图示法表达如图 7-5 所示。

在图 7-5 中:横轴表示销售量;纵轴表示销售收

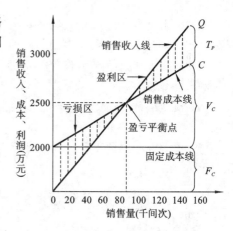

图 7-5 量、本、利的图形分析

入、成本、利润;反映销售收入的 Q 线和销售成本的 C 线的相交点,即是盈亏平衡点;在盈亏平衡点以上,销售收入大于销售成本,可以获得利润(以 T_P 表示)为盈利区;在盈亏平衡点以下,销售收入小于销售成本,为亏损区。

根据举例,当客房保本出租间次为 88560,保本销售额为 2532.84 万元时,企业不亏不盈;超过这个保本点,可以取得利润;否则将发生亏损。

第二节 旅游企业经营管理预测

一、旅游企业经营管理预测的原则与成功要素

(一)预测的基本原则

有效的预测工作必须遵守一定的原则。

(1)实事求是原则。在预测活动中要客观反映研究对象及与研究对象有关的事物的真

实情况,尊重事实,防止主观性。

(2) 系统性原则。预测要客观地反映预测对象及其相关因素的发展规律及其组合方式,不能随意增减某些因素或改变它们其中的组合方式。

(3) 科学性原则。预测一方面要综合利用相关学科的知识;另一方面要定性和定量相结合,提高预测的准确性。

(4) 动态性原则。预测要根据环境和条件的变化而变化,调整预测因子和方法,利用历史数据进行外推,预测事物的发展。

(二) 预测的成功要素

(1) 预测环境。预测不是在真空环境中进行的,预测的准确性,甚至预测活动的可行性都要受到环境条件的制约。

(2) 预测目标。预测是要为决策服务的,决策的需要决定了预测的目标。预测的目标就是某种形式的数据系列,不同的预测目标需要不同的数据,而这些数据的获得难易程度也是不同的。

(3) 预测说明。预测说明就是要确定预测是点预测、区间预测还是密度预测。对同一对象设定不同预测说明会得到不同的预测精度,结果影响预测的效果。

(4) 预测水平。预测水平是指从现在到预测期的时间跨度,其决定了预测结果的有效时间和预测难度。

(5) 预测信息。预测的好坏与预测信息的数量和质量直接相关。信息的有效性和准确性也是影响预测结果的重要方面。

(6) 预测方法。预测方法选择既要考虑预测的科学性和精度,也要考虑预测的可行性和费用。

二、旅游企业经营管理预测的分类

旅游企业经营管理预测,就是根据历史的资料和新的情况,大量运用观察、归纳、演绎、推理等分析方法,运用数学模拟和实验方法,结合主观的经验和教训,探索客观事物发展变化的趋势和量变的程度,以期对未来的一些不确定的或未知的事件做出定性、定量的描述,或者说,对客观事物未来发展的预料、估计、分析、判断和推测。

近几年来,随着我国旅游业的不断发展和企业管理水平的提高,预测在旅游企业管理中也逐步得到了广泛运用。旅游企业经营管理预测,既涉及宏观经济预测,也涉及微观经济预测,可以从范围、时间、性质、内容、结果等不同角度来划分,其分类情况可大致概括如表7-4所示。

表7-4 经营管理预测分类表

分类角度	类别	基本特点和要求
按范围分	宏观预测	从国家、地区及国民经济角度预测,为经营战略提供客观依据
	微观预测	从企业角度出发,预测市场及各种经济现象、经济指标,为制订经营计划和经营业务服务
按时间分	短期预测	时间一般不超过1个月,为作业管理服务
	近期预测	时间一般不超过1年,为作业管理服务
	中期预测	时间一般不超过3年,为中期目标服务
	长期预测	时间3年以上,为战略目标服务

续表

分类角度	类别	基本特点和要求
按性质分	定性预测	主要依靠经验、知识和思维判断,对预测目标值进行性质分析
	定量预测	收集资料,运用数学方法对预测目标值进行数量分析
按内容分	需求预测	分析市场动向、特点、发展趋势、客人消费需求、购买心理、消费结构等
	生产预测	对企业生产发展趋势及其影响因素进行预测
	销售预测	对产品销售方式、销售渠道、客源单位、目标市场等及其影响销售的各种因素进行预测
	收入预测	运用各种资料和数学方法预测营业收入
	成本预测	分析影响成本因素,预测成本消耗
	费用预测	通过费用划分及原有资料,预测费用比例及费用消耗
	效益预测	分析影响利润的因素,预测经济效益
	价格预测	预测价格变动趋势,为定价、调价提供客观依据
	竞争预测	预测市场竞争状况、特点趋势,为制定竞争策略服务
按结果要求分	条件预测	预测结果以其他事件的实现为条件,多属于结构分析
	无条件预测	预测结果无须附加条件。因事物都是相互联系的,一般只适用于特殊情况

三、旅游企业经营管理预测的步骤

为了保证旅游企业预测工作顺利进行,必须有计划有步骤地安排其工作进程,预测的基本步骤包括以下几个方面。

明确预测目标。明确预测目标即按计划、决策或需要,确定预测对象,规定预测时间、限期及希望达到的预测结果的精确程度等。

收集整理资料。收集影响预测对象未来发展的内外制约因素等方面的资料,并进行分析、整理、选择,因为原始资料必须进行加工整理,剔除某些偶然出现的非正常因素的数据,然后进行补充收集,才能使资料准确、及时、完整,保证预测需要。

选择预测方法。经济预测的方法很多,预测资料的性质不同,对预测方法的要求不同。同样的资料用不同的方法会得到不同的结果,因此,要根据预测目的、占有资料、预测准确度要求、预测对象特点和预测的适用条件等,选择合适的方法。一般情况下,最好能用几种方法进行预测,然后进行比较,才能收到较好的效果。

进行正式预测。根据经济理论和变量之间的关系,建立模型。定性预测的模型是逻辑推理的程式。定量预测通常是以数学关系式来表示的。根据预测模型,输入有关资料、数据,然后计算出预测结果。

评价预测结果。对预测的可靠性、准确性进行验证。要根据原始数据,对模型中的各待定系数进行计算,求出预测推定值,同时分析影响预测精确度的因素,研究其影响范围和程度,进而估计预测误差大小,评价原来的预测结果,通常要经过修正,才能得到最终的预测结果。

提出预测报告。其内容应概括预测研究的主要过程,列出预测目标、对象及有关因素的分析结果,主要资料及数据,预测方法和模型,以及对预测值的评价和修正等内容。

四、旅游产品供需形态

经营预测的目标是否能够实现,取决于多方面的因素:一是取决于人们对客观事物的认识能力,对于客观环境和市场变化规律了解得越充分、透彻,对未来发展趋势的判断就越准确;二是在某一时期内事物发展受外来因素干扰的状况和程度,市场动态瞬息万变,纵横交错,受各方面因素的羁绊和冲击,比如气候的恶化会使旅游产品供需发生变化,国内重大政策的调整、社会心理因素等都会给旅游市场的供需带来较大变化;三是有没有选择合适的科学预测方法,由于市场因素复杂,市场预测方法不能只选用同一种方法,必须针对不同要求和具体情况选择不同的预测方法,并且要几种预测方法交替使用,定性分析和定量分析相结合。

选用何种预测方法,首先应明白预测目的和要求,其次要分析产品供需形态和预测特点。根据旅游市场的一般状况,产品供需形态大体可分为以下四种。

(1)稳定形态。市场状况比较稳定,前后各期变化不大,预计未来市场环境也不会发生重大突变。这类稳定性市场,可变性程度小,可控制程度大,影响市场供需因素较小,需求弹性较大,一般要选择能够反映市场稳定状况的方法来预测。

(2)趋势形态。市场状况有一定发展趋势。例如,接待人次、出租率、营业收入等逐年或逐期增长,也称为趋向性形态。这时就要分析发展趋势,选择能够反映这种趋势的预测方法。

(3)季节性形态。季节性形态是指旅游市场的供需变化随着季节的不同呈现出周期性波动,有淡季、平季、旺季之分。这时多采用季节指数等方法进行预测。

(4)随机形态。随机形态是指某些旅游产品在某些时期的需求量呈现出没有规则的变化,没有一定规律性可循,不规则性很强,这类旅游市场要采用定性分析和定量分析相结合的方法,用主观概率法来判断未来变化,并根据政治形势、经济形势和社会风尚的变化,以及人们心理状态等进行分析、判断。

五、旅游企业经营管理预测分析

(一)定性预测分析

定性分析,是对预测的性质分析,也就是对那些不容易量化,但又可以估计到其发展程度的分析。包括已知现象确定概念,判断其未来的发展,也包括判断某些现象的未来概念。主要是依据个人的知识和经验,对预测对象未来发展的性质、程度及可能发生的问题做出分析,大多用基本上、大体上或很大、很小、较快、较慢、较好、较差等弹性词语来描述。定性预测一般具有方法简便、反应敏感、预测速度快、能充分发挥预测人员分析判断能力的特点,适用于对一些情报资料较少、影响预测的随机因素较多、市场突变、无法或难以做出准确的数量分析的事件进行预测。在旅游企业经营管理中,企业发展规划、突发性重大事件对旅游发展的影响,以及客人需求变化趋势等,都需要广泛采用定性预测。一些中、长期预测往往采用定性预测分析方法。定性预测的缺点是,缺乏量的分析,不够准确、具体。其方法体系可大致概括如表7-5 所示。

表7-5 定性预测方法体系

类别	举例
直接调查法	直接调查法,专家会议法,德尔菲法
集合调查法	管理人员评议法,销售人员组合法,意见收集法
相关调查法	相关分析法,定性计量法

（二）定量预测分析

定量分析，是应用定量的方法来研究、推测未来事件（预测目标）的发展趋势、程度和结构关系。定量分析不仅是预测分析的核心内容，也是企业管理现代化的核心问题，量的分析是科学管理的基础。

定量分析主要是因素分析，称为因果分析预测或因素分析预测。因果分析预测是分析市场供需变动中两个或多个相关变量之间的因果关系，建立起预测影响因素之间关系的数学模型，并据此进行预测。比如，某个商品价格不变的话，销售额是由销售量来决定。销售量为自变量，用 X 表示，销售额为因变量，用 Y 表示，通常以函数形式 $Y=f(X)$ 表示。它可近似地描述两者的相互关系及其变动的规律性。变量之间的确定关系为因果关系，变量之间的非确定性关系，称为相关关系。

在旅游企业管理中，定量预测的适用范围是很广泛的，企业及各部门、各环节的接待人次、设施利用率、营业收入、营业成本、营业利润、目标销售额、量本利分析等，都可采用定量预测。

旅游管理常用的定量预测方法体系可以大致归纳如表7-6所示。

表7-6 定量预测方法体系

类　　别	举　　例
时间序列法	简单平均法，移动平均法，指数平滑法，百分比增减法，变动趋势法
因果分析法	回归分析法，机构比例法，量、本、利分析法，边际预测法
随机性预测法	主观概率法，安全边际法，定性计量法

（三）定时预测分析

定时预测是对预测对象进行时间的分析。用定时方法来研究、预计未来事件的发展过程，称为过程分析或时间分析。时间量的预测也是一种定量预测。例如，旅游产品寿命周期的分析预测、产品销售量的平均递增率、旅游产品季节性供需变化、历年价格指数变化及长期规划等分析预测，都属于定时预测。定时预测常采用变动趋势预测法、移动平均法、指数平滑法等。

（四）定比预测分析

定比预测是用定比方法来研究、选择未来事件的发展结构。也就是说，它是研究不同预测对象之间的结构关系。如部分与整体之间的关系、部分与部分之间的关系，即比例量的关系。定比预测可用于旅游市场购买力趋向预测、产品库存结构比例预测、流通费用中各项费用的比例关系分析预测、市场占有率分析预测等，它对保证销售渠道畅通、为生产部门提供信息、提高经济效益等具有十分重要的意义。

（五）预测评估分析

对未来的预测目标进行定性、定量、定时、定比预测之后，必须对预测方案进行评估，对其实现的可能性进行概率估计。预测评估一般采用估计均方差来研究、判断事件预测的准确程度。预测评估经常采用的方法还有专家调查法和通过不同预测方法的比较等方法进行评估分析。

第三节　旅游企业经营管理决策

经营决策,是为达到经营管理活动的某一预定目标,在多种可供互相替代的方案中进行权衡取舍,选择一个优化方案的过程。管理过程就是不断制定决策方案,采取决策行动和组织实施决策方案的过程。经营决策的重要作用表现在四个方面:第一,经营决策是决定企业经营方向、经营目标和风险收益的前提和保证;第二,经营决策是决定企业市场开发、客源组织、产品销售是否科学合理的重要条件;第三,经营决策是合理利用企业资源,保证企业协调发展,提高企业整体经济效益的重要措施;第四,经营决策可以发挥各级管理人员的主动性和创造性,提高企业管理水平。

一、旅游企业经营决策的理论

(一) 旅游企业经营决策的内容

旅游企业经营决策的内容如表 7-7 所示。

表 7-7　旅游企业经营决策内容

项　目	内　容
经营战略决策	为实现企业经营的长期目标而制定的行动方案,包括经营的方向、目标、重点、措施等
经营计划决策	在编制经营计划时制定不同方案,为确定各项计划的指标、进度和管理措施等所做出的决定
产品开发决策	对企业产品的研究、设计、开发方向、试制、试销等所做出的决定。在旅游企业管理中,以饮食产品为主
技术引进决策	通过一定方式对引进国外先进设备、技术、管理经验和方法等所做出的决策。在旅游企业管理中,以开办合资企业时选择合作对象、合资方式、技术项目和如何聘请管理集团等为主
投资决策	在新建、扩建、改造旅游企业时对投资方向、投资项目、可行性分析、工程投标、投资效果等所做出的选择和决定
资源开发利用决策	以旅游资源开发和旅游娱乐企业为主,是对开发方案、开发措施、利用效果、配套设施建设等所做出的决策
价格决策	根据产品成本、费用、利润、税收和市场需求等,对产品定价和市场竞争中的调价等所做出的选择。它要求必须遵守价格政策,在国家允许的范围内选择价格机会点
成本决策	根据业务需要和降低成本的要求,对企业产品的标准成本、成本需要量、成本管理制度和成本控制措施等做出的选择
市场销售决策	对外联方式、销售渠道、客户单位和客源机构选择,以及企业内部各种产品的销售方式、价格等所做出的决定
财务决策	对企业资金来源、资金筹措、资金分配和使用效果考核等所做出的决策
组织人事决策	对企业组织机构的设计、调整、人事安排、干部任免、劳动考核制度、职工奖罚等所做出的决策

(二) 旅游企业经营决策系统

旅游企业的经营决策是由各种决策要素以一定的方式联系结合,共同推动实现的。

(1) 旅游企业经营决策系统结构。企业经营决策的系统结构是一个动态结构,由贯穿于决策过程中若干基本要素及其相互之间的内在联系组成(见图 7-6)。

(2) 旅游企业经营决策支持结构。旅游企业要进行成功的决策,需要一系列知识技术支持、外部支持及思维定律等方面的支持(见图 7-7)。

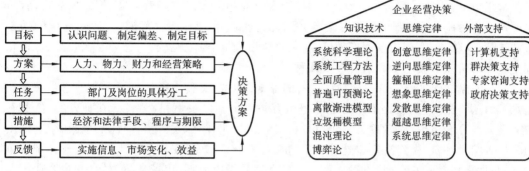

图 7-6　企业经营决策的系统结构　　图 7-7　企业经营决策的支持结构

(三) 旅游企业经营决策种类

经营决策从不同的角度来划分,有不同的种类,具体分类如表 7-8 所示。

表 7-8　经营决策种类

经营决策体系		
按决策重要性划分	经营战略决策	影响企业全局性、方向性的决策。涉及企业全局性的经营目标、经营方针、长期规划、经济效益、市场开发、客源组织等重大问题
	经营战术决策	为实现战略目标所做出的各种决策行动。包括机构设计、管理制度的确定,人才、资金分配和使用,市场开发与客源组织的具体目标和方式,各种经营项目的具体内容、开发时间、实施步骤和方法
	作业决策	即业务决策,是为战略和策略目标服务的。包括订货决策、价格决策、成本决策、业务组织方式、短期目标确定、作业计划安排等
按决策程序划分	程序型决策	对企业中经常重复出现的问题的决策。如劳动组织安排、采购渠道选择、业务合同的签订等
	非程序型决策	对企业中不经常出现的问题的决策
按决策问题性质划分	定性决策	对决策目标进行性质分析。如企业组织机构设计、调整,人才选拔调动,劳动分配制度改革等
	定量决策	决策问题通过调查和预测,用数量来表示各种方案的决策效果。如存货决策、价格决策、财务决策、投资利润率、经济效益决策等
按决策确定程度划分	确定型决策	客观环境比较稳定,决策者对未来情况能获得比较完整的资料,拟定的方案执行后有比较确定的结果。如设备购置决策、产品定价决策、目标成本制定决策等
	不确定型决策	客观环境不够稳定,决策只能掌握部分资料,决策方案有多种,对未来情况难以确定
	风险型决策	客观环境极不稳定,影响决策的可变因素很多,决策方案多种多样,每一种备选方案结果各不相同,风险程度较大,如投资决策、设备改造决策、新产品开发决策、价格决策等
按决策层次划分	高层管理决策,中层管理决策,基层管理决策	

二、旅游企业经营决策方法

(一) 定性决策

定性决策是对决策问题进行性质分析,决策目标难以用数量来反映。这类决策大多属于非常规决策,往往无章可循,但又大多属于重要问题。如确定经营战略、拟定发展规划、研究确定市场策略、确定市场竞争方案等。因此定性决策具有涉及范围广、影响决策的因素多、间隔时间较长、信息确定程度较低、决策精确度较低、风险性较大、管理层次较高、计量化程度较低等特点。其主要方法有以下几种。

(1) 集合意见法。它是一种采用讨论的方式来确定决策方案的决策方法。它是在掌握信息资料的基础上,由领导者或管理者组织有关人员确定决策目标,设想几种方案,然后召集有关人员开会讨论,对各种方案进行分析、比较、互相补充,发挥集体优势,取长补短,最后由领导者综合评价,做出决定。这种方法适用范围较广,如根据方针政策确定企业体制改革方案,根据市场动向、市场特点确定市场开发和客源组织方案、市场竞争方案,制定企业劳动分配制度等。现阶段我国旅游企业中大多采用这种方法来确定定性决策问题。

(2) 头脑风暴法。它是一种广泛听取各方面意见,充分发挥决策人员的主观能动作用的决策方法。头脑风暴就是参与决策的人员可以各抒己见,无拘无束地畅谈自己的意见和想法,其具体做法也是召开会议来研究决策问题。

(3) 专家调查法。这种方法是德尔菲预测法在决策中的运用,也是采用"背靠背"的方法征询专家意见,主要适用于大中型旅游企业或旅游集团企业对一些涉及方向性、战略性的问题进行决策。

(4) 例行决策法。例行决策法主要根据先例、经验或习惯进行决策,以企业管理中的执行决策为主。一般适用旅游企业基层管理中经常重复出现的一些问题。如服务质量管理、采购决策、服务程序安排、分配供应、劳动组织安排、菜单设计、车辆调度等。其方法一般是由领导者根据需要决策的问题,设想几种方案,同有关人员商量或开会讨论,然后做出决定。也可以根据多数人的意见或在部属成员的职权范围内自行决定。如果先例、习惯已不符合客观实际,就应该破除,重新研究,直至做出正确决定。

(5) 经验判断法。经验判断法是以企业管理人员的经验分析为基础,掌握一定资料,决定决策目标,分析影响决策的各种因素,然后做出决定的一种方法。它是一种传统的决策方法,主要适用于经营环境比较稳定,情况明确或资料比较充足的确定型决策。如拟定规章制度、选择客户单位或客源机构、确定短期规划等。其具体方法主要是列举法。如确定市场结构或主要客户单位时,可以过去的资料为基础,分析客源构成,逐一比较优劣,然后根据市场发展趋势做出选择。这种方法以管理人员的判断经验为主,有时容易顾此失彼,应尽可能与其他方法结合,提高决策效果。

(二) 定量决策

定量决策的方法有多种多样,决策问题的性质不同,所拟定的方案不同,考虑问题的角度不同,计算公式也不一样。定量决策的方法分为确定型决策、风险型决策、非确定型决策和竞争型决策四种类型。其具体方法如下。

(1) 简单法。决策因素简明,不必复杂计算,凭借直观或简单计算就可以确定最优方案的方法。

(2) 盈亏平衡法。利用量、本、利关系决策问题的方法,多用于旅游企业设备购置。其基本公式是:

$$X_1 = \frac{F_c}{P - V_c}$$

$$X_2 = \frac{F_c + m}{P - V_c}$$

式中:X_1、X_2分别为盈亏平衡时的业务量和完成一定利润时的业务量,F_c为固定费用,m为预算利润,P为价格,V_c为单位变动费用。

(3) 成本效益决策法。根据成本效益率的大小来进行决策的方法。成本和效益都受多种因素的影响,通过分析可以比较其优劣。公式为:

$$\frac{M_{(1)}}{C_{(1)}} > \frac{M_{(2)}}{C_{(2)}}$$

式中:$M_{(1)}$、$M_{(2)}$为不同方案的利润;$C_{(1)}$、$C_{(2)}$为不同方案的成本。

如果有多种方案进行选择,那么方案成本效益率最大的为决策方案。

(4) 决策树法。决策树法从系统理论出发,将各种可能决策方案按阶段绘制成树型图,各个方案、各种可能的代价和概率都注在相应的分枝上,然后运用概率方法求出各种方案的损益期望值,为决策提供依据。

(5) 大中取大决策法。在调查研究和预测的基础上,拟定出可供选择的决策方案,分析各个方案的自然状态,然后计算各个状态的损益期望值。这种方式是一种对未来持乐观态度的思考方式,富有进取性,但往往风险很大。

(6) 小中取大决策法。这种方法对未来事物持谨慎态度,立足于在不利情况下争取尽可能好的结果,因此,它从每个方案中选取损益值最小,然后把各个方案中最小效益加以比较,从中选出较大者作为决策方案。

(7) 敏感度分析法。在拟定决策方案的基础上,对影响决策的各种不确定因素的变化进行的分析。在风险决策中,决策依据是损益期望值。当状态概率发生变化时,损益期望值就会发生变化,影响方案决策。

(8) 安全边际法(又称因素分析法)。它是指在已取得利润的基础上,先计算出决策目标的安全边际额,然后分析影响安全边际额的各种因素,确定各因素间的数量关系。影响安全边际额的因素变动率为安全边际额在因素变动量中的百分比。

(9) 存储分析法(又称经济批量法)。它是一种根据费用最省的原则决定最优采购批量的方法,可以用于解决各种与存储有关的具体问题。

(10) 经济效益决策法。这种方法在制定决策方案后,分析不同方案的销售量、费用和利润的关系,以经济效益的高低,作为选择方案的依据。

(11) 模糊评价法。它是应用模糊关系合成原理,从多个因素对被评价事物隶属关系等级状况进行综合性评判的一种决策法。

(12) 马尔可夫法。马尔可夫法是应用随机过程中马尔可夫链原理和方法研究分析有关经济现象的变化规律,并借此对未来进行预测和决策的一种方法。

(13) 数据包络分析法。数据包络分析(data envelopment analysis,DEA)不但可以对同一类型的各决策单元的相对有效性进行评定、排序,而且还可以利用DEA"投影原理"进一步分析各决策单元非DEA有效的原因及其改进方向,从而为决策者提供重要的管理决策信息。

第四节　旅游企业管理制度创新

一、旅游企业管理制度演进

旅游企业的管理制度,就是为了贯彻执行经营目标,加强内部管理,提高管理服务质量和工作效率,更好地行使管理权,担负旅游企业经营管理的职责,而制定的在企业内部执行的规章和制度。旅游企业管理制度用文字的形式,对旅游企业各项管理工作和对客服务活动做出的规定,是加强旅游企业经营管理的基础,是全体员工的行为准则和进行有效经营活动的运作规范。图7-8反映了旅游企业管理制度的基本内容。

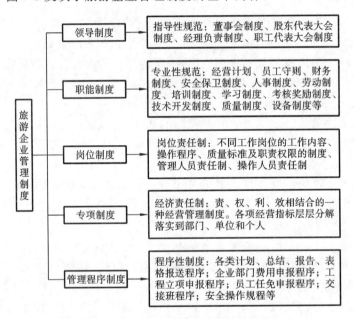

图7-8　旅游企业管理制度基本内容

旅游企业要在不断变化的市场中保持竞争优势,就应该有一个全面的企业制度演进过程。如何进行旅游企业制度演进呢? 必须从旅游企业经营的关键着手。通过近年来对国内上百家旅游企业经营管理活动的调查分析,归纳总结出来的关键要素主要有9个:面向未来的信息架构;明确的战略定向;有效的管理决策;最优化的游戏规则;高弹性的运作机制;精致化的人员组织;集成化的技术平台;供应链似的业务流程;高响应度的营销策略。这些关键要素是由具体的可操作性要素架构和支撑的。

这9个关键要素决定了旅游企业在市场竞争中具有不同的条件和地位。旅游企业经营管理可以在6个层面上进行制度演进:机会性层面,规模化层面,组合型层面,操作流程重组层面,操作网络重新设计层面,业务范围重新定义层面。这6个层面的结构关系如图7-9所示。其中,第一至第三个层面,具有渐变性,带来的是量的变化。第四至第六个层面,具有革命性,带来的是质的变化。这里,我们将这种演进规律概括为旅游企业制度演进的层面理论。

旅游企业管理制度演进的方向集中体现在以下几点。

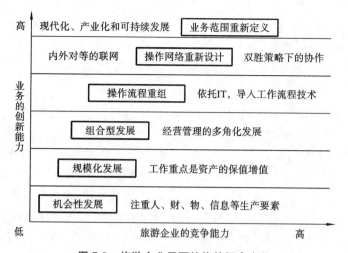

图 7-9 旅游企业层面结构的概念定位

(资料来源:董观志的《旅游主题公园管理原理与实务》,2000 年.)

(一)柔性管理模式

柔性管理就是充分重视人的作用,并努力使企业在不增加任何投入的情况下,充分调动企业现有的人力资源,充分发挥每个员工的潜能,创造出独特的企业文化氛围,从而达到增强竞争力、提高劳动效率的目的。

(二)项目管理模式

项目管理是以任务团队为核心的扁平式过程化管理组织模式。因此,项目管理注重合作,能够提供跨职能部门的解决方案,通过借助外部资源以有效降低成本,一次性到位完成任务。这里,我们通过理解5个概念性原则,将有助于应用项目管理来领导和管理知识经济时代的企业:对等的知识联网,集成的过程,对话式工作,人类时间与计时,建立虚拟组织和动态协作。

(三)虚拟组织模式

虚拟组织是指企业仅仅保留某些最为关键的功能,而其他的一些功能则被虚拟化,即以各种方式借用外部力量来整合,所借用的力量可能是供应商,可能是用户,也可能是竞争对手。无论形式上如何表现,虚拟组织的基本精神在于突破企业的有形界限,借用外部资源整合,以延伸企业的功能。虚拟组织反映了不同组织之间高度的分工,彼此之间的协作达到了非常密切的地步,以至于可以把它们看成一个组织整体的不同部分。

虚拟组织之间的联系可以分为非资本虚拟和资本虚拟两种形式。非资本虚拟包括企业新产品开发、生产、共同作业和销售等;资本虚拟包括生产系列、控股系列等。对于整个服务价值链来说,虚拟组织可以与它的合伙人或与其有相互关系的供应链成员分享信息,从而向整个价值链提供无缝的个性化的服务流。而这将对具有信息敏感型特质的旅游企业产生巨大的价值。

(四)学习型组织模式

学习是实现旅游企业"制度演进"的基础性工作,因为学习是造就现代旅游企业知识化人力资源的有效途径,而知识化人力资源是旅游企业"制度演进"的核心动力。具体来讲,旅游企业的学习又可分为以下五种方式:适应型学习,维持型学习,发展型学习,过渡型学习,

创造型学习。

二、旅游企业管理体制创新

在现代市场经济体系中,公司制企业虽然在数量上不是最多,但却在社会经济中占据着支配地位。为了适应和建立现代企业制度的要求,我国颁布了《中华人民共和国公司法》,其中所述及的公司指的是在中国境内设立的有限责任公司和股份有限公司。公司制是现代企业中最为重要和典型的组织形式,发达国家的大中型企业一般都是采用公司制形式,推行企业公司化,尤其是大中型国有企业公司化,建立健全企业法人制度,使企业在市场中公平竞争、自主经营,对于我国的市场经济体制建设具有重要意义。

股份有限公司是现代社会最为典型的法人组织,其组织机构和管理体制也最为复杂和规范。我国的股份有限公司一般设立股东大会、董事会、监事会三大机构,分别行使所有权、经营权和监督权。三种权力机构各负其责、相互制约。公司的日常经营实行总经理负责的领导管理体制,经营人员的聘请由董事会决定。

有限责任公司的组织机构与股份有限公司相似,包括股东会、董事会、监事会和经理,其职权也和股份公司的相应机构相似。根据我国现行规定,有限责任公司可以设立股东会,也可以不设立股东会。设立股东会者,公司董事会为股东会的执行机构,不设立股东会者,董事会为公司最高权力机构。

中国的旅游企业普遍存在着规模偏小、效率不高等问题。公司化改造,将对企业的发展起到重要的推动作用。表现在:促进了企业经营制度的转换,实现了所有权和经营权的分离;公司制改造使企业的筹资方式有了根本性的变化;实行公司制是提高企业效益,发挥旅游产业优势的有效途径。

随着旅游企业体制改革的不断深入,一部分改制的旅游企业在深、沪两地上市交易,一部分旅游企业在美国、新加坡和中国香港等国家和地区上市交易。旅游企业上市交易,大大拓展了企业的发展空间,使企业在资本经营方面获得突破,促使整个中国旅游行业走上集约化、规模化、集团化、跨国化经营的道路,对提高旅游企业的国际竞争能力和国家旅游行业的整体经济效益将产生深远的影响。

三、旅游企业人力资源管理创新

(一)旅游企业人力资源管理的含义和特征

人力资源管理是指在人力资源的取得、开发、保持和使用等方面所进行的计划、组织、激励和控制的活动。它是通过人力资源的招聘、选拔、录用、考核、评价、提升、培训、激励、福利等环节,研究组织中人与人关系的调整,人与事的配合,以充分开发人力资源,挖掘人的潜力,调动人的积极性,提高工作效率,实现组织目标的理论、思路、方法和技术。

(二)旅游企业员工的招聘

招聘工作是企业获得优秀人才的最根本的一项工作。企业把合适、优秀的人安置到合适的工作岗位上,既有利于人员充分发挥工作潜力,又能够提高企业的工作效率。人员招聘与选择是决定企业成败的关键因素之一。

旅游企业招聘的程序应是:明确目标,确定空缺岗位;确定岗位要求;决定招聘方式;评估应聘人员;确定面试策略;确定最后人选。

(三) 旅游企业员工的培训

1. 员工培训的对象与内容

旅游企业员工培训的对象包括新录用的员工和企业现有的在岗员工。培训的内容包括三个方面(见表7-9)。

表7-9　旅游企业员工培训内容

职 业 技 能	职 业 知 识	职 业 态 度
1. 服务质量标准	1. 旅游基础知识	1. 角色沟通技巧
2. 项目经营管理	2. 企业经营理念	2. 员工协作效率
3. 服务操作规则	3. 企业发展战略	3. 服务心理效应
4. 营销策略组合	4. 企业制度管理	4. 服务操作礼仪

2. 员工培训的计划、步骤和方法

旅游企业员工培训的计划包括：培训项目、培训对象、培训负责人、培训内容、培训进度、培训费用核算、培训的考核与激励机制等内容。

培训的步骤为：发现培训需求；制订培训计划；针对不同培训任务和对象准备好有关的培训材料、场地；具体实施培训；评估培训结果，并提出改进建议。

培训的方法包括：在职培训、脱产培训；直接传授式培训(个别指导、开办讲座)；参与式培训(会议、小组讨论、个案研究、模拟训练法、头脑风暴法、参观访问法、工作轮换、事务处理训练、影视法等)；自学法(开展读书活动、参加函授和业余进修、开展合理化建议活动)；员工上岗前培训；员工的再培训。

(四) 创新激励机制与建立激励性薪酬制度

1. 知识经济背景下的激励机制创新

人类社会无疑正在迈向知识经济的新时代，这种建立在知识、信息的生产、分配和使用之上的经济形态对旅游企业的管理提出了许多挑战。人本管理由于其在旅游企业管理中的根本地位和基础作用，首先承受了进化的压力。在这样的背景下，基于人本管理而自然衍生出的问题就是：在知识经济的背景下，如何创新原有的一整套激励机制或模式。从知识经济的自身特点出发，知识的创新与共享往往是一种不自然的行为。其原因一是拥有知识就拥有某种"权利"，而分享知识则意味着将自己的这种"权利"置于风险之中；二是知识创新要承担风险，而这又是以其人力资本为代价的。因此，从这个层面上讲，要实现知识的共享与升华也要创新设计激励机制。在旅游企业中，对员工的激励当然要包括物质激励、精神激励，但在新的形势下，更要关注的是把专业和个人的成就视为激发器。具体来说，就是通过有利的工作环境和被激励的状态二者之间的相互作用，使得个体能力中被激励的能量得以释放出来。能保证个体有明确的目标概念，并能获得信息平等交流这样一种环境的支撑，那么被激励的能量就会被引导到专业和个人的成就上来，从而取得更好的激励效果。在知识经济时代的旅游企业发展中，精神激励会得到比以往更多的应用，并将更加渗透入物质激励之中；而被管理者与管理者的角色定位也将日趋"模糊"。激励机制构建的目的即为全方位激发企业相关利益者的能动性和创造性，以实现个人价值与企业价值更好地结合。

2. 建立激励性薪酬制度

员工在工作中的表现取决于三大要素：利益、信念和心理状态，在这三大要素中，利益占首位。由此可见，在当今的管理实践中，物质激励仍是一种重要手段。效率工资理论认为，尽管在现实中存在着目标激励、领导激励、公平激励、成就激励等多种激励方式,但最常用的一种激励方式应该是薪酬激励方式。旅游企业必须充分重视薪酬管理工作,制定科学的薪酬制度,以最大限度地发挥物质激励对提高员工绩效的正面效果。

企业薪酬的含义。企业薪酬泛指旅游企业向员工提供的一切财务回报和有形利益,可分为直接薪酬和间接薪酬。直接薪酬是员工获得的现金形式的财务报酬,包括基本工资、奖金、业务提成。间接薪酬是旅游企业向员工提供的除工资、奖金以外的利益或者服务,包括住房、医疗保险、养老保险、人身安全保险和其他保险、带薪假期、临时津贴等。

直接薪酬管理。制定直接薪酬的传统方法是进行工作价值评定,即是一个通过与组织内其他工作进行比较,来判断某一特定工作价值的系统过程。它与直接薪酬新趋势的比较如表7-10所示。

表7-10 直接薪酬的传统方式和新趋势

传统方法(步骤)	新 趋 势
1.工作分析:收集和确定与某项特定工作有关信息的过程	1.宽带化趋势:减少薪酬等级,拓宽每一等级的变化幅度,上下限等级拉大
2.制定工作分析文件:将分析结果书面化,制定成正式的组织文件	2.技能薪酬趋势:以员工的知识、技能和能力为基础来确定薪酬
3.工作评价:工作排序法、工作分等法、关键因素计划法	3.绩效薪酬趋势:以员工的工作业绩为基础制定其应得的薪酬
4.建立工作层次:按照从高到低的顺序对所有工作进行排列	4.团队薪酬趋势:根据团队或工作小组对企业做出的贡献来决定成员应得的报酬

间接薪酬管理。间接薪酬即福利。福利计划是人力资源计划的一个重要内容,一般由人力资源专业人员在考虑企业外部环境和内部相关影响因素后,制订3—5年的战略计划。需要考虑的因素包括企业未来经营目标、成本因素、企业薪酬策略、员工的偏好、企业财力、竞争对手的福利政策、国家相关法律法规、企业的人力资源管理理念等。

旅游企业的福利计划应充分体现以人为本的管理理念,传递企业对员工的重视和关怀。具体应包括:为员工创造求知的机会,将培训作为员工福利的主要形式;经常就福利政策与员工进行沟通;不断推出新的福利措施以解决员工的实际问题。

股票期权制。股票期权制是一种以管理人员为主要激励对象的绩效薪酬形式。股票期权是指对管理人员给予在特定时期内,以预定施权价格购买股票的权力。经营者只有在规定时间内使企业股价达到预定的施权价格或某一更高的价格之上,才能通过执行期权而获利。这种股票本身不可转让,也不能任意变现,但享有分红、配股权,只有在管理人员离任后方可带走。

股票期权制创造了公司所有者和经营人员"双赢"的局面,公司的所有者借此"绑住"管理人员,而公司管理人员则能在实现赢利目标时获得巨额回报。这种激励机制将企业长期利益与管理人员个人利益有效地结合起来。合理的分配机制才能留住人、激励人,就物质激励而言,拿工资、奖金和福利去满足人,不如拿股份和期股去激励人,股份和期股是目前最有效的激励方式。

四、旅游企业市场创新

从广义上讲,旅游市场创新就是建立新型的旅游产品交换关系的活动。在知识经济时代,虚拟市场就是一个创新的市场空间,是建立在互联网络电子商务基础上的市场。由于旅游市场上销售的是旅游产品,而旅游产品具有一定的生命周期,因此,旅游市场也会经历新生期、成长期、成熟期、衰退期,甚至消亡。旅游企业的市场创新不可能改变市场自身的发展规律,但是能够通过延缓市场衰退或者从即将衰退的市场中派生出新的市场,从而避免了企业同市场一起消亡。

旅游企业的市场创新是一个从思维、观念、组合到策略的一个系统递进过程,每一步的创新都可能带来市场的创新(见表7-11)。

表7-11 旅游企业市场创新

思维创新	超前思维	超前预测未来市场发展方向,敢于尝试新的市场
	逆向思维	换个思路思考已有市场,敢于提出新的思路、新的设计
	发散思维	突破已有市场的限制,借鉴其他行业经验,拓展市场创新空间
	理性思维	运用理性思考,通过规范化的预测分析,发现新的市场空间
观念创新	企业价值	企业的价值在于首先能够创造客户的价值,实现企业成员的价值和企业利润的最大化
	产品价值	产品的价值从单纯的使用价值向品牌价值和附加服务转移
	顾客价值	顾客是分层次的,企业资源应集中满足带来利润的顾客
	社会价值	企业行为要尊重社会伦理道德,推动社会和谐稳定
	绿色价值	企业产品要符合绿色环保的要求,倡导绿色消费
组合创新	技术创新	应用新技术,提高发现、适应、满足市场的速度和能力
	产品创新	在产品的功能、定位、形象上进行改变
	顾客创新	对市场进行精确细分,发现并满足对企业有利的细分市场
	渠道创新	尝试虚拟渠道、概念渠道和链式渠道
	服务创新	尝试全天候服务、零距离服务、套餐式服务、一站式服务、主动服务、亲情服务和自助服务
策略创新	事件营销	尝试节庆活动、体育赛事、名人交流、大型会展
	互动营销	顾客与企业相互交流,互相了解
	文化营销	将历史文化、古风民俗、高雅艺术引入营销
	网络营销	通过网络进行形象推广、产品宣传、寻找客户、在线销售、在线服务、跟踪服务
	关系营销	不仅争取顾客,更重要的是保持原有顾客
	绿色营销	企业要满足和符合环境保护的长远利益的需要
	直复营销	顾客对企业的营销行为能够作出直接的反应
	整合营销	以消费者为核心重组企业行为和市场行为

五、旅游企业组织创新

旅游企业组织创新是根据组织理论的最新发展和企业环境的最新变化,对组织结构、组织文化、组织行为、价值观念、物质技术及人际关系等方面进行创新。

古典组织理论的主要代表人物有泰罗、法约尔、韦伯、巴纳德、穆尼等,强调组织实施有限的控制幅度、命令统一、劳动分工、明确的权力等级制度等措施。这种传统的组织理论十分适应当时简单的市场关系、单纯的劳动者和缓慢变化的环境。然而,在旅游业快速发展的今天,市场竞争变得越来越激烈,企业环境几乎瞬息万变,技术革命愈演愈烈,现代的企业员工已不再单纯追求物质上的满足,企业组织必须有所变化。因此,现代组织理论利用系统的观点来看待整个组织,把组织看成是一个由人群、物质和程序等各种因素,相互关系、相互影响而构成的复杂系统。

组织创新的总体思路是从"宝塔式"的科层组织转向"哑铃式"的动态多变组织,其创新的目标既要注重提高组织的绩效,也要提高组织对环境变化的适应能力和反应能力。根据这样的组织创新思路,人们提出了许多创新的组织形式(见表7-12)。

表 7-12 组织创新的形式

组织形式	特 点
虚拟组织	打破功能和结构的对应关系,整合和调动整个社会的资源,其精髓在于将有限的资源集中在附加值高的功能上,将附加值低的功能虚拟化
扁平化组织	组织规模小型化、管理幅度增宽、员工权力扩大、管理层与供应商和顾客建立直接联系、每一成员有信息交流的责任
世界型组织	包容的组织文化、灵活的组织结构、触觉敏锐、行动快捷、积极创新,强调多元化和兼容性
学习型组织	组织成员有共同愿景、组织由多个创造性团体组成、组织结构扁平化、持续学习、自主管理、家庭与事业融为一体

思考与练习

1. 旅游企业具有哪些经济行为?
2. 如何分析旅游企业的经济行为?
3. 旅游企业包括哪些经济要素?
4. 如何对旅游企业进行量、本、利分析?
5. 旅游企业有哪些经营管理预测方法?
6. 旅游企业如何进行经营管理决策?
7. 旅游企业管理制度按照哪些层面演进?
8. 旅游企业如何创新激励性薪酬制度?
9. 旅游企业需要进行哪些方面的市场创新?

第八章

旅游的战略化管理

学习目标

了解企业战略管理的基本理念;掌握旅游企业战略管理的选择模式;掌握旅游企业总体经营战略和职能战略;理解旅游企业的竞争能力;掌握旅游企业的基本竞争战略。

核心概念

战略管理;战略模式;战略管理过程;企业经营战略;企业竞争能力;企业竞争战略

第一节 企业战略的基本理念

一、战略的定义及内涵

（一）战略的定义

"战略"是军事术语,是指通过搜集战争中敌我双方在军事、政治、经济、地理等各方面的情况,加以分析、研究,对战争全局及其各个局部的关系做出系统、科学的判断,从而对整个战争及其各个阶段军事力量的准备和运用做出部署。随着现代工业的不断发展,各种利益组织之间的商战——实际上就是和平时期的经济战争日益激烈,每个利益组织为了自身的生存和发展,不得不在激烈的竞争中谋求一种更为科学的理论和方法。在这种背景下,将军事方面的战略理论移植于企业的经营管理就成了顺理成章的事。20世纪30年代,"战略"一词被应用到企业经营管理之中;60年代末和70年代初,西方企业经营管理出现了"战略热"。与此同时,战略的定义也相应地发生了变化(见表8-1)。

表 8-1 战略的相关定义

代表人物	定 义
德鲁克	战略就是管理者找出企业所拥有的资源并在此基础上决定企业应该做什么
钱德勒	战略确定企业基本长期目标,选择行动途径和为实现这些目标进行资源分配

续表

代表人物	定义
安德鲁斯	战略是关于企业宗旨、目的和目标的一种模式,以及为达到这些目标所制订的主要计划和政策
波特	战略是公司为之奋斗的一些终点与公司为达到它们而寻求的途径的结合物
奎因	战略是一种模式或计划,它将一个组织的主要目的、政策与活动按照一定的顺序结合成一个紧密的整体

（二）战略的内涵

1998年,加拿大麦吉尔大学的明茨伯格借鉴市场营销四要素(4Ps)的提法,提出了"5P"战略模型,比较全面地诠释了战略的内涵。

(1) 战略是一种计划(Plan)。战略是一种有意识、有预谋的活动,一种处理某种局势的方针。根据这个定义,战略应该具有两个特征:一是战略具有前导性,必须在企业经营活动之前制定,以备使用;二是战略具有主观性,是人们有意识、有目的制定的,反映了人们对未来行动的主观愿望。

(2) 战略是一种模式(Pattern)。钱德勒在《战略与结构》一书中认为,战略是企业为了实现战略目标进行竞争而进行的重要决策,采取的途径和行动及为实现目标对企业主要资源进行分配的一种模式。这种对战略的理解,是把战略等同于企业经营管理活动的行为模式。

(3) 战略是一种定位(Position)。战略是一个企业在自身环境中所处的位置或在市场中的位置,它包括目标市场定位、产品和服务定位、经营活动方式定位和地理区域定位等。这里战略实际上成为企业与环境之间的一种中间力量,使得企业的内部条件与外部的环境更加融洽和相互匹配。

(4) 战略是一种观念(Perspective)。把战略看成是一种观念,它体现组织中人们对客观世界固有的认识方式,是一种抽象的概念。这种概念存在于需要战略的人们头脑中,可通过一定的方式被企业成员拥有和共享,从而成为一种共识。

(5) 战略是一种策略(Ploy)。把战略理解为策略,是把战略等同于具体的谋略或计谋。在实践中,管理者有时从全局层面来理解战略,有时需要从局部层面理解和使用战略一词。因此,在局部的特定环境下,企业将战略作为威胁和战胜竞争对手的一种具体手段,也就是策略。

二、企业战略管理

正式的战略管理理论的提出是从20世纪50年代开始的。战略管理有广义的和狭义的两种含义。广义的战略管理,是指运用战略对整个企业进行管理;狭义的战略管理,是指对企业战略的制定、实施、评价进行的管理,使组织能够达到其目标的、跨功能决策的艺术与科学。由传统职能管理走向现代战略管理是企业管理的一次重大飞跃。战略管理是企业最重要、最高层次的管理,其具有如下特点。

(1) 全过程。企业战略管理的对象,是对企业发展全过程的管理,是对企业整体的全方位管理。企业战略管理开始于企业家的战略思考,顺次为战略制定、战略执行、战略评价和控制、战略修订、战略目标的达成。这样一个战略管理的过程,就是所谓战略周期。如同人的生命周期一样,有始有终。对于企业成长发展来说,企业战略问题总是不断出现,即企业上一个战略周期结束以后,新的战略周期应不间断地投入运行。随着时间的转移,企业战略管理不断取得成功,企业必然会取得更大的发展。

（2）全员化。企业战略管理首先是企业家的战略管理，同时也是广大员工积极参与的战略管理。企业战略构思、分析、决策，主要是企业首脑和高层管理者的责任，企业战略实施过程中碰到重大困难或出现新的更大的发展机会，也只能依靠企业首脑和高层决策者的坚毅及明智的领导。但是，无论是企业战略的制定、实施及做出或大或小的调整，都离不开广大员工的信息输入，离不开广大员工的理解、支持和全心全意的投入。

（3）适应性。企业战略管理的中心环节，是寻求企业资源能力和外部环境的动态平衡。旅游企业战略管理要求企业必须随时监视和扫描内外部环境的震荡变化，分析机遇与威胁的存在方式和影响程度。旅游企业高层决策者在制定和实施企业战略的过程中，要清楚地了解哪些内外部因素影响企业，这些影响发生的方式、性质和程度，以便制定新的战略或及时对企业现行战略进行调整。

（4）敏锐性。企业战略管理的方法，不仅要靠严密细致的理性方法，而且还要依靠经验、想象、直觉等非理性的方法。企业战略的策划和实施，首先要大量地、持之以恒地进行调查研究，要以充分的事实和数据为依据，并借助于理性的思维和逻辑的推理，同时也要借助想象和直觉等非理性的思维。

（5）创新性。企业未来的环境、市场、顾客、竞争对手及企业自身，都不可能是现在的重复或简单的延伸。未来时期种种变化，变动的幅度、频率，变动的内容，往往是用现有的经验和知识难以驾驭的。唯一的办法是以变应变，以创新求生存、求发展。

三、企业战略管理的过程

企业战略管理一般有战略分析、战略选择、战略实施、战略控制和战略再分析五个基本阶段，是一个动态的递进循环过程。这些阶段有一定的逻辑顺序，各阶段相互联系、相互贯通，有时也相互重叠，是一个持续创新发展的过程。图8-1所示为一种企业战略管理过程模型。

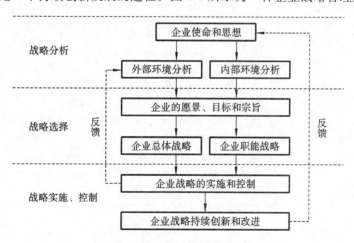

图8-1　企业战略管理过程模型

四、企业战略管理的目标及层次

（一）企业战略管理的目标体系

企业是一个复杂的动态系统，企业战略目标可分为直接目标和终极目标两个层次：直接目标是为实现企业持续发展，即不在于近期盈利的稍高或稍低，也不在于个别环节的得或

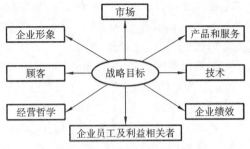

图 8-2 企业战略管理目标选择的主要因素

失,而是要着眼于企业经营结构的不断完善和优化,着眼于企业综合素质的不断提高,着眼于为实现企业的持续发展提供可靠的基础。企业战略管理的终极目标体现企业宗旨的实现,即企业在生存和发展过程中不断地为顾客、为社会、为职工的福利和成长做出贡献,成就事业、报效社会,实现企业宗旨所体现的社会价值。企业的目标选择因素如图 8-2 所示。

企业的战略目标不是单一的,而是由多个子目标组成的一个战略目标体系。从纵向看,企业战略目标体系由总体战略目标分解为多个职能性战略目标,再由各个职能性战略目标分解为岗位目标,进而分解为每个员工的具体目标;从横向看,企业战略目标按性质分为经济目标、社会目标、环境目标和能力目标(见表8-2)。

表 8-2 战略管理横向目标体系

分　　类	目标项目	目 标 构 成
经济目标	盈利性	资本利润率、销售利润率、资本周转率等
	稳定性	销售额成长率、市场占有率、利润增长率等
	成长性	自有资本比率、附加价值增长率、盈亏平衡点等
社会目标	顾客	产品质量水平、产品价格水平、服务水平等
	股东	分红率、价格股票、股票收益性等
	职工	工资水平、职工福利、能力发展、士气等
	社区	就业机会、企业形象、社区福利、社区建设等
环境目标	水	水污染程度、水体质量、清澈度等
	气候	蓝天率、空气质量、风沙影响程度、自然灾害影响程度等
	声音	噪音分贝、噪声污染范围等
	动植物	植物覆盖率、绿化率等
	废弃物	固体废弃物处理能力、废弃物回收利用能力等
能力目标	综合能力	决策能力、组织能力、企业文化、品牌价值等
	研发能力	新产品比率、技术创新能力、专利数量、科研投入比率等
	生产能力	产品生产率、质量水平、合同执行率、成本降低率等
	营销能力	销售增长率、新产品销售比率、市场开发能力、营销费用比率等
	人事能力	员工流动率、职工文化水平、职工技术水平、职工满意度等
	财务能力	资金筹集能力、资金运用效率等

(二)企业战略管理的层次

企业战略一般分为三个层次,被称为战略金字塔(见图 8-3)。

处于金字塔顶端的是公司总体战略,主要包括企业的战略理念、发展愿景和总体规划等内容;中间一层是企业的经营战略,又称为企业的竞争战略,主要包括企业的经营活动方针制定、目标顾

图 8-3 企业战略的层次金字塔

客确定、业务范围设计、竞争策略选择等内容;底层是企业的职能战略,主要是企业各个职能部门的战略,包括市场营销、财务、人力资源、生产服务等战略。

第二节 旅游企业的战略分析

一、企业战略分析技术

战略分析是指对影响企业现在和未来生存与发展的关键因素进行分析,并依据这种分析来评估和确定企业未来应该达到的目标。战略分析主要包括对企业外部环境因素的分析,对企业内部条件因素的分析,以及二者的相互关系分析(企业战略综合分析)。企业的战略分析是一项理性的技术活动,它需要一系列技术工具进行分析(见表8-3)。

表8-3 企业战略分析工具箱

分析工具	使用领域	性质
SWOT分析法	战略综合分析	定性分析
问题树分析法	内部条件分析	定性分析
产品生命周期(PLC)模型	内部条件分析	定性分析
产业生命周期分析法	外部环境分析	定性分析
价值链(VC)分析模型	战略综合分析	定性分析
SPAE矩阵分析方法	战略综合分析	定量分析
环境不确定性分析法	外部环境分析	定性分析
竞争态势分析法	外部环境分析	定量分析
STEP(PEST)分析法	外部环境分析	定性分析
外部因素评价矩阵(EFE)	外部环境分析	定量分析
内部因素评价矩阵(IFE)	内部条件分析	定量分析
经验效益分析法	内部条件分析	定量分析
通用矩阵	战略综合分析	定性分析
波士顿矩阵	战略综合分析	定性分析
波特五力模型	外部环境分析	定性分析

(一)问题树分析法

问题树分析法是一种以树状图形系统分析企业存在问题及其相互关系的方法。这种树状图形系统直观地显示了存在的问题和问题之间的因果关系。问题树分析法用于战略分析的实用模型(见图8-4)。

问题树分析法的实施步骤:寻找战略分析的问题及其范围;确定核心问题和起始问题;寻找导致核心问题和起始问题的原因;确定核心问题或起始问题导致的结果;根据因果关系制作问题树。

应用问题树分析法应该注意:第一,问题

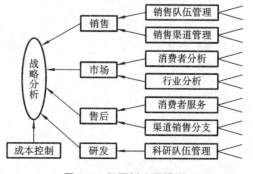

图8-4 问题树实用模型

树的每个方框只能表示一个问题;第二,所有问题都是现实存在的问题,而非预测或推断出来的问题;第三,问题所处的位置代表其相互关系,不代表重要程度;第四,问题要具体可见。

(二) 产业生命周期分析法

产业生命周期分析法是将生命周期理论应用于行业分析,判断产业发展阶段和未来趋势的方法(见图 8-5)。产业生命周期曲线是一种定性的研究行业生命周期的工具,其所反映的是一般情况下的近似假设曲线。企业运用产业生命周期分析法进行战略分析,可以了解企业所处的阶段和未来发展的趋势。

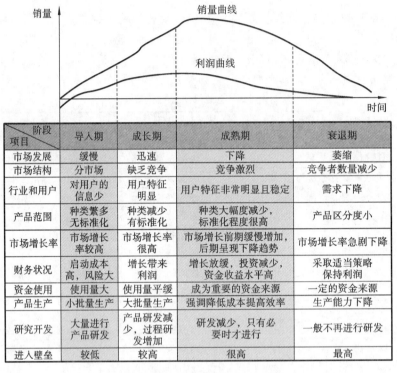

图 8-5 产业生命周期规律图

(三) SPAE 矩阵分析法

罗维等人在 1989 年提出了企业战略地位和行动评估矩阵(SPAE)方法,是对 SWOT 方法的改进,它用思维坐标评估资源使用的效率与有效性。如图 8-6 所示的 SPAE 矩阵,每部分都由不同的要素组成,包括环境稳定要素、产业实力要素、竞争优势要素和财务实力要素四个部分。

具体的分析步骤如下:确定各维坐标的关键要素;分别在这四思维坐标上按-6 至+6 进行刻度;产业实力和财务实力坐标上的各个要素按 0 至 6 刻度;环境稳定和竞争优势坐标按-6 至 0 刻度;根据实际情况对每个要素进行评定;按照各个要素的重要程度加权并求各个坐标的代数和;根据上述结果进行战略组合(见图 8-7)。

(四) 竞争态势分析法

竞争态势矩阵(Competitive Profile Matrix,CPM)用于确认企业的主要竞争对手及相对于对手的战略地位。CPM 中的权重和总加权分涉及内外两方面因素。评分表示优势与劣

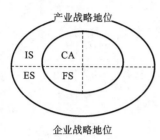

图 8-6 SPAE 矩阵

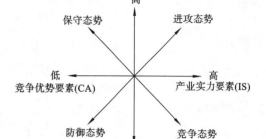

图 8-7 战略地位和行动评估矩阵

势,4=强,3=次强,2=弱,1=次弱。值得注意的是,CPM 中的关键因素较为笼统,不包括具体的数据,可能只集中于内部问题;总得分只反映相对优势,不反映差距大小。表 8-4 表示三家公司(公司 X、公司 Y 和公司 Z)的竞争态势矩阵。

表 8-4 竞争态势矩阵表

关键因素	权重	X		Y		Z	
		评分	加权分数	评分	加权分数	评分	加权分数
广告	0.20	4	0.80	4	0.80	4	0.80
管理	0.10	3	0.30	3	0.30	3	0.30
服务质量	0.10	3	0.30	3	0.30	2	0.20
市场份额	0.10	2	0.20	4	0.40	2	0.20
价格竞争力	0.30	4	1.20	2	0.60	3	0.90
顾客忠诚度	0.20	3	0.60	4	0.80	3	0.60
总计	1.00		3.40		3.20		3.00

此外,由于行业性质不同或者企业性质的不同,可以选择其他关键因素进行对比评分,例如,销售增长率、专利数量、生产效率、经验效益和研发能力等。

二、旅游企业战略环境分析

(一)企业战略环境因素

企业是社会的经济细胞,是一个开放的系统,它的存在与发展必然与社会的其他系统发生千丝万缕的联系,外部环境对企业的生产经营产生重要的影响。对企业总体外部环境的分析方法可以称为 STEP 分析法,或称为 PEST 分析法(见图 8-8)。

1. 政治法律环境(Political)

政治法律因素的方向和稳定性都是管理者在进行战略决策时考虑的主要因素。政治法律因素界定了企业运作范围内的法律法规和政策

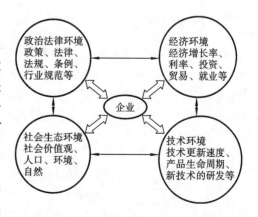

图 8-8 企业战略环境 STEP 分析模型

尺度,其目的在于保护劳动者、消费者、公众和生态环境。一些法律法规通常都具有一定的约束性,会减少企业潜在的利润;而另一些政治因素可以使企业获益,这包括保护企业专利的专利法、政府补贴,对于旅游来说,还有政府为整个地区所进行的目的地营销。

2. 经济环境(Economic)

对企业来说,经济因素最终表现为社会和个人的消费能力及地区供给能力。经济因素关心的是企业所处的整体经济的性质和方向。国内生产总值、就业水平、物价水平、消费支出分配规模等经济指标反映的是一个地区社会和个人的消费能力与消费倾向;而产业发展水平、投资水平、基础设施建设等经济指标反映的是地区供给能力。对于企业来说,其战略要考虑的经济因素就是市场和供给。

3. 社会生态环境(Social)

影响企业的社会因素包括人们的信仰、价值观、态度及生活方式;影响企业的生态环境因素包括土地、森林、河流、动植物保护等。随着社会态度的改变,人们对旅游体验的形式和要求也在发生变化;生态环境的变化不仅影响旅游企业的生存与发展,也影响消费者的消费选择。

4. 技术环境(Technological)

为了避免过时和促进创新,企业必须关注对其产生影响的技术变化。与其他环境因素不同,技术环境因素的变化对企业的生产和销售活动有着直接而重大的影响,技术水平的高低决定企业能否在激烈的市场竞争中取得胜利。技术的进步不仅调高了旅游企业的生产和服务水平,也改变着旅游活动的形式和内容。

(二)企业战略环境评价

外部因素评价(External Factor Evaluation,EFE)矩阵可以帮助管理者评价经济、社会、环境和技术等方面的信息,为企业管理者制定战略提供依据。建立 EFE 矩阵的五个步骤如下:列举外部因素,包括影响企业的各种机会与威胁,要具体和量化;为每个因素设置权重,其数值由 0.0(不重要)到 1.0(非常重要);按照企业现行战略对各关键因素的有效反应程度给各个关键因素进行评分,范围为 1.0(反应差)到 5.0(反应极好);用每个因素的权重乘以评分,得到每个因素的加权分数;将所有因素的加权分数相加,以得到企业的总加权分数。

总加权分数为 5.0 说明企业在整个产业对现有机会和威胁做出了最出色的反应,而总加权分数为 1.0 说明公司的战略不能利用外部机会或回避外部威胁。

三、旅游企业内部条件分析

企业战略的制定除了要考虑外部环境因素外,还要考虑企业的内部条件,也就是企业的资源。现在,管理者们经常采用一种方法来理解企业的战略成功,这种成功是基于公司对其内部资源的应用程度上的,即资源基础论(Resource-Based View,RBV)。资源基础论认为企业有三种基本资源:有形资产、无形资产和组织能力(见表8-5)。

表8-5 企业三种基础资源

种类	资源	特征	主要指标
有形资产	财务资源	公司信贷和内部资金储备决定公司的适应能力和投资能力	资产负债率、营业性现金流、信用评级
	实物资源	体现公司的生产和服务能力,决定生产或服务的成本	固定资产市值、工厂规模、固定设备年限

续表

种类	资源	特征	主要指标
无形资产	技术资源	知识产权、专利、版权、商业秘密、研究机构、研究合作、科技队伍	专利数量和重要程度、专利收入、研发人员和研究设备
无形资产	品牌声誉	反映企业在社会中的形象地位,以及决定企业无形资产的价值	品牌价值、公司声誉价值、产品或服务的社会评价
组织能力	人力资源	反映企业创造价值的能力和组织能力	员工素质和适用度、组织结构与人员配置、员工满意程度
组织能力	营销能力	反映企业市场开发能力和产品销售能力	营销人员素质、销售的有效性、市场开拓能力

企业内部因素分析的方法大致可以分为两大类:一类是纵向分析,即分析企业的各个方面(职能)的历史沿革,从而发现企业在哪些方面得到了发展和加强,在哪些方面有所退步;另一类是将企业的情况与行业平均水平横向比较分析,发现企业相对于同行的优势和劣势。本书在企业战略分析技术中已经介绍了几种内部因素分析的方法,在此,将介绍经验效益分析方法。

经验效益是指企业在生产某种产品或服务的过程中,随着产品产量的增加,单位产品的成本随之下降(见图 8-9)。

从经验效益曲线图发现,在一定范围内,每当产量翻一番,单位产品成本就会以一个恒定的百分比下降,这个百分比就是我们通常所说的学习率(见表 8-6)。

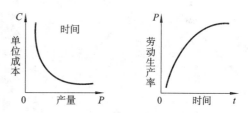

图 8-9 经验效益曲线图

经验曲线的数学公式: $C_q = C_n (q/n)^{-b}$

式中,q 为现实的经验(累积产量);n 为以前某时的经验(累积产量);C_q 为第 q 个产品的单位成本;C_n 为第 n 个产品的单位成本;b 为常数。

表 8-6 学习率与常数的对应关系

学习率/(%)	常数	学习率/(%)	常数	学习率/(%)	常数
100	0.000	85	0.235	70	0.515
95	0.074	80	0.322	65	0.632
90	0.152	75	0.415	60	0.738

由经验曲线公式可以看出,当学习率一定时,单位产品成本的降低幅度取决于现实 q 与以前经验 n 的比值 q/n。这个经验比值越大,单位成本降低得越多。

经验效益是人们在长期的生产实践中发现的一条规律,而经验效益的获得并非与企业规模有必然的联系,任何企业无论规模大小都可以从经验效益中获益。一般说来经验效益有以下几方面来源:劳动生产率的提高;组织结构的重建;新生产技术的应用;生产设备效率的提高;标准化程度的提高;资源的有效利用。

从图 8-10 和图 8-11 可以知道,追求以经验效益为基础的成本领先战略 C_r 是一条可取的竞争战略。一方面,较低的成本使企业获得的 C_b 高于行业平均收益;另一方面,在价格竞争战中企业可降低产品价格,掌握竞争的主动权。

通过对企业经验效益的测算,企业可以衡量内部条件,评价企业所处的竞争地位,为企

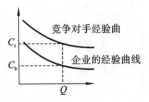
图 8-10 不同起点成本的经验曲线

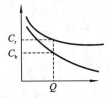
图 8-11 不同学习率情况下的经验曲线

业制定有效的战略提供数据支持。

四、旅游企业战略综合分析

企业的外部环境分析和内部条件分析都是从某一个侧面反映企业现状的分析,在制定战略时,决策者们需要一个全面、清楚的分析。企业战略综合分析就是统筹企业内外优劣势,综合企业各个因素的一种分析方式。战略综合分析的方法主要有 SWOT 分析法、波士顿矩阵和通用矩阵,以下主要介绍后两种。

(一)波士顿矩阵

波士顿矩阵是美国波士顿咨询公司在 1960 年提出的一种投资组合分析方法(见图8-12)。这种方法把企业的全部资源和业务组合作为一个整体进行分析,寻找企业资源的最佳分配和产品业务的最佳组合。

波士顿矩阵利用企业在行业中的相对市场占有率和市场增长率两个维度,将企业业务划分为四个象限,企业的业务和产品按照各个维度的得分标示在矩阵内。

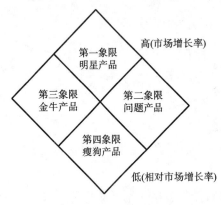
图 8-12 波士顿矩阵图

第一象限,高增长率—高占有率的"明星"业务。"明星"业务的增长和获利有着极好的长期机会,一般处于业务的发展阶段,是企业未来的业务重点。

第二象限,高增长率—低占有率的"问题"业务。"问题"业务的快速增长无疑会给企业带来利润,但过低的市场占有率使得企业缺乏市场控制力。解决"问题"业务在增长中出现的问题,是该业务获得持续盈利的关键。

第三象限,低增长率—高占有率的"金牛"业务。这种业务处于成熟的低速增长的市场中,是企业现实盈利的支柱。

第四象限,低增长率—低占有率的"瘦狗"业务。这种业务处于饱和的市场中,竞争激烈,利润很低,企业应该缩小或退出该业务。

(二)通用矩阵

通用矩阵又称行业吸引力矩阵,是美国通用电气公司设计的一种投资组合分析方法(见图 8-13)。

在图 8-13 中,产业吸引力和竞争地位的值决定着企业

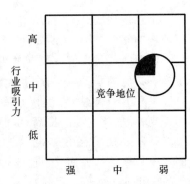
图 8-13 通用矩阵图

某项业务在矩阵中的位置。矩阵中圆圈面积与产业规模成正比,圆圈中扇形(涂黑部分)代表某项业务所占有的市场份额。与波士顿矩阵相比,通用矩阵除了增加了中间等级以外,其行业吸引力和竞争地位两个维度都使用了多个指标综合反映。影响行业吸引力的有产业增长率、市场价格、市场规模、获利能力和竞争结构等因素;影响竞争地位的有相对市场份额、市场增长率、买方增长率、产品差异化、生产能力和管理能力等因素,各种因素进行综合评价得出维度值,并在矩阵中标注业务位置。

第三节 旅游企业的战略选择

一、企业战略选择基础

(一)战略选择的原则

企业战略的选择,是战略评价分析的结果。决策者从备选方案中选择较满意的战略方案,是一个高难度的战略思维过程,是决策者的专业知识、业务水平、实际经验、领导作风和领导艺术的集中体现。一般而言,战略的选择要遵循以下原则。

(1)适应外部环境。外部环境条件与企业战略有密切的联系,如在经济繁荣、政治稳定的条件下,采用发展战略应是适宜的,反之则应考虑稳定或紧缩的战略。

(2)利用自身竞争优势。自身优势是建立和保持不败的基础,否则无法产生长期效用。

(3)反映企业目标。企业目标是制定和实施战略的依据。

(4)保持与其他战略的适当关系。企业总体战略与经营战略及职能战略之间应保持协调的关系。这样才能使战略在各事业部门间产生协同效果。

(5)具有一定的灵活性。战略选择要因时、因地、因企业及事业部的具体情况而定,当情况发生变化,战略也要随之变化,即战略的选择应具有弹性。

(二)战略模式选择的影响因子

(1)过去战略的影响。对多数企业来说,过去实施的战略往往对新战略的选择具有相当大的影响,战略方案受到企业过去实施的战略的限制,这种继承性有其优点,便于战略的实施,但也是一种危险。由于外部环境和种种条件的迅猛变化,"老皇历更新"往往严重束缚了企业对未来机会的准确把握。在追究过去选择的战略方案的不良后果时,决策者往往会把大量资源投入弥补过去的战略方案的缺陷,而不是用于利用新机会、寻求新发展之上。

(2)决策者的价值观。企业决策者的价值观及对风险的态度,对战略选择影响极大。甘冒风险、对风险持乐观态度的决策者,有较大的战略选择余地;相反,不愿冒风险,对风险持畏惧、反对态度的决策者,其战略选择余地较小。

(3)企业对外部环境的依赖程度。战略关系到企业在更大外部环境中的行为,战略选择与特定经营环境主要利益相关群体,如旅游者、竞争对手、资源状况、政府等有密切联系。旅游企业对这些环境力量的依赖程度也影响着企业战略选择的过程。依赖程度越高,企业选择战略的自由度就越小。如我国许多旅游企业的战略意识淡薄,对环境的种种变化的征兆反应迟钝,甚至在机会面前无所作为,在威胁面前束手无策,究其原因,与其对政府的过分依赖分不开。

(4) 企业文化的影响。旅游企业文化的核心是指影响企业的思维方式和行为方式的价值观。任何企业都有自己的文化,某些旅游企业由于拥有独特的文化,获得了巨大的社会效益和经济效益。企业文化不是一成不变的,随着环境的变化和企业重大战略的调整,原来的企业文化就出现了能否适应的问题。企业文化与企业战略之间是相互促进、相互制约的关系,企业决策者必须从战略管理的高度,定期审视和重新审视企业文化。

(5) 企业内部的权力关系。权力是指企业内部人们之间的关系,这种权力关系不仅仅是组织图上规定的各级领导人对其下属的权责,还包括领导者对被领导者的影响力。企业内部的这种权力关系对企业战略的选择过程有重大的影响。在大多组织中,强有力的企业首脑如果认定支持某个企业战略方案,那么这个战略方案最终会成为企业选择的战略方案。还有另一种权力来源,人们称之为联盟,在大型旅游企业中,下属单位和个人(特别是主要管理人员)往往因利益关系而结成联盟,以加强他们在主要战略问题上的决策地位。往往是企业中最有力的联盟对战略选择起着决定的作用。

(6) 产业的竞争格局。在旅游产业中,某一企业在经营上取得了巨大成功,往往就成了其他旅游企业争相效仿的对象。因此,成功的样板,急于求成的心态导致的"趋同"行为,严重影响着企业的战略选择。这种短视的战略选择,后来者如果没有再创新,往往会导致失败。但是一些比较成熟的、处于产业内竞争力排头兵位置、实力强劲的旅游企业,其战略选择,包括其服务方式、定价水平及企业内部的组织机构和管理制度,对整个旅游业所产生的影响也是不容置疑的。当这些旅游企业做出重大战略调整时,其他企业也不得不重新审视各自的战略地位,甚至也重新做出选择。

(7) 决策的时机。决策时间的要求在某种程度上也会对战略选择产生一定影响。时间紧迫,往往限制了能考虑的战略备选方案的数量,又减少了在评估方案时所能收集的信息。当人们处于时间压力之下,往往更重视克服消极因素,而不重视扶植积极因素。选择时间过于宽松,就会导致过于苛刻地追求战略方案的可靠性,进入一种低效率运作,忽略主题陷入枝节问题的争论,从而错过发展机会。

(三) 战略模式选择的技术

1. 环境—组织分析模式(SWOT 分析)

SWOT 分析,是西方广为应用的一种战略选择方法。SWOT 是英文的缩写,SW 是指企业内部的优势和劣势(Strengths and Weaknesses),OT 是指企业外部的机会和威胁(Opportunities and Threats)。其理论基础是有效的战略应能最大限度地利用业务优势和环境机会,同时使业务弱点和环境威胁降至最低程度。SWOT 的分析模式可用图 8-14 来表示。

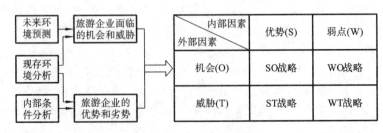

图 8-14　SWOT 分析模式

(资料来源:芮明杰、余光胜的《产业致胜:产业视角的企业战略》,1999 年,有改动。)

SWOT分析模式中,战略选择的关键是环境—组织分析,它是战略选择的起点,关于环境—组织分析已建构起综合的分阶段逻辑框架(见图8-15)。它通过对旅游企业组织内部、产业概貌、现存环境、预测未来环境力量四个步骤进行分析,从而使管理者判明企业的优势和劣势、所面临的机会和威胁、未来的发展潜力和机遇。

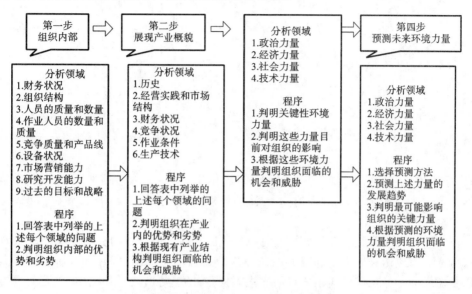

图8-15　环境—组织分析的分步程序

　　组织内部分析和展现产业概貌将判明组织的优势和劣势。产业概貌还可部分地指明组织在现有产业环境中面临的机会和威胁。分析现存环境旨在识别可能影响组织及其所在产业的关键性环境力量。识别这些力量对当前的影响,有助于判明组织所面临的机会和威胁。以上三步既可同时进行,也可相继进行,各步骤在时间上可有相当程度的交叉。最后一步是预测未来环境力量,在最可能影响组织的关键环境力量做出趋势预测之后,管理者就能进一步弄清楚组织所面临的机会和威胁了。

　　在分析的基础上,对选定因素评价打分并加权,确定企业所处的优势或劣势属于何种类型。如图8-16所示,处于第Ⅰ象限,外部有众多机会,具有强大内部优势,宜采用发展型战略;处于第Ⅱ象限,外部有机会,而内部条件不佳,宜采取措施扭转内部劣势,可采用先稳定型战略后发展型战略;处于第Ⅲ象限,外部有威胁,内部状况不佳,就设法避开威胁,消除劣势,可采用紧缩型战略;处于第Ⅳ象限,拥有内部优势而外部存在威胁,宜采用多角化经营战略分散风险,寻求新的机会。

　　2. 战略选择矩阵

　　战略选择矩阵是一种指导战略选择的模型,结合企业自身优劣势和内部资源应用两方面的情况,回答企业适于用何种战略的问题。如图8-17所示,处于第Ⅰ象限的企业,应着重克服内部的劣势,适宜选择纵向联合战略;处于第Ⅱ象限的企业,从调整内部资源克服企业劣势,适宜选择紧缩战略;处于第Ⅲ象限的企业,强调通过调整资源配置以发扬企业优势,可以采取市场渗透、市场开发、产品开发等战略;处于第Ⅳ象限的企业,强调外向的战略,可以选择横向一体化、同心多角化、合资经营等战略。

　　3. 战略聚类模型

　　这种方法是根据波士顿矩阵修改而成的,使用的两根直角坐标,分别为"市场增长状况"

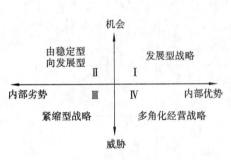

图 8-16 SWOT 战略选择图

（资料来源：黎洁、赵文红的《旅游企业经营战略管理》，2000 年.）

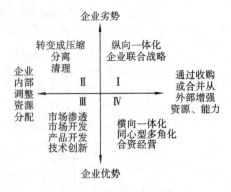

图 8-17 战略选择矩阵

（资料来源：黎洁、赵文红的《旅游企业经营战略管理》，2000 年.）

和"市场竞争地位强弱"，据此来描述企业的市场位置。由于市场增长状况和企业竞争地位强弱这两个因素对企业战略选择有决定性的影响，因此使用这种方法具有简明、精练的好处。

如图 8-18 所示，象限 I 的企业处于优势的地位，因此，最合理的战略是集中发展现有的产品或劳务。迅速增长的市场和强大的竞争地位提供了获取丰厚利润的基础。此外，企业还可以考虑纵向一体化或横向多样化的方案，将既有的优势广泛延伸，在更加宽阔的经营领域里取得更强的地位和更大的经济效益。

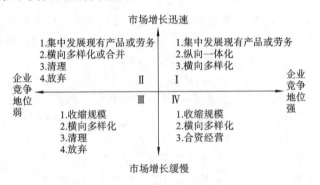

图 8-18 战略聚类模型

（资料来源：童臻衡的《企业战略管理》，1996 年.）

象限 II 中的企业有良好的外部市场，而企业自身竞争地位虚弱，首选方案还是集中发展现有的产品或劳务。但是，如果企业没有足够的资源来改善竞争地位，就应选择横向多样化，或与其他能够实现优势互补的企业兼并。如果以上方案无一可行，无法摆脱虚弱的市场地位，那么只有忍痛割爱，实行"放弃"和"清理"，进行清债拍卖，收回资本，另起炉灶，也是一种以退为进的战略选择。

象限 III 的企业地位最为虚弱。处于该位置的企业，其战略选择是收缩规模，以降低盈亏平衡点，等待机会；或者横向发展一些其他经营项目，从中发展一些新的增长点；假如完全没有希望，就要选择放弃和清偿战略，以最大限度减少损失。

象限 IV 的企业市场相对疲软，但企业自身实力强劲，若有效地利用有利条件，将有极好的发展机会。可供选择的战略依次有收缩规模，将收回的经营资源投向别的有发展前途的经营项目;横向多样化,兼营横向延伸发展有前途的新服务项目,也可以与包括境外的企业合资,取得优势互补效应,求得新的发展。

以上三种方案均为概念性模型,即从概念出发,通过对企业内外部条件分析来确定战略位置,建议相应的战略,因此给决策者提供的是一种思路,并不能实际决策企业的战略。战略选择是确定企业未来的战略,是非程序决策,除了上述的分析外,往往还取决于许多非理性因素,如决策者的价值观和风险意识等。

二、企业总体战略选择

企业总体战略为企业战略行动引领基本方向,主要解决企业的经营范围、方向和道路问题,是一种全局性、长远性的谋划,由企业最高层负责制定和组织实施。旅游企业的总体经营战略有扩张战略、维持战略、紧缩战略及混合战略。

(一)扩张战略

扩张战略是旅游企业积极扩大经营规模,充分发掘和运用企业内部的资源,投资新的事业领域,或通过竞争推动企业之间的联合与兼并,以促进企业不断发展的一种战略。这是一种从战略起点向更高水平、更大规模发动进攻的战略态势。企业扩张战略设计视企业所处外部环境和所拥有的内部资源条件的差异,可有不同的选择,其基本类型如表8-7所示。

表8-7 企业扩张战略的基本类型

密集型发展战略	一体化发展战略	多角化发展战略
市场渗透	后向一体化	同心多角化
产品发展	前向一体化	水平多角化
市场发展	水平一体化	混合多角化

在实施扩张型战略的过程中,旅游企业往往通过内部发展和外部并购,在较短的时间内迅速实现企业的战略目标。从理论上讲,内部发展和外部并购这两种方式适合每一种扩张型战略。扩张型战略与其实现途径的关系可用图8-19表示。

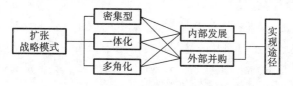

图8-19 扩张战略与实现途径

(资料来源:芮明杰、余光胜的《产业致胜:产业视角的企业战略》,1999年.)

(1)内部发展。内部发展是指从旅游企业内部发展新的业务,进入新的行业,从而实现增长的目标。一般来说,内部发展需要经过科学的市场调研、建立和形成新的供给能力、寻找上下游的合作伙伴和培育市场等一系列耗时、耗资、耗力的过程。因此,这是一个需要谨慎选择的发展途径。

(2)外部并购。外部并购是指旅游企业广泛采用的扩大规模与销售、增加规模经济、分散风险的途径。

(二)维持战略

维持战略亦称稳定战略,是企业在一定时期内对产品、技术、市场等方面采取维持现状的一种战略。企业既不准备进入新的领域,也不准备扩大经营规模。这一战略的核心是在维持现状的基础上，提高企业现有条件下的经济效益。

企业采用这一战略，当然不是维持现状，不思进取，而是在一段维持现状的时期内，积极培育资源优势、积蓄力量、创造发展条件，一旦条件成熟，则可迅速把握，以上新台阶。选择维持战略时必须确保几个稳定：组织稳定，人员稳定，产品稳定，技术稳定。

（三）紧缩战略

紧缩战略是企业经营严重滑坡，或经营状况不佳，在当前一定时期内缩小经营规模、压缩经营事业、取消某些产品的一种战略。这种战略一般适用于企业在经营环境中处于严重不利地位的情况：宏观经济不景气，通货膨胀，消费者购买力弱；企业经营的产品已从成熟期迈进衰退期、市场需求大幅下降；企业竞争对手强劲，难以抵挡；企业采取大幅度降价这种进攻型战略，虽然获得了很高的市场占有率，但利润很低，固定成本负担过重，寄希望于研究开发来提高地位和获得能力，但企业创新失败；对企业新市场开拓、渗透能力估计过于乐观，企业战略决策上有重大失误，财务上遇到严重赤字。

紧缩战略有三种类型：一是转变战略，实施对象是陷入危机境地而又值得挽救的经营事业。二是撤退战略，当企业现金流量日趋紧张时，企业从整体战略出发，选择撤退战略。三是清理战略，亦称清算战略，企业由于无力清偿债务，通过出售或转让企业的全部资产，以偿还债务或停止全部经营业务，而结束企业的生命。

（四）混合战略

混合战略是指企业交互使用扩张、维持、紧缩三种战略，用不同的战略配合不同环境，或者在不同的时期使用不同的战略。目前，国际和国内的大多旅游企业都采用混合战略。

混合战略分为两类：一类是各种战略同时进行；另一类是按战略的先后顺序进行，如先稳定再成长，或先成长再稳定，或先紧缩再稳定，或先成长再紧缩。

一般而言，当企业所面对的环境中各组成要素的变化速度不同，或者企业各事业部的业绩及发展不平衡时，采用混合战略对企业最有利。

三、企业竞争战略选择

面对竞争者的挑战，企业已难以用临时的、应急的方法来应付，而必须立足长远发展，站在战略的高度上来谋划抗衡与制胜的途径。特别是当竞争对手以一整套的战略方案与战略行动来谋求竞争优势时，企业就更应该采取战略抗衡战略。竞争战略就是一种直接抗衡竞争者挑战，并获得持久竞争优势的手段和策略。

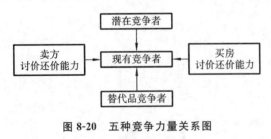

图 8-20　五种竞争力量关系图

（一）旅游企业竞争环境分析

企业外部环境对企业的影响最直接、作用最大。美国哈佛工商管理学院教授波特对于企业竞争环境的分析方法，即"五要素"分析方法，阐明了企业在所处环境中的竞争强度。图 8-20 反映了五种基本竞争力的相互关系。

（二）旅游企业竞争能力分析

旅游企业的竞争能力，就是利用企业可支配的资源，通过有效的资源组合，所构成的具有压倒竞争者的能力。旅游企业可支配的资源大体上分为三类：有形资源、无形资源和人力资源。

（1）有形资源。旅游企业的有形资源包括企业的财务资源和实体资源。它们较容易被识别和评估，并在企业的财务报表中得以反映。企业的有形资源的有效利用可以为企业提供更强的竞争优势。

（2）无形资源。旅游企业的无形资源有两大项目最为重要：其一，旅游企业的声誉。企业的声誉往往由企业产品的市场地位、形象、服务质量、员工在企业中的地位及其享有的权利所构成。企业的声誉在市场竞争中的作用越来越大，它往往可以表现为企业获得利润的高低，以及其产品市场份额的大小。其二，旅游企业的营销资源。如旅游企业的营销渠道、价格策略、中间商的数量、营销企划资源等，在旅游企业竞争优势的建立和维护中发挥着重要的作用。

（3）人力资源。人力资源是一种特殊资源，直接影响到企业的知识结构、技能和决策能力。旅游企业是通过员工面对面向客人提供产品和服务，员工素质、服务技能、服务态度及管理人员的管理水平等诸多人力资源因素，直接决定着旅游企业核心竞争力。

以上三种资源都不能单独地产生实际的生产力，真正的生产力来自将各项资源进行组合，从而构成有效的企业竞争力。只有当企业竞争力得以充分发挥，才能使其在与竞争对手的较量中获得优势地位。能够帮助企业建立竞争优势的能力，被称为企业的"核心能力"。

（三）旅游企业基本竞争战略

竞争战略的核心问题就是企业在其产业中的相对定位，定位决定了企业的盈利是高于还是低于产业的平均水平。一个定位得当的企业，即使在产业结构不利、产业的盈利水平不高的情况下，也可以获得较高的收益率。

要长期维持高于平均水平的经济效益，其根本基础就是保持持久的竞争优势，一个企业与其竞争对手相比可能有许多长处和弱点，但它仍可拥有两个最基本的竞争优势，即低成本和别具一格。两种基本的战略优势与企业谋求获得优势的战略目标范围相结合，就可以引导出在产业中创造高水平的经营业绩的三种基本竞争战略。

（1）低成本战略。低成本战略是指企业在提供相同的产品或服务时，其成本或费用明显低于主要竞争对手或产业平均水平的竞争战略。在这种战略指导下，旅游企业的目标是要成为其产业中低成本生产者。

一个旅游企业能够取得并保持全面的成本领先地位，那么，它只要能使价格相等或接近于行业的平均价格水平，就会成为行业中高于平均水平的获利者。当其价格相当于或低于行业水平或竞争对手时，其低成本地位就会转化为高效率。

（2）差异化战略。差异化战略更直接地强调企业与顾客的关系。旅游企业在品种、功能、质量、价格、预订方便程度及营销手段等方面创造独特的、与竞争者不同的特点，从而形成旅游企业在一定时期内让竞争对手难以取代的竞争优势。

（3）集聚化战略。集聚化战略着眼于产业内一个狭小空间，选择产业内一个或一组细分市场，并量体裁衣使其为选定的市场服务而不是为其他细分市场服务。集聚战略使企业把经营重点目标放在某一特定购买集团、某种特殊用途的产品或某一特定地区上，从而很好地为某一特定目标服务。能够比竞争对手提供更为有效的服务是集聚化战略的关键所在。

集聚战略有两种不同形式：一种是企业着眼于在其特定目标市场上取得成本优势的成本集聚；另一种是着眼于在其特定目标市场上取得别具一格形象的别具一格集聚。

（4）三种竞争战略的风险。三种竞争战略的持久性都需要企业的竞争优势能经得起竞争对手的行为或产业发展的考验,各种竞争战略都包含着不同的风险。

低成本战略的风险主要是由竞争企业的模仿、技术的进步和变化、低成本地位基础的削弱、别具一格地位的丧失、游客兴趣和偏好的转移等因素引起的,因而不能紧跟市场变化形势,不利于技术进步和新产品开发。

差异化战略的风险主要是由新产品开发成本大、竞争者模仿迅速、差异化特色限制因素多、旅游者支持程度变化等因素造成的,因而难以长久保持排他性和高市场占有率。

集聚化战略的风险主要是由特定细分市场的业务丧失优势、特定细分市场的需求偏好转移、竞争者进入特定细分市场等因素导致的,因而引起实行集聚化战略的旅游企业盈利水平下降,被迫改变竞争战略。

四、企业职能战略选择

(一)旅游企业市场营销战略

旅游企业的市场营销战略,属于企业战略职能层次,并受企业总体经营战略的制约。根据美国市场营销学家菲利浦·科特勒的定义:营销战略是一个企业单位用以达到它的目标的基本方法。它包括目标市场、营销定位和组合及企业形象策划等的主要决策。旅游企业制定市场营销战略,必须掌握市场环境的发展变化,识别市场可利用的机会,充分利用自身的资源,满足目标市场的需求,从而实现企业既定的营销目标。

1. 旅游企业目标市场战略

由于潜在消费者人数众多,分布广泛,购买需求差异大,旅游企业不可能满足旅游者的整体需求,企业必须确认市场中最具吸引力且最能有效提供服务的市场划分,满足一部分人的某种需求。现代企业管理中,把这种企业选定的销售活动的对象称为"目标市场"。现在,已有越来越多的旅游企业把有效地选择目标市场作为企业制定战略的首要内容。常见的旅游企业市场细分的标准如表 8-8 所示,具体方法归纳如表 8-9 所示。

表 8-8 旅游市场细分标准与因素

细分标准	具体细分变量因素
人口属性 (人口统计)	年龄、性别、种族、血统、国籍、民族、宗教信仰、家庭生命周期、家庭规模、收入、职业、受教育程度
心理图式变量	气质性格、生活方式、社会阶层
购买行为变量	购买动机(如观光、度假、商务、探险等) 利益追求(如快速、方便、舒适、浪漫等) 购买频数(如很少旅游者、多次旅游者) 购买时机(如旺季、淡季、节假日等) 购买形式(按组织形式:团体、散客;按购买渠道:旅行社、航空公司等) 营销因素敏感度(如对服务、价格、广告等敏感程度) 待购状态(如不知道者、感兴趣者、打算出游者等) 产品使用状态(如第一次住店者、常客等) 品牌忠诚度(忠诚者、摇摆者、转移者、无所谓者) 对产品态度(如好感、冷淡、反感等)

续表

细分标准	具体细分变量因素
地理环境变量	综合地理区域（如洲别、国别、地区等）
	空间位置（如远程、近程等）
	气候与自然地理环境（如热、温、寒带，高山、高原气候区等）
	聚落与人之地理环境（如人口密度、城市、乡村等）
	经济地理环境（如发达国家、发展中国家等）

表 8-9 目标市场定位的基本方法

定位标准	具体细分变量因素
1. 以旅游产品的有形属性特征定位	服务地点、服务人员、服务设施等
2. 以旅游产品的基本性质、特征定位	安全性、舒适性、刺激性等
3. 以旅游产品的档次定位	服务水平、服务质量、服务价格等
4. 以旅游产品的使用目的和范围定位	通常由具体服务方向和服务内容所决定
5. 以旅游产品的特性定位	饭店以"绿色"饭店来定位，以形成本企业旅游产品与市场上同类产品的区别
6. 以特定的产品使用者定位	把一定旅游产品与某一类旅游者联系起来，根据那些旅游市场顾客需求的特点树立起恰当的形象
7. 对抗另一类产品的形象	—

2. 旅游企业营销组合战略

市场营销组合是指企业为取得最佳的经济效益，针对产品、价格、销售渠道及促销四个因素即4P，使之互相配合，综合性地发挥作用的整体营销策略。旅游企业市场营销组合策略，也是这四个因素的整体化和实效化的组合，是企业市场营销工作顺利进行的重要保证，如图8-21所示。

图 8-21 市场营销组合图

社会经济的转型升级与市场竞争的日益激烈使得旅游企业在经营的过程管理中紧紧围绕着旅游者这个中心，积极探索更为有效的市场营销战略理念与策略设计。改善经营方式，针对旅游者需求个性化、情感化的发展趋势，提升旅游企业产品及服务的市场营销效度，已经成为越来越多的旅游企业自身发展的成功轨迹。图8-22反映了市场营销领域的这一演变趋势。

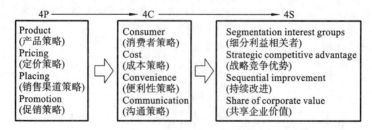

图 8-22 市场营销焦点的演变趋势

3. 旅游企业形象战略

旅游企业形象，是指旅游企业及其行为在社会公众心目中的评价、感受和地位，是旅游企业的表现与特征在公众心目中的综合反映，旅游企业形象往往具有综合性、稳定性和可传

递性的特点。旅游企业形象战略是旅游企业经营战略管理一个不可缺少的部分。

(1) 旅游企业形象的构成。旅游企业的形象是一个综合、系统的整体,旅游企业形象是由多方面组成的,一般认为,旅游企业形象包括旅游企业的品牌形象、内外环境形象、员工群体形象、技术形象、未来性形象、综合形象等方面。此外,也可以将旅游企业形象归纳为旅游企业内部形象和旅游企业外部形象,其组成因素如表 8-10 所示。

表 8-10 旅游企业形象构成

旅游企业整体形象	
旅游企业内部形象	旅游企业外部形象
• 企业理念:包括企业经营宗旨、经营方针、价值观、道德观、企业精神等 • 内外环境:建筑特色、环境结构、内外装饰等 • 管理水平:软件水平和硬件水平 • 人力资源:人力资源的开发、培训和保护 • 企业发展:发展战略及动力 • 员工群体形象:品格、知识、技能、精神 • 企业内部关系及员工福利	• 标志:店标、店服、店徽、店歌、店旗 • 企业产品:质量、种类 • 企业服务:导游服务、客房服务、前厅服务、餐饮服务等 • 旅游企业外部关系和社会福利

(2) 旅游企业形象工程——CIS。企业形象的树立和传播,需要进行企业形象策划,启动形象工程。CIS 是 Corporate Identity System(企业形象识别系统)的缩写,它是运用视觉设计,将企业的理念与企业文化予以视觉化、规范化及系统化,运用整体性全传播行销,特别是运用视觉沟通技术,透过传播媒体来增加社会认同的符号系统。它包括三个子系统:理念识别系统(MI)、行为识别系统(BI)及视觉识别系统(VI)(见表 8-11)。CIS 战略具有两大功能:第一是对内提高服务品质;第二是对外传播企业形象。许多著名的旅游企业,如迪斯尼乐园、假日酒店、希尔顿饭店等无不以 CIS 理念为核心,贯彻一致的价值取向,规范企业行为,追求卓越的产品质量和完美的服务等,它们所塑造的品牌形象,在竞争中显示出了巨大的威力。

表 8-11 CIS 的构成要素

企业形象识别系统	理念识别(MI)	1. 经营理念 2. 精神理念 3. 管理原则 4. 发展策略 5. 企业精神 6. 行为准则		
	行为识别(BI)	对外行为	1. 市场调查 2. 广告宣传 3. 公共关系 4. 促销行为 5. 公益活动 6. 服务水准	
		对内行为	1. 员工培训:服务态度、服务水准、礼节礼貌、接待技巧、工作精神 2. 工作环境、气氛 3. 员工福利 4. 竞争方式	
	视觉识别(VI)	基本因素	1. 企业名称 2. 企业品牌标志、商标 3. 企业造型、象征图案 4. 标准色	
		应用因素	1. 办公事物用品 2. 招牌、旗帜、标识牌 3. 建筑物外观、橱窗 4. 衣着、制服	

(3) 旅游企业 CIS 的操作过程。CIS 包括企业经营理念(MI)、企业行为规范(BI)、企业形象设计(VI)三个连续操作的系统和过程,其操作为:第一,明确理念识别系统,它指企业的经营理念的定位;第二,规范行为识别系统,它指企业围绕理念识别系统而给予社会的种种形象及行为准则;第三,突出视觉识别系统,视觉系统的传播与感染力最为具体,包括的项目最多,层面较广,效果也最直接。

(二) 旅游企业财务战略

在市场经济条件下,企业财务功能日益强化,企业资金的来源渠道、分配使用、投资方向等方面决定着企业的竞争地位。

企业财务战略管理的主要任务就是在充分认识现有资本市场的基础上,根据企业实际状况,选择投资方向,确定融资渠道和方法,调整内部财务结构,保证经营活动对资金的需要,以最佳的资本运作效果来帮助企业实现战略目标。

(三) 旅游企业人力资源战略

人是企业各种资源中最活跃、最重要、最具能动性的资源。21世纪是数字化生存和信息化革命的知识经济时代,"有教育的人"将成为企业的"第一资源"。只有把人管理好,才能把企业的各种"事"和"物"管理好;只有把"第一资源"经营好了,才能把企业的核心竞争力经营好。

五、不同旅游企业的战略选择

旅游业是一个综合产业,不同的旅游企业应该选择不同的战略。行业的性质、发展阶段和国际化水平对企业制定战略非常重要。企业在选择了基本战略之后,还要根据自己行业的特点,考虑如何面对行业中的竞争对手,扩大自己的竞争优势。

(一) 分散行业中的旅游企业战略

分散行业是指由大量中小型企业组成的行业,如我国的旅行社业、旅游餐饮业、旅游饭店业都属于分散行业。不同的行业有不同的分散原因,总的来说有以下四种原因:行业的进入壁垒低或退出壁垒高;行业处于导入期,缺乏规模经济;市场需求的多样化和分散化;企业产品的差异化程度较高。面对行业分散的状态,企业主要有以下三种战略。

(1) 业务集中战略。业务集中战略就是企业结合自身情况,选择行业中适合的业务进行集中和强化,将企业的主要资源投向这些业务,力求在该业务领域实现规模化和集中化,从而获得竞争优势。比如,旅行社可以只选择经营老年团队业务,把老年团队业务专业化特色化,树立企业在老年团队业务中的领导地位。

(2) 一体化战略。企业前向一体化或后向一体化可能有助于降低产品的某些成本,增加产品的价值含量,从而有利于在顾客心目中建立良好的信誉。但是由于分散性行业的企业规模较小,实力有限,这种一体化战略必须量力而行。

(3) 品牌化战略。品牌化战略是为了增加企业产品或服务的可识别性和竞争优势,同时,也为企业走上连锁扩张的道路建立了价值基础。

(二) 集中行业中的旅游企业战略

集中行业指的是行业中的大多数业务集中在少数几家企业手中,行业处于成长期或者成熟期,如我国的旅游航空业就是典型的集中行业。在集中行业里,处于不同地位的旅游企业有着不同的企业战略。

（1）领导者企业战略。行业的领导实力较强,在行业中占有较大的市场份额,为了延续和扩大领导地位,领导者企业往往采用巩固竞争优势、保护现有市场的维持战略和开拓新市场、研发新产品的进攻战略。

（2）挑战者企业战略。挑战者企业是那些拥有一定实力,有能力向市场领导者发起挑战的企业。市场挑战者往往采用全面业务或局部业务的进攻性战略,当然,有时候这些挑战者也会选择跟随领导者,等待适当的时机再发起进攻的跟随战略。

（3）追随者企业战略。市场追随者是那些不具备创新能力,只能通过模仿、改进别人的产品或服务而取得竞争地位的企业。这些企业会选择市场某些标杆企业进行适当距离的跟随战略。

（4）弱小者企业战略。市场弱小者企业是那些数量较多、市场占有率很低、实力弱小的企业。这些企业由于规模比较小而具有较强的灵活性,可以选择多种可能的战略。比如可以选择"市场利基"战略、退出战略、联合战略和进攻战略。

（三）新兴行业中的旅游企业战略

新兴行业是指由于人们需求的变化或者科技的进步而刚刚形成、正处于导入发展阶段的行业。在新兴行业中,行业竞争规则还未形成。因此,企业的一个重要的战略取向就是:通过其战略选择能够尽力在像产品政策、销售方法及定价等方面确定有利于企业的竞争规则。此外,正确处理行业发展与企业利益之间的矛盾也是一个重要的战略取向。总的来说,新兴行业的企业战略选择要考虑四个问题:选择进入行业的时机;选择合适的目标市场;选择行业竞争的策略;促使行业结构向有利于企业发展的方向发展。

（四）成熟行业中的旅游企业战略

当行业从快速增加转入稳定增长的时候,行业就进入成熟期。当行业进入成熟期,行业开始进入买方市场,行业盈利能力下降,各个企业的职能策略和竞争策略都进行重大调整。

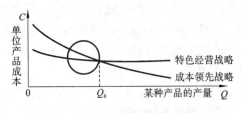

图 8-23 不同竞争战略的成本曲线

如图 8-23 所示,在成熟行业里,企业通过对各种不同产品或服务的生产规模进行成本分析,以确定企业竞争战略的方法是十分有效的。如果企业是小批量生产($0<Q<Q_0$),则采用产品差异化或集中战略是有利的;如果企业是大批量生产($Q>Q_0$),则企业选择成本领先的战略是有利的。

（五）衰退行业中的旅游企业战略

衰退行业是指那些在产品销售量方面已经经历了一段时间的持续衰减,并预期到这种下降将是一种必然趋势的行业。行业衰退有时是一种客观的、无法挽回的趋势,它是由于技术进步或者需求变化所产生。当行业进入了衰退阶段,企业可以选择的道路就只有退出该行业了。尽管如此,退出行业也有不同的退出战略(见表 8-12)。

表 8-12 衰退行业的企业退出战略

退出战略	特点
以进为退	在撤退前获得行业统治地位,根据随后的行业销售模式转向实施控制性收割战略

续表

退出战略	特 点
掩护撤退	在行业某个业务领域形成或保有某种有利地位,获得行业局部利益,随后有计划地转向收割战略
收割撤退	利用现有资源和市场,安排一种最有利的可控制的抽回投资战略
迅速撤退	在行业衰退的初期就撤出投资,迅速退出行业的战略

第四节 旅游企业的战略控制

一、战略实施

战略实施就是将制定的战略付诸行动,战略实施要比战略制定工作更具有挑战性。战略的实施是一项有步骤的系统工程(见图8-24)。

图 8-24 战略实施的步骤图

(一)战略实施的模式

不同的旅游企业有不同的内部条件和外部环境,所以,不同的企业实施战略的行为、过程和方式也不同,并具有各自的特征,一般说来,企业战略的实施模式主要有以下五种(见表8-13)。五种战略实施模式各有利弊,各有其实施的条件和适用范围,在选择时应充分考虑企业自身的实际情况和特点。

表 8-13 战略实施的五种模式

模 式	特 点	缺 点
指挥型	企业高层的工作重心放在制定最佳的战略方面	上下层信息阻隔、不利于调动员工的主动性和创造性
变革型	企业高层的工作重心放在如何通过变革实施战略上	不适于环境多变的企业、员工的积极性和创造性有限
合作型	企业高层的工作重心放在如何发挥集体智慧,共同实施上	实施计划制定时间长、方案不一定最优、下层员工缺乏参与
文化型	企业高层的工作重心放在培养和改变企业文化,激励员工参与战略实施	员工素质要求高、实施方案容易流于形式
增长型	企业高层的工作重心放在激励员工参与战略的制定和实施	员工素质要求高、操作复杂

(二)战略实施的保障

企业战略的实施需要一系列保障,它包括组织保障、硬件保障和软件保障。

1. 战略实施的组织保障

系统论认为,结构决定功能,所以不同的组织结构实施同一战略会有不同的效果。过去的组织注重企业内部、缺乏交流互动、战略实施由上而下;现在的组织更多地关注外部、灵活互动、战略实施由下而上。组织结构要与战略相符,这是战略实施的组织保证。组织结构的选择有以下四种方法。

(1) 根据战略环境选择。美国企业战略专家安索夫将企业所处的环境细分为很稳定、稳定、不太稳定、不稳定、很不稳定五种类型,与环境相对应,组织结构模式选择采用直线型、直线职能型、事业部制、超事业部制、柔性组织和矩阵组织。

(2) 根据企业战略选择。如果企业采用单一经营战略,可以考虑选择直线职能结构;如果企业采用市场开发战略,可以考虑选择地域性组织结构;如果企业采用一体化战略,可以考虑选择事业部组织结构;如果企业采用多元化战略,可以考虑选择矩阵结构。

(3) 根据技术特征选择。单件和小批量生产的企业选择直线型组织结构;大批量生产的企业选择直线职能组织结构。

(4) 根据规模和成长阶段选择。一般而言,创业采用非正式的组织结构;导入期采用职能型组织结构;成长期和成熟期可以采用比较复杂的事业部组织结构和矩阵式组织结构。

2. 战略实施的硬件保障

硬件保障就是要合理配置和使用物质资源。资源的配置和使用与企业战略之间有着十分密切的关系:一方面,战略决定了资源配置的方向和重点;另一方面,资源配置对战略的实施起保障作用,两个相互联系,相互制约。要实现战略资源的合理配置与利用,就要对资源的使用进行预算,现代的预算方法主要有以下四种。

(1) 规划预算法。规划法以业务项目为配置对象,而不是职能部门或业务单位。根据项目所需要的资源总量和使用领域对资源进行配置,目的是有效完成项目。

(2) 零基预算法。零基预算法采用成本—效益分析法对所有项目进行重新排序,优选效益好的项目,优先保证这些项目所需要的资源。

(3) 灵活预算法。灵活预算就是根据市场反映情况,对所需要的原材料、人工和费用制定不同限额,允许费用随产出指标灵活变动。

(4) 生命周期预算法。企业的产品或服务在其生命周期的不同阶段对资源的需求量和需要结构是不同的,生命周期法根据生命周期的不同阶段配置资源。

3. 战略实施的软件保障

软件保障就是要构建适合企业战略的组织文化。企业战略的实施必然会改变企业内部的利益格局,受到各个利益相关者的阻挠,因此,营造一种适合企业战略实施的软环境是必要的。企业文化能够凝聚团队力量和智慧、激励员工积极性和创造性、规范员工行为和服务工作、引导员工价值取向和集体观念、沟通企业和员工的联系、整合企业内外资源。

二、战略控制

战略控制是指在战略实施的过程中对战略的实施效果进行跟踪检查,发现问题和变化并及时做出调整。

(一) 战略控制的目的和原则

(1) 战略控制的目的。检验战略的可行性;检验战略的可靠性;检验战略的实施性。

(2) 战略控制的原则。一是适度控制。战略控制要刚柔并用,切忌过度频繁。二是适时控制。战略控制要选择适当的时机进行。三是差别控制。优先控制那些重要活动,特别控制那些例外事件。四是激励机制。将控制的标准与员工的行为考核标准相结合。五是信息反馈。注重对战略实施信息的收集、分析和反馈。

(二)战略控制的过程和类型

(1)战略控制的过程。战略控制的一个重要目标就是企业的实际绩效尽量符合战略计划,为此战略控制的过程应该包括制定控制标准、衡量实际业绩、评价实际业绩和采取纠正措施四个步骤(见图8-25)。

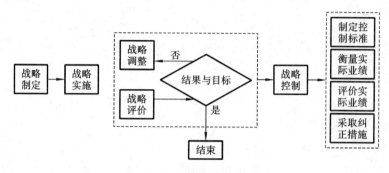

图 8-25 战略控制的过程图

(2)战略控制的类型。战略控制是一种方向性的控制,有四种基本类型(见表8-14)。

表 8-14 四种战略控制的特点

基本特点	前提控制	实施的控制	战略监督	应急控制
控制的目标	计划前提和预测	关键的战略重点和里程碑	与战略相关的潜在威胁和机会	可辨认但不太可能预测的事件
集中的程度	高	高	低	高
数据的获取:				
形式化	中	高	低	高
集中化	低	中	低	高
运用:				
环境因素	是	很少	是	—
行业因素	是	很少	是	—
特定战略的因素	不	是	很少	是
特定公司的因素	不	是	很少	很少

思考与练习

1. 旅游企业有哪些战略分析技术?
2. 旅游企业有哪些战略综合分析方法?
3. 旅游企业如何选择战略模式?
4. 什么是旅游企业的总体战略?
5. 旅游企业如何选择竞争战略?
6. 旅游企业如何选择职能战略?
7. 旅游企业如何操作形象战略?
8. 旅游企业如何进行战略控制?

第九章

旅游的国际化管理

学习目标

了解旅游企业跨国经营的基本战略和组织结构;熟悉旅游企业跨国经营的理论;了解旅游产业全球化的驱动因素;了解旅游产业全球化发展的环境及模式;认识旅游企业跨国管理的核心与本质;熟悉旅游企业跨国经营管理战略;掌握旅游企业跨国经营的跨文化管理和财务管理。

核心概念

旅游企业国际竞争力;跨国经营管理;旅游企业跨文化管理

第一节 跨国经营管理的基本理论

伴随着企业的成长,企业的经营活动将由单个产品、单个部门逐步向关联部门和多个部门扩展,其经济活动的地域范围也将随之由单个地区、单个国家逐步向多个国家乃至全球扩张,如图 9-1 所示。旅游企业也不例外。

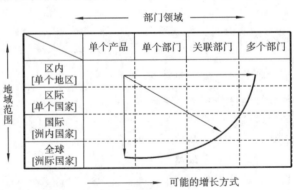

图 9-1　企业成长的方向

(资料来源:魏后凯的《区位决策》,1998 年.)

一、跨国经营管理

跨国经营管理有四种基本战略：多国战略（Multi domestic Strategy）、国际战略（International Strategy）、全球战略（Global Strategy），以及跨国战略（Transnational Strategy）。相应地，每一种战略对应一种跨国经营的组织机构：国际公司、多国公司、全球公司、跨国公司（见表9-1）。

表 9-1 跨国战略与组织结构系统

组织结构与控制	战　　略			
	多国战略	国际战略	全球战略	跨国战略
垂直差异化	分散	核心竞争力集中；其他分散	某些集中	集中与分散相结合
水平差异化	世界地区结构	世界范围的产品分部	世界范围的产品分部	非正式矩阵
协调需求	低	中等	高	很高
整合机制	无	少	多	很多
业绩模糊性	低	中等	高	很高
文化控制的需要	低	中等	高	很高

（资料来源：查尔斯·希尔的《国际商务：全球市场竞争（第三版）》，2001年.）

多国战略与多国公司。当地区调适压力高而降低成本的压力低时，多国战略是企业最有效的选择。采用多国战略的企业通过在各个主要国家市场建立一整套创造价值的活动，以寻求区域调适的最大化。由于该战略几乎是在另一国完整复制本国企业，容易形成一个高的成本构成，因而不适用于成本压力大的行业。多国公司将决策权下放到各个子公司，总部主要靠利润管理、行政管理及例外管理来控制各个子公司。

国际战略与国际公司。当企业拥有有价值的核心竞争力，而国外市场上竞争者又缺乏这种能力；当企业面临的地区调适和降低成本的压力都相对较弱时，国际战略是企业最有效的选择。采用国际战略的企业是通过向国外市场转让有竞争力的核心能力来创造价值。国际公司的基本形式是在母国研发产品和服务，把制造和营销等面对客户的功能分散到国外。当然，国际公司在与根据地方条件提供定制化产品和特定营销策略的企业竞争时难以占据优势，国际战略也不太适用于成本压力高的行业。

全球战略与全球公司。当地区调适压力低而成本降低的压力高的时候，全球战略是企业最有效的选择。采用全球战略的企业强调的是增加盈利能力，通过经验曲线效应及区位经济以实现单位成本的降低。全球公司将其生产、营销和研究等集中于若干个有利的区位，在全世界采取低成本策略，销售标准化的产品。全球公司的总部保留绝大多数管理决策权，采用一整套正式和非正式的整合机制协调公司全球价值链的各个环节。

跨国战略与跨国公司。当地区调适压力和成本降低的压力都高时，跨国战略是企业有效的选择。采用跨国战略的企业通过将核心竞争力开放到世界范围，试图同时取得低成本和差异化优势。在跨国公司里，母公司向子公司开发核心能力，同时也从子公司学习到相关能力，也即所谓的全球学习。跨国公司同时追求区位和经验曲线经济、地区敏感性和全球学习效应，在某些经营决策权（如研发权和生产权）的集中程度比较高，而其他经营决策权（营销权）相对分散。从表9-2四种跨国经营组织结构的对比中可以看出，企业要想获得良好的业绩必须使其组织结构和战略相适应，而采取何种战略就必须考虑企业的国际环境、核心能力、市场趋势、行业特征等因素。

表 9-2 四种跨国经营组织结构比较

比较项目	组织结构			
	多国公司	国际公司	全球公司	跨国公司
地区调适压力	高	低	低	高
成本降低压力	低	低	高	高
相互依赖性	低	中等	高	很高
业绩模糊性	低	中等	高	很高
成本控制度	低	中等	高	很高
核心竞争力	缺乏	保守	保守	开放
经验曲线效应	难以利用	寻求实现	力求实现	积极追求
区位经济效应	难以利用	寻求实现	力求实现	积极追求
地区敏感性效应	难以利用	寻求实现	力求实现	积极追求
能力学习方式	单向学习	单向学习	单向学习	全球学习

二、跨国经营管理理论

跨国经营的迅速发展,使得经济学家和企业家们投入更多的热情对跨国经营管理进行研究和分析。有效的跨国经营管理既需要使用正确的战略管理方法,也需要借鉴其他企业成功经验和优秀思想,更需要在实践中不断摸索、总结。尽管跨国经营管理的理论比较前沿,但是,一些经典的管理理论与方法仍然是其基础与核心。

垄断优势理论(斯蒂芬·海默,Stephen Hymer)。该理论认为产生跨国经营的根源在于不完全竞争市场的存在。在不完全竞争条件下,存在同类产品的差异,存在厂商对价格的控制,存在信息的不对称,存在贸易壁垒,所以会产生对外投资,形成跨国公司。海默等人提出,只有当企业具备一种或几种东道国企业所不具备的垄断优势,并且这种优势完全可以抵御跨国经营风险时,才应该而且可能从事跨国经营。此外,海默等人将这种垄断优势归结为:技术优势、管理优势、资本优势、规模优势,其中技术优势最为关键。

内部化理论(罗纳德·哈里·科斯,Ronald Harry Coase)。科斯认为,只要企业能在内部组织交易并且费用低于公开市场交易的成本,企业就应该将交易内部化。英国学者巴克利和卡森把科斯的理论进一步扩大,认为,世界上实际存在不完全竞争的最终产品市场,而且也存在中间产品的不完全竞争市场。如果企业能使中间产品在企业内部自由流动,消除东道国的贸易壁垒,就能减少通过公开市场进行交易的风险和成本,实现利润的最大化。

产品生命周期理论(雷蒙德·弗农,Raymond Vernon)。弗农认为,商品与生命相似,有一个出生、成熟、衰老的过程,弗农把产品的生命周期划分为三个阶段,即新产品阶段、成熟产品阶段和标准产品阶段。当产品进入标准化时,一方面,一个国家的厂商就可能增加产品数量,并借助生产成本的降低,把产品打入世界市场;另一方面,新产品首创国的企业所具有的技术优势开始减弱,而在市场竞争中只有产品的价格占有一定优势。这样,企业在跨国经营中就可以凭借价格低的优势向资源丰富、工资水平低的国家进军。

国际生产折中理论(邓宁,Dunning)。邓宁认为,以往的理论只能对国际直接投资进行部分解释,并且它们无法将投资理论与贸易理论结合起来,客观上需要一种折中理论。邓宁的理论认为,跨国经营的形成是所有权优势、内部化优势和区位优势三者综合作用的必然结果,他同时强调,所有权优势和内部化优势都只是企业跨国经营的必要条件,而不是充分条件，企业的本能是寻求区位优势。

绝对优势理论（亚当·斯密，Adam Smith）。绝对优势理论，又称绝对成本说、地域分工说。该理论将一国内部不同职业之间、不同工种之间的分工原则推演到各国之间的分工，从而形成其国际分工理论。所谓绝对成本，是指某两个国家之间生产某种产品的劳动成本的绝对差异，即一个国家所耗费的劳动成本绝对低于另一个国家。亚当·斯密认为，分工的原则是成本的绝对优势或绝对利益，分工的最高阶段是国际分工，而国际分工的基础是有利的自然禀赋或后天的有利条件。

比较优势理论（小岛清）。小岛清将美国经济和日本经济进行对比，认为，在美国是具有比较优势的产业和行业进行跨国经营，是以贸易替代为基础的，从而导致了美国出口减少，国际收支逆差增大；而日本是那些相对处于劣势的产业和行业通过到比较优势更大的国家进行生产经营，促进其发展。因此，日本的企业跨国经营实际上是作为一种补充日本比较优势的手段。

赫克歇尔-俄林理论（伊莱·赫克歇尔和伯蒂尔·俄林）。赫克歇尔和俄林认为，现实生产中投入的生产要素不只是一种劳动力，而是多种。而投入两种生产要素则是生产过程中的基本条件。根据生产要素禀赋理论，在各国生产同一种产品的技术水平相同的情况下，两国生产同一产品的价格差别来自产品的成本差别，这种成本差别来自生产过程中所使用的生产要素的价格差别，这种生产要素的价格差别则取决于各国各种生产要素的相对丰裕程度，即相对禀赋差异，由此产生的价格差异导致了国际贸易和国际分工。

里昂惕夫悖论（瓦西里·里昂惕夫，Wassily Leontief）。里昂惕夫的理论正好与赫克歇尔-俄林理论相反，所以被称为里昂惕夫悖论。他发现，按照赫克歇尔-俄林理论，美国作为一个资源禀赋相对丰富的国家，其应该出口资本密集型产品而进口劳动密集型产品，而实际上，美国出口的资本密集型产品比进口的更少。一种可能的解释是美国在生产新产品或革新技术产品上具有特别优势。

第二节 旅游产业的跨国经营管理

中国加入WTO之后，中国旅游企业加快了国际化和全球化的进程。旅游产业的跨国经营既是旅游产业国际化的必然结果，也是世界经济全球化的必然趋势。通过各种途径和不同方式，旅游产业可以实现全球化的目标。

一、旅游产业全球化驱动因素

（一）外部环境决定的驱动因素

"产业全球化驱动因素"的四个组成部分——市场、成本、政府和竞争——代表了决定潜力和运用全球战略开展竞争需求的产业条件（见图9-2）。

1. 市场驱动因素

市场驱动因素取决于旅游消费者行为、旅游产品的分销渠道结构和旅游产业的营销状

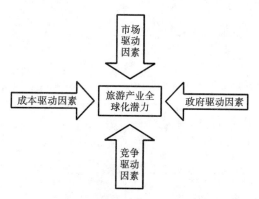

图 9-2　旅游产业全球化驱动因素

态。全球市场拥有近似的旅游需求和旅游偏好,无论是居住在哪个国家或地区,人们对旅游产品的需求是近似的,基本的旅游活动都包括食、住、行、游、购、娱,旅游企业可以在全球提供自己的产品和服务,而不至于产生太大的不适应。同时,全球化的分销体系为旅游企业产品的销售提供便利,旅游企业可以不用直接面对终端消费者,可以不用过于关注终端消费者的文化和行为差异,只需要与当地分销商处理好商业关系,就可以在当地销售产品。此外,可转移的营销要素也无形中降低了旅游企业销售的成本。

2. 成本驱动因素

成本驱动因素取决于旅游产业良好的经济状况,包括全球规模经济效应、有利的物流、国家间成本的差别、高额产品开发成本和迅速变革的科技。当单个国家市场不能实现最适度的规模经济时,企业就要寻求国际市场。旅游产业由于产品的不可储存性、顾客参与生产过程和服务人员成为产品的组成部分,不利于集中生产以形成规模,必须通过将生产过程标准化而不是实体性的集中,通过对增值链上游部分而不是下游部分实行集中而寻求全球规模经济效益。此外,国家间成本的差异和科学技术的迅速变革使得旅游产品的开发成本存在明显的国家差异,而越来越高昂的产品开发费用促使企业寻求国际市场以分摊尽可能多的开发成本。

3. 政府驱动因素

政府驱动因素取决于政府制定的政策、规章和制度,包括优惠的贸易政策、兼容的技术标准、统一的市场规则、政府对待国外投资的态度等。政府对产业全球化的影响是非常强大的,可以通过进口关税和配额、地方保护政策、旅游产业保护政策、外汇和资本流动的政策、旅游企业所有权和专利技术转移政策直接限制或推动产业全球化。同时,兼容的技术标准可以降低外企进入的壁垒,一致的市场竞争规则使外来企业和当地企业处于同一平台竞争,各国政府对旅游产业的重视程度决定了旅游产业发展的地位和趋势。

4. 竞争驱动因素

竞争驱动因素取决于竞争对手的行动,包括高水平的出口和进口、来自不同国家的竞争者、国家间的相互依赖性等。高水平的进出口反映了旅游产业国家间的相互竞争,迫使旅游企业不得不在保护自己国内市场的同时,也要走出去寻求占领国外竞争者的市场。我国加入 WTO 以来,旅游企业越来越明显地认识到,企业的竞争不再是单纯的国内企业之间的竞争,而是扩展到了国际企业间的竞争,扩展的竞争范围也使得旅游产业走向全球化。

除了以上四个根本的驱动因素以外,信息技术对旅游产业全球化的推动也不可忽视。表 9-3 呈现了互联网对旅游产业的四个全球化驱动因素的影响能力。

表 9-3 互联网对旅游产业全球化驱动因素的影响

市场驱动因素	成本驱动因素	政府驱动因素	竞争驱动因素
提高了旅游者需求的全球一致性 成就了全球性客户 推进了全球性销售的渠道 支持了全球旅游营销	降低了全球规模经济和范围经济 提高了全球旅游资源的效益 分摊了旅游产品开发成本 增进了国家间成本差异的利用	避开了国家间贸易壁垒 促进了全球性技术标准 融合了各国的市场规则	加快了市场反应的速度 创建了发送信息的平台 帮助了竞争优势的转移 方便了了解竞争对手的情况

(二) 内部性质决定的驱动因素

1. 旅游者的跨国流动是旅游企业跨国经营的内在动因

旅游者的空间流动构成了旅游业的本质特征。旅游企业要想在旅游市场上争取更多的旅游人次数,取得最大化的利润,就必须紧紧围绕着旅游者的游程提供各个环节的服务。一般来说,为消费者提供的服务环节越多,厂商的收益利润就越大。而规模越来越大的国际旅游者的消费环节是跨越国境的,加之旅游产品的消费和生产过程在时空两个方面并存于这一流程中,所以以利润极大化为行为导向的旅游企业,就不能不把自己的经营范围越出国界。[①] 另一方面,旅游客源国与旅游目的地国之间的文化距离在造就旅游吸引力的同时也会使跨国旅游者产生心理上的不安全感。旅游企业的跨国经营无疑是增加本国旅游者跨国旅游安全预期的最佳制度设计。[②]

2. 旅游产品的自身特点为旅游企业的跨国经营提供了市场条件

与一般制造业的产品从生产者趋向消费者这一流通过程相比,在旅游业中,旅游产品空间流通的特点是消费者(旅游者)趋向于生产者(目的地),而且旅游者自身的文化背景在相当大的程度上决定着其消费行为模式和消费结构。[③] 这一特点使得国际旅游收益主要是在目的地实现,因此,旅游企业要想在日益扩大的国际旅游市场上占有更大的份额,就应适应旅游业国际化的要求,在旅游客源地国家经营旅游产品,即旅游企业向国际化经营的方向发展。

二、旅游产业全球化发展环境

国际经济环境。第二次世界大战以后,随着大众旅游的迅速崛起,世界旅游业得到了前所未有的发展。特别是最近十几年来,伴随着世界经济和服务贸易的发展,作为旅游业重要组成部分的国际旅游无论是在人数还是收入方面都达到了空前的规模。随着全球经济一体化进程的加速,世界各国经济发展战略越来越倾向于开放模式。贸易和投资政策日益自由化、区域经济一体化促进了大量区内与区间的投资;跨国公司和国际生产一体化网络的形成对跨国投资更是产生了强烈的刺激作用,从1986年10月27日开始,历经多年的谈判,最终于1994年4月15日签订的《服务贸易总协定》就是这一努力的结果。尽管若干例外条款为发展中国家的旅游市场保护提供了回旋余地,但是由包括中国在内的各起草国与创始方明确规定的"透明度""市场准入""国民待遇"及"发展中国家更多参与"等原则会使包括旅游业在内的国际服务贸易自由化加速发展。[④]

国际政治环境。国际的政治环境对跨国公司产生重要的影响,当政府政策发生变化时,跨国公司必须调整它们的战略和实践来适应新的前景和实际需求。在跨国管理中,政治风险是指跨国公司的对外投资受到东道国政府政策约束的可能性。当美国遭受恐怖主义袭击之后,旅游企业越来越重视政治风险问题。影响旅游企业跨国经营的政治风险有宏观的也有微观的(见表9-4)。

---

① 诸丹.跨国经营是我国旅游企业入世后的必然选择[J].天府新论,2003(5).
② 张辉.旅游经济论[M].北京:旅游教育出版社,2002.
③ 杜江.旅游企业跨国经营战略研究[M].北京:旅游教育出版社,2001.
④ 戴斌.旅游企业国际化及其运作研究[J].旅游科学,2000(3).

表 9-4　旅游企业跨国政治风险评估内容

影响目标国的外部因素	内部稳定性
对目标国冲突的预期 和周边国家的关系 地区的不稳定性 与主要的地区强权的联合 关键原材料的来源 主要的外国市场 对中国的政策 中国对该国的政策	部门或区域的力量 未来权利的发展方向 军队、军队中的特殊组织 社会和家庭 商业和金融团体 学生和宗教组织 媒体 地区和地方政府 社会和环境活动组织 文化、语言和民族团体 分裂主义运动 潜在的竞争者和客户 种族问题 地区之间的竞争 通货膨胀、价格和工资、失业、供应、税收 反对建设的运动

（资料来源：弗雷德·卢森斯，乔纳森 P. 多的《国际企业管理：文化、战略与行为（原书第 8 版）》，2015 年.）

国际法律环境。法律环境是跨国企业发展的国际规则，约束了企业在目标国的行为。法律环境包括目标国的国内法和国家间的国际法。与国内法相比较，由于国际法的来源不仅体现的是各个国家的法律对于分歧的调节，而且还体现了各种条约（国际性的、多边的和双边的）和公约，因而，国际法缺乏相对的统一性。遵守这些不同的规定和法规成为跨国公司的一个重要问题。同时，目标国的特殊法律环境对跨国公司的运作也有着重要的影响。跨国旅游企业特别要注意目标国的法律对于广告宣传、专利保护、子公司的所有权。财务和人员这些关键地方的影响，特别的是，各国的休假制度（见表 9-5）会对旅游业产生直接的影响。

表 9-5　一些国家和地区的休假政策

国家/地区	休 假 政 策
法国	在一年中工作满 1 个月就有 2.5 天带薪休假
德国	每年工作满 6 个月就有 18 天假期
中国香港	为同样的雇主每年连续工作满 12 个月就有 7 天的带薪休假
日本	雇员每年 80% 的时间连续工作可获得 10 天带薪假期
意大利	根据工作时间长短不同，通常是 4—6 周
美国	根据工作时间长短和工作性质不同，通常是 5—15 天
英国	没有法定的要求，大多数带薪员工每年假期接近 5 个星期
新加坡	连续 12 个月工作每年带薪假期为 7 天

国际文化环境。从管理的角度，文化是一个社会与另一个社会区分开来的人们思维的集体化程序或"思维的软件"，它包括知识、信念、艺术、道德、习俗和其他作为社会成员的人们具有的能力与习惯。文化对跨国经营的影响是多样而深层次的。文化是一种规则，这些

规则为企业内的雇员和集体的行为产生广泛的约束力。当然,不同的经营活动和业务部门受到文化差异的影响程度不同,其中,财务部门受到的影响最小,而营销和人力资源部门所受影响程度比较大。

国际技术环境。跨国公司必须意识到经营所在国可能存在的能够给某些产业带来革新的基础性技术变革。这种变革可能意味着新的材料应用、新的产品出现、新的工艺发明、新的效率产生和新的服务提供。技术的存在可能是动态甚至是迅猛变革的,也可能是静态或几乎不变化的。因此,要研发一项新技术,企业必须仔细考虑新技术所能够带来的利益和所要付出的代价,甚至要考虑竞争者的技术研发实力。

三、旅游产业全球化发展模式

(一)旅游企业跨国经营的表现形式——过程的视角①

杜江(2001)在《旅游企业跨国经营战略研究》一书中,从过程的角度出发,考虑到一个具体的旅游企业在从事跨国经营活动的过程中所涉及的价值链定位、主动性大小等因素,他认为,旅游企业跨国经营主要有初级、过渡、中级和高级四种形式,并进一步提出了七种具体方式(见表9-6)。

表9-6 旅游企业跨国经营的七种表现形式

表现形式		特 征	备 注
初级形式	形式Ⅰ	坐店经营,或成为境外旅游经营商的境内接待组织	是多数发展中国家旅游企业进行跨国经营的必经阶段
	形式Ⅱ	A国的甲旅游企业主动地通过除设立代表处或分公司之外的各种营销组合,到B国境内从事招徕工作	形式Ⅱ体现了更多的主动性,它可通过境外的各种媒体促销自己的产品,也可能会加入某一国际旅游预订网络组织,让境外旅游者可以事先预订自己的产品。但是可能会导致经营效率的低下
过渡形式	形式Ⅲ	A国甲旅游企业与境外旅游市场的联结方式是设立代表处或办事处	在旅游企业准备进入但旅游市场尚未开放的情形下,这种过渡形式显得尤为重要
中级形式	形式Ⅳ	A国甲旅游企业主动与B国的某一家或数家旅游企业,特别是旅行社合作,从事境外旅游者的招徕、组团接待工作	甲企业并没有进入其合作伙伴的企业边界,只是由于合约的存在和制度运行的本身惯性使它们彼此维持着一种市场交易关系
	形式Ⅴ	通过进入境外旅游企业的边界,变可控程度较低的市场交易为可控程度较高的组织内部的管理交易	由于资金、生产成本和文化差异的影响,所以,在这种初步成熟的形式里,旅游企业一般不直接选择在境外设立独资的分支机构

---

① 杜江.旅游企业跨国经营战略研究[M].北京:旅游教育出版社,2001.

续表

表现形式		特 征	备 注
高级形式	形式Ⅵ	A国甲旅游企业在B国直接投资开办自己的分支机构	当旅游企业的跨国经营进入高级形式以后,从事跨国经营的旅游企业就非常有可能获取本国居民出国旅游的绝大多数利润
	形式Ⅶ	A国的旅游企业在开展跨国经营业务时综合运用直接投资、合资、租赁、并购,以及非资本维度的管理合同、特许经营、联号扩张、集团化发展等多种现代商业运作工具,全方位、大规模、高速度地拓展自己在全球旅游市场上的份额	管理合同输出、特许加盟、联号发展等现代商业创新制度的综合运用,促使旅游企业的跨国经营进入了一新的发展阶段:资金规模不再是唯一决定性的因素,技术、制度、市场与管理的创新成了旅游企业从事跨国经营活动的根本推动力量

（二）旅游企业跨国经营的三种维度——主导要素的视角

从主导要素的角度考察旅游企业跨国经营的形式,可抽象出资本、技术和制度三种输出维度。

（1）资本输出①。旅游企业跨国经营的资本输出维度中,主要有独资经营、合资经营和收购兼并三种具体的形式。

（2）技术输出。旅游企业跨国经营中的技术输出维度,主要是指以技术为纽带,以市场为导向,未涉及资产关系的跨国经营形式。目前,全球旅游企业技术输出主要凭借的技术手段有国际航空与旅游代理人全球分销系统、旅游分时度假及交换系统和旅游电子商务。

以国际航空与旅游代理人全球分销系统（GDS）为例。具有企业化性质的国际GDS系统,由系统公司独立经营,拓展市场并获取利润。经过在市场上的多年竞争,现在国际GDS基本形成了几大巨头割据的局面。该技术系统将旅游产业链条上的主要部门整合为产品/服务供应商、代理分销者和最终购买者三个主要的角色:产品/服务供应商主要包括酒店、航空公司、旅游景区（点）、旅游车船公司、保险公司、旅游救援公司等企业类型,他们通过加入GDS实现自身产品或服务的更多销售;旅行社等企业是代理分销商,他们利用计算机网络,连通产品/服务供应商和最终购买者,并通过对所代理的旅游产品/服务的销售的实现,从中获取佣金;旅游者处于最终购买者的环节,他们通过这一系统,获得所需的信息并购买相关的产品及服务。由于信息技术的不断发展和系统自身功能的日益完善,GDS系统在某种意义上已经具备了"旅游超市"的功能,并且有自由选择、集中购买和事先预订等诸多便利。由于GDS系统连接着丰富的旅游产品和主要的旅游信息,在利益"协同"和"双赢"的作用下,其系统内连接关系已逐渐稳固,加入GDS的旅游企业由于可获得巨大的市场而一般不会轻易退出,而企业化的GDS本身也会不断研究新的技术形式和市场策略来保持自身实力。

（3）制度输出。旅游企业跨国经营的制度输出主要包括特许经营、管理合同和战略联盟三种形式。近几年来,发达国家中的跨国公司越来越多地采用以上方式在世界范围内广伸触角。

---

① 张建波,戴国庆.上海旅游企业跨国经营研究[J].上海大学学报（社会科学版）,2003(6).

(三)旅游企业跨国经营的主要特征[①]

国际化经营的旅游企业与其他类型的跨国公司相比,当然存在着共同点,但是旅游产品的内在特点又决定了旅游企业在跨国经营的过程中也存在着若干自身独有的特征,对这些特征的理解和把握有助于我国旅游企业国际化战略的制定、选择与运作。

(1) 投资主体与客源国高度相关。如前所述,与一般制造业的产品不同,旅游产品的空间流通走向使消费者(旅游者)趋向于生产者(目的地),消费者自身的文化背景差异在相当大的程度上决定了消费行为模式和消费结构。与目的地相比,客源地的旅游企业更加熟悉自己的旅游者;从寻求安全的旅游心理出发,也可以推断客源地的旅游者更加愿意与本国的旅游企业打交道。因此,客源地的旅游企业有能力通过在旅游目的地国投资经营的方式更好地满足本国旅游者的旅游需求。

(2) 航空公司的先导作用和主导地位。在以旅游者的跨国流动为主要特征的国际旅游市场上,客源是在激烈的市场竞争中获取持久优势的保证。而在此方面,航空公司无疑具备资金优势、技术优势与营销网络优势。因而,在旅游企业跨国经营战略的实施过程中,航空公司起到了先导作用,并明显居于主导地位(见图9-3)。

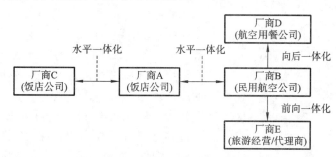

图 9-3　航空公司在旅游企业跨国经营中的地位和作用

(3) 企业从业人员的本土化进程加快。三种原因影响着跨国管理的旅游企业在目的地更多地聘请本地人才为企业服务。其一,社会与文化原因。由于旅游产品中包含相当一部分本国的社会文化、历史和人文吸引物,有时员工的行为本身就是产品的有机组成部分,所以为保持相应的文化纯洁性和政治影响,不少国家都对旅游从业人员,特别是导游、旅行社经理和其他一些高级管理人员规定了以本土化为导向的资格认证制度。其二,发展中国家的教育水平在不断上升,许多人才可以自己培养。其三,人力资源成本的双重压力:发达国家与发展中国家巨大的管理人员工资成本压力,包括度假、探亲等福利导致总经营成本上升。

(4) 企业对于非货币资本要素的广泛使用。在旅游企业的资本输出、技术输出和制度输出三种跨国经营形式中,后两种正在得到越来越频繁的应用。

(5) 集团化与跨国经营互动发展。包括旅游企业在内的集团化是指介于市场与企业之间的过渡状态的资源配置手段;表现为以股份公司制度为基础,有着共同利益,相互之间存在着制约性,由两个或两个以上的独立企业单位联合组成的、具有层次性和稳定性的企业联合体。其成员间的制约是以资本连接为基础的,带有特定内部交易色彩的制度性方式,或者

[①] 杜江.旅游企业跨国经营战略研究[M].北京:旅游教育出版社,2001;戴斌.旅游企业国际化及其运作研究[J].旅游科学,2000(3).

是由相对稳定的、成员共同认可的经营理念加以保证的。

集团化是旅游企业跨国经营的重要保障条件之一。旅游企业集团化的规模、深度和广度在旅游企业跨国经营从低级形式向高级形式提升的过程中发挥着极为重要的作用。

第三节　旅游企业的跨国经营管理

一、跨国旅游企业经营战略

跨国经营战略是跨国企业经营的灵魂和方向，是企业在全球范围内进行资源配置的规划和行动，是寻找和发现企业可持续发展的基点。旅游业可以说是一种广泛面向全球的产业，旅游企业要想能够在未来激烈的全球竞争下生存，保证企业的全球战略能够顺应经济社会发展的历史潮流，就必须树立全球战略思想。图9-4所示为六维跨国战略指导思想。

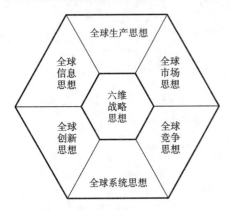

图 9-4　六维跨国战略指导思想

（一）旅游企业跨国经营市场进入战略

旅游企业跨国经营的市场进入战略要回答三个问题：进入哪国市场，什么时候进入，以什么方式进入。关于进入哪国市场的问题，已经在前文的国际环境中有所论述。选择进入的时机是一项重要的战略规划，第一进入者具有先入优势，当然也存在先入劣势。比如，第一个进入的跨国企业能够抢先占领有利市场并赢得需求；能够扩大销售量，提高经验曲线；能够创造出转换成本，留住顾客。然而，作为第一个吃螃蟹的人需要付出更大的市场开拓成本和面临更大的进入风险。关于以什么方式进入，存在许多模式（见表9-7）。

表 9-7　不同进入模式的优点、缺点和动因

进入模式	优　点	缺　点	动　因
出口	·实现区位和经验曲线经济性	·高物流费用 ·技术壁垒 ·市场适应性问题	·扩大销售 ·获得国际经验 ·市场情报收集 ·产品服务推广
合同经营	·在低风险和阻力下获得收入 ·获得直接国际经验	·缺乏长期市场形象 ·培育潜在竞争者	·进入高壁垒市场 ·获得国际经验
合资经营	·共担风险 ·共享知识与经验 ·协同效应与竞争优势	·缺乏对技术的控制 ·不能进行全球战略合作	·扩大市场影响 ·获得国际经验 ·市场情报收集
独资经营	·完全的企业控制力 ·技术与知识产权的保护	·政治潜在风险高 ·市场风险高 ·成立公司的成本高	·扩大市场影响 ·提升品牌价值 ·完全控制子公司

续表

进入模式	优　点	缺　点	动　因
战略联盟	・共享国际投资成本 ・降低竞争风险 ・获得不同的供应商和分销渠道 ・利用其他公司的优势	・培育潜在竞争者 ・知识产权外泄风险	・尝试多种合作领域 ・扩大市场影响 ・获得国际经验
许可证经营	・成本支出少 ・承担风险少 ・回避贸易壁垒	・知识产权外泄风险 ・市场控制力减小	・扩大市场,提高利润 ・提升品牌价值 ・获得国际经验
特许经营权经营	・成本支出少 ・承担风险少 ・全球学习	・缺乏对加盟商的控制力 ・知识产权外泄风险	・扩大市场,提高利润 ・提升品牌价值 ・获得国际经验

根据进入国家的市场特征、进入的时机选择和进入的方式选择不同,可以将跨国企业国际市场进入战略进行如表 9-8 所示的划分。

表 9-8　旅游跨国企业进入市场战略

战　略		内　容
直接进入战略	生产进入战略	直接投资兴建、授权许可生产、合作生产
	产品进入战略	直接销售、产品适应或创新再销售
	服务进入战略	直接服务、合作服务、授权许可服务
	价格进入战略	高价进入、低价进入、均价进入
间接进入战略	营销进入战略	准确把握市场信息,综合运用各种营销手段和策略
	产品渗透战略	产品深度发展、产品宽度发展、产品质量提升
	渠道渗透战略	直接建立渠道、共建渠道、渠道联盟
	国际公关战略	争取东道国政策、国际组织资源、区域一体化资源

（二）旅游企业跨国经营本土化战略

旅游企业跨国经营的两大战略方向是全球协调和当地适应,这两个战略方向并非绝对对立,在全世界实施全球协调的同时,可以在具体的个别国家实施当地适应,也即通常所说的本土化。跨国旅游企业的"外来"身份使得企业具有一定的先天劣势,而实施本土化可以使跨国公司与本土建立多层次联系,降低生产经营成本,提高市场竞争力。旅游跨国企业的本土化战略包括如表 9-9 所示的策略。

表 9-9　旅游跨国企业的本土化策略

本土化策略	内　容
产品本土化	产品形式、功能、标准的本土化,产品中融入本土文化
生产本土化	原材料和配件的本土采购,产品生产的本土进行
服务本土化	售前、售中、售后服务的本土进行,在服务中融入本土文化
市场本土化	营销方式的本土化,销售渠道的本土化,降低文化的隔阂
关系本土化	与本土公共部门建立良好关系,建立相互沟通的信息渠道
人力资源本土化	招聘使用本土员工,实施职务和人力资源管理制度的本土化
研究开发本土化	应用本土研究人员,在本土建立研发中心进行研究开发

(三)旅游企业跨国经营市场退出战略

战略性地退出并不意味着失败,在很多情况下,退出还意味着更好地进入。比如一家跨国饭店集团可以选择退出低端饭店市场,集中资金,进入高端饭店市场,可能会获得更高的利润。旅游跨国企业选择在某一国家退出某一市场领域,是多种原因造成的。比如,旅游产品的生命周期、所在国的政治和经济状况、技术的进步与更新、产业的升级、国际市场结构的转型,也可能是企业内部的问题,甚至可能是自然灾害或疾病等突发事件。同样,企业可以选择多种退出策略(见表9-10)。

表 9-10 旅游跨国企业的市场退出策略

退出策略	退出形式	退出策略	退出形式
收缩策略	机构和财政改革 削减成本和减少资本 加速回收企业资产	撤资策略	资本退出 股权退出 资产互换
转向策略	重新定位调整现有产品和服务 调整营销策略 调整投资建设方向	放弃策略	公开拍卖 并购 管理层收购(MBO) 分解承包 拆产为股

二、跨国旅游企业组织结构

"结构跟着战略走"。企业选择何种战略,就应该建立与之相适应的组织结构。一般的,一家旅游跨国企业将经历国内发展阶段、多国发展阶段、国际发展阶段、全球发展阶段和跨国发展阶段,对应地,要选择国内发展战略、多国发展战略、国际发展战略、全球发展战略和跨国发展战略。图9-5、图9-6、图9-7和图9-8展示了多种跨国公司的组织结构。

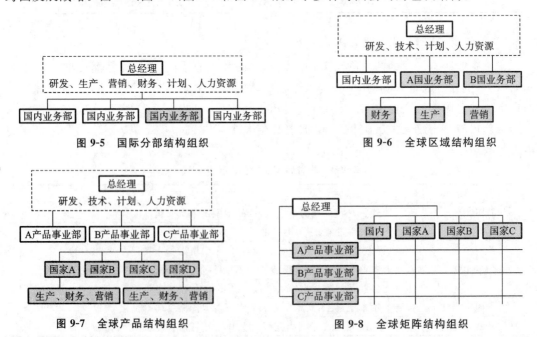

图 9-5 国际分部结构组织

图 9-6 全球区域结构组织

图 9-7 全球产品结构组织

图 9-8 全球矩阵结构组织

旅游跨国企业从国内发展到国外,其结构是随着企业发展需要而动态变化的,以上四种结构有其各自适应的发展战略和建立条件(见表9-11)。

表9-11 多国组织结构中控制机制的应用

跨国企业	控制体系			
	产出控制	官僚控制	决策控制	文化控制
国际分部结构	最可能是利润控制	必须遵循公司的政策	部分集中决策	与对待其他分部一样
全球区域结构	利润中心最为普遍	有一些必要的政策和程序	当地子公司有自主权	当地子公司的文化更重要
全球产品结构	提供的产品、供销售的销售额	对产品质量和一致性进行严密的过程监控	产品部总部集中决策	对一些公司可行但并不总是必要
全球矩阵结构	产品和地区单位共同分担利润责任	不太重要	在地区和产品单位之间进行平衡	文化必须支持共享决策

(资料来源:库伦的《多国管理战略要径》,2000年.)

三、跨国旅游企业文化管理

文化是一种软环境因素,但其对企业尤其是跨国企业经营的影响是无形的、多层次的,有时也是具有关键性作用的。旅游跨国企业提供的旅游产品不仅内容和形式上具有明显的文化因素,而且,其产品提供的过程和售后同样具有行为上的文化因素。因而,跨国旅游企业的文化管理要比一般的跨国企业具有更大的难度。

(一)文化差异的影响

企业的经营拓展到国际市场,企业的经营环境也就发生很大变化。其中,最明显也最重要的是文化差异,这种文化上的差异集中体现在语言、行为、风俗习惯、价值观等不同方面,其潜在的影响十分深远。

(1)文化及文化特征。被称为人类学之父的英国人类学家E·B·泰勒对文化所下的定义是经典性的,他在《原始文化》一书中说,文化或文明,就其广泛的民族学意义来讲,是一个复合整体,包括知识、信仰、艺术、道德、法律、习俗,以及作为一个社会成员所习得其他一切能力和习惯。文化作为一种"思维的软件",能够为人们提供结构经验、解释行为、陈述模式、解决问题的思维方式,同时,其具有如表9-12所示的几个方面的特征。

表9-12 文化的特征

特 征	说 明
民族性	为某一民族所有,并支配该民族的语言和行为方式,体现民族差异
传承性	由世世代代积累和发展而来,具有相对稳定的内容
习得性	是一种可以通过后天学习和经验习得的行为模式
共享性	由其全体社会成员共同享有,尤其是基本的价值观和信念
独特性	独特的意思表达方式,文化底蕴深厚程度决定了人们接受其他文化的难易程度
结构性	具有相对稳定的结构,不同的结构形成独特的文化模式
适应性	具有应对外在威胁、改变自身的适应性能力,以及包容性和协调性

（2）文化对管理的影响。就文化差异的影响对象来看，不同经营活动受到文化差异的影响程度不同，与公众直接相互作用的活动受影响较大，而与公众不直接发生相互作用的活动则受影响较小。

文化首先影响跨国公司的经营环境因素，接着影响跨国公司的内部环境因素，并直接影响计划、组织、人力资源管理、指挥、控制、协调及激励等一些管理功能。卡尔·罗德里杰斯教授在深入研究文化对跨国管理的影响后，做出了如表 9-13 所示的归纳总结。

表 9-13 文化对跨国管理的影响

类 别	文化内容	对管理的影响
人与自然	命运的主人	使用正确的奖励，能够使雇员对计划高度支持
	宿命论	对计划承诺弱，需要强有力的正式控制，需要大量使用外派人员
变革	尝试变革	规划与实施变革或许是可行的
	维护地位	规划与实施变革或许是不可行的，需要强烈的激励刺激与控制机制
权力	企业重要	管理者或许能够高度授权给下属
	关系重要	管理者或许对下属进行低度授权，需要有力的控制机制及大量使用外派人员
甄选标准	以业绩为基础	雇员在工作中具有较高的积极性
	以关系为基础	圈外雇员或许缺乏工作积极性，家庭成员或圈内雇员或许具有工作积极性，需要强烈的工作刺激与控制，需要大量的外派人员
财富观	积累财富	或许能保障对组织目标和目的的较高的认同
	"仅仅够用"	或许对组织目标较低认同，需要严密控制及大量使用外派人员
决策	共同决策	参与式决策及其领导风格或许是有效的，或许必须大量授权给下属
	少数人决策	独裁式决策与领导风格或许是最有效的
决策依据	以数据为基础	可以应用宽松的控制机制
	以情感为基础	或许必须应用严密的控制机制，需要大量使用外派人员
情景文化	高情景文化	业务运作与谈判或许是必须缓慢的
	低情景文化	业务运作与谈判或许是必须快速的
权力距离	权力距离大	独断决策和领导风格或许是最有效的
	权力距离小	参与/咨询决策和领导风格或许是最有效的
风险回避	不确定性回避强	机械组织或许是有效的
	不确定性回避弱	有机组织或许是有效的
集体/个人	集体主义	或许高度依赖非正式控制，高度适用团队方法
	个人主义	或许高度依赖正式控制，团队方法并不适用
性别观念	男性化	公平雇佣机会计划或许受到男性的抵制
	女性化	公平雇佣机会计划或许较少受到男性的抵制
儒家动力	孔夫子主义	组织或许更多依靠非正式控制，个体倾向与独断的决策与领导风格

（资料来源：根据 Carl Rodrigues 的《International Management: A Cultural Approach》（2001 年版）的内容整理.）

（二）跨文化管理

跨文化管理首先要进行文化战略选择，一般有三种基本的文化战略：母公司中心战略、多中心战略和全球中心战略。

如图 9-9 所示，母公司中心战略是以母国为

	文化整合	
	能	不能
母公司占统治地位 不能	全球中心战略	多中心战略
能	母公司中心战略	文化冲撞

图 9-9 跨文化管理文化多样性

基础的经营理念和忽视文化差异性的战略倾向,采用该战略的企业将母国文化复制到东道国,追求统一化和标准化。多中心战略是以母国文化为指导和基础,结合东道国文化进行的一种文化管理战略。采用多中心战略的企业在东道国的分公司中的管理职位主要由东道国人担任,而公司总部的管理职位仍然由母国人担任。全球中心战略将全球视为统一的市场,同时也意识到每个地区市场的差异性,在文化管理上强调文化本地化。采用全球中心战略的企业是根据经验和能力进行人力资源安排的,国籍或民族已经不成为主要考虑因素。文化冲撞表明的是文化适应的失败。

四、跨国旅游企业财务管理

跨国公司财务管理是对跨国公司体系内的资金运动及其所体现的各种经济关系进行计划、组织、指挥、协调和控制,其目的是保证跨国经营对融资、资金运动、外汇风险规避等方面的要求。

财务管理能够为企业提供资本预算决策的基本依据,能够指明企业如何建立和形成最佳资本结构,能够通过调整融资方式和策略以规避外汇风险,能够有效实现企业资产的保值。跨国企业内部存在的大量商品、服务、技术,以及资本转移产生了大量的跨国界的内部财务交易活动和财务流,构成了跨国公司特有的跨国内部财务系统(见图9-10)。

财务管理要本着综合平衡、系统协调、适度分权、分级会计、风险与收益对应和辅助战略管理的原则进行。跨国经营的财务管理体制包括集权财务管理、分权财务管理和混合财务管理三种(见表9-14)。

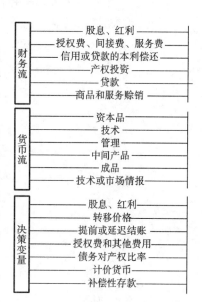

图 9-10 跨国公司财务系统

表 9-14 三种财务管理体制的对比关系

对比项目	管理体制		
	集权财务管理	分权财务管理	混合财务管理
财务决策权	母公司统一控制	子公司独立控制	母公司控制关键决策
财务计划和报告	母公司统一控制	子公司独立控制	母公司控制关键计划
财务会计与核算	母公司统一控制	子公司独立控制	子公司独立控制
财务融资与调配	母公司统一控制	子公司选择控制	子、母公司共同控制
外汇与税收管理	母公司统一控制	母公司统一控制	子、母公司共同控制
发展阶段	规模化扩张阶段	协调化发展阶段	本土化发展阶段
投资形式	直接投资	间接投资	多元化投资
优点	有利于实现整体利益的最大化和成本最低化 有利于强化总部控制力	有利于子公司的自主管理,减轻母公司的管理负担 有利于子公司提高敏捷性	有利于发挥母公司宏观控制力和子公司自主控制力 既机动灵活又宏观协调
缺点	子公司缺乏自主权 容易损害子公司利益	母公司对子公司控制力减少 子公司间容易产生冲突与重复投资	提高管理的复杂程度和难度 容易造成管理资源的重复和浪费

思考与练习

1. 什么是跨国经营？跨国经营有哪些基本战略？
2. 旅游产业全球化由哪些因素驱动？
3. 旅游企业跨国经营有哪些特征？
4. 旅游企业有哪些跨国经营战略？如何实施这些经营战略？
5. 旅游企业跨国经营如何进行文化管理？
6. 旅游企业跨国经营如何进行财务管理？
7. 请选择典型案例比较分析中外旅游企业跨国经营战略的异同点。

第十章

旅游的虚拟化管理

学习目标

掌握虚拟旅游的概念及其技术支持;了解虚拟企业的定义及其理论基础;熟悉虚拟企业的运作及管理的模式;理解虚拟企业敏捷性评价指标体系;掌握旅游企业虚拟化管理。

核心概念

虚拟企业;虚拟旅游;虚拟经营;虚拟社区

旅游业虚拟化发展是时代发展的新要求。21世纪以来,人类已经进入以"创新"和"全球化"为主要特征的知识经济时代,工业经济时代的思维方式、生产方式、生活方式与教育方式正经历前所未有的冲击和变化。旅游业的虚拟化发展主要包括虚拟旅游和旅游虚拟企业两个方向。

第一节 旅游业的虚拟化理论

一、旅游业虚拟化的相关概念

(一) 虚拟旅游(Virtual Tourism,VT)

随着旅游信息网络化的不断进步,旅游网站的内容和形式在广度和深度上不断发展,于是,侧重于景点的"虚拟旅游"也就应运而生。2006年中国虚拟型旅游网站的数量占中国旅游网站数量的三成之多。[①] 由于信息技术的日新月异和虚拟旅游发展的时间较短,学术界对虚拟旅游的定义存在一定分歧。

虚拟旅游是虚拟现实技术在旅游业中的应用,同时又结合了GIS(地理信息系统)、三维可视化和网络等技术。它运用三维实景展示,将现实中的旅游场景制作成用于互联网、多媒

---

① 何晓琳.虚拟旅游的优势分析及其运作策略[J].商业现代化,2007(22).

体、触摸屏等多种载体进行展示的电子文件,可以按固定路线或自选路线从不同角度观赏,获得身临其境般的体验。①

通过互联网或其他载体,将旅游景观动态地呈现在人们面前,让旅游爱好者根据自己的意愿,来选择游览路线、速度及视点,足不出户就可以遍览遥在万里之外的风光美景,这便是虚拟旅游。②

可见,虚拟旅游包含三大要素:展示平台——互联网或其他载体;支撑技术——信息技术;展示内容——旅游信息。因此,虚拟旅游是指依靠多种信息技术,通过互联网等载体进行旅游信息展示的旅游体验形态。

（二）虚拟企业(Virtual Enterprises,VE)

1991年,由美国机械工程学会名誉理事、《敏捷企业学报》(Agile Enterprise Journal)主编肯尼斯·普瑞斯(Kenneth Preiss)与史蒂文·L.戈德曼(Steven L. Goldman)、罗杰·N.内格尔(Roger N. Nagel)合作完成的一份《21世纪制造企业研究:一个工业主导的观点》的研究报告首次提出了虚拟企业(Virtual Enterprises,VE)的概念。此后,虚拟企业的概念不断发展,有许多学者从不同角度描述了虚拟企业(见表10-1)。

表10-1　虚拟企业的定义

研 究 者	定 义 要 点
William H. Davidow, Michael S. Malone(1992)	虚拟企业是由一些独立的厂商、顾客甚至同行的竞争对手,通过信息技术联成的临时网络组织,以达到共享技术、分摊费用,以及满足市场需求的目的
John A. Byrne(1993)	企业伙伴的联盟关系,且虚拟企业并没有明确的组织架构,而是由各独立公司所构成的暂时性网络,通过信息技术连接起来,共享技术、成本及对方的市场
Steven L. Goldman, Roger N. Nagel, Kenneth Preiss(1994)	计算网络和远程通信技术的结合,使许多企业有可能将地理位置上和组织上分散的能力结合在一个"虚拟企业"中,并在此过程中获得强有力的竞争优势
Hodge, Anthony, Gales(1996)	虚拟企业是由一核心组织为中心,执行关键的功能,其余功能则由暂时或签约的员工,以及由核心组织与其他组织所组成的联盟来完成
Applegate, McFarlan, McKenney(1996)	指企业保留了协调、控制及资源管理的活动,而将所有或大部分的其他活动外包
Jehuen(1997)	指无固定工作地点,使用电子通信方式(例如网络、电子邮件、电话等)进行成员间的联系的企业

(资料来源:李琪、廖成林的《虚拟企业管理》,2004年。)

综上所述,虚拟企业是由一群独立组织或个人,围绕项目、产品或服务,充分利用各自的核心能力,凭借信息技术,以合作协议、外包、联盟、特许经营等方式所组成的临时的、动态的经济组织。

（三）虚拟社区(Virtual Community,VC)

虚拟社区是管理学、经济学、社会学的研究前沿,同时也是旅游管理学研究的新领域。

---

① 蒋文燕,朱晓华,陈晨.虚拟旅游研究进展[J].科技导报,2007(14).
② 徐素宁,韦中亚,杨景春.虚拟现实技术在虚拟旅游中的应用[J].地理学与国土研究,2001(3).

在我国,虚拟社区又被称为"网络社区""网上社区"和"虚拟社群"等,而其定义更是存在较大差异。总的来说,虚拟社区包含四大要素,即网络虚拟空间、网络虚拟技术、社区内容和话题、社区人际关系。当虚拟社区进入旅游领域,其社区内容和话题也就变为旅游信息。因此,旅游虚拟社区是一个基于信息技术支持的网络空间,参与者通过旅游信息的交流和互动,在一定时期内形成的一种社会关系。

(四)虚拟经营(Virtual Management,VM)

虚拟经营是企业为了实现其规模扩张,以协作的方式,将企业外部资源与内部资源整合利用的经营方式。虚拟经营所有实现的扩张是经营功能与经营业绩的扩张,具体来说,其扩张包含以下几个要点。

(1)虚拟经营是生产功能的扩张,而不是生产设施的扩张。企业利用其他企业的生产体系,按照自己的意图进行生产加工,这便是生产虚拟。

(2)虚拟经营是销售功能的扩张,而不是销售组织的扩张。企业在并未增设销售机构,也未增加自己的销售人员的情况下,销售的市场扩大了,这便是虚拟销售。

(3)虚拟经营是新产品开发功能的扩张,而不是企业科研机构的扩张。企业在并未扩大自己的科研机构,也未招聘新的科研人员的情况下,与其他企业联盟进行新产品的研发,这便是虚拟产品开发。

(4)虚拟经营是管理功能的扩张,而不是管理队伍的扩张。企业利用外聘经营顾问、管理专家等智囊人才,扩大了管理幅度,提高了决策水平和管理效率,但企业并未因此而扩大企业领导班子和增加管理层次,这就是虚拟管理。

虚拟经营通过产权虚拟化、管理职能虚拟化、组织架构虚拟化、技术人才虚拟化,以实现经营外包、企业战略联盟、虚拟销售和敏捷制造等虚拟经营形式。

二、旅游虚拟企业的基本理论

从20世纪90年代开始,虚拟企业的理念开始风靡全球,其高效率低成本的优势及迅速发展的态势使整个旅游产业组织结构发生了根本性的转变。随着时代的发展和人们观念的变化,虚拟企业将负有新的内涵,而与此同时,旅游产业组织也随着市场需求的变化,更加强调协作与共赢。因此,可以预见,在未来,旅游虚拟企业将获得更大的发展。

(一)虚拟企业的理论基础

(1)组织理论。组织是两人或两人以上为实现共同的目标而形成的有机整体。组织理论伴随着组织活动的实践不断发展。过去组织为了提高环境的适应能力,优化组织结构,以实现组织的目标,从而发展组织的形式。当进入知识经济时代和信息社会后,组织利用虚拟资源的力度明显增强,组织结构突破了原有的界限,减少了对中间层次管理的需要,使得组织结构逐渐由过去的多层次职能分工模式向扁平型网络化模式转变。

(2)交易费用理论。交易费用是指拥有不同资源的各方在交换其资源过程中所产生的成本。1937年,罗纳德·科斯在《企业的性质》一文中首次提出了交易活动是要消耗稀缺资源的,因而存在有交易费用。此后,交易费用理论逐渐发展成为两派:一派认为企业的功能在于节省市场中的直接定价成本(或市场交易费用),因而通常称为"间接定价"理论;另一派将企业看成是连续生产过程中不完全合约所导致的纵向一体化实体,认为企业之所以会出现,是因为当合约不可能完全时,纵向一体化能够消除或至少减少资产专用性所产生的机会

主义问题。

根据交易费用理论,市场交易和企业内部组织交易(管理交易)都存在交易费用。企业规模被确定在企业内部组织交易的边际费用等于市场上或另一企业组织同样交易的边际费用。如果某种交易在市场上完成的费用大于在企业内部完成的费用,那么交易就在企业内完成;反之,交易就在市场完成。

虚拟企业内部进行的有组织的市场交易的交易费用较自由市场的交易费用低。这是因为:第一,交易事前的成本降低,如虚拟组织内部建立信息渠道,从而降低了发现市场交易信息的成本;第二,交易过程的成本降低,虚拟企业内部的协作机制和缔约关系使交易双方更容易地完成交易;第三,控制和执行的费用降低,虚拟企业内部由于缔约关系的制约,交易双方都将能通过组织约束而执行契约所规定的供货时间和产品的质量。

(3) 企业核心能力理论。1990年,C.K. Prahalad 和 Gary Hamel 在《哈佛商业评论》上发表的《企业核心能力》一文开始,学术界围绕"企业核心能力"展开了理论探讨,一系列具有划时代意义的论文相继发表。

与交易费用理论将企业看作"黑箱"的假设不同,企业核心能力理论从企业内部及其生产领域分析企业的本质,认为企业内部的核心能力是企业获得和保持竞争优势的关键。企业的竞争优势主要来源于核心能力,企业应该将自身的人力和资源集中在与其核心能力有关的核心功能方面。企业核心竞争力具有价值性、异质性、难模仿性和难替代性等特点。

(4) 企业竞争战略理论。1980年,美国著名管理学家波特提出了企业竞争战略理论,他认为任何行业中都存在五种竞争力量:新加入者的威胁、供应商的讨价还价能力、顾客的讨价还价能力、替代品的威胁和同行业中其他厂商的竞争。由此,波特总结了三种一般战略,即成本领先战略、差异化战略和集中战略。

虚拟企业可以提供波特所说的三种竞争优势。虚拟企业规模和范围的经济性可以形成相对的成本优势;虚拟企业内部成员的多元化技术和能力有利于企业生产差异化产品;多元化、专业化的企业内部成员共同合作,更能满足特定区域和特定顾客群的需要,实现集中化战略。

(5) 价值链理论。本书在旅游业流程化管理一章中已经详细介绍了价值链理论。根据价值链理论,由于价值链上的各个环节所要求的生产要素各不相同,因此,任何企业都只能在价值链上的某个环节上拥有优势,而不可能拥有全部的优势。只有整个价值链完整连接,才能实现产品的价值。

市场的竞争是价值链之间的竞争而不是单个企业之间的竞争。由于虚拟企业的价值链上的各个环节都是各成员企业的核心能力构成,这样的价值链具有较大的竞争优势。一方面可以为顾客创造最大的价值;另一方面也能实现价值链上整体效益的最大化,达到企业之间"双赢"的协调效应。

(二) 虚拟企业的本质特征

随着旅游产品生命周期越来越短;市场需求对产品和服务的期望越来越高;旅游市场竞争日趋激烈,传统企业的管理模式面临巨大挑战。传统企业模式缺乏市场主动性和积极性,在合作中普遍存在短期行为,企业间信息交流方式落后,协调不足,因此,传统企业没有建立高效的市场响应、售后服务和供应链管理机制。而虚拟企业的出现,将改变这一切。

1. 虚拟企业的特征

(1) 生产上的并行化。虚拟企业把成批的活动作为项目,由团队平行地反复工作形成团队组合,项目的分解不是以串行工程为基础的开放子系统,而是把项目分解成工作模块;产品以并行而不是以线性的顺序进行生产。

(2) 功能上的协调化。借助信息技术将分布在不同企业内的资源组织协调起来,完成特定的任务,实现企业某种功能。

(3) 技术上的共享化。虚拟企业以联盟的方式,为了共同利益,以技术为核心贯穿于全过程,最终以分享高新技术产业化利益为目的,实现技术上的共享。

(4) 组织上的虚拟化。在虚拟企业中,有形的组织结构被打破,形成网络化的组织。它允许每个参与者参加其他项目,不同组织间没有界限。

(5) 经营上的灵活化。虚拟企业是一种动态联盟,企业成员可以同时参加数家"虚拟企业",它只关心与联盟项目有关的经营问题,而对其他成员的其他经营活动无权干涉。因此,虚拟企业在经营上具有极大的灵活性。

(6) 风险上的分散化。虚拟企业由众多企业组成,在技术开发风险和技术应用风险上共同承担,实现了风险的分散化。

(7) 资源上的互补化。各个成员企业以提供优势资源为代价加入虚拟企业,共同构成实现市场竞争优势所需的资源,形成优势资源互补的统一体。

(8) 地域上的无界化。在现代网络信息技术的条件下,空间距离已不再是企业资源整合的障碍。虚拟企业通过信息技术将空间上独立分布的资源进行整合利用,实现地域上的无界化。

2. 虚拟企业的形式

(1) 功能虚拟化。在虚拟企业的组织形态下,企业间通过虚拟合作拥有完成业务所需要的一系列功能,这些功能可以由不同的企业执行,每个企业只需要具有各自实现市场目标的关键功能即可。通过将这些功能虚拟化、整合化,实现虚拟企业的竞争优势。

(2) 地域虚拟化。通过信息高速公路和遍布全球的信息网络,把分布在全球的各种资源结合起来,创建地域上相距万里的虚拟企业联盟。企业价值链上的各个环节可以分布在不同的地点,发达的网络信息技术可以使合作近在咫尺。

(3) 组织虚拟化。虚拟企业根据任务和环境的变化对组织进行调整,组织结构从传统的递阶层次向扁平的多元化"神经网络"形式转变。组织的虚拟化是企业生产经营具有较强的灵活性,市场响应更快。

(4) 产权虚拟化。虚拟企业里,管理者和技术人员对企业的控制能力提高,与企业所有者一起参与剩余权利的分配,产权变得虚拟和模糊。

(5) 管理职能虚拟化。虚拟企业内部的管理职能可以分离,由其他企业或社会组织分担部分管理职能,成员企业只需承担影响其核心能力发挥的职能管理工作。

(6) 技术人才虚拟化。在虚拟企业里,技术人员已不再是来自一个企业内部研究机构,而是来自多家企业研究机构,甚至来自虚拟企业外聘研究机构、顾客群体等,技术人才的虚拟化极大地实现了知识和技术的整合。

3. 虚拟企业的生命周期[①]

作为一种组织形式,虚拟企业的生命周期由识别(Identification)、组建(Formation)、运行(Operation)、终止(Termination)4个阶段构成(见图10-1)。

---

① 陈剑,冯蔚东.虚拟企业构建与管理[M].北京:清华大学出版社,2002.

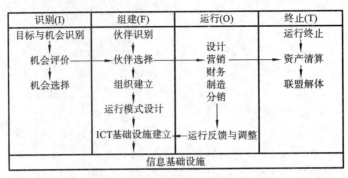

图 10-1　虚拟企业的生命周期：IFOT 模型

（三）虚拟企业的运行模式

1. 虚拟企业的运作模式

虚拟企业是各个成员为实现某一共同目标组织起来的动态联盟，这些成员可以是独立的企业，也可以是企业部门，甚至可以是某些个人群体。根据虚拟企业的组织运作模式可以分为以下几类。

（1）供应链模式。企业间以原材料、零配件和初级产品供应为线索的合作方式。企业在产品、价格、质量、交货及时性的基础上，通过基于网络信息数据的虚拟供应链和双向供应链等方式加强合作的紧密性，是一种通过价值链整合的模式。

（2）合资经营模式。多个企业共同对一种产品进行投资开发、生产、销售，利用各自优势，组成联合经营实体，是一种通过资本整合的模式。

（3）转包加工模式。企业将拟生产产品的工作进行模块分解，将部分工作模块转包给另外的企业或者企业部门进行设计生产或加工，最后将各个模块整合成产品，是一种通过产品整合的模式。

（4）插入兼容模式。企业的人员具有一定的可置换性，它有一支相对稳定的核心雇员队伍，但大量工作人员是根据经营需要临时雇佣的流动人员，是一种通过人力资源整合的模式。

（5）策略联盟模式。几家企业拥有不同的关键技术和资源，彼此的市场上有一定程度的区别和间隔，为了彼此的利益相互交换资源，制定共同策略，以创造集群竞争优势，是一种通过策略整合的模式。

（6）虚拟合作模式。成员企业根据特定市场机遇，集成伙伴企业的核心资源，通过计算机网络，将分布在不同地方的人员和设备连接，共同完成经营活动，是虚拟企业的最高合作形式。

2. 虚拟企业的体系结构[①]

虚拟企业的体系结构如图 10-2 所示，下层表示参与动态联盟的伙伴企业的内部结构，上层表示虚拟企业的组织实体，相对于单个企业，它是一种外部的组织结构。虚拟企业的外部结构跨越多个敏捷企业的范围，是一种由属于盟主和相关伙伴企业的参与一定虚拟企业系统项目组功能过程的企业元所组成的企业间相互交互的组织结构形式。

---

① 王硕. 虚拟企业理论与实务[M]. 合肥：合肥工业大学出版社，2005.

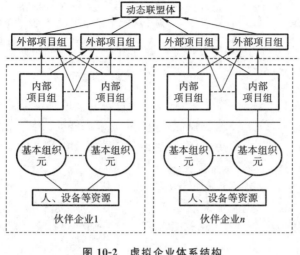

图 10-2　虚拟企业体系结构

（1）动态联盟体（Virtual Organization,VO）它是虚拟企业的最上层,由多个外部项目组（External Team,ET）联合构成的一种有时间性的组织,是虚拟企业的决策与协调中心。

（2）外部项目组（External Team,ET）亦即虚拟项目组（Virtual Team,VT）,是实现虚拟企业机遇产品过程的直接组织单位,是一种跨企业功能的虚拟工作团队。由盟主企业与联盟伙伴企业派出的多个内部项目组（Internal Team,IT）根据机遇的需求,通过多种合作形式构成,共同协作完成机遇产品。

（3）内部项目组（Internal Team,IT）联盟伙伴企业根据机遇的要求建立的多功能项目小组,它与企业的原有组织结构并不割裂,是根据机遇的需求对原有企业结构中的基本组织元（Basic Organization Unit,BOU）的一种优化重组。它们具有很强的自组织能力,能较好地适应环境变化。组织内部项目组的企业基本组织元相互之间进行频繁交流,以维护其核心优势,在动态过程中寻找最优组合。

（4）基本组织元（Basic Organization Unit,BOU）企业内部实现工作的最基本的工作单元,由人、设备等资源构成,在企业中是相对稳定的部分。

（四）虚拟企业的管理模式[①]

1. 扁平化、开放式管理模式

在虚拟企业中,计算机和网络使人的大脑能力延伸,管理者能够通过信息技术和网络技术与执行者建立直接联系,中间的管理机构失去存在的必要性,使企业组织扁平化,同时也减少了信息在中间环节传递出错的可能性。虚拟企业中的工作人员根据某一任务需要临时组织合成虚拟工作组,工作组中每一位员工的关系都是同事关系而不是上下级关系,大家通过交流和讨论互相学习,形成了平等开放的工作氛围。

虚拟企业的组织单元是虚拟工作组,它的特征包括:以人为中心;实现了组织、员工和技术的有效集成;具有某种核心优势,能独立完成一项或多项任务。虚拟工作组之间的耦合是快速、多变而有效的,根据不同市场需求,采取最适合的方式,在最短的时间内实现有效耦合。

虚拟企业以网络为依托,组织结构特征是模块化、兼容式。工作形式是供应者、生产者、

---

① 廖成林.虚拟企业管理[J].重庆:重庆大学出版社,2004.(有增删).

销售商的同环节并行协作,产品开发的主要形式和组织形式为并行工程(CE)与多功能项目组。虚拟企业的组织形式可以看成一个动态的系统,由一组在逻辑或物理位置上相关的组织单元组成。过程相关的组织单元构成了一个较大的、能够完成一个完整职能的团队(虚拟工作组)。

2. 以人为本的柔性管理模式

本质上,柔性管理是一种对"稳定和变化"同时进行管理的新战略。它以人性化为标志,强调跳跃和变化、速度和反应、灵敏与弹性,它注重平等和尊重、创造和直觉、主动和企业精神、远见和价值控制,它依据信息共享、虚拟合作、竞争性合作、差异性互补、虚拟实践社团等实现知识由隐到显的转化,创造竞争优势。

柔性管理模式要求企业高层具有领导魅力、中层具有教练风度、下层员工具有较好的知识储备和适应能力。虚拟企业无疑是多变的组织形式,企业员工随时面临着变化的内部环境。能够在最短的时间内适应新的环境,并发挥积极性和创造性是一项重要的素质要求。

3. 虚拟团队管理模式

虚拟团队是虚拟企业产品开发的一种重要组织形式。从协同的角度来看,它是一个典型的CSCW(计算机支持的协同工作)应用系统。虚拟企业的各个成员来自为开发某种产品或服务联合起来的各个企业,小组成员以统一的产品概念为核心,通过计算机网络进行交互,在各种技术的支持下相互协作,完成产品的设计、制造及销售。

根据虚拟企业经营的需要,虚拟团队成员应来自与产品生命周期相关的各个部门,包括市场、设计、工艺、工装、生产、计划、质量、采购、销售和维修服务等部门。从虚拟企业产品开发的过程来看,在形成统一产品概念之前,虚拟团队的协作模式主要是同步异地协作,对应的协作模型是会议模型;在产品开发期间,虚拟团队的协作模式更多的是异步异地协作,对应的协作模型是面向对象多层次协作模型。

4. 敏捷管理模式

敏捷管理模式是在全球范围内把企业内外部资源和优势集成在一起,抓住经营机遇,响应市场,赢得竞争的一种管理模式。其核心部分是敏捷管理技术。内容包括集成的产品与过程管理、决策支持技术、建模与仿真技术、并行工程管理、敏捷组织管理、敏捷合作关系的管理、经营业务过程重组、成组技术等。

敏捷虚拟企业是企业群体为了赢得某一机遇性市场竞争,把一复杂产品迅速开发生产出来并推向市场,它们从各自公司中选出开发生产新产品的优势部分,然后综合组成一个经营实体,即动态联盟或虚拟公司。敏捷虚拟企业的主要目标是利用信息技术基础设施以最快速度建立跨企业的灵活动态组织,在全球范围内把企业内外资源和优势集成在一起,抓住经营机遇,响应市场,赢得竞争。

5. 共同治理模式

虚拟企业通常是由一个具备核心技术且捕捉到某个相关市场机会的企业(称为主导企业)发起的。通过各种合约,它影响范围横向延伸到包括竞争对手在内的拥有互补技术和互补资产的企业,向上延伸到供应商,向下延伸到它的分销和零售渠道,甚至延伸到最终用户,形成一个以主导企业为中心的星形网络。

在共同治理模式中,信息共享是关键,各个参与方的工作效率都会影响虚拟企业的整体效率,对于其中任何一个参与者,合作伙伴在一定程度上成为利益相关者,这就要求虚拟企业的成员实现一定程度上的共同决策和共同治理。

第二节　旅游产业虚拟化管理

在知识经济时代,旅游相关行业占全世界经济活动的比例高达10%,旅游相关产业的营业额成长超过2倍。所有这一切主要来自新技术的推动,而新技术所带来的改变不但影响到旅游产业,还影响到产业里的每一个企业,甚至影响到旅游者本身。旅游产业的虚拟化管理有其必要性,同时管理实践活动也提供了一些可行的方式。

一、旅游产业虚拟化管理的必然性

其一,信息技术的进步。信息技术的运用改变了营销的方式,也大大缩短了顾客与服务提供者之间的距离;强大的多媒体数据库提供了各式各样的个性化旅游设计;信息技术的渗透大大提高了服务的品质,也改变了参与者在经济活动中所扮演的角色。很长一段时间以来,管理者们都在思考如何将信息技术运用到旅游产业中。而实际上,旅游产业的形式和性质已经被信息技术改变。旅游企业的发展必然要谋求信息技术下的市场,这种市场追逐行为无形中使旅游企业间形成某种合作,这种合作就是虚拟企业的雏形。

其二,市场需求的发展。旅游产品具有无形性、不可转移性、不可储存性、异地消费性和生产与消费同步性等特征。旅游消费者在购买旅游产品时,具有多重的价值取向。旅游产品的消费者往往不单纯追逐对"物"的满足,他们希望能够通过享用旅游产品展示自我,得到一些精神上的满足。同时,从旅游产品的消费主体——旅游者群体来看,这一主体没有年龄、性别、地区的局限,任何阶层的人均在旅游者的范围之列。这表明旅游商品没有特别的市场局限性,而非市场局限的反面即是市场需求的个性化与多样化,这要求旅游产品要实现某种程度的定制化。因此,旅游产品的发展要求生产多品种、小规模、多变化,这客观上推动了旅游企业间的虚拟联合,以实现一定的规模效应。

其三,企业竞争的推动。旅游产业的发展必然要符合规模经济的要求,而面对个性化的分散市场,旅游企业又难以依靠自身实现规模效应。旅游产品的个性化和多样化与规模经济之间的矛盾成为旅游企业发展的障碍,同时也是旅游企业竞争越来越激烈的客观因素之一。旅游企业的激烈竞争要求企业间要实现某种竞争性合作,这种合作必然要打破经营活动局限于企业内部的传统观念,将企业的边界无限扩大,通过一个项目或具体目标,将各个企业分散的市场和资源整合,形成规模经济。实际上,旅游虚拟企业就是某个旅游企业以市场或资源整合者的身份,对企业内外一切可以利用和整合的市场与资源进行筛选、吸收和组合,以最快的速度和最低的成本实现规模经济,一旦目标实现或任务完成,这一虚拟组织随即解体。

其四,产业价值链的演进。在传统的旅游产业组织结构中,旅行社作为一个存在于旅游饭店、旅游交通、旅游餐饮、旅游景区和旅游消费者之间的中介商,以赚取佣金的方式出售产品,但对其经手的产品没有所有权。因此,旅游中介成为旅游产品构成要素的组合者,这种职能是以旅游中介占有各种旅游产品要素的市场综合信息为基础,所以,旅游中介所生产的产品实际上是整合后的旅游综合信息,而这种综合信息是旅游消费者难以通过旅游中介以外的渠道获得的,这正是旅行社所占有的旅游产业价值链上的价值,也是确立其"旅游产品生产者"地位的关键。用交易费用理论分析,旅行社的产生和存在实际上是由于节约了交易

费用,作为商业中介而形成市场和环境;然而,相对于旅游消费者而言,它仍然是一种"交易费用"。随着旅游产业的发展,旅游中介在旅游产业价值链上的价值也发生了变化,一方面,有能力的旅游消费者越来越容易获得旅游综合信息;另一方面,旅游饭店、旅游交通、旅游餐饮、旅游景区等旅游相关产业部门也采取各种方式直接接触消费者。于是,旅行社作为旅游中介不得不面对更加分散、更加个性、更加小的消费群体,而为了获得规模报酬,旅游中介也不得不走向"虚拟企业"联合的道路。

二、旅游产业虚拟化与虚拟旅游

旅游市场是一个信息建立、整合和交流的市场,网络将导致旅游产业中新的组合及新的合伙形态,而这些改变将带给顾客特别定制式的产品、重组套卖式的服务,以及旅游业本身吸引并留住的新商机的能力。虚拟旅游就是信息技术发展的产物,这是旅游产业发展的新机会,是市场的新需求。

(一)虚拟旅游发展的产业前景

虚拟旅游的产业发展前景广阔,它的发展不仅可以满足旅游消费者日益挑剔的需求,而且能够带来巨大的社会效益、经济效益甚至环境效益。

(1)符合市场需求的发展。虚拟旅游运用多媒体技术和网络信息技术,将实景进行三维模拟,建立虚拟旅游系统。该系统动态逼真地展现旅游景点,给人一种身临其境的满足体验。据美联社消息,互联网用户正在他们的起居室中"周游"世界。一项新的研究发现,45%的成年美国互联网用户利用了能够使他们虚拟地到其他地方旅游的功能。尽管大多数网络活动都是年轻人的天下,但年龄稍大些的用户更喜欢参加虚拟旅游活动,他们旅游的目的地包括博物馆、大学校园、公园等。据 Pew Internet and American Life Project 研究表明,52%的年龄在40—49岁的互联网用户参与了虚拟旅游活动,年龄在40—49岁的互联网用户中的这一比例为37%。

(2)符合旅游开发者的利益。虚拟旅游系统能够在实际开发前将规划设计等展现出来,进行模拟试验,获得反馈意见,从而进一步对规划和设计进行改进和完善。旅游开发者由此可以降低旅游开发的风险,实现效益的最大化,同时,该虚拟旅游系统还可以用于旅游景区的前期宣传。在实践中,尽管虚拟旅游系统的建设也需要大量的资金,这会增加旅游开发的成本,但是,随着这一技术的不断成熟和发展,其建设费用在不断降低的同时,虚拟旅游系统的功能也有了进一步的提升。现代的虚拟旅游系统除了可以模拟未来景观体系之外,还可以模拟游客使用,计算游客容量,设计游客管理方案;模拟火灾、恐怖事件等突发事件的情景,研究应对措施,并对规划方案提供建议。

(3)符合商家的市场营销。虚拟旅游是一种创新的旅游信息发布模式,提高了旅游信息的服务质量。在实践中,虚拟旅游系统通过富有吸引力的动态展示和宣传能够为商家招徕更多游客。目前,商家把虚拟旅游作为网络旅游的重要组成部分。在技术上,用计算机存储技术、信号数据传输技术等构建在Internet平台上的信息资源群,没有真正应用体验式的信息搜索和应用技术;在内容上,停留在旅游广告、旅游图片等表面内容上,没有深度发掘互动式的旅游信息。因此,在我国,虚拟旅游的发展尚处于初级阶段,虚拟旅游所潜藏的商机尚待发掘。

(4)符合政府的宏观管制。虚拟旅游实际上是一种使用者与虚拟景区的互动空间,使用者在使用虚拟旅游系统的同时还可以随时与系统管理者进行交流,提出意见和建议。这有助于管理者改进虚拟旅游系统的同时,也为真实景区的管理提供建议。政府部门可以通过虚拟旅游系统了解市场需求,了解行业动态,及时发现问题;同时,政府部门还可以通过虚拟旅游系统发布信息,进行科普环保等教育宣传,是一种政府与旅游消费者直接对话的平台。

(5) 符合社会组织的愿望。虚拟旅游系统将世界遗产和文物古迹进行数据化,可以支持无限次地拷贝和远程浏览欣赏,这将极大地减少游客的实地游览给世界遗产和文物古迹带来的破坏。同时,虚拟旅游系统可以模拟很多已经消失或只残存小部分的历史文物古迹,实现文物古迹的模拟再现,供游客游览。这对于那些倡导环境与文物保护的社会组织来说,是一项有益的工作。

综上所述,虚拟旅游不仅是旅游产业发展的新业态,而且由于其所具有的技术优势和明显的社会、经济和环境效益,必将获得更大的发展。

(二) 虚拟旅游发展的技术支持[①]

虚拟现实技术是指利用计算机硬件与软件资源的集成技术,提供一种实时的、三维的虚拟环境(Virtual Environment),使用者完全可以进入虚拟环境中,观看并操纵计算机产生的虚拟世界,听到逼真的声音,在虚拟环境中交互操作,有真实感觉,可以讲话,并且能够嗅到气味。它涉及计算机、传感与测量技术、仿真技术和微电子技术等相关技术。虚拟现实系统作为一种崭新的人机交互界面形式,能为用户提供现场感和多感觉通道,并依据不同的应用目的,探寻一种最佳的人机交互方式。究其根本,它有 3 个最基本的特征,即 3I,它们是 Immersion(沉浸)、Interaction(交互)和 Imagination(构想)。[②]

3I 的基本特征强调人在虚拟现实技术中的主导作用。从过去人只能从计算机系统的外部去观测计算机的处理结果,到人能够沉浸到计算机系统所制造的环境之中;从过去人只能通过键盘、鼠标与计算环境中的单维数字化信息发生交互作用,到人能用多种传感器与多维化信息的环境发生交互作用;从过去的人只能从以定量计算为主的结果中得到启发而加深对事物的认识,到人有可能从定性和定量综合集成的环境中得到感性和理性的认识从而深化对概念的认识和萌发新意。

根据三维场景生成的过程划分,可以将虚拟现实技术分为基于图像的虚拟现实技术和基于矢量建模(或称几何建模)的虚拟现实技术两种。基于图像建立起来的虚拟现实环境反映的景观真实感强,基于矢量建模方法建立起来的虚拟环境,需要大量的计算机矢量建模过程,对计算机系统的速度性能有很高的要求。近年来还发展了矢量建模与图像纹理粘贴技术,可谓二者的融合,但对虚拟环境建立所需的硬件性能要求更高。

(1) 旅游电子商务技术。在电子商务的计算机技术方面,主要有 EDI(Electric Date Interchange)、XML(eXtensible Markup Language)、EML-EDI、ebXML 技术。比较来看,EDI 的成本过于昂贵、结构的灵活性比较差而且难以实现电子商务中的数据挖掘;XML 是不同格式数据向标准化格式数据转换的"桥梁",可以方便地进行 Web 应用,但是它仍然不能构建 Web 服务来跨越多个应用程序和供应商进行通信;EML-EDI 是一种过度技术;ebXML 是一种全新的技术,其目标是实现跨行业的 B2B、B2C 的商业贸易,它能够使得不同规模不同地区的企业可以通过交换基于 XML 格式的消息来合作和进行商业活动。

---

① 徐素宁,韦中亚,杨景春.虚拟现实技术在虚拟旅游中的应用[J].地理学与国土研究,2001(3).
② 汪成为,高文,王行仁.灵境(虚拟现实)技术的理论、实现与应用[M].北京:清华大学出版社,1996.

在电子商务平台开发的技术机制方面，主要有基于 XML 的电子商务网络平台开发技术、电子商务平台网络数据存取的 ASP/ADO 技术、搜索引擎技术和 Web 数据挖掘技术。

(2) 实景图像虚拟技术。基于实景图像的虚拟现实技术，即直接利用照相机或摄像机拍摄得到的实景图像(Real World Images)来构造视点空间(View Point Space)的虚拟景观。该方法具有快速、简单、逼真的优点，正在越来越多地应用于旅游景点、虚拟场馆介绍及远地空间再现等方面，非常适合于实现虚拟旅游。所谓视点空间指用户在一个观察点所观察到的球空间，它由不同焦距的全景图像按其焦距关系构成，反映了观察者在虚拟环境中某一观察点所能观察到的不同细节程度的场景空间。观察者可以在视点空间进行 360°环视、俯视、仰视及焦距变换等多种方式的观察，所能观察到的景观全集被定义为一幅全景图。对视点空间进行空间关联形成虚拟旅游系统。基于实景图像的虚拟现实技术的基本原理是：假定在一室内空间进行观察，室内空间一般有六个表面，如果获取了这六个表面的许多不同距离，不同方位的实景照片并将他们按照相互的关系有机连接起来就可以在视觉上形成该房间整个空间的整体认识，这就是全景图像的概念。在观察时可以任意地转动观看，也可以改变视点，或是走近仔细观看，由于这些照片是相互连接的，所以只要照片有足够的精度，就可以获得空间的感觉。同样无论是在野外，还是在复杂如迷宫的博物馆，通过建立以实景为基础的全景图像，就可以对周围进行观察，如果辅以声音，就可以获得较好的随意观察、交互访问的效果。

与三维虚拟模型比较，基于实景图像的虚拟现实技术跟三维矢量建模虚拟现实技术全然不同，前者反映的是一种客观存在，往往以自然景观为主，而后者则是人的一种主观想象，是通过创作或设计想象出来的，以人工环境为主；体现在技术上，前者是图像处理的范畴，而后者则是计算机图形学的范畴。但二者可以有机地结合，以满足特殊的应用。

(3) 空间景观支撑体系。基于 Internet/Intranet 的 Web GIS 是 GIS 技术发展的新趋势。Web GIS 可以简单定义为在 Web 上的 GIS。考虑到虚拟旅游的需求，以基于 Web GIS 结构实现电子地图库的动态服务，由应用服务器完成电子地图与空间景观的空间关联，由 Web 服务器应答 Client 端的请求。基于 Web GIS 的空间景观支撑体系如图 10-3 所示。

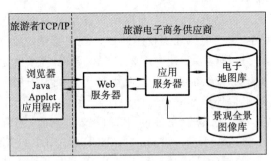

图 10-3　基于 Web GIS 的空间景观支撑体系

(4) 虚拟景观漫游技术。针对 Web 应用开发，Sun 公司提供了 Java 技术：客户端运行 Applet，服务器端运行 Servlet，通过 JDBC 访问数据库。Java 最好地支持了 Internet 网络模式下的数据分布与计算分布的特性。Java Applet 可以集成在超文本页面中，当 Web Server 得到 Client 请求时，Server 作为应答会将它下载到本地浏览器，由本地浏览器解释执行 Applet。与 CGI 或 ASP 方式不同，服务器不再包办用户的一切请求，而是通过服务器向客户端发送一段运行在本地机上 Applet 客户程序。Applet 程序可以与用户相交互，处理用户的一些简单请求,如全景图的开窗、放大、缩小、漫游等,所处理的全景图像数据直接向服务器申请。尽管目前有许多种方法可以实现这一设想,但采用 Java Applet 的方法是主流技术。

(三)虚拟旅游产业的运作方式

(1)旅游规划。将虚拟现实技术引入旅游景区的规划中,利用计算机辅助设计工具对景区景观要素进行规划、设计、建模,然后将产生的数据库变成一个虚拟现实系统。观众通过虚拟现实系统的人机对话工具进入景区的虚拟模型,在虚拟漫游的过程中,针对不足之处提出修改建议。在这一技术的启发下,旅游规划者可以通过虚拟现实创造出所开发景点景区的真实"三维画面",以便游客可以审视未来将要建立的景区,保证景区在美学上的和谐与在市场上的顺利。

(2)旅游产品。虚拟现实技术可以开发成为旅游产品,广泛应用于主题公园。世界上第一个以宇航探索为主题的"太空游"主题乐园于 2004 年 4 月 12 日亮相北京。该"太空游"主题乐园就坐落在距离颐和园不足一千米的海淀展览馆,利用当今最先进的科技和仿真手段,将宇航知识与太空真实体验融为一体展现给人们,它是虚拟主题乐园的典型代表,可以预见"太空游"主题乐园落地京城,不仅会带来可观的经济效益,也会为北京旅游业创造新的兴奋点和引领机制,主题乐园在中国又将出现新一轮的强劲增长。①

(3)旅游营销。虚拟现实技术用于旅游营销已经不是什么新鲜事了。随着旅游网站的增加,旅游信息的丰富,以虚拟现实技术为基础的旅游营销信息制作和传播将成为一种必然趋势。虚拟现实技术用于网络营销,不仅可以发布具有吸引力的旅游信息,而且可以通过观众的浏览和使用,采集公众意见和建议,对现实景区的建设和管理提供参考信息。

(4)景区保护。虚拟现实技术在旅游景区的保护,尤其是遗产景区的保护上具有巨大的发展前景。一方面,虚拟现实技术可以模拟现实景区,通过虚拟漫游的方式让游客实现对景区的"亲身"体验,极大地减少了游客对现实景区的接触,最大限度地保护景区;另一方面,虚拟现实技术可以模拟出已经消失或正在消失的景区,对历史中的景区进行虚拟再现,使后人能够通过虚拟旅游的方式重新体验这一奇异的景区,实现对景区历史价值的保护。

三、旅游产业集群虚拟化

从组织的角度上看,旅游产业集群(Tourism Industrial Cluster)是一组由在地理位置上近邻的并相互联系的旅游企业和机构所组成的一种特殊组织。旅游产业集群围绕旅游活动展开,由投入至产出(包括流通)的各个相关企业所组成的经济组织,其基本组织结构可用图 10-4 表示。②

其中,产业链上的上、中、下游企业 AB、CD、EF 之间为分工协作关系,旅游产业价值链上同一环节的企业(A 和 B、C 和 D、E 和 F 之间)则为竞争合作关系,而国家机构和旅游行业协会则起到辅助和调节作用。由于存在社会资本的非理性选择、对不确定性的规避和对规模经济的追求,其结构是价值链上的企业将通过某种关系联合起来,形成产业集群。

尽管传统的旅游产业集群存在巨大的竞合优势,但其风险问题也十分明显。这种明显的风险因素有很多,比如局部地区或部分旅游产品的需求不足、旅游产品的供给过剩、旅游产品的创新不足,最核心也最关键的是由于传统旅游产业集群内部企业之间的联系的加强,

---

① 查爱苹.虚拟现实在旅游景区中的应用研究[J]社会科学家,2005(4).
② 郑建仕.传统产业集群的风险和组织虚拟化的研究[J]技术经济,2006(7).(有修改).

逐渐形成了对现有资源的锁定和发展路径的依赖,从而产生对外部资源吸收和组织创新的困难,最终导致集群整体的衰亡。也就是说,旅游相关产业集群内部所形成的联系即是产业集群竞合优势的基础,也是产业集群风险产生的根源。

解决旅游相关产业集群风险的一种有效方法就是产业集群的虚拟化。从组织层面上讲,传统的旅游产业集群是介于纯粹市场和完全层级组织之间的组织形式。它是利用地理平台使区域组织内各企业之间的知识交流来实现核心能力的分享,并借助信任和承诺维系组织的存在;而虚拟产业集群打破传统的地理平台,借助信息化平台发展更为广域的联合,虚拟产业集群发展的过程是基于一种相似的组织文化和由此产生的信任。

将虚拟组织引入传统旅游产业集群的目的是改造旅游产业集群内企业信息、知识的交换途径及企业之间的联系方式。通过改造其原有的相对狭窄的特定地理区域上的面对面的交流结构和方式,适当降低传统的"联系"强度,从而避免知识的锁定和发展路径的依赖。因此,集群组织虚拟化是对于传统集群组织的改良,而非抛弃,是对传统产业集群进入成熟期后的"二次创新"。

从组织层面而言,可以选取集群内外产业链上每个环节中的优势企业(包括特定地理区域外的企业)并加强他们的联系(如图10-4中选取B、D、F),使之成为一个虚拟组织,这个虚拟组织是供应链接点的外聚。换句话说,从供应链上有条件地选取一些厂家,利用彼此间充分的信任与信息,以最佳的动态组合方式临时组成一种比较紧密的供应、生产、销售的联系,形成供应链结点的外聚。这种组织可以帮助集群内的企业抓住稍纵即逝的市场机会,一旦市场机会消失,又可以分散为独立结点,正常参与供应链运作或参与新的组合。这种活动使得传统产业集群组织(见图10-4)转变为具有虚拟组织性质的集群(见图10-5)。集群内的大椭圆H为一个虚拟组织。

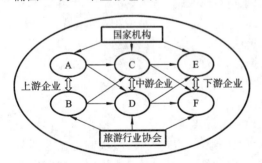

图10-4　旅游相关产业集群组织结构示意图

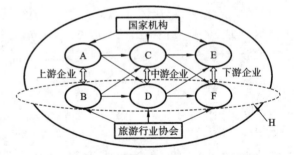

图10-5　旅游相关产业集群内虚拟组织

第三节　旅游企业虚拟化管理

企业绩效改善的传统方法一般是通过削减成本、减少管理层次、重新设计流程、改善信息系统、提升员工素质、实现例行事务自动化等,这些方法都是改变企业的内部,是传统企业绩效改变的唯一途径。研究表明,今天企业的经常性开支不会超过公司平均制造成本的3%,劳动力成本不超过6%。因此,即使是最有效的费用削减,对总成本的改善也是微乎其微。企业要想继续提高绩效,其改善的重点应放在外部关系上。虚拟企业就是一种改善外部关系的新全局战略模式。

一、旅游虚拟企业合作伙伴选择

旅游虚拟企业伙伴选择问题是虚拟企业组建过程中的首要问题,也是虚拟企业成功的关键问题之一。首先要分析伙伴选择过程应考虑的因素及应遵循的原则,在此基础上运用相关方法对伙伴进行甄选,最后还要进行伙伴关系的管理。

(一)成功伙伴关系的构成要素

尼尔·瑞克曼(Neil Rackham)通过深入研究不同国家、不同产业、不同市场中成功企业的业绩之后,将成功伙伴关系的共同因素归结为以下三条:贡献(Impact)、亲密(Intimacy)、愿景(Vision)。

(1)贡献。贡献指伙伴间能够创造具体有效的成果,这是伙伴关系存在的经济基础,也是最关键的"存在理由"。在虚拟企业中,伙伴间通过协商一致,通过双方认为恰当的模式进行合作,重新设计组织结构,双向的互动与整合赋予合作伙伴更佳的生产能力和创造能力,以此形成合力。

(2)亲密。在合作的经济基础之上,存在一种通过长期合作所形成的紧密度,这种紧密度就是情感上所说的"亲密"。伙伴关系的亲密不仅仅是一种相互信任的情感,还包括一些除了经济利益外的共同利益:全方位的信息共享、协商一致的共同市场策略、技术与人力的互通,甚至资金上的合作。伙伴关系转向成功的心智模式,一般沿着三个基本层发展:相互信赖、信息共享、伙伴团队本身。高度亲密的关系意味着这三个层面频繁而丰富的交流。

(3)愿景。有了合作的经济基础和情感因素还不能形成持续成功的伙伴关系,还必须有愿景,即伙伴关系要达到的目标和达到目标的方法。成功的伙伴关系中,愿景比增加经济利益和发展亲密关系更能不断激励伙伴关系,创造最大贡献。一种对于伙伴所能成就的共享理念,是所有成功伙伴关系的基石。

(二)伙伴选择的原则与方法

1. 伙伴选择的原则

虚拟企业是由多个独立分散的企业结成的动态联盟,这一联盟要成功合作,就要考虑成员企业是否拥有独特的核心能力和竞争力;同时,还要考虑成员间的相容性。因此,旅游虚拟企业在伙伴选择的过程中,应该遵循以下原则。

(1)能力互补原则。虚拟企业的合作伙伴必须具有并能为联盟贡献自己的核心能力,而这一核心能力也正是虚拟企业所需要的,从而缩短成员学习能力的时间,降低因为重复工作而增加的成本。

(2)成本核算原则。虚拟企业总的实际成本应该不大于个体独立完成的全部费用成本,同时,独立企业合作后所获得的效益应该大于其独立完成所获得的效益。成本核算原则既要保证整体效益最佳,也要保证每个个体所获得的效益合算。

(3)价值共有原则。良好的伙伴关系,在价值观上应该有共同点。双方都对合作抱有双赢的共识,双方都对产品或服务的品质有一致的要求,双方都同时追求顾客满意或者品牌增值等价值目标。

(4)文化相容原则。虚拟企业的成员可能分布在全球的不同地区而通过信息网络互相联系,各个成员间的文化差异较大,企业文化直接影响到员工的习惯行为和交流方式,这将最终影响企业绩效。比较相容的文化易于虚拟企业的沟通和交流。

(5) 目标一致原则。虚拟企业所建立的关系不能与目标方向相左,否则投入的大量精力、资源、承诺等巨额投资将偏离真正的目标。追求的伙伴关系应该能反映公司所在的产业趋势,选择企业不仅是现在能够提供帮助,还必须满足企业未来发展所希望的方向要求。

(6) 环境有利原则。成功的伙伴关系需要有良好的合作环境,选择有益于传导伙伴关系理念的环境,是选择伙伴关系过程的重点。这种环境包括客户对伙伴关系的态度、客户对伙伴关系的时间观、客户对伙伴关系的交易观。

(7) 风险最小原则。由于面临不同的组织结构和技术标准,不同的企业文化和管理理念,不同的硬件环境等,虚拟企业运行模式具有较高的风险,此外,成员企业还面临着核心能力外泄或丧失等技术产权风险。因此,伙伴选择时,必须考虑风险问题。

2. 伙伴选择的方法

T. Srinivas 和 R. C. Baker 在对价值链网络进行研究的过程中,提出了价值链网络选择合作伙伴的两阶段框架。该框架考虑了伙伴选择过程中的定量因素,而忽略了其中存在的定性因素,比如信任、文化和价值观等。陈菊红、汪应洛、孙林岩等人在两阶段模型的基础上,结合了伙伴选择的原则,提出了伙伴选择的三阶段模型[1](见图10-6)。该模型将灵捷虚拟企业的伙伴选择问题分为三步进行。

第一步,过滤。先以一些定性的因素为标准,对潜在的候选伙伴进行快速过滤,剔除不满足给定条件的候选伙伴,将潜在候选伙伴的数目很快降到一个合适范围,这可以使后面的定量分析工作大大减少。第二步,筛选。分别为灵捷虚拟企业的每一过程筛选出一些有竞争实力的、高效率的候选伙伴,从而将那些相对低效率的候选对象剔除出去,这又一次缩小了候选伙伴的范围。这一步基于候选伙伴企业内部的一些决策变量,如企业产品的质量、成本、交货时间等。第三步,最优化组合。将各个过程的候选对象,依次进行优化组合。这一步基于候选企业之间的外部决策变量,如距离、运输成本、文化的融合程度等相容性指标。其中,第一步属于定性分析阶段,第二阶段和第三阶段属于定量分析阶段。

(三) 伙伴关系的评价与管理

(1) 虚拟企业敏捷性度量[2]。敏捷性是测度虚拟企业伙伴关系好坏程度的技术性指标,指企业在连续而不可预测的市场变化环境中发展壮大起来的一种能力,企业通过计算机网络与全球生产系统、市场、竞争者连接起来,是对高质量、高性能、低成本、顾客设定产品配置等用户需求驱动形势下表现出来的一种能力。

在 AHP 和 FHW 基础上,王硕和唐小我提出改进的 AHP 法和改进的 FHW 法相结合的 AFHW 法。采用改进 AHP 法确定指标及其灰色优劣度的权重,采用改进 FHW 法进行专家咨询及敏捷性度量计算。

评价专家权重的确定。在评价中,考虑到不同专家的不同思维特点,需对专家意见采取加权处理。专家权重由以下 6 个参数表征:权威质量。从行政职务、学术职位、科研、学术水平等情况考虑。业务熟悉度。表示对评价所涉及的专业和学科的熟悉程度。谨慎度。即对评价问题的把握程度。知识广度。对本专业以外的其他专业的了解程度。意见偏离度。该专家与集体意见的差距,可根据在咨询中得到的数值确定。智力激发度。对专家联想思维与创新能力的评价,主要根据年龄、知识广度、环境、智力、联想等方面的测试而确定。

---

[1] 陈菊红,汪应洛,孙林岩. 灵捷虚拟企业科学管理[M]. 西安:西安交通大学出版社,2002.
[2] 王硕,唐小我. 虚拟企业敏捷性度量的 AFHW 方法[J]. 中国工程科学,2002(7).

对专家的 6 个参数进行线性组合,即可得到专家的权重向量 $R(r_1,r_2,\cdots,r_m)$。m 为参与评价的专家数目。

虚拟企业敏捷性评价指标。从敏捷性的度量指标看,可以用响应时间(Time)、成本(Cost)、健壮性(Robustness)、自适应范围(Scope of Change)、柔性(Flexibility)、供应链管理(Supply Chain Management)、企业资源计划(BPR),即 CTRSFSB 综合度量指标来对虚拟企业的敏捷性(Agility)进行度量,对以上 7 个指标设置 25 个分指标来评价虚拟企业的敏捷性(见图 10-7)。

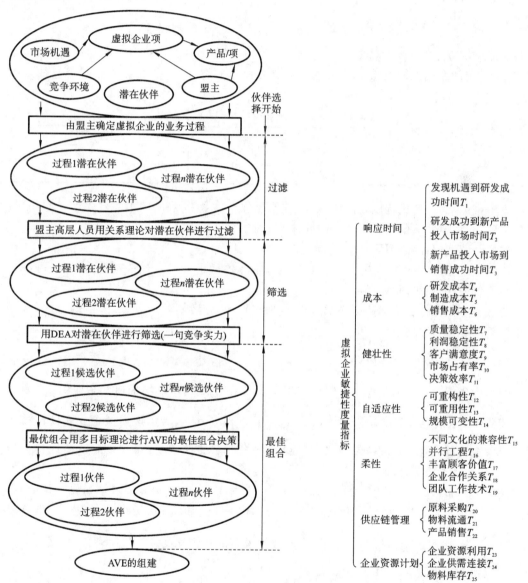

图 10-6　灵捷虚拟企业伙伴选择的三阶段模型　　图 10-7　虚拟企业敏捷性度量指标体系

确定各指标及其灰色优劣度权重。用改进 AHP 法[①]确定各个指标权重、各指标灰色优

---

① 王硕,费树岷,夏安邦,等.应用与发展研究国际合作绩效评价系统[J].科研管理,2001(5).

度权重,以及各指标灰色劣度权重。首先采用 AHP 法确定每一位专家各自对度量指标体系中各项指标给出的权重、各指标灰色优度权重、各指标灰色劣度权重(初步权重),然后根据专家自身权重对初步权重进行线性加权平均,得出综合权重。具体步骤如下:首先,用 AHP 法确定每一位专家各自对度量指标体系中各项指标给出的权重、各指标灰色优度权重、各指标灰色劣度权重;其次,对专家群体意见进行综合。记专家 i 对指标 T_j 的评价权数、灰色优度权数、灰色劣度权数分别为 w_{ij}、α_{ij}、β_{ij},则指标 T_j 综合权重、综合灰色优度权重、综合灰色劣度权重分别为:

$$w_j = \sum_{i=1}^m r_i w_{ij}, \quad \alpha_j = \sum_{i=1}^m r_i \alpha_{ij}, \quad \beta_j = \sum_{i=1}^m r_i \beta_{ij} \quad (j=1,2,\cdots,25)$$

虚拟企业敏捷性专家咨询表。考虑到虚拟企业敏捷性评价和专家应答心理的特点,在 FHW 咨询表的基础上加以修改,得虚拟企业敏捷性专家咨询表,表 10-2 在表述上已作一些简化。

表 10-2 虚拟企业敏捷性专家咨询表

指 标	指标分值	灰色优度分值		灰色劣度分值	
		明显优点	不明显优点	明显缺点	不明显缺点
T_i		p_i	a_i	q_i	b_i

表中,(p_i, a_i) 为灰色优度,p_i 为指标 T_i 的明显优点,a_i 为指标 T_i 的不明显优点,(q_i, b_i) 为灰色劣度,q_i 为指标 T_i 的明显缺点,b_i 为指标 T_i 的不明显缺点。

虚拟企业敏捷性 AFHW 评价步骤。

步骤 1 组织专家评价,提供待评价的虚拟企业的背景材料。对专家进行咨询,每位专家填写评价表,分值采用百分制。

步骤 2 根据专家自身权重,对评分进行加权平均。得到 T_i、p_i、a_i、q_i、b_i 的综合评分,分别记为 U_i、P_i、A_i、Q_i、B_i。

步骤 3 求白色优劣度比。$C = (\sum_{i=1}^{25} \alpha_i P_i)/(\sum_{i=1}^{25} \beta_i Q_i)$,表示该虚拟企业敏捷性当前优势与当前劣势之比。若 $C<1$,说明该虚拟企业当前的敏捷性较差,需改变企业当前状况。

步骤 4 求灰色优劣度比。$D = (\sum_{i=1}^{25} \alpha_i A_i)/(\sum_{i=1}^{25} \beta_i B_i)$,表示该虚拟企业敏捷性潜在优势与潜在劣势之比。$D<1$,说明该虚拟企业潜在的敏捷性较差,需对企业运作进行适当调整,以适应未来发展的需要。

步骤 5 求总灰度,记 $P_i^* = P_i/(P_i+A_i)$,$A_i^* = A_i/(P_i+A_i)$,$Q_i^* = Q_i/(Q_i+B_i)$,$B_i^* = B_i/(Q_i+B_i)$,$n_i = 1-[0.5+0.5(P_i^*-A_i^*)]$,$m_i = 1-[0.5+0.5(Q_i^*-B_i^*)]$。则总灰度 $N = \sum_{i=1}^{25} \alpha_i n_i - \sum_{i=1}^{25} \beta_i m_i$。它表示该次敏捷性度量的朦胧程度,即信息不完全程度。若 $N>0.5$,说明此次的度量结果不可靠,需重新组织评价。

步骤 6 计算主体评分,$T = \sum_{i=1}^{25} w_i U_i$。

步骤 7 计算综合得分,$S = T + C + D - N$,即为敏捷性度量的最终得分结果。

步骤 8 判别敏捷性级别。通过研究,确定敏捷性级别为:85 分以上属高敏捷,75—85 分属较敏捷,65—75 分属一般敏捷,65 分以下属不敏捷。据此可判定虚拟企业所属的敏捷性级别。

(2) 伙伴关系管理①。一般地,控制是伙伴关系管理中的关键要素,这种控制是在工作之前的主动控制,而不是在工作之后的被动控制。一些传统控制方法,如在其他类型的伙伴管理中所采取的多数持股、投票分配和设立监事会等方法在虚拟企业中已不再适用。因为虚拟企业并不是一个新的法人实体,它没有自身的资本结构,没有监事会。考虑到虚拟企业组织形式的特殊性,可以将契约方法和行为方法集成起来,对虚拟企业中的伙伴关系进行管理。

契约方法。契约方法指借助正式的契约手段来规范伙伴行为,如协议书等。由于虚拟企业在本质上是一个以市场利益为驱动的、暂时性的组织结构。因此,对参与虚拟企业的伙伴来说,契约方法中最重要的内容是关于伙伴间利益分配的各种合同和协议。但是,由于信息的不对称性、多利益群体性、目的多重性和成员异地分布性,在虚拟企业中完全依靠契约方法来进行伙伴关系管理仍然存在较大的缺陷。

行为方法。行为方法是指借助协商、沟通等行为手段,增进伙伴间的相互理解和信任,使得伙伴能够自觉规范自己的行为。行为方法其实是建立在正式权力系统之上的、一种非正式的控制方法,其中最关键的是如何在虚拟企业伙伴之间迅速、有效地建立起信任关系。表 10-3 反映了信任建立的过程和形式。

表 10-3 建立信任的过程及信任的形式

建立信任的过程	信任的形式	"面对面"环境下的影响信任建立的因素	虚拟企业环境下的挑战
衡量阶段	基于威慑的信任	投资的资源总量 商誉 联系的紧密程度 关系的时间长短	暂时的、短生命周期组织 成员来自不同实体组织 缺乏对网络边界的认识
预测阶段	基于知识的信任	关系的时间长短 基于任务的交互频率 对话的次数	暂时的、短生命周期的组织 信息共享存在一定的阻碍
确定能力阶段	基于知识的信任	开放性 决心 专家技术与经验	伙伴关系本身不具备解决冲突的高层协调能力
意向阶段	基于共识的信任	动机和价值的清晰表述 关系的时间长短 背景的相似性 对话的次数	短期关系 伙伴之间跨组织
转移阶段	敏捷信任	基于角色的固定分工	难以清楚定义角色分工 较多强调知识与技能

二、旅游虚拟企业的组织管理

虚拟企业多元化经营可以整合多企业的资源,分散经营风险,降低投入成本;同时,虚拟企业在组织管理上也比传统企业具有更高的要求。此外,由于旅游产业所具有的独特时空

---

① 陈剑,冯蔚东.虚拟企业构建与管理[M].北京:清华大学出版社,2002.

特征,旅游虚拟企业又比一般的虚拟企业具有更高要求的灵活性和应变性,因此,旅游虚拟企业的组织管理是一项困难而艰巨的系统工作。

(一) 旅游虚拟企业的运作平台

旅游虚拟企业与其他企业一样,需要运作的环境和条件。不同的是,由于旅游产品销售的实现是人的流动而不是物的流动,所以,不同于一般虚拟企业依赖物流网络平台,旅游虚拟企业依赖的是人流网络,或者称为交通网络。

(1) 信息网络。旅游虚拟企业的工作和活动的联系很大,尤其是经营国际业务的国际旅行社和国际饭店,其业务要在全球范围内展开,以整合所有能形成互补关系的最优秀的核心企业。因此,旅游虚拟企业的工作活动离不开一个高效的信息网络平台。由于现代发达的信息网络,从信息成本角度看,虚拟企业在全球范围内整合资源和虚拟运作所耗费的信息成本并不比在局部范围内的同类活动所耗费的成本多。所以,信息网络已经成为旅游虚拟企业不可或缺的运作平台。

(2) 知识网络。在知识经济时代,虚拟企业的成功是通过对知识的有效搜集和使用来决定的,企业的创新能力取决于建立与知识密集的资源的联系能力。将分散的知识人才和技术能力连接起来所形成的知识网络,是旅游虚拟企业又一重要的运作平台。知识网络的知识含量比信息网络的知识含量大,可以通过信息网络和契约网络进行传递利用。

(3) 人流网络。旅游虚拟企业的产品销售能够实现大量的游客流动,这需要一个稳定可靠的人流网络(交通网络)平台支撑。在旅游虚拟企业间存在由人流及机构、制度安排等共同构成的人流网络。随着交通工具进步和交通设施的完善,人流网络的运作效率不断提高,使人流的信息流之间的效率逐渐匹配,减少了人流网络的瓶颈效应和不确定性。

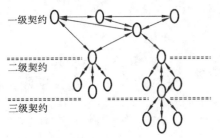

图 10-8　虚拟企业的契约网络

(4) 契约网络[①]。知识网络和人流网络的形成都离不开契约网络,没有契约网络,知识就会处于分散、独立状态,人流系统就会成为公共产品,成为所有产品的载体或通道。虚拟企业具有"半企业半市场"的特性,它的运作不是在纯市场的平台上,而是对市场的公共性、独立性向相反方向的改造,使之具有一定的私有性、专用性、可控性的不完全市场。虚拟企业通过大量的间续式双边规制形成的"准市场性企业",大量的间续式双边规制的实际形态就是由它形成的"契约网络"(见图 10-8)。

(5) 资金流网络。资金流网络是记录虚拟企业资金流动过程中每个环节上的量、本、利及风险的动态变化过程,它是一个多维网络,由成员节点、业务节点、其他资金流动节点、时间参数组成。资金流网络把虚拟企业的业务过程统一到一个网络平台上进行分析,从系统角度研究虚拟企业经营状况的总体表现;通过资金流动的平衡关系和资金价值的不同表现,描述不同成员企业经营业务的经营差异;利用时间序列和资金流动的动态性,分析影响虚拟企业经营状况的主要原因。

旅游虚拟企业运作的五个基本平台是相互联系的统一体。知识网络和人流网络的建立是以信息网络、契约网络为基础的;人流网络、知识网络使信息网络、契约网络本身具有实际

---

① 王硕. 虚拟企业理论与实务[M]. 合肥:合肥工业大学出版社,2005.

使用价值;资金流网络为其他运作平台提供物质保障;契约网络的形成和持续也需要信息网络和资金流网络的支持。

（二）旅游虚拟企业的组织结构①

一般地,参与旅游虚拟企业的伙伴比较多,每个伙伴由于其在虚拟企业中的作用不同而发生改变,某些职能的伙伴可能经常变动。将虚拟企业的组织结构设计为以职能部门为中心的静态结构与以过程为中心的动态结构相结合的二元组织结构,也称二层组织体系。这种二元组织结构中的静态部分是由各成员企业原有的相对固定和自治的职能结构或虚拟企业中相关固定不变的核心伙伴组成;动态部分是由虚拟企业协调总部、过程主管、跨企业多功能过程团队等临时部门和个人或是虚拟企业中容易变动的外围伙伴构成。

这种二元组织结构使组织在稳定性和柔性之间实现动态平衡;通过多功能团队的并行工作,提高了对市场机遇的反应速度;在虚拟企业运作的过程中,打破了职能部门的界限,扩大了知识的获得与共享。

在具体的虚拟企业结构设计方面,许多学者分别提出了虚拟企业的组织结构化模型,包括多智能体模型、IDEF 模型、面向对象的多视图模型、UML 模型、Petri 网模型等。

（三）旅游虚拟企业的协调机制

从旅游企业运作的机制看,虚拟企业具有同传统企业相似的功能、过程、环节,所不同的是企业产品和服务过程实现的功能、过程和环节是由分布在不同地区的多个企业通过信息网络的连接共同实现。因此,旅游虚拟企业具有鲜明的多利益主体特性,旅游虚拟企业的成功运作,需要建立完善的协调机制,构建合理的协调模型。

虚拟关系模型②中的三维空间的三个坐标轴代表三个管理决策区域,它对管理虚拟企业以促进其协调发展具有积极作用。如图 10-9 所示,横轴是丰富维,表示供应商向顾客增加的价值。供应商帮助顾客丰富起来,顾客又帮助自己的顾客丰富起来,顾客的顾客再帮助自己的顾客丰富起来,如此下去,形成一条丰富链,使企业走出顾客关系圈,扩展市场机遇;纵轴表示报酬维,表示顾客向供应商的支付,从不变支付到可变支付,再到共担的风险与共享的收

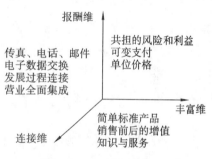

图 10-9　虚拟关系模型

益;斜轴是连接维,表示公司之间业务连接程度,从传真、电话这些互不连接的孤立工作开始,到各种操作全面集成为止。

（1）旅游虚拟企业的跨文化协调。旅游产业的国际性使得旅游虚拟企业存在跨文化协调管理的问题,同时,虚拟企业的组织形式也决定它无法实施单一文化管理。因此,由于虚拟企业成员之间不同的文化背景、经营理念、管理模式,乃至员工行为习惯,常常会使成员之间的合作难以进行,甚至导致联盟的解体。虚拟企业首先是观念联盟和"文化融合"。创新的关键就是思维方法的创新,联盟成员之间文化的沟通,有利于改善"心智模式",可以让员工在自由、开放的氛围里,从不同角度多进行换位思考,使个人的心智模式整合为联盟共同的心智模式,从而调动员工创新的积极性,进而在创新过程中产生巨大的向心力和凝聚力。

---

① 王硕.虚拟企业理论与实务[M].合肥:合肥工业大学出版社,2005.
② 戈德曼.灵捷竞争者与虚拟组织[M].杨开峰,章霁,译.沈阳:辽宁教育出版社,1998.

同时,"文化融合"有利于创造有效的"团队学习"氛围,让个人的知识通过创新、交流与共享,使其融入联盟的创新系统中,以促进全局性思考模式的形成。

(2) 旅游虚拟企业的协调机制。旅游虚拟企业的协调机制是指旅游虚拟企业伙伴之间采取何种方法和形式进行沟通与协同,从而实现各个伙伴之间的协调。从协调的内容上分,它包括信任机制、决策机制、约束机制、激励机制和分配机制。从协调的领域上分,有如表10-4 所示的种类。

表 10-4　虚拟企业中的协调机制

协调领域		协调目标	协调对象	协调方法	IT 工具
组织结构		解决虚拟企业伙伴间可能出现的冲突	合作伙伴间的组织关系	适当采用层次型的结构	基于 Internet 信息网络
任务/目标的分配/分解		合理分配任务/分解目标	合作伙伴之间的任务	谈判 招标 目标规划 博弈方法	基于 Internet 信息网络
运行/活动	生产计划方面	联合生产计划,避免相互冲突的可行解	生产伙伴	约束固化与优化 供应链管理	CSCM 扩展的 ERP 系统
	设计方面	联合/虚拟设计	设计伙伴	约束网络 公告板	产品数据管理 (PDM)
	生产与设计之间的衔接	集成产品开发	生产与设计伙伴	并行工程 集成产品开发	协同产品商务 (CPC)
	市场/客户管理	为迎合市场需求而协同各个伙伴之间的活动	供应链上的各个合作伙伴	客户关系管理 成立专业销售公司 供应链管理	e-CRM 或 e-SCM

(资料来源:陈剑、冯蔚东的《虚拟企业构建与管理》,2002 年.)

(3) 旅游虚拟企业的协调模型①。除了虚拟企业中的协调机制外,还必须考虑虚拟企业中的协调/冲突解决模型。一般来说,协调模型应包含发现问题、问题空间定义及解决问题三部分。基于此,虚拟企业中的协调模型如图10-10 所示,该模型包括关系模型、知识模型、数据采集、一致性检查及协调/冲突解决等模块。② 其中,数据采集和一致性检查模块主要用来发现问题,关系模型用来定义问题空间,协调/冲突解决用来解决问题。

显然,在上述模型中,协调/冲突解决模块是关键,在此可以针对不同的协调内容,采用数学规划、约束规划、协商等方法。

三、旅游虚拟企业的风险与利益

多企业联盟的旅游虚拟企业具有资源整合优和市场反应快等优势的同时,也存在着广

---

① 陈剑,冯蔚东.虚拟企业构建与管理[M].北京:清华大学出版社,2002.
② 徐文胜.并行工程冲突管理的关键技术研究[D].武汉:华中理工大学(现华中科技大学),1998.

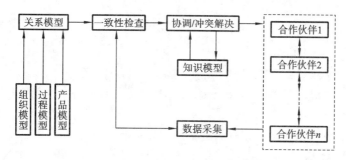

图 10-10 虚拟企业中的协调模型

泛而复杂的风险和合理分配利益的问题。这两大问题对旅游虚拟企业运作的成功构成巨大的影响。

(一) 旅游虚拟企业的风险管理

旅游虚拟企业的风险管理除了传统企业风险管理的内容外,还包括虚拟联盟协作和利益分配所产生的风险。这些风险可以分为虚拟企业的外部风险和内部风险(见表10-5)。应根据虚拟企业所面临的风险及各种风险的重要性和紧迫性,制定合理而可行的风险对策。

表 10-5 虚拟企业的风险识别结果

外部风险	市场风险	消费者需求的变动,市场竞争风险,溢出效应,上游市场的变动,经济滑坡
	金融风险	利率的变动,汇率的变动,股市的变动,全球或地区性的金融危机
	政策风险	法规、政策的变动,社会的不稳定性,政府干预
内部风险	能力风险	质量问题,成本问题,时间问题,技术问题
	市场风险	沟通问题,技术衔接和外泄问题,竞争对手界定问题,信息标准和系统接口问题,组织和管理问题,信用问题,流动性问题,激励问题,战略柔性丧失问题
	投资风险	投资套牢问题,投资到位问题

(资料来源:陈剑、冯蔚东的《虚拟企业构建与管理》,2002 年.)

(二) 旅游虚拟企业的收益分配

收益分配问题是旅游虚拟企业管理中一个敏感而重要的问题。一个虚拟企业的成功运作必须以公平、合理的收益分配方案的制定为基础。虚拟企业收益分配是指虚拟企业中合作各方成员从虚拟企业的总收入或总利润中分得各自应得的份额。在收益分配的过程中应该遵循互惠互利、结构利益最优、风险与利益对称等原则。然而,在实际合作的过程中,由于虚拟企业组建和运作过程中成员之间存在的"私有信息",造成了信息的非对称性,决定了其利益分配的不对称性。因此,许多学者纷纷提出了虚拟企业收益分配的方法和模型。包括收益分配的模糊综合评判法、收益分配的博弈模型、收益分配的 Shapley 法、收益分配的 Nash 谈判模型、收益分配的简化 MCRS 方法。

思考与练习

1. 什么是虚拟企业、虚拟经营、虚拟旅游和虚拟社区？
2. 虚拟企业有哪些基本理论，这些理论对虚拟企业有什么指导意义？
3. 虚拟企业有哪些本质特征？如何影响虚拟企业的生命周期？
4. 虚拟企业有哪些运作模式？分别举例说明。
5. 虚拟企业有哪些管理模式？分别适用于什么类型的企业？
6. 举例说明虚拟旅游发展的产业前景。
7. 旅游虚拟企业选择合作伙伴应该遵循哪些原则？采用什么方法？如何评价旅游虚拟企业的合作伙伴关系？
8. 如何加强旅游虚拟企业的组织管理？

第十一章

旅游的公共管理

学习目标

熟悉公共管理的相关概念及理论；熟悉国家旅游管理机构的模式；掌握我国旅游主管部门的组织机构设置及其职责；熟悉我国旅游管理体制改革的基本任务；熟悉我国旅游产业政策应该解决的问题；了解我国旅游法制建设的基本情况；掌握我国旅游行业管理的基本体系。

核心概念

公共管理；旅游行业管理；国家旅游管理体制；旅游产业政策；旅游法；旅游法律关系

第一节 旅游公共管理的理论基础

由发端于20世纪70年代与80年代之交的新公共管理运动所引发和推动，公共管理新概念横空出世，其理论与模式的建构回应了时代挑战，伴随着波及全球的政府改革运动稳步推进。[①] 我国旅游业也于同一时期发展起来，旅游实践的需要推动着旅游业公共管理理论的发展。

一、公共管理理论

波齐曼（Barry Bozeman）在《两种公共管理概念》一文中提到，在20世纪70年代末的美国大学中，几乎同时出现两种明显不同的公共管理途径：一种是来自公共政策学院的政策途径（The Policy Approach），简称为P-途径；另一种是来自商学院并受传统公共行政影响的商业途径（The Business Approach），简称为B-途径。经过20世纪70年代至80年代的发展，两种公共管理的途径逐渐融合，形成今天新的公共管理方式。

---

① 黄健容.公共管理新论[M].北京:社会科学文献出版社,2005.

(一) 公共管理的相关概念

要研究旅游公共管理,就必须理清一些关于公共管理的概念。

(1) 公共物品与旅游公共物品。政府的基本职能可以概括为提供公共物品(Public Goods),这几乎是所有西方经济学家的共识。斯蒂格利茨在其《经济学》一书中认为:公共物品是这样一种物品,在增加一个人对它分享时,并不导致成本的增长(其消费是非竞争性的),而排除任何个人对它的分享都要花费巨大成本(其是非排他性的)。公共物品可以划分为纯公共物品和准公共物品两大类。实际上,纯公共物品是很少的,许多公共物品在达到一定消费数量后具有竞争性,具备拥挤的特征,被称为准公共物品。准公共物品既包含私人物品的要素,也包含公共物品的要素,一般不完全具有非竞争性和非排他性的特点。准公共物品可以由政府提供,也可以由私人企业提供,其供给受到市场机制和政府规制的影响。

旅游公共物品实际上是一种准公共物品,它是一种满足公共需要,进行公共享用的物品,同时,它在特定情况下存在竞争性和排他性。需要特别指出的是,旅游资源是一种生产要素,不具有经济属性,不属于旅游公共物品的范畴。但是,当旅游资源开发成为旅游产品,旅游资源附加了劳动价值,这时候,旅游产品就属于旅游公共物品。

(2) 公共管理与公共行政。公共管理(Public Management)与公共行政(Public Administration)是两个意思相近的词,Public Administration 有时候也被翻译为公共管理,如我国的公共管理专业硕士学位 MPA(Master of Public Administration)就是把 Public Administration 翻译成公共管理。尽管如此,公共管理和公共行政还是存在一定的差别。

公共行政是指政府机关利用政策和法律为公众提供公共物品的活动,关注的焦点是过程;公共管理是指公共组织(包括政府、行业协会、民间机构、公共企业等)提供公共物品和服务的活动,关注的焦点是结果。

在我国,旅游公共管理主要是一种 Public Management,同时,也具有 Public Administration 的色彩。

私人部门	公共部门
个人家庭部门	政府部门
私人企业部门	公共企业
	非政府组织

图 11-1 国民经济组成

(资料来源:庄序莹的《公共管理学》,2006 年.)

(3) 公共管理与私人管理。公共管理的研究并不局限于政府机关,其视野扩展到了整个公共部门,这是公共管理学的新发展。因此,公共管理者并不一定完全是政府,私人部门、非营利性组织、非政府组织等都可能是公共管理的主体(见图 11-1)。

公共管理和私人管理存在以下差别:第一,管理的使命不同。公共管理为公众服务,追求公众利益;私人管理为私人或小集体服务,追求个体利益。第二,竞争的机制不同。私人管理为了追求个体利益,要不断与外部竞争者竞争,所以其效率意识比较高;公共管理的资金来源于财政拨款、赞助或其他公益捐赠,不存在外部竞争者,效率意识较低。第三,管理的性质不同。公共管理具有较高的政治属性,涉及广泛的政治活动;私人管理具有较高的经济属性,涉及激烈的市场活动。

因此,公共管理是以政府部门为核心的公共部门以有效促进公共利益最大化为宗旨,结合公共权力,运用各种可能理论和方式,以科学合法的方法制定和执行公共政策,管理社会公共事务、提供公共物品和服务的活动。

(二) 公共管理的特征

这里所说的公共管理是区别于传统的公共管理,是以 20 世纪 80 年代西方兴起的政府改革运动为标志的新的公共管理。与传统的公共管理相比较,新的公共管理的运作发生了变化,由传统官僚的、层级制的、缺乏弹性的行政,转向市场导向的、灵活应变的、深具弹性的公共管理,其具有以下特征。

(1) 公共部门和公共职能限定在适当范围内。公共部门和公共职能应该限定在适当的范围内,防止扩张和收缩。一方面,公共部门应该为市场创造一个良好的环境,增强其在规范市场方面的职能;另一方面,防止公共部门利用职权加紧对私人部门的管制,获得利益。

(2) 公共部门树立以公众为服务中心的思想。公共部门也要建立像私人部门一样的服务理念,引入私人部门的服务模式。确立以公众为服务中心,公共组织应该实行专业化分工、进行业务绩效评估、降低服务成本、充分运用信息技术等。

(3) 公共决策引入多方论证制。在传统公共管理模式下,公共决策是由官僚组织制定的,这样的决策不可避免地受到官僚利益集团的影响,难以体现公众利益性。新的公共管理引入多方论证机制,强调专家论证,将政策的制定托管给专家,使之更加具有科学性和合理性。

(4) 公共部门建立快速反应机制。公共部门的效率不高是一个普遍的现象,建立公共部门的快速反应机制要求公共部门能够应对公众的即时诉求和社会危机事件。旅游公共部门必须能够及时反映旅游信息,快速应对旅游的突发事件,保障游客的利益。

(三) 治理与善治

20世纪90年代以来,"治理"及"善治"概念日益成为公共管理的核心概念。[①] 罗伯特·罗茨列举了"治理"的六种概念:作为最小国家的治理,即通过削减国家的开支,缩小政府规模来提高政府效率;作为公司经营的治理,即管理和控制组织的体制;作为新公共管理的治理,即把私人部门的管理方式和激励机制引入公共部门;作为"善治"的治理,即指向一种有效率的、开发的、负责的并受审计监督的公共服务体系;作为一种社会控制论系统的治理,指向政府与社会、公共部门与自愿部门及私人部门之间的合作与互动;作为自组织网络的治理,即基于信任与合作的自主而且自我管理的网络。

罗茨将市场模式、政府科层模式和治理网络模式加以比较(见表11-1)。

表11-1 罗茨关于治理网络模式与市场模式、政府科层模式的特征比较

特 征	市 场 模 式	政府科层模式	治理网络模式
基本关系	—	契约和财产权	雇佣关系资源交换
交换媒介	独立	依赖	相互依赖
依赖性程度	价格	权威	信任
冲突解决和协调的方式	讨价还价和法院	规则和命令	外交式斡旋
文化	竞争	从属与服从	交互作用

(资料来源:Gerry Stoker 的《The New Management of British Local Governance》,1999年.)

在依靠市场竞争机制来改造公共管理的做法无能为力的背景下,合作的治理网络模式开始成为公共管理的重要形式。在网络中,各方面力量通力合作,共同处理社会关注的问题,使公共管理开始成为真正的社会联合行动。我国学者陈振明提出了一种网络治理的实践模式(见图11-2)。

从图11-2可以看出,网络治理模式的根本任务是提供各种类型的公共物品和公共服

---

① 陈振明.公共管理学原理[M].北京:中国人民大学出版社,2003.

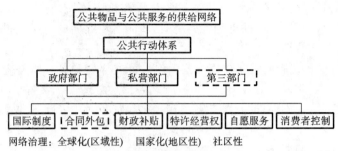

图 11-2 网络治理的新模式

务;政府部门、私营部门和第三部门是网络治理的主体;网络治理的方式是多元的,包括国际制度、合同外包、财政补贴等。

二、旅游公共管理的基本职能

旅游是一个综合性行业,客观上决定了旅游公共管理的复杂性。一方面,旅游公共物品和公共服务提供的多元化决定了旅游公共管理主体的多样化;另一方面,旅游行业的多元化和关联性决定了旅游公共管理任务的复杂性和困难性。

旅游公共管理是以旅游行政部门为核心的旅游公共部门以促进旅游业健康、持续、快速发展为目标,维护旅游者权益为宗旨,结合公共权力,运用各种手段和方式,以科学地制定和实施政策、规划及营销计划,管理旅游公共事务、提供公共物品和服务的活动。旅游公共管理主要包括以下几个职能。

调控职能。旅游业的健康发展需要旅游公共部门的指挥和调控,通过制定旅游产业发展政策,调整产业结构,来实现其调控职能。同时,公共部门应加强对旅游市场需求的预测与管理,并在市场需求的基础上对旅游产业的总供给进行调控,使供求不仅在量上而且在质上保持相对平衡。

规划职能。旅游发展规划是旅游发展的纲领性文件,是旅游业健康、持续、稳定发展的根本保证。旅游公共部门不仅需要制定科学的规划,更重要的是应按照总体规划的目标与思路,有计划、有步骤地发展旅游业。

协调职能。旅游公共部门应协调好中央政府与地方政府之间、政府与经营部门之间的关系。政府部门应在更广泛的地区间、部门间、不同的所有制形式间组织协调,对旅游开发经营活动进行激励或约束。转变作风,树立服务意识。

立法职能。公共组织应通过各种法律、行政和经济管理手段的实施,以保证旅游经济活动的有效性、公平性和可持续性。目前,我国旅游立法尚不完善,各地方要根据自身实际,设立地方旅游法律法规,规范旅游市场。

建设职能。公共组织在旅游开发的初期要进行建设引导,具有公共属性的大型基础设施、旅游大交通需要靠政府财政拨款启动,而且政府的投资不但能弥补旅游业投入的不足,还会产生很强的示范和导向作用。

保护职能。旅游资源的利用和保护是一对客观存在的矛盾,旅游公共管理要侧重于保护,必须对旅游开发企业进行有效的管制,即公共部门对私人部门的活动进行某种限制或规定,通过价格限制、数量限制或经营许可等,对企业的开发经营进行有效的监督与管理。

信息职能。我国旅游市场存在着信息不完全性和不对称性,导致非法经营者有机可乘。

政府可通过建立旅游信息系统、强化旅游服务供应商披露真实信息的义务等途径来改善这种情况。同时,公共部门有责任有义务向公众发布准确的旅游信息,正确引导公众的旅游行为。

第二节 国家旅游公共管理

国家旅游管理体制是主权国家对本国旅游经济体制运行中所产生的各种经济关系的有效管理及其所形成的组织形式和管理制度等。它包括旅游业的组织机构、组织形式、调控机制、运行方式、监督方式,各种机构或组织的责任、权限和利益问题等方面。

一、国家旅游管理体制结构

(一)国家旅游管理机构的概念

在旅游业的发展过程中,几乎所有国家都成立了专门机构,负责执行政府主体在本国旅游经济活动中的职能,最为常见的专门机构是国家旅游管理机构(NTA)。

政府主要通过行使政策制定和市场促销两项职能介入旅游业。从历史上看,这两项职能统一由旅游行政主管部门行使,这一时期的国家旅游行政主管部门就是国家旅游机构(NTA)的具体形式;随着时间的推移,两方面的职能逐渐分离,越来越多的国家出现了各司其职的两个旅游组织,即国家旅游行政管理机构(NTA)和国家旅游组织(NTO)。

根据世界旅游组织(WTO)的定义,国家旅游行政管理机构(National Tourism Administration,简称 NTA)是指:a. 在最高层次上承担旅游业行政管理职能的中央政府机构,或有权直接干预旅游部门的中央政府机构;b. 国家政府内所有有权干预旅游部门的管理机构。而其他一些地位较低的政府组织或正式机构通过与更高机构合作,或完全自治,则成为 NTA 的执行机构,但也包括法律上或经济上与 NTA 有某种联系的中央级组织机构,国家旅游组织(National Tourism Organization,简称 NTO)是其最主要形式。国家旅游组织的定义是:国家建立或承认的、在国家层面上负责入境国际旅游促销(在某些情况下也负责推广)的公共、准公共或私营性质的自治机构。①

根据世界旅游组织的定义,NTA 与 NTO 的根本区别在于,前者代表中央政府对旅游业进行全面管理,如政策、法规、规划、教育,有时甚至包括促销,是一级政府部门;后者代表政府及旅游业利益,主要从事国家旅游形象宣传与促销,是一个较为纯粹的促销组织,性质则以公私合营最为常见。也就是说,NTA 和 NTO 是国家旅游机构的两种形态:前者是行政机构,后者是促销组织。

(二)国家旅游管理机构的模式

就国家旅游管理机构(NTA)的设置而言,因不同国情而有不同模式。通常存在以下几种模式。

(1)最高级的全国旅游决策与协调机构。一些国家设有一个最高级的全国旅游决策与协调机构,由与旅游业相关的各个政府部门代表组成,直接由议会(内阁)领导。其主要职能

---

① 匡林.旅游业政府主导型发展战略研究[M].北京:中国旅游出版社,2001.

是制定全国性的旅游法规和长期规划，协调各部门关系，以促进本国旅游业的持续发展。譬如，匈牙利直属部长会议领导下的全国旅游事业管理委员会，泰国总统府下设的旅游委员会，日本总理府中设立的观光对策联络会议等。这种模式的特点是具有成员的广泛性、机构的权威性、旅游部门的主导性。

（2）部（局）级旅游行政管理机构。许多国家设立了一个完整的旅游部或相当于部的国家旅游局，采用这种模式的国家大多为发展中国家，主要原因是发展中国家对旅游创汇的期望很大。譬如，埃及、牙买加、印度、墨西哥、罗马尼亚、马耳他、菲律宾等在其内阁中设有单独、完整的旅游部；也有许多国家将旅游与其他部门合成一个综合部门，采用这种模式的国家主要考虑是有利于旅游部门与主要相关部门之间实现有效的配合和协调。譬如，巴基斯坦文化与旅游部、马来西亚文化旅游部、土耳其旅游与新闻部、斯里兰卡航空旅游部、肯尼亚旅游与野生动物保护部、印度尼西亚旅游邮电部、新西兰旅游与宣传部等。

（3）政府综合部门内设旅游管理机构。这一模式的特点是旅游管理部门并非单独设立，而是与一个或几个相关部门在一起组成一个部，共同行使职能。譬如，加拿大的工业、贸易与商业部，韩国的交通部，新加坡的工商部，比利时的文化部，瑞典的外交部。

尽管世界各国的国家旅游管理机构的地位不同，权限大小各异，但从总体上来说，它们一般都具备5种职能：监督管理职能、计划与控制职能、促销职能、财政职能、协调职能。

图11-3、图11-4、图11-5和图11-6分别给出了四个具有代表性的国家旅游管理机构的模式结构。①

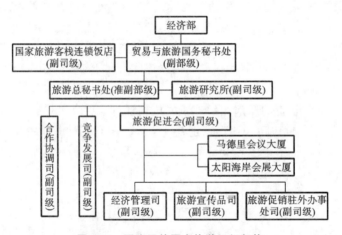

图11-3　西班牙的国家旅游组织架构

（三）国家旅游管理机构的特点

国家旅游管理机构不仅与旅游经济运行机制和目标有关，而且还与社会经济制度和管理体制密切相关，因而，各国（地区）旅游管理机构的设置具有相对独立的个性特征。

（1）在政府机构系列中缺乏稳定性。国家旅游管理机构设置的特点之一，就是所属部门变化频繁，国家旅游局不断从一个部门向另一个部门转移。这个过程，实际上就是探索最佳旅游行政管理模式的过程，也反映了国家对旅游业所寄予的希望与相应的要求。1994年，意大利经公众投票取消了旅游部，而在首相办公室内设立更小的旅游管理局，目前，意大

---

① 资料来源：匡林的《旅游业政府主导型发展战略研究》，2001；查尔斯·R.戈尔德耐的《旅游业教程：旅游业原理方法和实践（第8版）》，2003；史蒂芬·佩吉，保罗·布伦特，格雷厄姆·巴斯比，乔·康奈尔的《现代旅游管理导论》，2004.

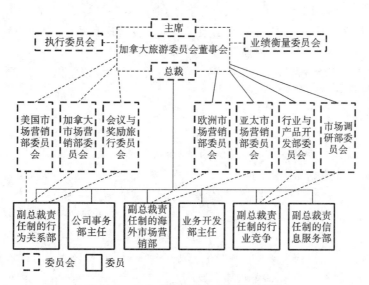

图 11-4 加拿大旅游委员会的组织结构

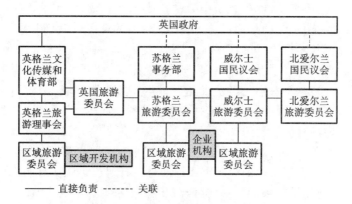

图 11-5 英国国家旅游组织结构

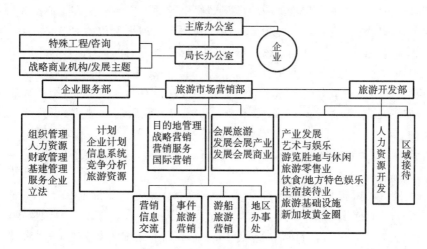

图 11-6 新加坡旅游局组织结构

利在戏剧和旅游部下设国家旅游局。1996年,丹麦撤销了旅游部,其员工分流至丹麦旅游局工作。1996年5月,西班牙人民党在击败工人社会党首次执政后,对政府部门进行了重大改组,原主管旅游的贸易旅游部被撤并到经济财政部,部长由第二副首相兼任,旅游总局的隶属关系也随之划归经济财政部,由准副部级降为正司局级,经济财政部下设贸易、旅游和中小企业国务秘书处,主管全国旅游工作,2000年旅游事务由经济部主管。

(2) 与国家经济发展水平密切相关。有关专家对42个国家的国民人均收入水平与旅游管理机构的设置进行了专题调查。结果表明:其一,收入水平越高,旅游与产业发展的结合就越密切。在人均收入超过8000美元的19个被调查国家中,在产业或就业部内设旅游局的约占47%,单独建立旅游局的约占32%,随后为商业部下设旅游局,经济事务部或通信部各约占5%,没有在交通部下设旅游局的情况。其二,收入水平越低,越有可能重视旅游业在国民经济发展中的作用,设立单独的旅游部,在人均收入不足1000美元的15个国家中,73%组建了独立的国家旅游部。其三,在经济欠发达国家,交通最可能成为制约旅游业发展的主要因素,因此政府往往考虑将二者结合成一级政府部门,以便协调,在人均收入不足1000美元的15个国家中,7%在交通部下设旅游局。

(3) 旅游与民航合二为一的并不多。从理论上讲,国家设立专门部门将旅游与民航合二为一,似乎既符合经济规律,也有利于两者利益的协调一致,事实上,这种情况并不多见。某些经济欠发达地区,在基础设施特别是交通比较落后的情况下,政府为缓和短缺实施对旅游业带来严重的瓶颈制约作用,可能采取合二为一的做法。如印度成立了民航旅游部,斯里兰卡1994年组建了旅游业与民航、新闻部。但随着经济的发展,交通所服务的范围逐渐向更广泛、更专业的方向发展,特别是经济发达后货运业务急剧膨胀,旅游与交通就不宜合二为一了。日本是一个例外,因政府十分重视发展旅游业,而其地理位置又是海上孤岛,交通始终在旅游业发展中具有战略性地位。

(4) 最重要的原则是要有利于协调。旅游业综合性强,涉及面广,参与其中的部门很多,因此,设置国家旅游管理机构的一个重要标准是要有利于协调。有利于协调表现在两个方面:一个是部门之间的横向协调。譬如,西班牙将旅游部划归经济财政部后,尽管不是单独的部级单位,但却更便于协调各方面关系,也有利于旅游部门参与和影响国家制定经济财政预算政策,避免国家的劳工政策和税收政策妨碍旅游业吸引投资、创造财富和提供就业机会,并使国家在制定总体宏观政策时更多地照顾到大多数中小型旅游企业的利益,由于外贸部门同时划归经济财政部,亦有利于密切联系旅游与外贸部门的关系,有利于利用外贸部门在世界各地的商务代表处网络,开辟新市场。第二个是政府机构上下之间的纵向合作。譬如,在一些联邦政治体系或分权国家里,国家旅游管理机构的许多职能特别是饭店登记评定制度均被下放到地方当局,澳大利亚、法国和西班牙中央政府均与地方当局、产业协会及私营部门组建了专门的旅游委员会,为保持持久、良好的合作关系提供了组织保障。在少数情况下,管理部门的预算由中央部门向地方当局下放,如爱尔兰国家旅游机构将其7%的预算划给6个地方旅游局。

(5) 东亚地区国家旅游管理机构有所升格。随着亚太地区旅游业在全球旅游市场上的崛起及旅游经济功能的日益强大,部分国家适时提升了国家旅游行政管理机构规格,以便推动旅游业更快更好地发展。在日本,负责全国旅游事务的运输省始终坚持把旅游业作为日本经济支柱产业进行扶持和发展,日本政府在1997年年底和1998年年初进行的新一轮行政机构改革中,运输省与建设省合并,并于2001年以国土交通省的新面貌出现,在此次改革中,原运输省内负责旅游的"观光部"(相当于我国的司级机构)被提升为"观光局"(相当于我国的副部级机构),日本运输政策局长就提升日本旅游机构问题时宣称:"旅游业的方针政策和陆海空交通的方针政策一样,在国土交通的大政方针上占有同等重要的支柱性地位。旅游产业被称为是能带来20兆或40兆日元经济效益的世界性规模产业,所以世界各国制定旅游政策的大多为省(部)级或局(副部)级国家机构。从这个意义上讲,日本有必要以新的观点对加强旅游方针政策建设和旅游机构体制改革倾注力量。"1998年,韩国政府统管旅游业的"文化体育部"更名为"文化观光部",文化观光部内新设了"观光开发科",负责开发旅游资源和改善旅游基础设施、完善旅游法规制度等方面的工作。

(四)我国旅游管理组织的体制

1. 我国旅游管理体制的发展历程

伴随着经济发展和社会进步,我国旅游管理体制经历了从无到有、从行业规范到法治化、从市场化改革到文旅融合深化改革的"三个发展阶段"。

第一个阶段是1949年至1977年的初创时期。中华人民共和国成立之后,为了适应回国探亲和旅游的华侨人数不断增多的需要,1953年成立了北京华侨旅行服务社,主要负责回国华侨的接待工作。1954年成立了中国国际旅行社,开始接待外国旅游者。这个时期,强调政治接待为主,还没有把旅游当作一项经济产业来对待,而是作为外事工作的一部分。1958年召开了全国外事工作会议,国务院成立外事办公室,各省、自治区、直辖市相应成立外事办公室,兼管旅行游览事宜。1964年正式成立由国务院领导的中国旅行游览事业管理局,领导我国的国际旅游工作。1966年至1976年的"文化大革命",使刚刚起步的旅游业遭受了严重的破坏。这个阶段的主要特点是:第一,接待对象局限在外国友好团体及其成员和华侨、港澳同胞,其他类型游客受到限制;旅游接待规模很小,最高年份也不过接待外国游客5万多人次。第二,旅游接待不计成本,各接待单位多为事业性质,接待的目的不是经营,而是作为政治任务来完成。第三,旅游主管部门与旅游接待单位合为一体。因此,这个阶段只能说是我国旅游业的初创时期。

第二阶段是1978年至2017年的改革时期。改革开放以来,随着经济体制改革和对外开放的逐步深入,旅游管理体制改革迈出了三大步。第一步是1978年至1986年适度超前地建立政企分开的管理体制。1978年3月,"中国旅行游览事业管理局"更名为"中国旅行游览事业管理总局"。1978年8月,"中国旅行游览事业管理总局"由代管局升格为国务院直属机构。1981年10月,国务院明确中国旅游行业实行"统一领导、分散经营、分级管理"的原则。1982年年初,中国旅行游览事业管理总局与中国国际旅行社总社实行政企分开,强化了国家旅游局统一管理全国国际、国内旅游业的职能。1982年8月,经全国人大批准,将"中国旅行游事业管理总局"正式更名为"中华人民共和国国家旅游局",从而最终确立了其作为国务院旅游行业主管部门的地位。与此同时,各省、自治区、直辖市相应建立了旅游行业主管部门,并逐步实行了政企分开。1984年,中共中央制定了《关于经济体制改革的决定》,为旅游业体制改革指明了方向。1985年国务院批转了国家旅游局《关于当前旅游体制改革几个问题的报告》,明确了我国旅游管理体制采取"政企分开,统一领导,分级管理,分散经营,统一对外"的原则。国家旅游局推动旅游企业进行了体制改革,重点解决三个问题:一是在领导体制上,建立了总经理和部门经理负责制,推行了垂直领导体制,改革了干部管理制度和人事劳动制度;二是在经济管理体制上,完善了经济核算和经济活动分析制度,企业在经济上有了更大的自主权;三是完善了劳动合同制、员工守则、奖惩制度、培训制度等各项规章制度。通过改革,旅游企业(旅行社、旅游饭店、旅游汽车和游船公司等)完成了"事业型"向"企业型"的转变,初步形成了旅游企业管理体制的新模式。1986年,旅游业作为一项新兴的外向型经济产业,正式列入国民经济发展计划,旅游行政管理机构随之转变职能,即由直接管理企业的"小旅游"管理转变为进行行业管理的"大旅游"管理。但是,在这个阶段,旅游业的发展也面临着严重的制约因素,这就是与国民经济中其他相关部门的协调配合问题,突出的是民航国内运输在不少地方成为制约旅游业发展的"瓶颈"。第二步是1987年至1999年政府主导建立市场化管理体制。1987年年初,中央把国家旅游主管部门实行对旅游全行业管理问题,作为一项大政方针,要求国家旅游局研究贯彻与落实。根据中央的指示精神,国家旅游局确定了"政企分开和精简、统一、效能的原则",以定点管理、星级管理为核心内容的全行业管理体制开始建立,旅游企业集团纷纷成立。1990年10月30日,《关于组织我国公民赴东南亚三国旅游的暂行管理办法》颁布实施,我国旅游业包括国内旅游、入境旅游和出境旅游开始全方位发展。1991年2月,国务院批转了国家旅游局《关于加强旅游行业管理若干问题的请示》,在加强旅游全行业管理的同时,提出了建立旅行社企业集团的构想。1991年3月,李鹏总理在《政府工作报告》中将旅游业列为第三产业重点发展的行业。1998年,中央经济工作会议进一步把旅游业作为国民经济新的增长点,进一步提高了旅游业在国家经济社会发展中的地位,为我国旅游业实现大发展的目标奠定了基础。为此,1988年、1994年和1998年,全国旅游管理体制进行了三次重大改革,着重解决政企分开、合理划分事权、理顺条块及行政层次之间的关系问题,基本确立了适应市场经济要求的中国旅游行业管理体制,旅游业进入了市场化的发展阶段。第三步是2000年至2017年支柱产业的国际化。2000年,国务院批准的《中外合资旅行社试点暂行办法》开始实施,进一步放开了旅行社市场。2001年11月,随着中国加入世界贸易组织(WTO)谈判协议的签署,中国加入世界贸易组织的法律问题基本解决,旅游业作为服务贸易的重要组成部分自然获得了世界贸易组织的准入权益。为此,我国旅游产业管理体制进入全方位、深层次、高强度的改革与创新阶段,既有中国特色又与国际惯例接轨的旅游管理体制开始逐步建立起来。2009年12月,国务院以国发〔2009〕41号印发《关于加快发展旅游业的意见》,将旅游业界定为战略性支柱产业和人民群众满意的现代服务业。2013年2月,国务院正式批准发布《国民旅游休闲纲要(2013—2020年)》。2013年4月25日,第十二届全国人民代表大会常务委员会第二次会议通过《中华人民共和国旅游法》。2014年8月,国务院以国发〔2014〕31号印发《关于促进旅游业改革发展的若干意见》。这个阶段的旅游业实现了从量变到质变的跨越式发展,行业规范上升为依法治理,旅游业进入全域化、市场化和国际化的全新模式。

第三阶段是2018年至今的融合时期。2018年3月,党中央和国务院启动了全面深化机构改革的工作,在中华人民共和国第十三届全国人民代表大会第一次会议和中国人民政治协商会议第十三届全国委员会第一次会议上,公布了《国务院机构改革方案》。2018年4月8日,根据国务院机构改革方案,新组建的"中华人民共和国文化和旅游部"正式挂牌,不再保留文化部、国家旅游局。从1982年8月开始列入国务院直属机构的国家旅游局,就此完成了历史使命。2018年7月30日,中共中央办公厅、国务院办公厅印发了《文化和旅游部职能配置、内设机构和人员编制规定》,即定岗、定编、定责的"三定"方案。随之,按照全面深化改革的统一部署,全国各地不再保留旅游发展委员会或者旅游局,旅游部门与文化、体育等相关部门进行了整合。从此,我国旅游管理体制进入了融合发展阶段,被业界和媒体称之为"诗和远方在一起"。

2. 国家文化和旅游部的组织机构设置

根据党的十九届三中全会审议通过的《中共中央关于深化党和国家机构改革的决定》《深化党和国家机构改革方案》和第十三届全国人民代表大会第一次会议批准的《国务院机构改革方案》,编制了文化和旅游部的《文化和旅游部职能配置、内设机构和人员编制规定》。2018年7月30日,中共中央办公厅、国务院办公厅印发并通知实施"三定"方案。

"三定"方案规定,文化和旅游部是国务院组成部门,为正部级。下设办公厅、政策法规司、人事司、财务司、艺术司、公共服务司、科技教育司、非物质文化遗产司、产业发展司、资源开发司、市场管理司、文化市场综合执法监督局、国际交流与合作局(港澳台办公室)、机关党委和离退休干部局15个机构。文化和旅游部机关行政编制为514名。设部长1名,副部长4名;司局级领导职数54名(含机关党委、机关纪委、离退休干部局司局级领导职数)。

"三定"方案规定,文化和旅游部的主要职能是统筹规划文化事业、文化产业和旅游业发展,拟定发展规划并组织实施,推进文化和旅游融合发展,推进文化和旅游体制机制改革;指导、管理文艺事业及文化和旅游市场发展;管理国家文物局;指导全国文化市场综合执法等。

3. 我国地方旅游管理体制改革的基本态势

伴随着国家旅游管理体制的改革进程,我国地方旅游管理体制也进行了相应的机构改革和职能调整。国务院不再保留国家文化部和国家旅游局,组建国家文化和旅游部,对地方旅游管理体制改革起到了引领和示范作用,基本上形成了"向上看齐,上下对口"的旅游管理体制改革模式。

二、国家旅游法律体系

党的十一届三中全会确定了发展社会主义民主,健全社会主义法制的方针。邓小平同志在1987年12月13日指出,加强法制建设要做到"有法可依,有法必依,执法必严,违法必究"。这是对我国法制建设经验的科学总结,为我国法制建设指明了方向,是引导我国法制建设健康发展的正确方针。同样,这也是对我国旅游管理法制化的基本要求。

法制概念包括两个方面的内容,一方面,法制是指统治阶级按照自己的意志,通过国家确认建立起来的维护阶级统治的法律制度,就是立法方面的内容(即法的制定过程和结果)。另一方面,法制是指平等的严格依法办事,就是任何国家机关、政党、社团、国家工作人员或者公民,都必须严格依法办事。任何组织或者个人都没有超越法律的特权,公民在法律面前一律平等。法制是立法、执法、守法、监督法律实施四个方面完整的统一。

市场经济是法制经济,建立规范的法制体系是旅游产业发展的基础和保障,也是旅游产业发展的必然趋势。

(一)旅游法的概念

旅游法是调整旅游活动领域中各种社会关系的法律规范的总称。旅游法不是一个单一的法律文件,而是一系列的法律规范,它既包括国内法规范,也包括国际法规范,这一规范体系以旅游产业为主线统一起来,具体包括5个方面:由全国人民代表大会及其常委会通过的旅游法律;由国务院制定的旅游行政法规;由国家旅游行政管理机构制定的旅游行业法规;由省、自治区、直辖市人民代表大会及其常委会制定的地方旅游法规,省、自治区、直辖市人民政府制定的地方旅游行政规章;我国政府参加和承认的国际旅游公约或规章。

旅游法调整的对象是旅游活动领域内各种社会关系。主要包括4大类:①纵向关系。这是指旅游管理机构与旅游经营单位之间及旅游管理机构上下级之间的关系。②横向关系。这是指平等主体之间的关系,如旅游管理机构与相关公共管理机构之间、旅游企业之间、旅游企业与旅游者之间的关系。③旅游企业内部的关系。这是指旅游企业内部在经营管理方面所形成的关系。④涉外因素的关系。这是指我国旅游管理机构、旅游企业与国外旅游组织、企业在业务交往中所发生的关系。

(二) 旅游法律关系

旅游法律关系是指旅游法律在调整人们旅游活动过程中所形成的权利和义务关系。它是由旅游法律、法规所规定和调整的,以法定权利和义务为内容的、具有国家强制性的一种特殊的社会关系。

主体、内容和客体是旅游法律关系的三大构成要素(见图11-7),缺少其中任何一个要素,就不能构成旅游法律关系,变更其中任何一个要素,就不是原来的旅游法律关系。

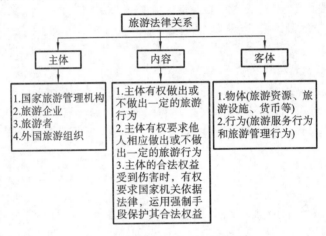

图 11-7 旅游法律关系的构成要素

(1) 旅游法律关系的主体。旅游法律关系的主体是指依照国家旅游法律、法规享有一定权利和承担一定义务的当事人。在我国旅游法律关系中,能够作为主体的当事人,主要有以下4类。

第一,国家旅游管理机构。各级旅游管理机构,在同级人民政府的领导下,负责领导和管理全国或地方的旅游产业发展工作。

第二,旅游企业。主要包括旅行社、旅游饭店、旅游景区、旅游车船公司、旅游服务公司及提供各种旅游服务的企业,诸如旅游商品经销单位、旅游信息服务公司、铁路和民航等交通经营单位等。

第三,旅游者。包括国际旅游者和国内旅游者。

第四,外国旅游组织。外国旅游组织同我国旅游组织或旅游企业发生经济合作与交流时,就会成为我国旅游法律关系的一方当事人。

(2) 旅游法律关系的客体。旅游法律关系的客体是指旅游法律关系主体之间权利和义务所指向的对象。没有旅游法律关系的客体,主体的旅游权利和旅游义务就无法实现,所以,旅游法律关系的客体是旅游法律关系不可缺少的要素。在我国旅游法律关系中,旅游法律关系客体主要分为物体和行为两种类型。

物体是旅游法律关系的普遍客体。其中,旅游资源是最重要的旅游法律关系客体,它既包括地文景观类、水域风光类和生物景观类等自然旅游资源,也包括古迹与建筑类、休闲求知健身类和购物类等人文旅游资源。旅游设施也是重要的旅游法律关系客体,包括旅游住宿设施、旅游娱乐场所、旅游交通设施以及旅游信息服务设施等。

货币作为旅游费用的支付手段,也是旅游法律关系的客体。包括国际旅游支付的外汇和国内旅游支付的人民币。

行为是旅游法律关系中极为重要的客体。旅游法律关系中的行为,可以分为旅游服务行为和旅游管理行为。

旅游服务行为表现为一系列分工协作的劳务活动,包括为旅游者在旅行游览过程中提供的导游服务,以及在吃、住、行、游、购、娱等各活动环节中提供的接待服务,还包括旅游市场推广过程中的营销服务。

旅游管理行为是一种直接或间接地为旅游者服务的活动。科学合理的经营管理是旅游企业开展正常经营活动的基本前提,为旅游者提供优质高效服务的重要保证。各级旅游管理机构通过依法行政,执行国家旅游政策,领导旅游产业发展,保障旅游者的合法权益。

(3) 旅游法律关系的内容。旅游法律关系的内容是指旅游法律关系主体依法享有的权利和承担的义务。正是这种权利和义务,把旅游法律关系的主体联结起来,因而,它在旅游法律关系中具有重要的意义。

旅游法律关系主体的权利是一种法律上的权利或法定权利。旅游法律权利主要包括3个方面的内容:第一,旅游法律关系主体有权做出或不做出一定的旅游行为。前者如旅游行政管理机构依照旅游法规批准某一家旅行社成立或撤销;后者如旅游者在支付了一定的旅游费用后,有权放弃一定的旅游活动项目,任何人都不得强迫其参加一定的旅游活动项目。第二,旅游法律关系主体有权要求他人相应做出或不做出一定的旅游行为。前者如旅游者在支付一定的旅游费用后,有权要求旅游经营单位提供相应服务;后者如旅游者在支付一定的旅游费用后,有权要求旅行社不得随意改变旅游线路或取消旅游活动项目。第三,旅游法律关系主体的合法权益受到侵害时,有权要求有关国家机关依据法律,运用强制手段保护其合法权益。如旅游企业在经营过程中没有按照合同约定或行业标准为旅游者提供接待服务,旅游者有权向旅游行政管理机关投诉,请求赔偿损失。

旅游法律关系主体的义务是指旅游法律关系主体所承担的某种必须履行的责任。这种必须履行的责任主要包括3个方面的内容:第一,旅游法律关系主体按照旅游权利享有人的要求做出一定的行为。如旅行社在收取旅游者支付的旅游费用后,就有义务提供相应的旅游导游等服务。第二,旅游法律关系主体按照旅游权利享有人的要求,抑制一定的旅游行为。如国家旅游管理机构对某旅行社的违法行为做出停业整顿的处罚决定后,在停业整顿期间该旅行社就不得继续经营旅游业务。第三,旅游法律关系主体不履行或不适当履行义务时,将受到国家强制力的制裁。如旅游导游服务人员在旅游接待业务中不提供导游服务或者私自收取回扣和小费,就应当受到旅游法规的制裁。

综上所述,在我国旅游法律关系中,权利和义务是相互对应,同时存在的。旅游法律关系主体享有旅游法规规定的权利,同时必须承担旅游法规所规定的义务。而且,一方主体的权利就是另一方主体的义务,反之亦然。

(4) 旅游法律关系的保护。旅游法律关系的保护就是严格监督旅游法律关系主体正确地行使权利和履行义务,对侵犯旅游法律关系主体合法权利和不履行法定义务的行为追究法律责任。

旅游法律关系是由旅游法规确认和调整的当事人旅游行为过程中所形成的权利和义务

关系。所以,对旅游法律关系的保护方法也是由旅游法规所规定的。我国现行的旅游法规所规定的对旅游法律关系的保护,主要有奖励、处罚和司法审判3种方法。

依照旅游法规有权对旅游法律关系主体的权利和义务进行确认和调整的机构,就是旅游法律关系的保护机构。我国现行的旅游法规所规定的旅游法律关系的保护机构,主要有3个：第一,旅游管理机构。它是旅游业的行政主管部门,包括国家旅游行政管理部门和地方旅游行政管理部门。它们依照旅游法规的规定,运用奖励和处罚的方法保护旅游法律关系。第二,相关公共管理机构。主要有工商、税务、财政、外汇、公安、海关、交通、建设、林业、文化、医疗卫生等公共管理部门。它们主要是运用奖励和处罚的方法保护旅游法律关系。第三,司法机关。司法机关是指各级人民法院和人民检察院。根据旅游法规规定,凡是情节严重,构成犯罪的旅游行为,应当由司法机关依照法律规定,追究刑事责任,从而保护旅游法律关系。

（三）旅游立法制度

立法制度是指一个国家关于立法权限划分的体制。根据我国宪法、全国人民代表大会组织法、地方各级人民代表大会和地方各级人民政府组织法、国务院组织法的规定,我国立法权不仅由中央和地方分享,而且在中央和地方又把立法权分为不同层次由国家政权机关分享,表现为"两级多层次"的立法体制。

"两级"是指中央和地方两个层级,"多层次"是指在中央和地方的两个层级中又可分为若干个层次。

我国现行的立法体制是一个两极多层次的立法体制,而立法权又是统一的。统一的立法权在法律效力上表现为宪法具有最高的法律效力,法律的效力次之,行政法规的效力再次之,部门规章和地方性法规、规章又次之。

旅游立法体系是由我国现行的立法体制决定的,参与旅游立法体系的建设者只能是有旅游立法权的国家机关,即全国人民代表大会及其常委会、国务院、国务院旅游行政管理机关及与旅游密切相关的行政主管部门(如建设、文化、林业、民航、铁路等行政机关)、省、自治区、直辖市人民代表大会及其常委会,省、自治区、直辖市人民政府和省、自治区、直辖市人民政府所在地的市,以及经国务院批准的较大的市人民政府。除此之外,省、自治区、直辖市旅游行政管理机关、旅游企事业单位、旅游行业协会等均不属于旅游立法体系的建设者。

《中华人民共和国宪法》《中华人民共和国全国人民代表大会组织法》《中华人民共和国国务院组织法》和《中华人民共和国地方各级人民代表大会和地方各级人民政府组织法》等法律对立法具有原则性的规定。立法机关对制定什么法律规范具有较大的立法选择权。为了国家立法的统一性,要求各立法机关制定的法律规范性文件要保持相对和谐的关系,形成协调的"立法体系",如图11-8所示。

我国关于立法程序的基本原则和基本制度,规定在宪法和国家机关组织法中,就旅游立法程序来讲,制定《中华人民共和国旅游法》应该遵循国家权力机关制定的立法程序办理,即一般要经过准备法律草案、提出法律草案、审议法律草案、通过法律、公布法律五个阶段。而制定旅游行政规章、法规则必须遵循国务院《行政法规制定程序暂行条例》。制定旅游行政法规、规章的程序可分为5个阶段(见图11-9)。

（四）旅游产业法规

改革开放以来,伴随着国家法制体系的不断健全和旅游业的快速发展,我国的旅游法制

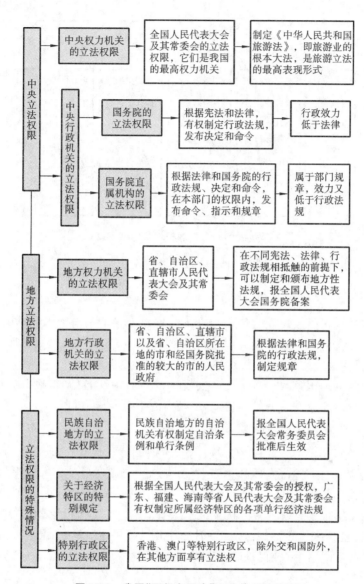

图 11-8 我国"两级多层次"立法体制结构图

建设日益完善起来。在国家权力机关和行政机关的重视下,从中央到地方、从政府到部门,在旅游法制建设方面不断发展,初步建立起"两级多层次"的旅游法制体系。

在这个体系中,"两级"是指国家的旅游法规层次和地方的旅游法规层次;"多层次"是指在国家的旅游法规层次中,既有全国人民代表大会常务委员会通过的《中华人民共和国旅游法》,也有国务院制定、发布的旅游行政法规,还有国务院批准、国家旅游行政部门发布的旅游法规性文件,以及国家旅游行政部门自行制定发布的部门规章和规范性文件;在地方的旅游法规层次中,既有各地、各级人民代表大会及其常委会通过的地方性旅游法规,也有各地、各级人民政府制定的地方性行政规章,还有各地旅游行政部门制定发布的规范性文件。

现在,随着全国产业结构调整和旅游业快速发展,国务院和各级政府越来越认识到旅游业对国民经济发展的重要意义,不断为旅游业发展提供新政策,客观上加速了旅游法制建设的步伐。这说明我国旅游法制建设保持着良好的发展趋势,必将促进我国旅游法制体系的

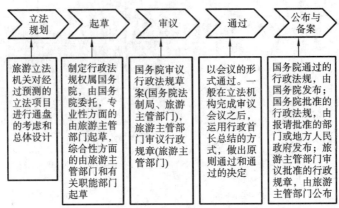

图 11-9　我国旅游法规和规章的制定流程

进一步丰富、繁荣和完善,为旅游业实现可持续发展创造更加坚实的法制环境。

三、国家旅游产业政策

政策是国家政权机关或政党为了实现政治、经济、文化上的目的,根据历史条件和当前情况所制定的一套措施和办法。国家政权机关或政党从实际出发,根据具体国情制定和执行正确的政策,是实现社会经济发展,并达到预期目的的重要保证。

旅游产业政策则是国家政权机关为了实现旅游产业的发展目的,根据旅游产业发展的社会经济条件和旅游产业发展的具体情况,所制定的一系列措施和办法。

(一)旅游产业政策应遵循的原则

制定产业政策是国家加强和改善宏观调控,有效调整和优化产业结构,提高产业素质,促进国民经济持续、快速、健康发展的重要手段。因此,产业政策要具有较强的针对性、相对的稳定性和适当的前瞻性。

(1) 客观性和规律性。顺应旅游产业发展规律,就是吸取和借鉴国内外旅游业发展的经验和教训,主要包括国际通行做法或惯例(如简化入境签证、海外旅游者购物退税等)、各国发展旅游业的经验、我国各地促进旅游业发展的有效措施,以及防止和避免影响旅游业发展的各种不利因素。

(2) 实际性和前瞻性。由于国情不同、社会经济环境不同、旅游业发展阶段不同,旅游产业政策的具体内容也就有所区别。当前,旅游产业政策的制定应考虑的问题是,我国是一个正处于社会主义初级阶段的发展中国家,虽然正在加速向市场经济方向迈进,但旅游业发展所依赖的基础条件、配套设施、综合环境等方面,与市场经济比较发达的国家还有相当大的差距。在这种情况下,尤其要处理好政府主导作用与市场对资源配置的基础性作用问题,也就是如何搞好市场经济条件下的政府主导型发展问题。研究旅游产业政策问题,尤其要注意适度的预见性和超前性,既要立足当前的旅游业发展实际,又要考虑高新科技快速发展背景下的旅游业发展潮流。目前所制定的旅游产业政策,不仅对于旅游业当前的发展具有指导意义,而且对于未来的发展具有一定的趋势性导向作用。

(3) 诱导性和间接性。旅游产业制定的目的在于促进旅游业的发展,从而实现国民经济的发展。旅游产业政策是针对旅游业的特点制定,能够提供多层次的指导和环境支持。同时,与其他部门产业政策一样,旅游产业政策是一种规范性的政策,具有引导经济结构平衡,促使企业行为合理化的作用。旅游产业政策和市场机制的作用正好相反,市场机制直接作用于行业发展,影响企业行为;而旅游产业政策不是通过直接干涉企业的经营活动来贯彻国家或行业意图,而是通过政策来营造市场环境,引导发展方向,激发企业活动,规范企业行为。

(4)动态性和连续性。不同发展阶段,由于国民经济发展水平不同,人民的需求层次和需求结构也不同,旅游产业的结构和功能也随之发生变化,旅游产业政策的具体内容和形式也必须与时俱进。同时,这种与时俱进的变化要保持政策的连续性和延伸性,防止出现政策的剧烈变革,引起市场的混乱与剧烈的利益重分配,只有保持政策的连续性才能实现政策的动态稳定性。

(5)层次性和系统性。旅游是一个综合产业,旅游产业政策要确定有限的生产要素和资源在旅游各个部门和产业的分配,不同的分配是由各产业在该国经济发展中不同的地位决定的。同样,不同的产业在同一时期的发展速度是不同的,这两者共同决定了旅游产业政策必须具有层次性和序列性。这种具有层次性和序列性的产业政策,结合旅游多产业的特征,使得旅游产业政策具有系统性。一方面,旅游产业政策的制定必须协调和处理好与其他产业的政策;另一方面,旅游产业政策要平衡处理旅游产业内部各个部门的发展,实现系统内外和谐。

(6)稳定性和保障性。产业政策一般会影响旅游产业发展的短期平衡,而促进旅游产业的中长期健康运行,保持政策的稳定性是维持市场相对稳定和实现政策效益的保证。产业政策的贯彻实施,必须有一定的经济手段、法律手段和行政手段来提供保障。对旅游业这个依托性比较强的产业来说,这一点显得尤其重要。因此,产业政策的某些规定,不仅要有一些是原则的,而且还应有一些相对明确的硬性规定,如对旅游业的投入要列入国民经济计划,对旅游创汇企业要实施奖励,加快旅游法律建设等方面。只有将发展方向与保障措施紧密结合,才能使产业政策真正发挥导向与指针的作用。

(二)旅游产业政策的基本内容

我国旅游业发展到今天已具有相当的产业规模,积累的经验、遇到的困难、存在的问题都很多。哪些问题可在国家产业政策中加以反映,是一个需要认真对待的问题。从发展的角度看,旅游产业政策包含 10 个基本内容(见图 11-10)。

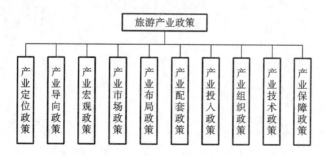

图 11-10 旅游产业政策内容体系

(三)旅游产业政策制定的程序

产业政策是国家高度重视的产业发展纲领,为保证其科学性、权威性和实施的有效性,国家规定了比较严格的制定程序。按照国务院有关文件的程序要求,旅游产业政策从立项到颁布实施,大致要经历 5 个步骤。

(1) 立项。由旅游主管部门向具体负责研究制定、协调产业政策的国务院相关机构提出申请,由其研究决定是否立项。

(2) 制定。由国务院相关机构牵头,旅游主管部门具体负责研究起草,再提交国务院相关机构审查和协调。

(3) 审议。由国务院相关机构组织国务院有关部门、产业界、学术界和消费者群体进行科学论证和民主审议。

(4) 报批。在通过论证和审议后,由国务院相关机构同旅游主管部门报国务院批准后发布执行。

(5) 监督、检查、评价。由国务院相关机构同有关部门负责对产业政策的实施进行监督、检查和分析,定期向国务院报告实施情况,并根据经济形势、产业结构的变化提出修改建议。

第三节 旅游行业公共管理

一、世界旅游行业组织

(一) 世界旅游行业组织及其职能

行业组织一般是指由法人、其他组织或公民在自愿的基础上组成的一种民间性非营利社会团体。行业组织种类繁多,名称不一,包括行业协会、商会、同业公会、企业联盟、经济组合等形式。①

旅游行业组织泛指旅游业中的行业协会。旅游行业组织主要是指为了加强行业之间及旅游行业内部的沟通与协作,促进旅游业及行业内部各成员的发展而形成的各类组织。旅游行业组织通常是一种非官方的民间组织,各成员采取自愿加入的原则,行业组织所制定的规章、制度和章程对于非会员单位不具有约束力。但是,有的旅游行业组织受到政府的支持和授权,具有半官方的性质。

一般来说,旅游行业组织具有服务和管理两种职能。旅游行业组织的管理职能不同于政府旅游管理机构的职能,它不带有任何行政指令性和法规性,它的有效性取决于行业组织的权威性和凝聚力。

旅游行业组织有以下基本职能:一是在同行业会议的基础上制定准则以规范行业行为;二是代表行业成员,维护本行业利益;三是为本行业成员提供信息、培训和咨询服务;四是开展联合推销和市场开拓活动。

旅游行业组织的种类很多,根据地域范围的不同,可以划分为全球性旅游行业组织、世界区域性旅游行业组织、全国性旅游行业组织和国内区域性旅游行业组织;根据会员性质的不同,可以划分为旅游交通机构或企业的行业组织、饭店与餐饮行业组织、旅行代理商行业组织、旅游教育与旅游研究机构组织、旅游专家组织等。按照动机的不同,可分为营利性组织和非营利性组织。另外,还可以从不同的角度对旅游行业组织进行划分与认识。

---

① 谢晓尧.论加快我国的行业组织立法[J].法商研究(中南商法学院学报),1996(4).

（二）世界旅游组织（World Tourism Organization，简称 UNWTO）

世界旅游组织是联合国系统的政府间国际组织，是旅游领域的领导性国际组织。最早由国际官方旅游宣传组织联盟（IUOTPO）发展而来。2003 年 11 月成为联合国的专门机构。总部设在西班牙马德里，组织机构包括全体大会、执行委员会、秘书处及地区委员会。

世界旅游组织的宗旨是：促进和发展旅游事业，使之有利于经济发展、国际间相互了解、和平与繁荣，以及不分种族、性别、语言或宗教信仰，尊重人权和人的基本自由，并强调在贯彻这一宗旨时要特别注意发展中国家在旅游事业方面的利益。

世界旅游组织的任务是：主要围绕技术合作、信息、统计、教育培训、简化旅游手续、旅游者安全及旅游设施保护、旅游环境保护等方面开展工作。还负责收集、分析旅游数据，定期向成员国提供统计资料、研究报告，制定国际性旅游公约、宣言、规划、范本，提供技术专家援助，组织研讨会、培训班和召集国际会议。

1979 年 9 月，世界旅游组织第三次代表大会正式确定每年 9 月 29 日为世界旅游日，它是旅游工作者和旅游者的节日。世界旅游组织每年提出一个宣传口号，开展旅游宣传活动，从而推动世界旅游业的共同发展。1983 年 10 月，我国正式加入世界旅游组织。2003 年 10 月，世界旅游组织在北京举行了第 15 届全体大会。从 1987 年开始，我国一直连任世界旅游组织执委会成员（每任 4 年），我国派代表团出席了世界旅游组织的历届大会，积极参与世界旅游组织的有关活动，与其保持着良好的合作关系。世界旅游组织曾多次派出专家在旅游规划、开发、统计、市场、教育培训等方面向我国提供技术支持。

（三）世界旅行社协会联合会（United Federation of Travel Agents' Association，简称 UFTAA）

世界旅行社协会联合会是 1919 年成立的欧洲旅行社组织和 1964 年成立的美洲旅行社组织于 1966 年 11 月 22 日在罗马会议上合并而成立的，总部设在比利时的布鲁塞尔。世界旅行社协会联合会是世界上较大的民间性国际旅游组织之一，其正式会员是各国的全国性旅行社协会。主要活动为每年一次的世界旅行代理商大会，并出版月刊《世界旅行社协会联合会信使报》（Courier UFTAA）。该组织的宗旨是：团结和加强各国全国性旅行社协会和组织，协助解决会员间在专业问题上可能发生的纠纷；在国际上代表旅游行业同与旅游业有关的各种组织和企业（运输业、旅馆业和官方机构等）建立联系，进行合作；确保旅行社业务在经济、法律和社会领域内最大限度地得到协调、赢得信誉、受到保护和得到发展；向会员提供所必需的物质上、业务上、技术上的指导和帮助，使其在世界旅游业中占有适当的地位。中国旅游协会于 1995 年正式加入该组织。

（四）国际饭店协会（International Hotel Association，简称 IHA）

国际饭店协会是旅馆和饭店业的国际性组织，于 1947 年在法国巴黎成立，总部设在巴黎。该组织的宗旨是：联络各国饭店协会，并研究国际旅馆业和国际旅游者交往的有关问题；促进会员间的交流和技术合作；协调旅馆业和有关行业的关系；维护本行业的利益。该协会的会员分为正式会员和联系会员。正式会员是世界各国的全国性的旅馆协会或类似组织；联系会员是各国旅馆业的其他组织、旅馆学校、国际饭店集团、旅馆、饭店和个人。国际饭店协会每两年举行一次会员大会。该协会出版发行信息性双月刊《对话》、月刊《国际旅馆和餐馆》、季刊《国际旅馆评论》和年刊《国际旅馆指南》《旅行杂志》《旅游机构指南》等。

（五）国际民用航空组织（International Civil Aviation Organization，简称 ICAO）

国际民用航空组织成立于1947年4月4日，同年5月成为联合国的一个专门机构，总部设在加拿大的蒙特利尔。该组织以1944年12月的《国际民用航空公约》（即《芝加哥公约》）为准绳，确定的宗旨为：发展安全而有效的国际航空运输事业，使之用于和平目的；制定国际空中航行原则；促进各国民航事业的安全化、正规化和有效化；鼓励民航业的发展，满足世界人民对空中运输的要求；保证缔约国的权利充分受到尊重，使缔约国享有经营国际航线的均等机会。国际民用航空组织的最高权力机构是每三年举行一次的大会，该组织出版发行月刊《国际民用航空组织公报》和《国际民用航空组织备忘录》。我国于1974年2月15日正式加入该组织，在同年的大会上被选为理事。

（六）太平洋亚洲旅游协会（Pacific Asia Travel Association，简称 PATA）

太平洋亚洲旅游协会是一个地区性的国际组织，1951年成立于夏威夷，该协会代表太平洋和亚洲国家，致力于实现一个共同的目标，即在这个地区创造最快的旅行与旅游增长。太平洋亚洲旅游协会的宗旨是促进进入太平洋地区及太平洋周边地区旅游的发展。并且它将各国政府、航空公司、船运公司、酒店经营者、旅游服务机构、旅行社以及许多与旅游相关的组织都集中在一起。该协会在全球有2200个会员，17000多名分会会员。自成立以来，该协会在市场营销、开发、研究、教育等多方面向会员提供准确的最新信息。它的主要刊物为月刊《太平洋亚洲旅游协会旅游信息》。1998年9月，太平洋亚洲旅游协会将工作总部迁至泰国的曼谷，但行政总部设在美国旧金山。它在新加坡设的分会办事处，负责为亚洲地区提供服务；在悉尼设的分会办事处，负责对太平洋地区的服务；在摩纳哥设的分会办事处，负责对欧洲的服务。该协会还在摩纳哥长年设立环境与文化办公室，另外，在日本东京还设有东北亚代表处。

二、我国旅游行业组织

（一）我国旅游行业组织的宗旨

我国旅游行业组织是旅游行政管理机构实行旅游行业管理的助手，主要从事调查研究、沟通信息和参谋咨询活动。

我国旅游行业组织的宗旨是：贯彻和执行国家法律、法规及有关方针政策，维护会员的合法权益，为行业发展服务，在政府与行业会员之间发挥桥梁和纽带作用，促进旅游业持续、健康发展。

（二）中国旅游协会

中国旅游协会（China Tourism Association，简称CTA）是由中国旅游行业的有关社团组织和企事业单位在平等自愿的基础上组成的全国综合性旅游行业协会，具有独立的社团法人资格。1986年1月30日，经国务院批准正式宣布成立的第一个旅游全行业组织，1999年3月24日，经国家民政部核准重新登记。2016年12月，原国家旅游局已正式致函中国旅游协会，告知经民政部审核，该会已完成脱钩，开始依法独立运行。其宗旨是遵照国家的宪法、法律、法规和有关政策，代表和维护全行业的共同利益和会员的合法权益，开展活动，为会员服务，为行业服务，为政府服务，在政府和会员之间发挥桥梁纽带作用，促进我国旅游业的持续、快速、健康发展。中国旅游协会的最高权力机构是会员代表大会。会员代表大会每四年召开一次会议。会员代表大会的执行机构是理事会。理事会由会员代表大会选举产生。理事会每届任期四年,每年召开一次会议。在理事会闭会期间,由常务理事会行使其职权。常务理事会由理事会选举产生,每年召开两次会议,本届常务理事会由会长、副会长(9名)、常务理事(84名)和秘书长组成。常务理事会设办公室作为办事机构,负责日常具体工作。根据工作需要,中国旅游协会设有景区、教育等分会和专业委员会。

（三）中国旅游饭店业协会

中国旅游饭店业协会（China Tourist Hotels Association,简称CTHA）是中国境内的饭店和地方饭店协会、饭店管理公司、饭店用品供应厂商等相关单位,按照平等自愿的原则结成的全国性的行业协会。1986年2月25日,经国家民政部登记注册,具有独立法人资格。1994年,正式加入国际饭店与餐馆协会（IH&RA）,并进入其董事会成为五位常务董事之一。其宗旨是遵守国家法律法规,遵守社会道德风尚,代表中国旅游饭店业的共同利益,维护会员的合法权益,倡导诚信经营,引导行业自律,规范市场秩序。在主管单位的指导下,为会员服务,为行业服务,在政府与企业之间发挥桥梁和纽带作用,为促进中国旅游饭店业的健康发展做出积极贡献。主要任务是通过对行业数据进行科学统计和分析;对行业发展现状和趋势做出判断和预测,引导和规范市场;组织饭店专业研讨、培训及考察;开展与海外相关协会的交流与合作;利用中国旅游饭店网和协会会刊《中国旅游饭店》向会员提供快捷资讯,为饭店提供专业咨询服务。自2009年6月起,中国旅游饭店业协会秘书处承担全国旅游星级饭店评定委员会办公室职能。

（四）中国旅游车船协会

中国旅游车船协会（China Tourism Automobile And Cruise Association,简称CTACA）,成立于1988年1月,是由中国境内的旅游汽车、游船企业和旅游客车及配件生产企业、汽车租赁、汽车救援等单位,在平等自愿的基础上组成的全国性的行业专业协会,是非营利性的社会组织,具有独立的社团法人资格。其宗旨是遵守国家的宪法、法律、法规和有关政策,遵守社会道德风尚,广泛团结联系旅游车船业界人士,代表并维护会员的共同利益和合法权益,努力为会员、为政府、为行业服务,在政府和会员之间发挥桥梁和纽带作用,为把我国建设成为世界旅游强国,促进国民经济和社会发展做出积极贡献。协会的最高权力机构是会员大会,每四年召开一次;理事会是会员大会的执行机构,在闭会期间领导本会开展日常工作,每年召开一次会议;常务理事会由理事会选举产生,对理事会负责,每年召开一次会议;秘书长在常务理事会领导下主持本会日常工作。协会的会刊是《中国旅游车船》。1992年,协会正式加入国际旅游联盟（AIT）。2002年,协会成立了中国汽车俱乐部协作网(CMCN)。为了指导我国汽车俱乐部业健康有序的发展,协会成立了中国旅游车船协会汽车俱乐部分会。

三、我国旅游行业管理

（一）旅游行业管理的对象

一般来讲,旅游行业管理的对象有狭义与广义之分。狭义的旅游行业管理的对象是指直接从事旅游经营活动的企业;广义的旅游行业管理的对象不仅包括直接从事旅游经营活动的企业,而且还包括为旅游经营活动服务的社会机构。

根据经营业务范围来分,狭义的旅游行业管理的对象可以分为旅行社业、以饭店为代表的住宿业、旅游交通运输业、旅游景区业四大旅游经营行业的企业。广义的旅游行业管理的对象不仅包括上述四大行业,还包括娱乐业、旅游商品、旅游信息(通信、新闻媒体等传播机构)、旅游咨询业(诊断、策划、规划、设计、认证等机构)、旅游教育、法律服务、医疗服务等行业的社会机构,图11-11反映了广义的旅游行业管理对象的逻辑关系。

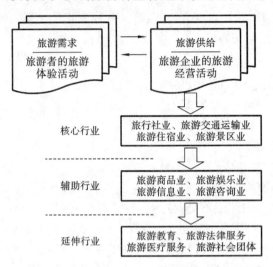

图11-11　广义的旅游行业管理对象的逻辑关系

(二)旅游行业管理的主体

旅游行业管理的主体分为两大类:一是政府管理机构;二是行业组织。

政府的基本功能是行政管理。从所发挥作用的领域看,行政管理可划分为政治功能、经济功能、文化功能、社会功能等。其中,经济功能是通过政府管理经济的部门实施领导、组织和管理社会经济来实现的。行业管理也是政府经济功能的体现。

行业组织是行业成长和市场发育的自然结果,有很多种类型,如行业服务性组织、行业信息性组织、行业销售性组织、行业联谊性组织等,行业管理组织是其中之一。

行业管理组织作为行业管理主体之一,既是政府管理职能的延伸,又是行业整体利益的代表,因此,行业管理组织的实质是介于政府和企业之间的市场中介性组织。

完整的行业管理主体应当是政府的行业管理机构与市场自发形成的行业管理组织的有机结合。这是因为,市场自然形成的行业管理组织虽然有活力,但缺乏权威性;而政府的行业管理机构虽然有权威,但难以兼顾每一个具体行业的实际情况,缺乏应对市场竞争所必需的灵活性。

(三)旅游行业管理的基础

旅游行业管理的基础是四种资源:体制性资源、政策性资源、信息性资源和市场性资源。图11-12反映了旅游行业管理基础的资源框架。

从发展的趋势看,体制性资源和政策性资源始终存在,但所发挥的作用将会逐步弱化;而市场性资源和信息性资源则会越来越多,所发挥的作用也将越来越大。利用得好,这两种资源也会产生权威性,而且,这种权威性是企业认同的,能够发挥更有效的作用。例如,我国旅游主管部门组织开展的"旅游饭店评星定级活动""旅游景区评级活动""全域旅游示范区创建活动"等一系列活动,在旅游行业内引起了很大的反响,有力地促进了旅游业的发展。

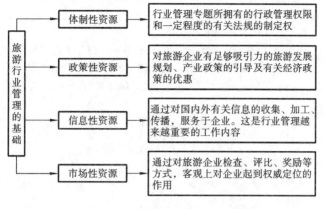

图 11-12　旅游行业管理基础的资源框架

（四）旅游行业管理的内容

旅游行业管理的内容主要有引导性、服务性、协调性三个方面的内容。

引导性内容：通过长远规划和短期计划，引导行业的投资和经营方向；通过产业政策和可能的经济杠杆，调节市场供求关系；通过建立执法队伍，进行运行监督。

服务性内容：通过行业性服务，组织培育市场；直接进行重大经济技术项目的配置；组织行业性的市场促销，提高竞争力。

协调性内容：协调与有关部门的关系，形成有利于行业发展的政策方针；指导和协调下级行业管理机构的工作；加强行业的国际合作，建立国际合作机制。

（五）旅游行业管理的方式

旅游行业管理是通过间接管理来实现的，即通过培育市场，建立市场规则，运用行政、法律等手段，维护市场秩序，规范企业行为。

间接管理并不意味着管理机构不与企业发生关系，而是不与企业形成直接的所有权关系、经营权关系，不干扰企业合法的自主经营决策与经营活动，但要引导企业决策和规范企业行为。

（六）旅游行业管理的手段

一般来讲，行政、经济、法律是实施行业管理的三种基本手段。

对于不同的行业管理主体而言，旅游行业管理的手段是不同的。对于旅游行业管理组织来讲，是以服务为中心来建立手段体系的；对于政府的旅游行业管理机构来讲，则是以行政手段为中心来建立手段体系的。其核心依据是基础标准、设施标准、服务标准、产品标准和方法标准。

1993年12月28日，国家技术监督局（现国家质量监督检验检疫总局）致函国家旅游局（现文化和旅游部）按照《行业标准管理办法》进行行业归口管理。旅游行业标准代码为：LB。旅游行业标准归口管理的范围确定为综合类、旅游设施类和旅游服务类三大类。具体内容如表11-2所示。

表 11-2 我国旅游行业标准归口管理的范围

分 类	具 体 内 容
综合类	1. 旅游行业标准化工作导则 2. 旅游标志：旅游涉外饭店星级标志、旅游涉外星级饭店服务标志、游览参观点服务标志、旅游定点餐馆定点标志、旅游定点餐馆服务标志、旅游定点商店服务标志、旅游定点娱乐场所定点标志、旅游定点娱乐场所服务定点标志、旅游车船服务标志、旅行社服务标志 3. 旅游术语：旅游通用术语、旅游涉外星级饭店术语、旅行社术语、旅游资源普查术语 4. 旅游资源普查规范
旅游设施类	1. 旅游涉外星级饭店评定 2. 旅行社基础设施 3. 旅游车船服务设施 4. 旅游定点餐馆基础设施 5. 旅游参观接待服务设施、游览参观点可游性标准 6. 旅游定点娱乐场所接待服务设施 7. 旅游定点商店接待服务设施
旅游服务类	1. 旅游涉外星级饭店服务质量 2. 旅游车船服务质量 3. 旅行社服务质量 4. 旅游定点餐馆服务质量、餐饮质量 5. 旅游定点娱乐场所服务质量 6. 游览参观点讲解质量 7. 旅游定点商店服务质量

思考与练习

1. 什么是旅游公共管理？旅游公共管理具有哪些基本职能？
2. 国家旅游管理机构具有哪些模式与特点？
3. 我国旅游管理体制经历了哪几个发展阶段？
4. 我国旅游管理体制改革具有哪些基本态势？
5. 旅游法应该协调哪些旅游法律关系？
6. 旅游法与旅游产业政策是什么关系？如何发挥两者的作用？
7. 旅游行业管理具有哪些发展趋势？如何加强旅游行业管理？

第十二章

旅游的事件管理

学习目标

熟悉事件旅游的基本概念;了解事件类型的常用划分方法;掌握事件管理的三个层次及其各自的主要内容;掌握事件旅游对目前我国旅游业发展的意义;掌握事件旅游的策划原则与提升方法;熟悉事件旅游的消费者理论;掌握事件旅游产品的适用性营销方法。

核心概念

事件;事件旅游;事件管理;事件管理的利益相关者;事件管理的核心流程;消费者感知价值

第一节 事件旅游与事件管理

在世界范围内,举办节事活动已经有上千年的历史。传统的节事活动主要是与季节变化、重要生命阶段和宗教崇拜等有关的庆典活动,具有文化性的象征意义。现代的节事活动主要是与节日、盛事和特殊事件等有关的大型活动,具有经济性的商业价值。随着旅游业的快速发展,以节事活动为载体的事件旅游快速地实现了主题化、多样化和全球化。

一、事件旅游

(一)事件旅游的基本概念

1. 事件(Event)

美国卡尔加里大学的学者唐纳·盖茨(1997)认为,事件是短时发生的、一系列活动项目的总和;也是其发生时间内环境/设施、管理和人员的独特组合。盖茨指出,对于节事旅游的研究,应当从旅游角度出发,研究五个方面的内容(见图12-1)。

围绕着"事件"这一核心,我们在研究文献中经常遇到的还有"特殊事件"(Special Event)、"节事"(Festival and Special Event,简称FSE)以及"会展旅游"等概念。

特殊事件有两个方面的含义:一方面,与事件的赞助者或主办者的例行事务不同,特殊

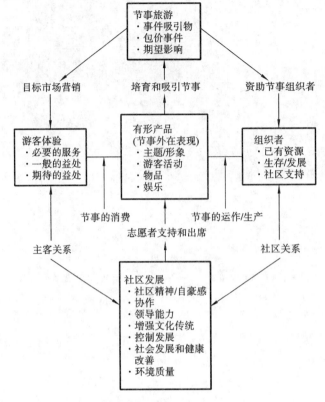

图 12-1　节事 PSE 的研究内容架构

（引自 Getz,1991.）

事件是发生在赞助主体或举办主体日常进行的项目或活动之外的事件,具有一次性或者非经常性的特点;另一方面,与消费者或顾客的日常琐事不同,特殊事件是发生在人们日常生活体验或日常选择范围之外的事件,它为事件的顾客提供了休闲、社交或文化体验的机会。

而节事则包含节日和特殊事件。旅游节事又称旅游节庆,通常是指一些含有多种旅游项目的事件,包括节日、地方特色产品展览、轻体育比赛等具有旅游特色的活动或非日常发生的特殊事件。Ritchie(1984)给大型节事下的定义是:"从长远或短期目的出发,一次性或重复举办的、延续时间较短、主要目的在于加强外界对于旅游目的地的认同、增加其吸引力、提高其经济收入的活动。要使其获得成功,主要依赖其独特性、地位、具有创造公众兴趣并吸引人注意的时代意义。"狭义的旅游节庆是指周期性举办的(一般是一年一次)节日等活动,但不包括各种交易会、展览会、博览会、文化、体育等一次性结束的特殊事件。集中展现文化艺术作品及其文化氛围的文化艺术节庆,可以扩展文化旅游产品的内涵。[1]

会展旅游是指旅游属性结合会展活动特点衍生出来的行为,但不包括旅游业对会展的多元化经营业务。王保伦、王云龙(2003)在研究大量相关文献的基础上,从会展旅游与旅游的会展多元化经营的区分角度,提出会展旅游是指"为会议和展览活动的举办提供展会场馆之外的,且与旅游业相关的服务,并从中获取一定收益的经济活动"。

---

[1] 吴必虎.区域旅游规划原理[M].北京:中国旅游出版社,2001.

2. 事件旅游(Event Tourism)

事件旅游专指以各种节日、盛事的庆祝和举办为核心吸引力的一种特殊旅游形式。我国事件旅游研究目前仍十分薄弱。自1993年保继刚等在我国首先提出"事件吸引""旅游事件"及"事件旅游"的概念以来,事件旅游研究的专业理论文献数量很少。从总体上来看,这些研究不仅缺乏深度,而且没有纳入事件旅游研究的规范轨道,甚至连事件旅游的提法都还没有纳入正规的旅游学术研究领域,系统研究事件旅游的文献则付诸阙如。[①]

从管理的角度,Getz认为事件旅游有如下两个方面的含义:事件旅游是对事件进行系统规划、开发和营销的过程,其出发点是使事件成为旅游吸引物、促进旅游业发展的动力、旅游形象塑造者、提升旅游吸引物和旅游目的地地位的催化剂。事件旅游发展战略,还要对新闻媒介和负面影响的管理做出规划。此外,事件旅游要对事件的市场进行细分,包括分析和确定什么人将进行事件旅行、哪些人可能会离开家而被吸引前来参与事件。

3. 事件管理(Event Management)

事件管理是对各类不同事件进行引导、协调和处理的管理过程。事件旅游管理就是旅游目的地提升事件旅游品牌吸引力和提高事件旅游产品竞争力的管理过程。

(二) 事件的类型划分

(1) 按不同主题划分的事件类型。梅耶(1970)按主题的不同将旅游节事分为体育节、工艺节、戏剧节、电影节、舞蹈节、音乐节、农业节等几种类型。Ritchie(1984)则将其分为7类,即世界博览会和展示会、特殊游行会、体育赛事、文化和宗教节事、历史里程碑事件纪念活动、古典商业和农业节事,以及与某些政治人物有关的节事。

(2) 事先经过策划的事件的类型。唐纳·盖茨认为,对于旅游发展来说,事先经过策划的事件是研究的重点。进而,他把事先经过策划的事件分为8个大类,每个大类中又有各自不同的事件类型,如表12-1所示。

表12-1 事先经过策划的事件类型

8 大 类		具 体 类 型
事先经过策划的事件类型	文化庆典类	节日、狂欢节、宗教事件、大型展演、历史纪念活动
	文艺/娱乐事件类	音乐会、其他表演、文艺展览、颁奖仪式
	商贸及会展类	展览会、展销会、交易会、博览会、会议、广告促销、募捐/筹资活动
	体育赛事类	职业比赛、业余竞赛
	教育科学事件类	研讨班、专题学术会议、学术讨论会、学术大会、教科发布会
	休闲事件类	游戏和趣味体育、娱乐事件
	政治/政府事件类	就职典礼、授职/授勋仪式、贵宾观礼
	私人事件类 个人庆典	周年纪念、家庭聚会、宗教礼拜
	私人事件类 社交事件	舞会、节庆、同学/亲友联欢会

(3) 按事件所属的特定部门分类。从不同的事件生成部门这一角度,我们还可以做以下划分,如表12-2所示。

[①] 戴光全,保继刚.西方事件及事件旅游研究的概念、内容、方法与启发(下)[J].旅游学刊,2003(6).

表 12-2　事件的部门分类法

事件生成部门	事件的类型示例
政府部门	
中央政府	公民庆祝和纪念
事件/活动公司	大型活动——重点是体育、文化
公共空间主管当局	公共娱乐、休闲和消遣
旅游部门	节日、有关特定兴趣和生活方式的事件、旅游目的地推广
会议部门	会议、授奖、集会、展览
艺术部门	艺术节、文化节、巡展计划、以艺术为主题的展览
少数民族事务部门	少数民族与多文化性的事件
体育和竞赛部门	体育活动、竞赛性事件
游戏和娱乐部门	游戏类事件、狂欢
经济发展部门	重点是带来产业发展和经济收益、创造就业机会的活动
地方政府	地方性节日和集市
公司部门	
一般公司和大集团公司	推销、产品发布和打造形象的赞助活动
行业协会	产业推广、交易会、会议
专业的事件/活动管理公司	凭票参加的体育活动、音乐会和展览
媒体	媒体推广,如音乐会、游戏竞赛等
社区部门	
俱乐部和社团	特定兴趣群体的活动
慈善机构	慈善活动和筹款
体育组织	地方性、社区性的体育活动

(资料来源:约翰·艾伦等的《大型活动项目管理(第二版)》,2002 年,有改动.)

政府部门生成的事件,是出于多种多样的原因,包括事件产生的社会效益、文化效益、旅游和经济效益等。如少数民族部,是为了保存文化、鼓励包容和多样性;经济发展部,为了支持产业界,产生工作岗位等。它们的特点是免费加入和普遍可以参加,并成为公共文化的一部分。

公司部门在不同程度上参与事件。一般公司和集团公司可能会赞助活动,以便在市场上推销它们的产品和服务。它们可能与政府部门结成伙伴,举办服务于共同议程或多个议程的活动。公司可能还会创造自己的事件,以便发布新产品,增加销售额和提升公司形象。这些事件,虽然仍可能免费参加,但其目标大多是某些细分或特定的市场,而不是所有公众。公司部门一类中,也会有以举办或销售事件/活动管理服务的企业,如体育或音乐会推销商,提供凭票参加的盈利性服务;会议策划或组织公司,为行业协会或公司组织会议和展览等。媒体机构通常是其他团体组织的事件中的合作者,但也会举办服务于它们自身的或为了制作节目内容需要的活动。

还有一些事件产生于社区部门,为极其多样的需要和兴趣服务,这些事件几乎涉及所有人们感兴趣和努力的领域,极大地填充了社区人们的休闲时间,丰富了他们的生活。

(三) 事件旅游的一般特点

(1) 组团规模大。由于各类事件举办时间集中,参与人数相对较多,要保证游客在活动期间大批进入,事件旅游组团的规模通常较大。

(2) 停留时间长。商务、节事、会展等各种事件旅游产品形式都可以延长旅游者的停留天数，而且这个特点往往是刚性的。

(3) 消费档次高。在不同的旅游目的地的海外过夜旅游者中，人均消费高于总平均水平的有会议旅游和商务旅游，低于这个水平的有观光度假旅游、探亲访友、健康疗养、宗教朝拜。

(4) 季节性较弱。事件旅游的冷热程度由举办的事件的数量和频率来调节，和一般性的休闲度假旅游相比，其季节特征相对较弱。

(5) 经济效益好。事件业一般被认为是高收入、高盈利的经济形式。以会展经济为例，其利润率在25%以上。

(四) 事件旅游的主要功能

(1) 优化旅游产业的产品结构。其一，事件旅游本身作为旅游吸引物。随着人们可支配收入与闲暇时间的不断增多，在带来了旅游需求迅速膨胀的同时，旅游者的选择也日趋理性和多样化。在当今竞争已极为激烈的旅游市场上，各国各地区都在千方百计地开拓新的旅游项目，事件旅游成为极具吸引力的选择之一。其二，事件旅游项目的开发，可以实现事件业与旅游业及其他关联行业在产业结构、功能定位和发展模式上的整合，从而盘活甚至升级一国家或地区的旅游产品供给，延长旅游产品的生命周期。

(2) 提高旅游产业经济效益。首先，事件旅游可以在短时间内形成较大的轰动效应，有利于扩大旅游者对信息的感知，有助于催化旅游者形成旅游动机并做出行动的决策。其次，事件旅游以其新鲜和多变的特点可以大幅提高旅游目的地的吸引力，并升华其品牌特色，从而对于拓宽旅游目的地的客源市场、改善客源结构、增加客流量和提高旅游经济效益有非常积极的作用。最后，事件旅游还可以大大提高旅游者的平均消费水平，并有效延长其滞留时间。此外，事件旅游对相关产业产生强势带动。一次节庆会展活动的举办，不仅使当地的交通运输、宾馆饭店、旅行社得到发展，而且餐饮、娱乐、购物等消费往往也十分可观。

(3) 改善和塑造旅游目的地形象。成功的旅游目的地总是充满活力，动静结合的完美统一体；而事件旅游作为旅游目的地的活力源泉，它可以改善举办地的基础设施水平，为投资者和旅游者创造良好的投资和旅游环境；还可以创造和提升举办地在国际旅游市场上的地位，并且可以激励参与者到周边地区旅游，使举办地与世界更多地区建立新的合作关系。所以对一个旅游目的地而言，事件旅游可以起到画龙点睛的作用。

以美国新奥尔良举办的1984年世界博览会为例，通过承办这次活动，改善了当地的基础设施和旅游形象，增加了到访新奥尔良的旅游者人次，大大促进了这个城市的经济发展 (Dimanche, 1997)，如图12-2所示。

我国的旅游市场国际竞争与国内竞争已日益交织，对于一国或一地区而言，进行自身旅游形象的改善、塑造和推广在这种背景下显得越来越重要。而事件旅游不仅可以为旅游目的地营造景观，更是"最见效"的形象塑造者。为了吸引更多的国内国际旅游者的关注，在开展各种促销宣传中，目的地不能以千篇一律的陈旧面貌出现，而最能体现目的地新形象和新面貌的，就是最新举办的各类节庆和会展活动等事件旅游项目。

建立在地区特色风格之上并定期重复举办的事件旅游，对于该地区来说，可以迅速获得广泛的旅游者认同，并在不断的经营中与目的地逐渐融为一体，成为该地的"代名词"，因而也带来强烈的地方自豪感和国际声誉。

(4) 平衡旅游市场的季节性差异。通过开发事件旅游，可以将不同性质和类型的事件

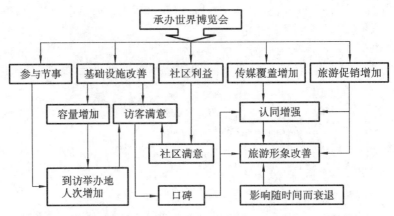

图 12-2 事件旅游对当地旅游业的影响：新奥尔良 1984 世界博览会
（资料来源：吴必虎的《区域旅游规划原理》，2001 年.）

旅游活动合理安排在淡旺季之间，因而能够起到平衡旅游市场淡旺季差异的作用，降低旅游市场的波动性，提高旅游资源的有效利用率。

二、事件管理

（一）事件管理的三个层次

我们可以把事件管理分为三个层次：事件管理的环境、事件管理的战略规划与事件管理的核心流程（见图 12-3）。

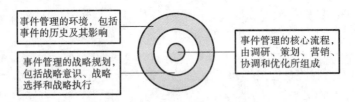

图 12-3 事件管理的三个层次

（二）事件管理的环境

事件管理的第一个层次，是把握事件的环境。真正的事件是完全为公众产生的，而绝不是一种针对个人的消费，它是为社会群落之中有价值的事情所举行的活动。对于事件的管理者，把握环境的最主要的工作是确定事件过程及所指向的社会群落中的利益相关者。我们可以把事件的主要利益相关者概括为主办机构、参与者或观众、合作者、媒体、赞助商与主办地（Johnny，2002）。在此基础上，事件管理者还需进一步考虑事件与其利益相关者之间具体的互动关系。这样，就可以使管理者建立事件的初步全景，明晰产生事件的要素，了解组织目标的共同决定过程，并进而对它加以塑造和管理，争取事件取得最佳效果（见图 12-4）。

（三）事件管理的战略规划

这是事件管理的第二个层次。由于事件涉及众多的因素，综合性极强，因此，对事件进行战略规划是不可或缺的重要内容。战略规划过程实质是战略意识、战略选择和战略执行的过程，即分析事件的环境与面临的形势、确定事件管理者所拥有的战略选择、执行并监控评估这一执行过程。图 12-5 表示了事件旅游管理战略规划过程中的主要因素。

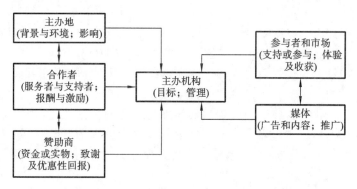

图 12-4 事件的利益相关者及其主要利益关联

（四）事件管理的核心流程

如图 12-6 所示,事件管理的顺利开展,通常需要经过调研、策划、营销、协调和优化这五个重要的阶段。

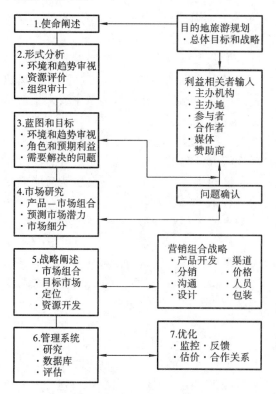

图 12-5 事件管理战略规划过程图
（引自:Getz D.,1997.）

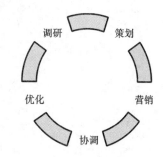

图 12-6 事件管理的核心流程环

调研的目的是创造出与利益相关者愿景相一致的事件,而且它可以显著降低事件的风险。有效性与可靠性是调研的两大要素。有效性主要是指调研的覆盖范围与所用方法及工具的科学性与合宜度;可靠性则是指调研过程与结论的真实性与准确性。

在事件管理的实践中,策划通常会是费时最长的一个阶段。从经验来看,造成用时过长的原因是前期调查的质量不稳定及组织上的混乱。在本章的第二节中将集中讨论事件的策划过程。

事件营销是事件生产、运作与获取赞助的有效工具，其内容包括沟通目标受众、建立相关的关系、销售有关的商品、获得正面的宣传效果等（Getz D,1997）。

为了确保事件可以取得长期的、可持续利用的效果，事件管理者还需要对各利益相关者的目标及实现目标的途径进行有机协调，以获得各方诉求的合理均衡。

事件的评估与优化是事件管理过程呈现螺旋式上升的关键链环，是使得整个事件管理流程成为一个理想框架的主要因素。同战略规划过程中的反馈环节一样，事件的优化应该渗透进事件流程的每一个阶段，对于互动产生的改善方案要进行实时化管理。

第二节　事件旅游策划与提升

一、事件旅游的开发过程——策划的直接环境

事件旅游产品的构成、演进途径等开发过程要素是对其进行策划的直接环境，即事件旅游的策划首先是建立在对其整个开发过程的把握的基础之上的。

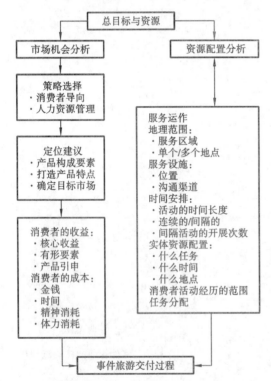

图12-7　事件旅游的开发过程

（资料来源：约翰·艾伦等的《大型活动项目管理（第二版）》，2002年，有改动。）

根据Johnny Allen(2002)对于事件产品开发过程的研究，我们同样可以沿着市场机会分析与资源配置分析这两条主线来了解事件旅游的开发过程。图12-7中，作为"消费者收益"的核心收益、有形要素与引申产品是事件旅游产品的三个要素，也是策划者应紧紧围绕的中心。其中，核心收益是指能满足消费者某种需要的事件经历；有形要素，则是用来表达及传递该核心收益的有形载体，如活动地点、装饰等；引申产品，即可以把本事件旅游产品与其他竞争性事件产品区分开来的额外特点，如参与事件的消费者层次与类型、停车场、出入方便等。

二、事件旅游的策划原则

事件旅游的策划，是指对事件旅游项目进行构思、畅想和创造性谋划，以达到提升事件旅游的产品品牌、拓宽产品容量、巩固客源市场、增加旅游目的地吸引力的目的。它是事件旅游产品创新的源泉。事件旅游的策划应遵循以下原则。

其一，市场需求原则。事件旅游的市场需求，是参与者通过支付一定货币、时间和精力换取某一经历、某种服务和商品的实际意愿，是事件旅游市场形成的物质基础。事件旅游的策划，必须遵循市场需求的原则，首先要考虑

到的是客源市场的层面或群体：是国内市场还是海外市场？是大众市场还是专门市场？是高档消费市场还是中低档消费市场？是本地市场还是中远程市场？其次要考虑到客源市场的支付能力和文化差异。进而根据目标市场的需要，确定合适的事件要素，即事件旅游产品。

其二，因地制宜原则。事件旅游与一地的自然资源、人文资源和经济环境等关系极为密切，事件旅游的策划要充分利用目的地现有的资源与条件，从客观实际情况出发，因地制宜，既不盲目跟风模仿，也不铺张浪费。

其三，特色原则。事件旅游策划的特色意义在于，为事件旅游项目创造赏心悦目的魅力，树立鲜明的市场形象。这种特色表现为：首先具有鲜明的、易于认同的主题，如深圳民俗文化村一年一度举办的泼水节、火把节等，始终围绕传播和弘扬民族文化这一主题进行。其次，该事件旅游项目要体现出与众不同的个性特色，这种个性特色贯穿于项目的宣传、服务、娱乐活动、环境设施等各个方面，烘托出具有鲜明特色的整体活动氛围。

三、事件旅游产品的策划与提升

其一，搭借各种传媒，做好市场营销。第一，把即将举办的事件旅游产品作为新闻点，加强新闻报道力度，在目标市场及项目的周边地区大造声势，形成新闻热点。第二，进行立体促销：形象推介、市场推介、活动专题推介等共同出击，全方位宣传举办地形象和事件旅游产品的内容及活动方式，形成宣传热点。第三，制作和散发各类宣传品，如制作印有该事件产品标志的文化衫、手提袋、贺卡、手表等，还可制作成光盘、录像带等，声像兼备，形象逼真，使事件旅游产品家喻户晓，深入人心，形成市场热点。第四，要重视现代大型事件创收的最重要渠道——电视转播权。电视转播往往时间较长、覆盖面广、内容丰富、清晰度高，特别是在转播过程中，举办地一般都要求在电视转播节目中插播本地的文化短片，包括自然风光、民俗风情、经济发展、社会万象等，这本身就是对当地旅游吸引物的宣传。如能在大型活动期间，借助覆盖率极高的电视传媒尽可能多地插播举办地的宣传片或旅游电视广告，一定会吸引更多的潜在客源在事件活动结束后的较长时间内到举办地旅游，从而实现大型活动旅游效益最大化和长久化。第五，创建事件旅游网页。随着社会信息化的不断推进，网络在市场营销中的作用越来越大。规范化和固定化的大型事件一般都建有专门网站，如广州博览会(http://www.gzfair.com.cn/)、世界杯足球赛(http://www.fifaworldcup.com/)等。世界杯网站在比赛举办期间，每天的点击人数以亿计。事件旅游网页还可以主要介绍举办地的旅游吸引物、旅游线路，以及当地的住宿、通信条件等配套设施，为旅游者提供旅游信息服务。

其二，借用名人名事做文章，借船出海，顺风扬帆。本地的名人故居、诞辰日；外地名人来访；具有国内外影响的各类会议、展销、演出、赛事；著名历史事件的纪念日；重大工程的开工、落成典礼等，都可以成为策划与提升事件旅游产品的良好契机。大连的服装节，把旅游活动与商贸活动相结合，成了这个北方滨海城市形象的标志；潍坊的风筝节，把民间传统手工艺品、休闲娱乐与旅游、商贸相结合，成为该市旅游总体形象的主体；深圳的国际高新技术交易会，将高科技成果展示、商贸交流与旅游活动相结合，丰富了该市现代化国际旅游城市的形象。

其三，表演性与参与性融为一体，并注重不同类型产品中表演要素的合理安排。事件旅游产品中既要有具有鲜明的民族特色和地方特色的表演，使参与者耳目一新，产生差异感，进而产生吸引力;还要自始至终烘托出欢快、热烈、幽默的氛围,雅俗共赏,使大多数人喜闻乐见。同时,要强调参与性,满足参与者的表现欲,活跃现场气氛。如深圳民俗文化村每年夏季举办的"傣族泼水节",将遥远的传说、古老的节俗与浪漫的风情相互交织,演绎出傣家节日的丰富内涵,场面之盛大、形式之丰富、气氛之热烈,令游客叹为观止。赶摆、泼水节歌舞、巡游、浴佛、泼水狂欢等原汁原味的传统项目热闹而繁华。"泼洒浴佛圣水,享受一生吉祥"。泼水节,让人们充分感受夏日的祝福与清凉,也吸引了广大旅游者的积极参与。

对于不同类型的事件旅游产品,表演项目的安排也应合理区别。图 12-8 说明了事件产品中的表演要素是怎样随着事件旅游产品类型的改变而改变的。

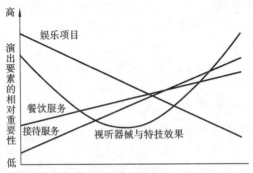

图 12-8 产品类型和各演出要素相对重要性之间的关系

(资料来源:约翰·艾伦等的《大型活动项目管理(第二版)》,2002 年,有改动.)

其四,增强事件旅游产品的民众性。在事件旅游的策划中,一个常常被忽略的因素是,一个事件旅游产品项目要真正吸引旅游者,首先必须得到当地人们的认可、支持和喜爱。而目前我国许多事件旅游产品"官方色彩"浓重,现场市民观众更多的是作为一种陪衬,没有真正参与其中。民众性强的事件旅游产品,可以创造出"普天同庆、万民齐乐"的活动氛围,而这种气氛具有极强的波及效应,并可使参与者产生归属感,因而可以更加容易地感染、吸引旅游者。如 1999 年 11 月,我国第一个冠以农民称号的旅游节"99 东阳横店·中国农民旅游节"在浙江东阳市顺利召开,造成了极强的市场轰动效应。

其五,品牌化经营,提升事件旅游产品的市场价值。品牌是用于识别本产品与其他产品相异的标志。品牌战略是世界发达国家旅游营销的一个重要战略,也是很多国家借助事件旅游产品来创建自己新的旅游品牌的成功经验。很多事件旅游本身就是品牌,如奥运会等,借助事件旅游举办时机,及时推出自己的旅游品牌是大型活动旅游效益最大化的最有效手段。在悉尼奥运会申办成功之后,澳大利亚将国内的世界级知名动物(袋鼠、考拉)与旅游景区景点和土著民族文化优化整合,策划出了"品牌——澳大利亚"(Brand Australia)战略,即将整个国家作为一个整体旅游目的地对外促销,将澳大利亚的国名作为旅游品牌通过媒体向国外推销,结果大大扩大了澳大利亚的国际知名度和影响力,吸引了包括中国旅游者在内的大量国际旅游者到澳大利亚旅游。

其六,合理把握事件旅游产品的时间、空间与节奏三个要素。事件旅游产品的策划要获得尽可能充足的时间,并选择符合时间规定要求的集会地点或场所,在科学的节奏下创意及安排策划内容。如在事件旅游产品具体项目的安排上,就要做到时间上的确定。西班牙的奔牛节,共有 156 个活动项目,在长达 4 个世纪的历程中,每年 7 月 8 日至 7 月 14 日,这些活动都被分布在固定的时间里,并且每个节目的演出时间,以分计算,准时上演;这种在活动项目时间安排上的准确性不能不说是奔牛节长盛不衰的秘诀之一。

其七,完善的细节管理是提升事件旅游产品质量的重要途径。在精准的市场定位前提下,到位的细节服务将是事件旅游产品赢得口碑的关键。比如,在一个国际化的事件旅游产品中,要注意做到以下几点:在选择主题时,要有较为宽泛的与具备包容性的文化背景作基础,使中外宾客一目了然,并使他们感到自己身处主题范围之内;重视安排翻译力量,控制和减少语言不易沟通的产品项目,更多安排音乐、舞蹈等以艺术语言和形体语言为主的活动;提供礼宾服务时,要洞悉外国的国情和时事,了解他们的政治主张和宗教信仰,尊重他们的风俗习惯和合理要求等。

第三节 事件旅游的市场营销

市场营销是事件旅游管理的关键因素。市场情报、消费者参与程度及满意度方面的信息都是十分重要的,而且诸如游客消费模式的研究也有助于事件旅游影响的评价。在事件旅游产品不断增多,市场竞争日益激烈的情况下,要从竞争对手处争夺消费者,不仅要持续地对事件旅游本身进行强化和个性化的改进,更要了解消费者需求、欲望、演变的态势及最有效的营销方法。

一、事件旅游的消费者[①]

(一)摩根的消费者决策过程理论及对于事件旅游市场营销的意义

摩根于1996年提出了消费者决策的 PIECE 过程。该过程模型包括:Problem recognition(认识问题);Information search(搜集信息);Evaluation of alternatives(评估各种可替代选择);Choice of purchase(购买选择);Evaluation of post-purchase experience(购买后经历的评估)。

我们可以将这一模型运用于对事件旅游的消费决策分析中。首先消费者确定通过参与事件旅游项目可以满足的需要,接着通过不同的途径(如网络、报纸、杂志、电视媒体、旅游服务提供商、亲戚好友等)搜集有关事件旅游产品的信息,其次对各种可能的选择进行评估,进而消费者对事件旅游产品的特性与所要满足的需求进行对比,并做出决策,最后,该消费者对此次经历在满足其需求方面的能力进行评估。表12-3说明了这一过程对于事件旅游营销的意义。

表12-3 事件旅游消费者的决策过程及其在市场营销中的意义

消费者决策过程的阶段	对于营销策略的意义	营 销 决 策
对需求的认识	选择合适的目标市场	对目标市场的层次与群体进行决策
搜集信息	4P(产品、价格、促销、分销渠道)营销组合变量	营销组合选择;确定合适的沟通方式

---

① 注:由于事件旅游的综合性与一定程度的"非旅游性质",所以,对于事件旅游的顾客,这里采用了适用更为广泛的"消费者"来代替传统"旅游者"的用法。

续表

消费者决策过程的阶段	对于营销策略的意义	营销决策
对各种选择的评估	事件要素的设计,促销信息	改变产品?改变营销组合?
选择销售点	购买的便利性	营销组合的再次选择
对事件旅游产品的评估	服务质量	采取哪种事件后的研究方式? 怎样监测消费者的满意程度?

(资料来源:约翰·艾伦等的《大型活动项目管理(第二版)》,2002年,有改动.)

事件旅游市场营销过程的切入点应是确认消费者通过参与事件旅游可以得到满足的需要。研究认为,人们参与事件旅游的5个主要动机分别是:社交,与朋友、喜欢自己的人及具有相同喜好的人聚在一块;家庭团聚,寻找机会全家人一起做某件事,使家庭团聚;刺激/惊险,因为一件事刺激、令人激动而去做;逃避,摆脱平时的生活压力,改变日常生活的节奏;事件的新奇,体验新颖的、不同的事物(尤萨、贾哈、马丁,1993;摩尔等,1993)。

我们同时也可以有以下结论,在事件旅游消费者决策过程中的一个重要特点——人是事件产品的一部分[①]。也就是说,除了服务人员因直接参与事件旅游产品的供给而对服务质量具有决定性影响之外,消费者所得到的满足在很大的程度上也来自与其他参与事件的人的交流。这就意味着事件旅游的管理者与营销人员必须保证消费者之间的融洽相处,促进彼此的沟通与交流。

(二)影响事件旅游消费者行为的因素

摩根(1996)总结出5个可以影响消费者休闲行为的因素。在事件旅游的参与者中表现如下。

(1)家庭影响。家庭方面的影响主要来自孩子们的需要。他们的喜好与要求通常会影响父母的休闲行为。而且,追求家庭和睦和增强家庭纽带联系是很多人的主要动机。也正因为如此,许多事件旅游项目都包含了面向孩子们的娱乐活动。

(2)参照群体。可以对自己的行为施加影响,并且与自己经常接触的人(如同龄人、家人、同事、邻居等)所组成的群体,被称为"主要参照群体";而那些不经常接触的人则被称为"次要参照群体"。研究认为,大多数人都倾向于获得参照群体的肯定。如果一个特定的群体认为参与选择某一事件旅游产品是合适的,那么该群体的成员去参加这项活动的可能性将大大增加;否则,参加活动的人数将很少。因此,在事件旅游的营销过程中,通过展示一个典型的参照群体(例如核心家庭)在某一个节日中的欢乐场景,并把该信息传递到目标市场中,应会收到很好的效果。

(3)舆论形成者。在任何一个群体中,都存在着舆论的主导者。也就是说,群体中的人通常会征求并接受这些人对新休闲活动的看法。人们对新的休闲服务的接纳情况符合正常的分布曲线。革新者(通常被认为是一个群体中的舆论主导者)总是一马当先地去尝试这些经历,紧随其后的是其他一些早期的接纳者,他们在接纳新事物时表现出一定的谨慎,不过他们中的大多数仍然算得上是舆论的主导者。那些畏缩不前的人总是最后才去尝试新事物。所以,进行一项新的节日或活动的营销时,应该把目光瞄准那些被认为是新事物的舆论的主导者身上。

---

① 约翰·艾伦,等.大型活动项目管理(第二版)[M].王增东,杨磊,译.北京:机械工业出版社,2002.

(4) 个性。司坦顿、米勒和雷顿(1994)把个性定义为"对行为反应产生影响的个人品质模式",人的个性可以是内向/外向、羞怯/自信、进取/孤僻等。很显然,个性会影响消费者行为。但遗憾的是,个性很难用消费行为来衡量,所以,它是一种在市场营销中较难使用的工具。不过,那些崇尚冒险和勇敢的项目,是很难对个性羞怯、孤僻的人群产生吸引力的。

(5) 文化。正如本章前文所述,世界经济一体化进程的加快,已使得事件旅游越来越具有全球化的特征。在这种多元文化与价值观并存的环境里,将不同的生活方式、宗教信仰、休闲需求等文化性因素纳入事件旅游产品管理的流程是极为必要的。而营销领域的文化意义应深刻植根于不同消费者群体之间的文化差异与文化认同。

(三) 事件旅游消费者的感知价值

毫无疑问,消费者的满意程度与其所接受的事件旅游产品及服务的质量特性密切相关。一般来说,如果消费者对事件产品的期望值和他们所感知的服务相吻合或者感知超过了期望,就可以说消费者得到满意。由此可知,服务质量的立足点是感知价值。

消费者的感知价值是理性与非理性因素的组合。从总体上说,消费者感知价值是比较的结果,是一个理性范式;从具体过程和内容来说,又受到诸多主观因素的影响,非理性因素明显。就感知价值的内容来讲,其包括层次由低至高的三种价值维度:功能价值、情感价值与社会价值。[①]功能价值是消费者从产品感知质量、价格成本等比较中所得到的效用;情感价值,是消费者从消费的感觉和情感状态中所得到的效用;社会价值,则是指产品及服务提高社会自我概念给消费者带来的效用。

与消费者共同创造卓越感知价值的能力是事件旅游成功的关键之一,其本身就是一种重要的差异化竞争手段,也是保持持续竞争力的秘诀。消费者的感知价值理念对于组织或企业的意义是多方面的。其中,它对于事件旅游市场营销的指导性作用突出表现在以下几个方面。

其一,由于服务的无形性与异质性,消费者对于服务是否满足自己需求的评价是建立在消费者期望与实际感知的比较基础上的,它们都体现为消费者的心理认知。因此,事件旅游的营销应着力调研消费者的内在心理需求,并通过各种营销手段,来有效影响消费者的期望。通常情况下,消费者对于事件的期望主要取决于:营销沟通——广告、宣传、小册子等用于事件旅游的营销组合;亲戚朋友等参照群体的口头推荐;自己对于该事件旅游产品或类似项目的亲身经历。除了外部的营销手段,事件旅游的营销人员还可以通过服务人员、服务设施的设计和布置及服务过程本身来影响消费者期望。一个简单易行的例子是,管理者可以通过温馨服务环境的设计与真诚的礼貌与微笑来向事件旅游的消费者传递高情感价值的信息;可以通过高档的设施供给来传递高功能价值和高社会价值的信号。

其二,事件旅游产品要根据自身的定位,通过营销活动向消费者做出明确的功能、情感和社会价值承诺。在这一过程中,营销人员还要避免过度宣传,以免使消费者产生超过产品绩效的心理预期。也就是说,营销活动既要明确无误、富有吸引力,同时又要考虑消费者期望水平的合理性。

其三,营销人员还要尽量运用质量、可靠性、安全性等多种服务证据,降低消费者的感知风险,并通过满意消费者的口碑宣传,辅助多种媒体广告,使消费者尽可能了解事件旅游产品的诉求与价值主张,力求与事件旅游的消费者建立良好的信任关系,使消费者更容易实现

[①] 范秀成,罗海成.基于顾客感知价值的服务企业竞争力探析[J].南开管理评论,2003(6).

积极的感知价值。

总之,提升消费者的感知价值,事件旅游产品就可以创造出较高的消费者满意度与忠诚度,进而增加消费者的持续购买和关联购买行为,并形成推荐人效应,最终实现消费者少流失、主办者高收入、管理者低成本的效果。

二、事件旅游的适用性营销方法

由于事件旅游产品往往时间较短,且产品性质特殊,因而对营销手段的要求较高。除了一般的营销手段外,事件旅游的适用性营销方法有以下几种。

(一)辨识营销组合的适用对象

不同的营销手段、营销组合在事件旅游产品的促销与宣传中,具有各自的优势、劣势及其适用的产品类型。表 12-4 就以上方面对部分常用的营销方法进行了对比分析。

表 12-4　不同营销方法的优劣势与适用对象

营销方法	媒介	优势	劣势	适用对象
广告	电视	传播范围广,内容刺激,充满色彩,可增加可信度	制作和播放的成本很高	广泛的大众市场事件旅游产品
	广播	非常适合有音乐品味的消费者,制作快捷、便宜	很难从其他广播广告和节目中脱颖而出	音乐类产品
	报纸	传播范围广,提前期短	可能会很昂贵,读者群分布太广的报纸可能不会有效针对目标市场	社区项目
	杂志或新闻快报	市场目标明确	事件广告的提前期太长	特殊兴趣活动
	海报/户外	便宜,可以在目标市场聚集的地方展示	破坏建筑物的外观,容易被撕掉	青年人,社区,特殊兴趣活动
	传单	便宜,如果设计得当效果很好,市场目标明确	需要志愿者或雇佣不少人来分发	青年人,特殊兴趣活动
销售促销	为某种特定消费者进行价格折扣	带来收入	如果没有恰当挑选优惠群体,可能会降低收入	广泛的大众市场事件旅游产品
	和赞助商进行交叉促销	促进赞助商的销售,带来额外的销售量	赞助商的形象可能会盖过事件旅游产品的形象	大多数事件旅游产品
直接进入目标市场	信件、电话或电子邮件	花费低,成本收益比例高	质量取决于邮寄列表的有效性	较为有趣的事件旅游产品
	互联网	制作成本低,速度快,消费者很轻松,信息容易改变,可以直接售票,具有现代气息	不少人对通过互联网提供信用卡信息心存顾虑	高技术目标市场

(资料来源:约翰·艾伦等的《大型活动项目管理(第二版)》,2002 年,有改动.)

（二）合理确定所要营销的信息

在确定了合适的营销类型与媒介后，下一步便是决定要营销的信息。约翰·艾伦（2002）针对服务型事件营销，把事件管理者们的诸多经验进行了总结：广告内容应该是突出事件产品的表演者、艺术家与员工，而不是模特；通过展示事件产品地点的实物设施，为无形的事件产品提供一个有形的指导；承诺可以满足消费者的哪些期望；通过展现目标市场中某个具有代表性的人物正在尽情享受活动乐趣的镜头，来说明事件产品的收益，使得该产品更具体和容易被感知；保证所有的促销活动和其他营销组合形成一个有机的整体，通过使用可以识别的符号、代言人、商标或音乐，来保持长时间的稳定性与连贯性。

（三）同专业性事件管理与服务公司合作

首先，专业性的事件管理与服务公司由于业务覆盖了事件产品的前期调研、策划、协调、包装、促销、后期反馈等各个流程与环节，在所长期从事的领域无疑经验丰富，专业基础扎实，因而与其合作，具有很明显的优势。其次，与专业公司合作，主办方还可以监测整个事件流程，并根据客观信息，进行必要的营销及管理决策，更好地实现营销目标。最后，这种合作，通常情况下可以减少风险，比如，使用代理机构销售门票，由于消费者提前购票，因而门票收入可以在事件旅游产品举办前就能流入主办方手中，这对于事件旅游主办者财政状况的健康运行所起到的作用是不言而喻的。

当然，这也需要向专业公司支付相当的费用。是否使用该类型的专业公司将取决于：事件的类型、主办方的经验与能力、经费状况与目标市场相对的支付承受能力等因素。随着事件业的进一步发展与产业内部价值链的优化组合，双方的合作成本将日趋合理。

（四）高效运用赞助商资源

事件旅游是一个复杂的活动系统，涉及多方面的利益相关者，尤其是重复举办的标志性事件，会吸引更多有实力的赞助商加入事件旅游活动中来。在事件旅游中，赞助商已经成为越来越重要的利益相关者，因此，必须高效运用赞助商资源。

以一项事件旅游产品要获取赞助为前提假设，那么事件旅游营销管理者首先应明确的是：赞助是一种商业行为，双方若在所提供和接受的条件基础上签订协议，则此次事件产品将以提供市场营销服务等满足赞助商要求的行为来作为获取赞助商资金及其他形式赞助的交换条件。

规范的赞助获取过程需要科学地编制赞助建议书。该建议书应当包括对目标客户市场所做的细致划分及所有赞助行为与销售链接的方式，也就是说，对这些方式如何有利于赞助商做出明确的解释。编制赞助建议书的核心要求是使建议书的内容与商业赞助商提出的需求、期望、总体目标和具体目标保持一致。

合理运用赞助商资源，除了与赞助商之间的高效沟通之外，同样重要的是事件管理者与自己经营人员之间开展的内部交流。它包括：首先必须确定自己的经营人员能够对赞助商在各个层面上的要求提供支持与执行上的保障；其次，也必须确定掌握可以满足合同要求及确保赞助商投资状态良好的充足内部资源。

另外，开发一个针对赞助商行为的评估系统，在事件结束后，对因赞助商参与活动而引发的销售进行信息跟踪，甚至计算出赞助商从本次活动中得到多少收益，也是产生未来赞助行为的重要手段。

思考与练习

1. 什么是事件旅游？什么是事件管理？
2. 事件旅游有哪些特点和主要功能？
3. 如何划分事件管理层次，具有哪些核心流程？
4. 如何开发和提升事件旅游的实际效果？
5. 哪些因素会影响事件旅游的消费者行为？
6. 事件旅游具有哪些适用性营销方法？
7. 结合当地实际，拟定一个主题性的事件旅游活动策划方案。

第十三章 旅游的风险管理

学习目标

掌握风险的概念体系和基本特征;熟悉风险管理的一般流程及其技术;掌握旅游产业风险的主要类型及管理的基本模型;熟悉旅游产业风险管理的基本策略;认识旅游企业风险管理的机制构建;熟悉旅游企业风险管理的决策方法。

核心概念

风险与风险管理;旅游产业风险管理;旅游企业风险管理

第一节 风险与风险管理

一、风险概念体系

(一)风险

风险(Risk)一词具有多种含义,自1895年美国学者海恩斯(Haynes)在其著作《Risk as an Economic Factor》中最早提出风险概念以来,不同专家学者从不同的角度对风险进行了界定,主要的观点如表13-1所示。

表13-1 对于风险的不同认识

来源	含义
海恩斯	在经济学和其他学术领域中,风险一词并无任何技术上的内容,它意指损害的可能性。偶然性的因素是划分风险的本质特征,某种行为能否产生有害的后果应以其不确定性而定。如果某种行为具有不确定性,则该行为就承担了风险
罗素·布朗	风险是损失的不确定性
牛津字典	风险是伤害或损失的概率

续表

来　源	含　义
威廉姆斯·海因斯	风险指在一定条件下和一定时期内可能产生的结果的变化。结果只有一种可能,不会发生任何变化,那么风险为零;如果可能产生的结果有几种,则存在风险
现代汉语词典	风险是可能发生的危险

从表 13-1 中可以看出,不确定性与损失是风险概念中的两个基本要素。不确定性包括事件是否发生无法确定,发生时间不确定,发生状况不确定,事件发生的后果或严重程度不确定等。但不是所有的不确定事件都是风险,对于那些可以带来收益,而收益的大小不确定的事件,不能认为是风险事件;只有会带来损失的事件才被认为是风险事件,这是人们对风险常见的、可接受的理解。

英国学者马丁·冯与彼得·杨从不确定性出发,综合了风险客观与主观的特性,提出了一个较为实用的定义:从客观上来说,风险是围绕相对于预期而可能出现的种种不同结果的变化;而主观上说,风险是我们对风险的态度和看法,这些态度和看法受不确定性、个人、社会及文化因素的影响,风险还包括风险与(风险所处的)大的环境之间的关系等诸多因素的影响。这个定义提示我们,风险管理不仅要致力于对结果和概率的统计,还应加强对不确定性和对风险所持态度的管理;而且,对风险的管理包含着广泛的社会方面的因素,不是狭义的定量计算就可以完全涵盖的。①

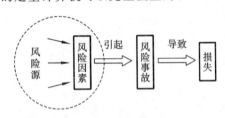

图 13-1　风险本质运动规律图

(二) 风险的本质

风险的本质就是构成风险特征、影响风险产生和发展的因素,包括风险源、风险因素、风险事故和损失。这四者之间存在着一定的因果关系(见图 13-1),即风险源为风险因素的产生和发展提供了适宜的环境,风险因素的存在和增加引起风险事故,风险事故的发生导致损失,这是风险本质运动的一般规律。

(1) 风险源与风险因素。风险产生于风险源。风险源是产生危险因素或风险因素的环境。危险因素是风险源中能增加损失机会(或者潜在损失的严重程度)的条件。风险因素则是能增大损失机会或数量的条件。

风险因素一般分为有形风险因素和无形风险因素两类。有形风险因素是指那些看得见的、影响损失概率和损失程度的环境条件。比如,一座靠近消防队且具有良好供水的饭店相对于没有消防设施和供水的饭店而言,遭受严重火灾损失的可能性要小得多;木结构的餐厅总比砖混结构的餐厅容易遭受火灾。无形风险因素是指观念、态度、文化等看不见的、影响损失可能性和损失程度的因素。主要的无形风险因素是道德风险因素,是指一方当事人通过合同或协议等方式转移风险后,趋利避害的动机大大减小的可能性。道德风险因素是普遍存在的。假设某家庭拥有两辆汽车,一辆"宝马",是公车,工作单位可以报销所有的相关费用,一辆是经济适用的"奥拓",是私车,所有成本都需自己担负,两者在性能、价值方面都相距甚远,假设因特殊情况车库只能容纳一辆车,另一辆车只能停在路边(遭受被盗、损毁的

---

① 马丁·冯,(英)彼得·杨.公共部门风险管理[M].陈通,等,译.天津:天津大学出版社,2003.

可能性高得多),该家庭很可能出于私人成本的考虑而将便宜的私车停放在车库内,这对工作单位或者社会而言就是一种道德风险。

(2) 风险事故。风险事故又称风险事件,是指引起损失的直接或外在的原因,风险之所以会导致损失,是因为风险事故的作用,即风险事故的发生使得潜在的危险转化为现实的损失,因此,风险事故是损失的媒介。比如,火灾、暴风、爆炸、雷电、船舶碰撞、船舶沉没、地震、盗窃、传染病、人的死亡和残疾等都是风险事故。

有时候,风险因素和风险事故很难区分,某一事件在一定条件下是风险因素,在另一条件下则为风险事故。刮台风,道路被破坏而发生交通事故,造成游客人身伤亡,这时台风是风险因素,而交通事故是风险事故;如果台风直接袭击游客,造成游客人员伤亡,则台风就是风险事故。因此,应该以导致损失的直接性和间接性来区分风险因素和风险事故,导致损失的直接原因是风险事故,间接原因是风险因素。

(3) 损失。风险管理中所指的损失不能等同于一般损失,如进行正常的生产经营活动,为实践一定的生产目标必须进行一定的投入,造成一定的损失或损耗,这种损失是有计划、有目的地放弃或转换;又如企业在决策时选择最佳方案,放弃其他备选方案,牺牲部分利益或短期利益而蒙受的损失是一种自愿的临时的损失。风险管理中的损失是指非故意、非计划、非预期的价值减少的事实。这种损失包括直接损失和间接损失,前者是指风险事故对于标的本身造成的破坏事实,后者是指由于直接损失所引起的破坏事实。比如,在2001年发生于美国的"9·11"事件中,直接损失主要是世贸中心被毁、楼内财产损失、人员伤亡等;而间接损失包括对美国经济乃至全球经济的负面影响、航空业旅客减少、旅游企业难以为继、盐湖城冬奥会防止恐怖活动较过去高得多的安全保障成本等,其经济金额绝对高于直接损失好几倍。

损失还可以分为有形损失、收入损失、费用损失和责任损失等形式。比如,某饭店因遭受火灾,主体建筑被毁,构成有形损失;因客房损毁一度使经营中断,造成收入损失;经营中断导致已有预订的旅游者无法按时入住,产生违约责任而蒙受责任损失;客房损毁而不得不临时转移预订、重修或重建而发生的支出构成费用损失。

(三) 风险的分类

依据不同的划分标准,风险可以划分为不同的种类(见表13-2)。

表13-2 风险分类体系

风　　险	特　　点	风险举例
自然风险	由自然力的不规则变化造成,影响范围广,损失程度大	海啸、地震
社会风险	由个人或团体的不当行为造成,影响范围小,损失程度小	盗窃、抢劫
政治风险	由国家政治或外交事件造成,影响范围广,影响深刻	政变、动乱
静态风险	在经济条件不变的情况下,由自然或社会造成	自然灾害
动态风险	在经济条件变化的情况下,造成经济损失的可能性	物价上涨
纯粹风险	存在于只有损失而无获利可能的情况下	车祸、疾病
投机风险	那些既有损失可能,又有获利机会的风险	购买股票
可分散风险	可以通过联合协议或者风险分担协议减小	工人罢工
不可分散风险	不能通过联合协议或者风险分担协议减小	政策变化
基本风险	由经济、政治、自然原因引起,非单体引起的损失	战争、洪水
特定风险	有单位或个人造成,影响局限于单位或个人	机器故障

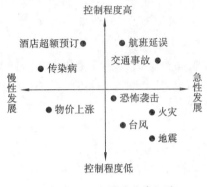

图 13-2 风险分类矩阵

对于旅游业，尤其是旅游企业来说，当面对众多风险时，进行风险分类是非常必要的。根据风险的可控制程度和风险发生的快慢程度，对风险进行划分（见图13-2），是进行风险管理的重要步骤。

（四）风险的特征

（1）不确定性。旅游活动主体的行为必然是在一种不确定的环境中进行的，这种不确定性往往非常复杂和多元化，使得各个行为主体无法准确预期自身的未来，也无法预知周围环境会出现如何变化和因素异动，从而有可能做出错误选择并在行为中不断产生失误，因此会产生风险可能。

（2）客观性。风险是由客观存在的自然现象和社会现象引起的，它本身是一种不以人的意志为转移的客观实在。风险无时不有，无处不在。地震、雷电、洪水、暴风等是自然界运动的表现形式，这种运动给人类造成生命和财产损失，形成各种自然灾害，对人类的生存和发展构成严重的威胁；人类社会自形成以来，战争、冲突、瘟疫、人为事故等接连不断地发生。自然运动、社会运动都受特定的规律支配，我们只能运用这些规律去预防意外事故，减少损失，但不可能彻底消除风险。伴随着现代科技的进步和社会的飞速发展，核原料泄露、网络安全问题、大规模的恐怖活动、基因技术的滥用等新的风险不断产生。总之，风险将贯穿于整个人类社会的发展中，不断向经济社会提出挑战，使经济社会充满刺激和活力。

（3）偶然性。风险的客观性是普遍的和必然的，但对个体而言，风险事故的发生是偶然的，具体表现为风险事故发生与否不确定、风险事故何时发生不确定、风险事故将如何发生、损失后果如何不确定等方面。风险的偶然性给风险采集、认知和度量带来很大的困难，在风险感知上常用统计学上的方差概念来代表并计算风险。

（4）可测性。在大量统计资料的前提下，风险是可以衡量的。风险的衡量必须立足于可靠的统计基础，其基本思想是以统计频率代替未知的真实概率，以统计资料估计和推断风险损失的可能性。准确估计和衡量风险不仅受相关的风险资料影响，而且还与人的主观判断、采用的衡量方法有关。

（5）相对性。任何一种风险及其所产生的损失都是有条件的、暂时的、有限的，而且是相互比较而存在的，所以任何一种风险都是相对的。比如，某旅行社由于采用了新的电子商务技术系统，并改善了业务流程的设计，原来由于纸张资料的不易保存导致的信息延误及丢失风险就被大大降低。

（6）扩散性。风险不是孤立存在的，它产生并存在于一定的系统之中，并会扩散、辐射到系统的各个方面及不同的系统内。

二、风险管理概述

（一）风险管理的含义

风险管理（Risk Management）是指个人或组织通过对风险的识别与衡量，采用必要且可行的经济手段和技术措施对风险加以处理，以一定的成本实现最大的安全保障的一种管理活动。风险识别和风险衡量是风险管理的基础，合理的风险处理手段是风险管理成败的关键,风险管理的目标是在成本一定的情况下实现最大程度的安全保障。[①]

理解这一概念,还必须明确风险与危机、风险管理与危机管理的区别。危机是指事物由于量变的积累,导致事物内在矛盾的激化,事物即将发生质变或质变已经发生但未稳定的状态,这种质变给组织或个人带来严重的损害。从危机的定义来看,风险的定义要比危机的定义宽泛得多,风险概念中的两个基本要素(即损失和不确定性)同样适用于危机,但危机对这两个要素的要求更加严格。由此看来,危机是风险中的一种,风险包括危机。

(二)风险管理的演变

从风险管理演变的广度来看,第一次世界大战后,美国在通货膨胀的背景下,从费用管理出发,将风险管理作为经营合理化的手段提出来,充分利用保险这一转移机制来保护资本,并逐步将保险部门独立出来,专门从事保险管理。风险管理作为一门系统的管理科学,直到20世纪中叶才被提上议事日程,随后形成了全球性的风险管理运动。在加强学术研究的同时,企业纷纷设立风险管理部门或风险经理,专门从事风险管理工作。于是,风险管理这一新兴的管理科学便首先在美国形成了。风险管理一词最早出现在1950年加拉格尔的调查报告《风险管理:成本控制的新阶段》;对风险管理的系统研究则以梅尔与赫尔奇斯《企业风险管理》、威廉姆斯与汉斯《风险管理与保险》的出版为标志。20世纪70年代,风险管理在欧洲、亚洲、拉丁美洲等一些国家广泛传播,1986年,欧洲11个国家共同成立了欧洲风险研究会,进一步将风险管理扩大到国际交流的范围。

从风险管理演变的深度来看,远古时代,人类在认识和改造自然的过程中采用了各种手段和方法来规避风险、防范灾害。比如,我国古代以供灾荒赈济之用的仓储制度;以互助共济、损失分摊为特征的准保险行为等。随着生产力的进一步发展,工业化在不断向前推进的过程中意外事故也不断增加,财产损失和人身伤亡成了各方关注的焦点问题,于是安全生产和安全管理成为这个时期研究的重心。现代风险管理的演化,从财务层面、业务层面、管理层面到战略层面发展(见图13-3)。

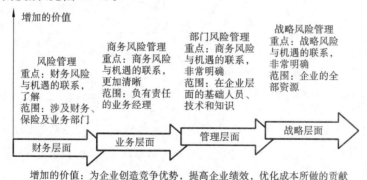

图13-3 风险管理发展进程图

(三)风险管理的过程

风险管理由一系列行为构成,一般包括风险意识、风险识别、风险衡量、风险处理和风险管理评估五个阶段。

(1)风险意识。风险得以被系统管理的必要条件就是提高对风险的主动意识,因此,风

[①] 周伏平.企业风险管理[M].沈阳:辽宁教育出版社,2003.

险意识是进行风险管理的前提。旅游业部门或企业应注意整理本组织及相关类型的损失和接近损失的经历,评估来自实践经验和科学研究的各方面信息,通过对各种客观的经营管理资料和风险事故记录进行分析、归纳和总结,寻找风险和损失的一般规律,建立组织的风险资料库,同时对照本组织的战略及业务实际做好分析和预案。

(2) 风险识别。风险识别的目的是在风险意识的基础上系统地辨别组织内外的各种风险因素,以及其起因和可能的后果。这是整个风险管理工作的基础。在这一过程中,风险管理人员通过对大量来源可靠的信息资源进行系统的定性和定量分析,分清本组织可能面临的各种风险因素,进而确定潜在的风险和性质,并把握其发展趋势。

(3) 风险衡量。识别风险之后,下一步是衡量风险对组织的影响,测定特定风险事故发生的损失频率和损失程度。损失频率是指一定时期内损失可能发生的次数。损失程度是指每次损失的可能规模,即损失金额的大小。风险衡量一般需要运用概率论和数理统计方法,通常会借助计算机等设施。风险管理人员必须估计每种损失风险类型的损失程度和损失频率,并按其重要性进行排序。风险管理人员之所以要衡量潜在的风险,是为了今后能选择适当的处理损失风险的方法,对不同程度和频率的风险采用不同的处理技术。①

(4) 风险处理。风险处理是针对经过风险识别、风险衡量之后的风险问题,采取各种控制技术,尽量减小组织的风险暴露,降低损失频率和减小损失幅度。它是风险管理的关键环节。风险处理手段大致可分为控制型和财务型两类。前者是损失形成前预防和降低风险损失的技术性措施,可以通过避免、消除和减少风险事故发生的概率及限制已发生损失继续扩大,以使风险损失减到最小。后者是通过事先的财务计划筹集资金,以便对风险事故造成的经济损失进行及时而充分的补偿,其核心是将消除和减少风险的代价均匀地分摊在一定时期内,以减少巨灾损失的冲击,稳定财务支出和盈利水平。②

(5) 风险管理评估。风险管理评估是对风险管理手段的适用性和效益性进行分析、检查、修正和评估。其必要性在于:其一,风险管理过程是一个动态过程,市场在不断变化,风险也在不断变化,原有风险会消失,但又会产生新的风险;其二,风险管理决策未必总是正确的、合适的,经过实践检验后,能够发现不当的风险管理方法并加以调整。风险管理评估的另一个目的是定期重复风险管理步骤,以使这一流程融入组织内部的运作。该环节的核心是建立起风险管理过程的反馈机制和信息循环。

三、风险管理技术

风险管理必须选择适当的处理方案,即根据风险管理的不同阶段,选择风险管理技术。风险管理技术选择的原则是所付费用最小、获得收益最大的风险管理办法,主要包括风险识别技术、风险衡量技术、风险评价技术和风险控制技术。

(一) 风险识别技术

风险识别实际上就是风险管理人员运用有关的知识和方法,全面系统、持续深入地发现经济体面临的各种风险。风险识别就是收集有关风险因素、风险事故和损失暴露等方面的信息,从而发现风险源。发现风险源是风险识别的核心。一般来说,引发风险事故的风险源大致有以下几类。

---

① 周伏平.企业风险管理[M].沈阳:辽宁教育出版社,2003.
② 周伏平.企业风险管理[M].沈阳:辽宁教育出版社,2003.

(1) 自然风险源。自然环境是最基本的风险源,干旱、地震、洪水、海啸都可能导致风险事故的发生。及时充分掌握自然情况的变化是分析这类风险源的核心。

(2) 社会风险源。社会道德信仰、价值观、生活习惯、社会结构和制度等,是另一大类风险源。旅游业的广泛国际化使得旅游企业频繁面对具有不同社会背景的顾客,识别社会风险源是企业获得良好发展的主要方面。

(3) 政治风险源。在任何国家或地区,政治因素可能成为非常重要的风险源。国家间外交政策的变化,国家内部的战争、政变或者混乱都可能给旅游业带来巨大打击。

(4) 法律风险源。有相当一部分不确定性和风险来自司法环境,法律法规决定了市场规则,导致市场利益重分配,是一个重要的风险源。

(5) 操作风险源。企业的运作或者流程的操作程序是又一个风险源类型。企业不合适的财务、人力资源、市场、生产等制度,以及流程中的不规范行为是企业面临的重要风险源。

(6) 经济风险源。任何一个企业,甚至政府都不能够有效控制资本市场,通货膨胀、经济衰退和经济萧条是经济系统的风险源。经济中不景气现象对于旅游业来说是一种沉重的打击。

(7) 认知风险源。风险管理人员发现、理解、估算和测定风险的能力和技术是企业潜在而难以发现的风险源。面对风险源,管理者认识不足,甚至视而不见,将给企业埋下潜在风险。

(8) 设施风险源。企业的设施设备、能源供给、材料供给等生产要素是企业面临的重要风险源。

通常企业不可能拥有足够的损失资料和风险管理人员识别经济单位面临的风险,运用一系列具体的识别方法,可以有效地发现风险。

风险清单分析法。风险清单分析法就是要编制风险损失清单,风险损失清单按照直接损失风险、间接损失风险和责任损失风险编制,主要针对企业面临的可保风险和纯粹风险(见表 13-3)。

表 13-3 风险损失清单范例

一、直接损失风险
(一)无法控制和无法预测的损失
电力干扰、降落物、地质运动、声音和震动波、战争、自然灾害等
(二)可控制或可预测的损失
机器故障、污染物、员工疏忽、环境条件控制、建筑缺陷等
(三)一般的财务风险
挪用公款、查封、抢劫、盗窃、专利权/所有权的失效、荒废等
……
二、间接或引致的损失暴露
(一)所有直接损失暴露对下列各种人和物的影响
供应商、消费者、公用设施、运输、雇员等
(二)额外费用:租金、通信、产品等
(三)管理失误:市场营销、生产、投资、分红等
(四)经济波动:通货膨胀、衰退、萧条等
……

续表

三、第三方责任(补偿性和惩罚性损失)
(一)广告商和出版商责任
(二)合同责任
(三)董事长和高级职员责任
(四)业主责任
……

需要注意的是,风险清单分析法只考虑了纯粹风险,而没有考虑投机风险;风险清单自行设计,可能会受到主观意识的影响;风险清单不包括某些特殊的风险。

现场调查分析法。现场调查分析法通过直接观察风险管理单位的设备、设施和操作等,了解风险管理单位的活动和行为方式,发现潜在的风险隐患。例如,旅行社要了解旅游者是否有慢性病或心脏病等急性突发病;要检查旅游汽车是否安全可靠。现场调查分析法的核心在于编制和填写检查表,包括事实类检查表、问题类检查表和责任检查表,通过分析检查表的内容发现风险源。现场调查分析法存在耗费时间比较长、管理成本比较高和过多依赖调查人员素质等缺点。

财务报表分析法。财务报表分析法是 A. H. 克里德尔于 1962 年提出的一种风险识别法。分析资产负债表、营业报表和相关的支持性文件,风险管理人员可以识别风险管理单位的财产风险、责任风险和人力资本风险。运用财务报表进行分析有以下几种基本方法。

趋势分析法。根据企业连续期的财务报表,比较各期有关项目的变化情况和趋势,从而揭示企业财务状况及其趋势。

因素分析法。指在测定各个因素对于某一指标的影响程度时,必须对有关因素按顺序进行分析。

比率分析法。指同一时期的相关数据的相互比较,求出相关数据之间的比例,以分析财务报表各项目之间的相互关系。

流程图分析法。将风险管理单位生产经营的过程,按照活动内在的逻辑顺序绘成流程图,针对流程中的关键环节调查风险、识别风险的方法。流程图法的关键在于编制流程图,该内容已在本书第三章有详细论述。此法的缺点在于成本比较高,而且难以发现企业外部风险。

因果图和事故树分析法。因果图分析法从导致风险事故的因素出发,推导出可能发生的结果;事故树分析法从风险事故的结果出发,推导出事故的原因,因果图法和事故树法最好结合使用,找出问题的前因后果。两种方法的共同缺点在于无法反映各个风险因素的重要程度。

(二)风险衡量技术

风险衡量就是在风险识别的基础上进行定性的描述和定量的分析。风险衡量需要借助概率和统计分析工具来完成,充分详细的数据是风险衡量的重要条件。风险衡量运用大数法则、概率推理法则、类推法则和惯性原理来衡量风险不确定的层次和水平。风险衡量要测度出至少两个核心结果:一是损失概率,即单位时间内损失可能发生的次数;二是损失幅度,即每次风险的严重程度。

(1)损失概率的测度。衡量损失概率需要考虑三个因素:风险单位数、损失形态和损失事件。这三项因素的不同组合会影响损失概率的大小。

(2) 损失幅度的测度。衡量损失幅度要考虑损失形态、损失频率、损失金额和损失时间等因素。一般的,间接损失比直接损失严重;损失幅度和风险单位数呈正相关;风险事件发生的时间越长,损失幅度越大。

(三) 风险评价技术

在风险管理中,风险衡量和风险评价有时是同时进行的,有时是分步骤进行的。风险衡量是对风险状况的客观反映,风险评价是依据风险衡量的结果对风险所造成的损失,进行总体的认识和评价,是风险管理者的主观判断。风险评价受到风险评价主体行为、机器设备因素、环境因素、管理制度因素等方面的影响。风险评价对于风险管理决策的影响重大,运用适宜的方法进行科学的分析评价至关重要。

(1) 风险度评价法。指风险管理单位对风险事故造成的损失概率和损失幅度进行综合评价,风险度评价可分为 1 至 10 级,级别越高,危险程度越大(见表 13-4)。

表 13-4 风险度评价标准体系

损失概率	损失幅度	风险度评价	损失概率	损失幅度	风险度评价
≥1/2	无警告的严重危害	10	≥1/400	低	5
≥1/3	有警告的严重危害	9	≥1/2000	很低	4
≥1/8	很高	8	≥1/15000	轻微	3
≥1/20	高	7	≥1/150000	很轻微	2
≥1/80	中等	6	≤1/150000	无	1

(2) 检查表评价法。根据安全检查表,将检查对象按照一定的标准给出分数,分数越高越重要,由此,可以根据风险单位的得分,评价风险的程度和等级。这种方法全面细致,其关键在于检查表的设计。

(3) 优良可劣评价法。根据企业以往风险管理的经验和状况,对各种风险因素列出全面的检查项目,并将每一检查项目分成优良可劣四个等级。

(4) 矩阵评价法。矩阵评价是一种多维评价的方法,就是从问题的各种关系中找出成对要素 L_1、$L_2 \cdots L_i \cdots L_n$ 和 R_1、$R_2 \cdots R_i \cdots R_n$,用数学上矩阵的形式排成行和列,在其交点上标示出 L 和 R 各因素之间的相互关系,从而确定关键点的方法。

(四) 风险控制技术

在完成风险评价之后,就要进行风险控制,实现风险管理的目标。风险控制的技术主要有损失回避、损失控制、风险隔离、风险结合和风险转移五种。

(1) 损失回避。损失回避是风险主体设法回避损失发生的可能性,管理者在预见风险事故发生的可能性,在风险未发生之前进行处理。这是一种最消极的方法,它以完全放弃某项活动为代价来消除风险。

(2) 损失控制。风险主体有意识地采取行动防止或减少灾害事故的发生及其造成的损失。它包括损失预防和损失减少两种情况。

(3) 风险隔离。风险主体对风险进行时间或者空间上的隔离,使风险分散,以减轻单个风险损失的目的。这种方法可能会增加一定的管理费用。

(4) 风险结合。通过减少风险单位的数量,整合时空上同时发生的风险,起到整体预防、整体控制的目的。

(5) 风险转移。风险转移是指风险主体将损失的法律责任、财务责任等转移给其他经济个体,它包括非保险转移和保险转移两种方式。

第二节 旅游产业风险管理

一、旅游产业风险

旅游产业与其他产业一样具有一些共同的产业风险,同时,由于旅游产业自身的特性和旅游经济运行的特点,也存在一些特殊风险。

(一)旅游产业风险的特点

(1)旅游产业的时空约束导致的产业风险。旅游活动在空间上的异地性和时间上的暂时性,以及在运行过程中呈现出的关联度高的综合性特点,导致了旅游行业经营的高风险性。[①] 具体来说,由于旅游活动需要空间位移,所以凡是能影响客源地、接待地、旅游交通等的因素就能影响旅游活动的进行,从而影响整个旅游业。比如战争、金融危机,以及一些突发事件,如疾病、自然灾害等。此外,相对于日常生活行为,旅游活动又是暂时的,这一特点使旅游业成为一个高风险行业。因为它只是一种休闲娱乐活动,是超越日常物质消费之上的文化和精神活动,而不是必须消费品,它会受众多因素干扰而被人们从计划中取消。这无疑增加了旅游活动的不确定因素,加大了旅游行业的风险性。

(2)旅游产业的关联约束导致的产业风险。旅游者对旅游产品的消费是转移了的整体消费,旅游活动呈现的综合性让诸多政治、经济和社会因素都会对旅游业产生影响,所以旅游企业的经营波动性相对明显,各因子变量的异动都会对旅游企业经营带来影响。旅游产业经营状况的好坏并不完全决定于产业本身,住宿业、交通业等旅游紧密相关产业的存在和发展高度影响着旅游产业的运行状况。如果交通瘫痪,交通业停滞,那么旅游产业将几乎无法生存,旅游产业对这些相关产业的高度依赖性使得旅游产业具有更高的风险。

(3)旅游产业的信息约束导致的产业风险。旅游活动中使用价值的获取是以人的流动而非物的流动来实现,这一关键特性凸显了信息对旅游生产价值实现的重要性。工业产品可以流动而到达目标市场,在空间上可以与消费者"近距离接触",有效而形象地展现产品实质,促进消费者购买;旅游产品难以流动,消费者在体验之前无法真实触及产品实质,只能通过大量的信息来判断,增加了消费者购买的风险,同时也就增加了旅游产业的风险。如何有效地提供足够的、可信的、有吸引力的信息是旅游产业降低风险的有效途径。

(4)旅游产业的刚性约束导致的产业风险。旅游产业的刚性表现在两个方面:一方面是空间刚性,即旅游生产供给不能像其他产业一样可以进行空间的转移;另一方面是时间刚性,旅游生产供给在短时间内很难增加"生产能力",也很难减少"生产能力"。旅游产业的刚性约束使得旅游生产供给缺乏灵活性,产业风险也因此加大。

(5)旅游产业的敏感约束导致的产业风险。旅游产业对政治、经济、社会等环境因素高度依赖的同时,也对外部环境变化具有较高的敏感性,这种高度敏感性使得产业风险出现的突然性和不可预测性增加。

---

① 石培华,张吉林,彭德成,等."非典"后的旅游经济重建与风险管理[J].旅游学刊,2003(4).

旅游产业风险管理就是旅游业对自身产业运行过程中可能产生的风险因素采取预防或消除措施,以及在风险发生后采取弥补措施的科学管理活动,它也包括对旅游业风险的意识、识别、衡量、处理和评估五个阶段。旅游产业风险管理的目的是避免风险或使损失减至最少。

（二）旅游产业风险的类型

在明确旅游业经营高风险性的基础上,我们首先从产业经济、社会文化及生态环境三个方面分析旅游业发展过程中风险的主要类型。

1. 旅游业的产业经济风险

产业地位风险。主要是指一地区若对旅游业的依赖程度过高,则会在一定程度上削弱该地区经济发展的基础,并在动荡的世界政局中难以自持。[①]

产业模式风险。旅游产业的模式风险取决于旅游产业发展模式与区域经济的关联度和渗透力,即旅游产业是否科学合理地遵循混合经济的发展模式。未能整合区域经济的旅游产业发展模式,将由于过高的产业运行成本而容易形成规模不经济;并且这种高成本将会沿着旅游产业链按照某种乘数效应进行放大性波及。

产业结构风险。旅游产业内部结构的不合理是产业结构风险的风险因素。旅游产业的发展要求食、住、行、游、购、娱等各个相关部门按照一定的比例和功能结构协调发展。根据木桶原理,任何一个部门供给不足甚至缺失,都将直接影响旅游产业整体的发展。

产业收益风险。主要涉及的是国际旅游发展中的机会风险与漏损问题。机会风险产生于将资源分配于生产满足旅游者需求的物品和劳务所带来的净收益与将这些资源用于他处所带来的净收益二者之间的比较。由于入境旅游者的支出总会诱发进口,从而在一定程度上抵减国际旅游的总收入;向旅游者出售的物品和劳务的进口数量及生产中投入的资源量,依赖于目的地国家各种产业之间的渗透强度和作为基础的农业和制造业的实力和复杂程度,于是影响到漏损水平。[②]

2. 旅游业的社会文化风险

生活质量方面,旅游业的发展抬高了旅游地居民的生活成本,导致本地居民生活水平的相对下降;劳动力迁移方面,旅游业在大量吸引劳动力向旅游区流入的同时,也造成了旅游目的地居民一定程度上的被迫流出,以及大型传染性疾病暴发的可能性增大;消极社会活动方面,犯罪、赌博、色情服务增加;价值观方面,文化交流的冲突,社会价值观的二元对立;文化方面,传统信仰衰退,旅游目的地文化本义在逐渐丧失,文化特色渐渐被同化;对旅游者的敌视方面,旅游目的地居民怨怒和敌视态度的增加,部分当地居民奴性的发展。

3. 旅游业的生态环境风险

自然环境风险。自然资源方面,旅游活动可带来地下地表水的枯竭及为旅游活动提供能量的矿物燃料的耗竭;污染方面,垃圾排放、油污泄漏会污染水质,交通工具排放物导致空气污染,旅游活动产生的噪声污染及光污染;生物种群方面,植被不同程度地被破坏,动物的迁徙及生活繁殖习性的被迫改变,外来生物入侵,动植物数量与种群多样性的降低;自然侵蚀方面,土壤板结,损害地质特征,气候的改变;视觉效果方面,各种人造设施的"入侵",垃圾等污染物的视觉影响。

人文环境风险。基础设施方面,旅游活动可能带来基础设施的超负荷运行,为适应旅游

---

① 谢彦君.基础旅游学(第二版)[M].北京:中国旅游出版社,2004.
② 谢彦君.基础旅游学(第二版)[M].北京:中国旅游出版社,2004.

需要而进行的环境开发(如拦海坝、垦荒等);旅游配套服务设施方面,该类设施的开发可能会导致新的生态风险隐患;城市环境方面,土地、水文特征发生改变;古迹文物方面,可能会导致古建筑、壁画、石雕等文物的流失与被侵蚀/破坏;视觉效果方面,建筑风格的改变,建筑密度的扩张等。

通过对风险类型的分析,可以形成如图13-4所示的旅游业风险链。

图13-4 旅游业风险链

具体到产品层面的旅游业风险类型则是各不相同的。图13-5以冒险旅游为例,说明了该产品形式中的风险因素与风险事故。

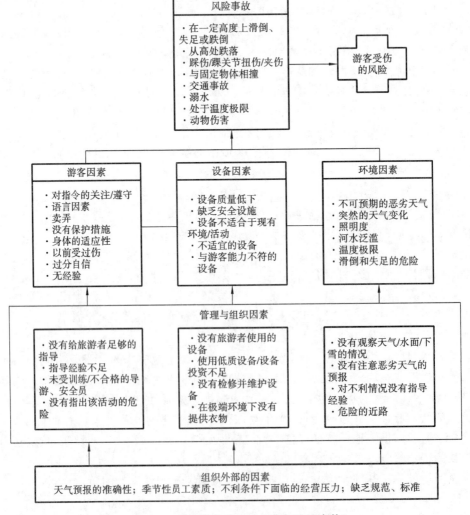

图13-5 冒险旅游的风险因素与风险事故

(资料来源:史蒂芬·佩吉,保罗·布伦特,格雷厄姆·巴斯比,乔·康奈尔的《现代旅游管理导论》,2004年,有改动。)

二、我国旅游产业风险管理适应性分析

(一)旅游产业风险管理优势——供给与需求

应对旅游业所面临的各种风险,中国的旅游经济有着一个独特的优势——大国旅游。这具体表现在几个方面:一是中国有巨大的内部市场需求,在短期内可以形成新的扩张局面,这也是我国旅游业风险管理及危机后重建的根本基础;二是我国地域广阔,长线旅游受到较大程度的影响,但短线旅游和区域旅游可以获得发展,实现地区之间互补;三是可以发挥大国各行业之间的相互补充和推动,谋求实现综合的经济效益。[①]另外,我国旅游业经过多年的发展,尤其是各种危机的考验,已经积累了相当丰富的抵御风险的经验,并且初步形成了具有一定规模的旅游生产力体系;而且由于我国经济的持续稳定发展所形成的强劲市场吸引力,使得中国的国际形象和各种国际交流都会得到不断改善,从长远来看,我国的国际地位和对世界各国人民的吸引力也将逐步提升。这些都构成了我国旅游业应对各种风险和危机的有利条件。

(二)旅游产业风险管理劣势——制度与结构

当前,我国旅游业的市场化程度相当高,但制度环境却相对滞后,无论是市场法规还是行业自律系统都不健全,致使行业内外一旦高速发展,行业的正常经营秩序即被打破,从合同的履行到最高、最低价格的限定,都缺少有效的监管机制,这是影响我国旅游业长期健康发展的重大问题。我国的旅游业应顺应市场化改革的大方向,完善行业管理制度,健全行业自律组织,将旅游发展的各个要素纳入相应的行业管理范畴,规范各类旅游经营单位的行为,同时,加强各类行业管理协会的建章立制的工作,用制度化的程序规范企业的非制度化行为。在现阶段,我国旅游业风险管理的主要目标是防止企业的恶性削价竞争,防止恶性削价竞争所带来的服务质量下降,从而保证旅游需求的有序增长,最终保证旅游企业的根本利益,实现旅游业的可持续发展。制度方面的另外一个劣势,是现阶段我国旅游产业政策(如休假制度、旅游方式等方面的相关规定)造成了旅游业风险的过度集中。

结构方面的劣势,主要表现在旅游企业与产品结构两个方面。我国旅游企业,普遍存在散、小、差的问题,抵抗风险能力弱,应通过旅游企业的购并重组以提升自身的竞争素质与抗风险能力;我国旅游业的产品结构也亟待升级,大部分旅游产品仍在低级的观光游览层次上操作,随着旅游者消费偏好和消费方式的逐步升级,我国应大力发展生态旅游、休闲度假、参与体验、文化享受等梯度化的产品结构体系,增加旅游者的消费选择,扩大旅游企业的获利空间。

三、旅游产业风险管理的模型与基本策略

(一)旅游产业风险管理模型

旅游业风险管理过程可以分为两个阶段:日常风险管理阶段与危机事件管理阶段。日常风险管理,即旅游业各组织部门在日常运营中所采取的风险管理措施,是以预防为主的阶段,是旅游业组织部门日常工作的流程环节之一。危机事件管理阶段,是当危机即将发生或已经发生时,针对现实的危机进行管理,目的是阻止危机的发生、减轻危机的损害和更好地

---

① 石培华,张吉林,彭德成,等."非典"后的旅游经济重建与风险管理[J].旅游学刊,2003(4).

从危机中恢复过来,并抓住危机中的机遇;这个阶段是以处理实际存在的危机为主的阶段。

另外,旅游业的风险管理还包括一些在以上两个阶段中都需要做的工作,如建立风险管理的组织机构、沟通、媒体管理。① 由于这些工作不是任何一个阶段所特有的,而是贯穿旅游业风险管理的全过程,因此可被称为旅游业风险管理的基础工作。这样,日常风险管理、危机事件管理、风险管理的基础工作就构成了旅游业风险管理的主要内容(见图 13-6)。

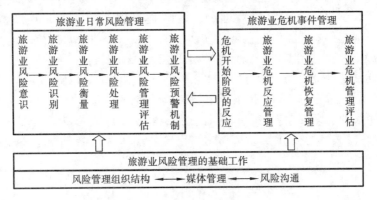

图 13-6 旅游产业风险管理模型

(二)旅游产业风险管理的基本策略

(1)旅游业风险管理的目标。其一,降低和消除旅游业风险带来的经济、社会和生态损失,维持旅游目的地生存,保证旅游目的地的稳定且可持续发展。避免因某一重大危机而出现不可挽回的衰退。其二,树立安全的旅游目的地形象,避免和减少游客伤亡、利益受损等不良事件的发生。其三,保证旅游目的地旅游业经历风险或危机后能迅速恢复正常,并反而借助知名度的提高而使旅游者人数增加。

(2)旅游业风险管理模型。结合中国旅游业发展的实际,我国宏观上的旅游业风险管理体系应首先注意在以下几个方面进行创建与完善。

建立旅游产业风险投资机制。风险投资是在复杂的自然和社会环境中进行的一种阶段性股权投资活动,是在承受巨大不确定性因素所造成的风险之后,获取高额投资报酬的特殊投资形式。

近几十年国际风险投资的实践表明,高新技术产业是风险投资的重点。但是,风险投资作为一种投融资的形式,既然能够从其他行业转移到高新技术产业领域中,那就说明风险投资的领域不是一成不变的,而是可以转变和兼顾的,所以在旅游业中引入风险投资应当是有其实施的现实基础的。旅游业风险投资是将风险基金投入具有高风险、高收益性的旅游业发展与建设中,并期望获得高额收益的一种投资。特别是在容易受外界多种因素影响的,旅游业的基础设施中投资,就更加具有风险性,可以说是一种典型的风险投资。其运作模式一般与中小型高科技公司的风险投资基本相同,即可以先由企业或个人出资成立一个风险投资公司,再由风险投资公司发起组织相当数量的包括养老基金、社会保障基金在内的风险基金,并主要以股权投资的形式将资金注入处在创业期或成长期的旅游公司。②

科学规范的旅游业风险投资机制,不仅要有完善的风险投资退出机制和进入机构,也要

---

① 朱德武.危机管理:面对突发事件的抉择[M].广州:广东经济出版社,2002.
② 顾华详.建立中国旅游业风险投资机制研究[J].社会科学家,2000(2).

有严格的风险投资监管机制。旅游业风险投资机制的建立,不仅可以减少危机发生时政府的财政负担,还可以帮助旅游企业建立风险防范机制,从而在根本上开拓我国旅游业良性资本运作的发展功能。

发展旅游产业风险预警机制。旅游业是具有巨大发展潜力的产业,同时也是一个敏感性行业,易受外部宏观环境因素的影响,因此,政府、行业协会和企业应共同努力,建立旅游业的风险预警机制。同时,发展完善的风险预警机制,也是旅游业风险投资机制建立的题中应有之意。

风险预警及其控制实施是一种复杂的和综合性的管理活动,而作为风险预警机制的建设,则是将金融技术、投资技术、信息技术、控制技术和模拟技术等综合和提高后,形成的一种新型应用技术。① 风险预警机制是旅游业风险管理体系中不可缺少的基本手段,是旅游业进行风险防范和管理的感知侧面。风险预警机制对所处环境或内部风险的可能和状态进行测评,然后及时到组织管理层对所发出的参数进行判断,发出相应的控制风险指令,再根据风险中间控制过程和预警子系统所得出的效果测评与修改意见,并再次对风险发出相应的控制指令,从而经由这样一个过程对风险进行有效的管理。风险预警机制的一般程序可以如此表述:风险信号采集→风险信号处理→风险状态测评→风险类型识别→风险状态度量→风险等级评估→风险总体判断→风险管理决策。王洪波、宋国良(2002)认为,风险预警机制具有如图 13-7 所示的基本职能和主要功用。

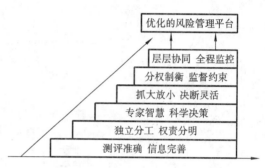

图 13-7　风险预警机制的主要功用

客观来讲,在经济、建设、投资等领域建立风险预警,我国仍处于理论分析和前期准备的阶段,至今尚未有一个完整的应用体系。旅游业首先应当确立机构,建立机制,保证信息收集、分析、公布渠道通畅,在此基础上对旅游全行业进行不间断的监测,以便能够及时地发现险情,做出预警,最大限度地规避风险或消减风险。目前可先选择一些重点旅游城市作为试点。旅游业风险预警机制的宏观构建过程可如图 13-8 所示。

(3) 完善旅游产业风险沟通管理。风险沟通已经成为基本的风险管理工具之一,它贯穿于风险管理的每一个阶段。风险沟通指的是所有风险信息在拥有者和接收者之间流通的过程。图 13-9 说明了这一流通过程的基本情况。

由图 13-9 还可看出,风险沟通的对象主要包括内部员工、传播媒体、政府监管部门与社会公众。一般情况下,在旅游业日常风险管理中风险沟通是以内部沟通居多的。需要注意的是,政府机构不仅是风险信息的拥有者,同时也是风险信息的监管者。

成功的风险管理和危机后的恢复振兴一定程度上要取决于风险沟通的有效性及信息传播的实施策略。世界旅游组织(2003)在其发布的《旅游业危机管理指南》中更是反复强调了旅游业危机管理中诚信透明的重要性与有效传播的意义,认为"基于诚信与透明原则的良好沟通是成功的危机管理的关键"。

---

① 王洪波,宋国良.风险预警机制:在躁动和阵痛下风险创业投资机构必备的生存工具[M].北京:经济管理出版社,2002.

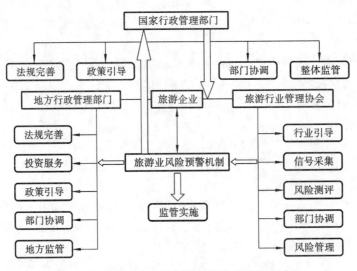

图 13-8　旅游产业风险预警机制的宏观构建过程

(资料来源:王洪波、宋国良的《风险预警机制:在躁动和阵痛下风险创业投资机构必备的生存工具》,2002 年,有改动.)

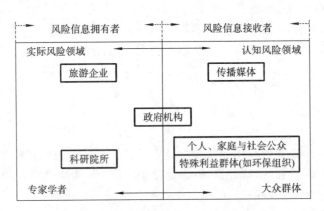

图 13-9　旅游产业风险信息的沟通

(资料来源:宋明哲的《现代风险管理》,2003 年,有改动.)

第三节　旅游企业风险管理

一、整合风险管理与旅游企业的基本风险

进入 21 世纪,全球化、技术创新、电子商务、企业重组、旅游者需求和偏好的多变性已经成为旅游产业发展的主要特色,在这样的背景下,旅游企业将面临更大的风险考验。树立风险意识,强化风险管理,已经成为旅游企业的一种必然选择。从 20 世纪 90 年代开始,一种新的风险管理思路——整合风险管理(Integrated Risk Management)或企业风险管理(Enterprise Risk Management)开始出现并逐渐显示其科学性。

传统的风险管理方式中,企业风险往往是被分散管理的:业务部门负责业务风险、财务部门负责信贷风险与投资风险,以及由其他负有风险管理职责的部门(如审计、法律、安全等)协助一些企业层面的风险监督职能。由于风险本身是相互关联的,所以,分散式风险管理的无效性日益明显。与传统风险管理方式相比,整合风险管理运用稳健的、整合的方法评估和处理那些可能影响本企业战略目标、财务目标的所有风险,认为风险管理不仅仅涉及金融、保险和灾害事故,而还应关注如何理解企业面临的基本风险、如何有效经营业务等。[①]

从整合风险管理模式的角度综合考虑旅游企业面临的所有风险,旅游企业的基本风险则可以包括以下三大类别。[②]

(一)战略风险

战略风险涉及旅游企业高级管理人员和董事会的决策过程,是指因高级管理层的重大战略决策(如兼并与收购、产品定价、市场进入与退出、新产品开发等)失误而导致损失的风险。由于旅游业的敏感性,旅游企业的战略风险往往在很大程度上会受到宏观经济、政治气候、社会环境等基础性因素的影响。

(二)金融风险

旅游企业的金融风险主要包括价格风险、信用风险和流动性风险。

价格风险是指由于资产的市场价格(包括商品价格和金融资产价格)的波动导致企业现金流的不确定性。根据引发价格风险的因素的不同,价格风险又可以再分为商品价格风险、汇率风险和利率风险。商品价格风险是指诸如石油、天然气、钢铁、煤炭、电力及农产品等商品的价格波动。因汇率的波动而使投资价值或收益发生变化,就构成汇率风险。旅游业具有天然的外向型产业特征,现阶段我国旅游企业的主要利润来源也在向国际旅游经营业务靠拢,所以,汇率风险应是旅游企业特别要引起注意的方面。利率风险是指旅游企业的原材料价格和成品价格随利率的升降而发生变化的风险。

信用风险又称违约风险,是指交易对手不能或不愿履行合同规定的义务而导致损失的可能性。比如,"三角债"现象一直困扰着我国旅行社企业的正常运营,而类似的信用风险的大量存在将大大损害旅游企业的现金流质量。

资产的流动性是指该资产按其实际价值或接近实际价值出售的难易程度。流动性风险包括产品销售的流动性及现金流与资金不匹配两种情况。前一种情况是指产品不能及时变现或由于市场效率低下而无法按正常的市场价格交易,后一种情况是指旅游企业的现金流不能及时满足支出的需求而导致旅游企业违约或发生财务损失的可能性。

(三)运作风险

(1)旅游企业运作风险的主要类型。运作风险是指旅游企业在经营过程中可能遇到的任何中断或冲击;巴塞尔委员会在1994年《衍生产品风险管理准则(第16卷)》中关于场外衍生品(OTC Derivatives)所作的很有影响力的定义认为:"运作风险是因信息系统或内部控制不充分而导致意外损失的风险,该风险与员工失误、系统故障、程序和控制失当有关。"

旅游企业的运作风险可包括实物资产风险、人力资本风险、信息资讯风险、法律责任风

---

① 周伏平.企业风险管理[M].沈阳:辽宁教育出版社,2003.
② 周伏平.企业风险管理[M].沈阳:辽宁教育出版社,2003;龙凌.旅游企业特殊经营风险的界定及应对措施初探[J].湖南工业职业技术学院学报,2004(1).

险和道德商誉风险。

实物资产风险是指由于物理损毁、灭失、贬值、被政府征收/没收而导致的旅游企业价值减少的风险。

人力资本风险是因旅游企业员工死亡、生病、伤残而丧失工作能力和收入能力,根据旅游企业的员工福利制度,给予员工补偿的风险,也包括旅游企业员工的跳槽及突然流失造成的风险。尤其是掌握旅游企业核心客源、商业秘密的人员及管理、营销方面的骨干突然流失,将会给旅游企业的经营活动带来很大的困难。

信息资讯风险是指信息资讯系统的控制、运作与备援失当而导致旅游企业遭受损失的风险,比如由系统障碍、死机、资料丢失、安全防护或电脑病毒预防与处理等因素而导致的旅游企业损失。

随着旅游企业产品业务的复杂化、旅游者法律意识的普及化和法律法规的规范化,法律责任风险对旅游企业的发展和盈利的影响正在迅速扩大。这种风险不仅包括文件或合同是否具有法律依据,可否执行的问题,还包括旅游企业是否适当地履行了对游客的法律和法规要求的职责。具体来说,法律责任风险是指因侵权行为而产生的法律责任使侵权行为人的现有或将来收入遭受损失的可能性。

道德商誉风险是旅游企业或其员工采取的任何行为对其外部市场地位产生的消极影响。现在旅游企业已经日益意识到这类风险的毁灭性冲击,它可以产生于旅游企业业务活动中的任何一部分的问题和任何程度的风险因素,但其对旅游企业品牌和业务的影响却大大超过了这些问题本身。

(2)导致旅游企业运作风险的特殊风险因素。引起旅游企业运作风险的因素可能是通常以较高概率发生的,对局部旅游企业或旅游企业的某一局部产生影响,并且能相对有效地加以预测和防范的常规风险因素;也可能是以较小概率发生的,对旅游企业的各个方面都会产生重大影响的特殊风险因素,通常情况下,特殊风险因素事关旅游企业的兴衰成败,并且相对难以有效地预测和防范。

导致旅游企业特殊运作风险的因素虽属小概率事件,但也不是无迹可寻的。一是政治风险因素。当今世界,意识形态的矛盾依然存在,国家利益的明争暗夺将会引发具有不同冲击力的政治风波。二是战争风险因素。世界并不太平,各种民族主义、极端主义和分裂势力活动此起彼伏,某些局部或地区战争的可能性仍然存在。三是恐怖风险因素。恐怖主义已成为世界的一大公害,"9·11"事件就使得美国旅游业和航空业在很长一段时间内一蹶不振。类似的恐怖袭击事件还有发生在巴厘岛的爆炸事件,同样使印尼旅游业遭受了沉重的打击。四是自然风险因素。客观来讲,类似"非典"疫情的突发性公共卫生事件仍然有可能再度发生。

二、旅游企业风险管理机制构建

(一)旅游企业风险管理基本制度

旅游企业要完善风险管理机制,制定风险管理措施,建立风险监督体系,形成一整套健全的风险管理制度。

(1)完善旅游企业的风险管理战略规划。相对于国外著名企业,我国旅游企业往往精于经营而不善战略规划。风险管理战略缺失使多数旅行社缺乏对事态发展的应对预案,疲于应付此间的政策变动;也使偏离了网络化发展轨道的饭店集团承受着危机时期客流中断的高风险。

（2）建立风险监控或预警系统。通过预警系统判断计划与现实的差别，尽早察觉计划的偏离，以便有效地驾驭风险和预防风险。

（3）制定有效的应急方案。经过风险辨认和评价后，对那些较大风险或可以分类的风险制定应急方案；应急方案包括风险的描述、完成计划的假设、风险出现的可能性、风险的影响及适当的反应。

（4）采用系统的风险管理方法。包括内部与外部的风险管理。内部风险管理分为决策层的风险管理与执行层的风险管理；决策层的风险管理所关注的是投资和经营行为；执行层的风险管理所关注的是制度和规范。外部的风险管理分为游客需求偏好的风险管理和市场竞争的风险管理。游客需求偏好的风险管理所关注的是旅游产品供给的有效性问题；市场竞争的风险管理所关注的是核心竞争力的有效性问题。

（5）坚持改进过程。重点在于收集信息，明确变量，接受游客反馈，加强沟通与交流，不断提高工作质量；制定基准，把过程文件化，鼓励可以回避风险的更好做法；不断优化业务流程，减少执行中的复杂性和不确定性，防止和避免风险损失。

（二）旅游企业危机事件处理机制

（1）建立危机预警机制。建立一整套方案，提前识别各种危机，对危机的后果事先加以估计和准备。

（2）建立危机应对机制。建立一整套危机管理制度，使危机管理制度化。主要是建立制度化、系统化的有关危机管理和灾难恢复方面的组织机构和业务流程。如设立由公司高层直接领导的危机处理领导小组；设立危机时期对外信息披露机构及发言人制度等。这些组织机构和业务流程在业务正常时不起作用，但一旦危机发生则及时启动并有效运转，使各部门、机构、员工能立即知道做什么、说什么，而不必依靠某一个关键人物的急中生智力挽狂澜。

（3）聘请公共关系常年顾问。委托一些类似咨询公司公关部门的中介机构，与传媒维持一个良好的合作关系，一旦旅游企业发生危机，可以迅速及时地组织和调动媒体，开展企业的宣传攻势，将可能蔓延开的损失减至最小。

三、旅游企业整合风险管理的组织结构

旅游企业整合风险管理组织结构的建立有两个主要目的：一是，使旅游企业风险管理得到有效的组织保障，即确保旅游企业内信息通道流畅、信息能够得到及时反馈、各部门及人员责权清晰、有专门的风险反应机构和专门授权；从而当出现风险预警时旅游企业可以开展妥善的处理；在危机处理过程中，这种组织保障的有效性将更加明显。二是，确认旅游企业高级管理层的支持与重视。首先是要建立董事会直接领导下的风险管理委员会或小组；其次，董事会和旅游企业的高级管理者还要明确建立企业对风险承担的态度、对风险的偏好及承担风险的责任配置。

对于旅游企业而言，为达到以上目的，必须提高风险管理这一职能部门在企业组织结构中的地位，采取自上而下的程序（见图13-10）。与有效的自上而下的管理程序同样重要的是，风险管理必须是从业务领域中独立出来的职能，作为控制和监督职能来实行。而且风险管理职能必须具备向高级管理层独立报告的程序，其作用是向高级管理层保证企业准确评

估风险,并遵守自己的风险管理标准。①

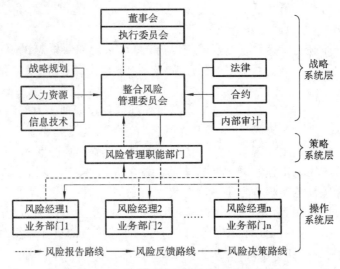

图 13-10 旅游企业整合风险管理组织结构图

在图 13-10 中,整合风险管理委员会还要能够配合旅游企业的发展战略,制定风险管理战略和程序;结合本企业的实际情况研究制定风险管理措施、分析和报告程序;与人力资源培训部门加强联系,促进员工的信息交流和共享,使全体员工,尤其是高层管理者牢固树立风险防范意识。

四、旅游企业风险管理决策

旅游企业风险管理决策,是指根据旅游企业风险管理的目标和宗旨,在科学的风险分析的基础上,合理选择风险管理方法与工具,从而制定出处理风险的总体方案的管理活动。风险管理决策的关键是如何从总体角度,根据旅游企业风险管理目标、风险程度,来综合选择各种风险管理技术。②

决策环境的系统状态会影响决策后果,根据系统状态的特点,通常可以把决策分为不确定型决策、风险型决策(概率型决策)和确定型决策。对于旅游企业来讲,前两种类型更经常遇到。

任何决策不论其决策问题简单与否都应遵循如下的流程。③

提出问题。提出问题应建立在对决策环境进行详细分析的基础上。比如,旅游企业由于其产品结构不合理而影响到企业的销售。因此,问题应该是如何确定旅游企业的产品结构而使企业获得较大的利润。

制定解决这个问题的各种方案。方案应尽可能多,应能计算方案在给定系统状态下的后果值。

选择进行决策的方法(见表 13-5)。决策者应根据决策问题的特点及决策环境中系统状态的特点,选择最恰当的方法。

对各种方案进行计算,根据计算结果确定最佳方案。

---

① 周伏平.企业风险管理[M].沈阳:辽宁教育出版社,2003.
② 魏小安.旅游企业应对:突发事件与低谷运行[J].旅行社之友,2003(6).
③ 薛声家,左小德.管理运筹学[M].广州:暨南大学出版社,2003.

表 13-5 旅游企业风险管理决策的两种主要类型

类型	类型描述	决策原则/方法	原则/方法内容
不确定型决策	决策结果在决策环境中是不确定的,甚至不知道不确定性的统计概率,这种情况下的决策主要取决于决策者的素质和要求	悲观准则（Max-Min 准则）	决策者对系统所取的状态持悲观的态度。对于每一个方案,系统都取最不利的状态,即使得方案取最小后果值,再从最小值中取最大者
		乐观准则（Max-Max 准则）	决策者对每一种方案都持乐观的态度,系统状态都取使得方案为最优后果值的状态,这是十分理想化的决策思想
		折中准则（Harwice Rule）	折中准则是介于悲观准则和乐观准则之间的一个准则,其特点是对客观状态的估计既不完全乐观,也不完全悲观,而是采用一个乐观系数来反映决策者对状态估计的乐观程度
		等可能性准则（Laplace 准则）	这种准则的思想在于将各种可能出现的状态"一视同仁",即认为它们出现的可能性都是相等的,均为 $\frac{1}{n}$（假设有 n 个状态）,然后再按期望收益最大的原则来选择最优方案
		最小机会损失准则（Min-Max 准则）	基本思想在于尽量减少决策后的遗憾,使决策者失去获取收益的机会最少。具体做法为计算各自然状态下的最大收益值与在这个状态下各方案收益值之差,再取其中最小者
风险型决策	对不确定型决策的再认识,或者是对不确定型决策的统计分析。基本特点是:要求决策环境中的状态是重复的,因而可以利用统计的方法确定其概率	期望损益决策法	以"策略—事件"对的收益/损失值为基本单位构建决策矩阵的各个元素,再据此计算各策略的期望收益/损失值,然后从这些期望收益/损失值中选取最大/最小者,则它所对应的策略便为应选策略;当遇到两个方案的收益期望相等的情况时,则应选择方差较小的方案,以尽可能避免风险
		决策树决策法	将几个备选方案及有关随机因素形成一个树形,通过决策树统观整个决策过程,从而系统地对决策过程进行全面分析、计算和比较
		贝叶斯决策法（Bayes 决策法）	是通过对所决策问题进行进一步调查后,再根据调查结果进行决策的一种重要决策方法。其步骤为:(1)先由过去的经验或专家估计获得将发生事件的先验概率;(2)根据调查或试验计算得到条件概率,可以利用贝叶斯公式及全概率公式计算出各事件的后验概率

五、旅游企业风险管理措施

当风险管理决策完成,企业就要选择合适的管理措施来控制风险。选择风险管理措施,要考虑企业风险管理的能力和风险的类型。

(一)旅游企业风险管理能力

风险管理能力包括实现某一具体战略所必需的过程、人员、报告、研究方法和技术支持,涉及六个基本要素(见图13-11)。

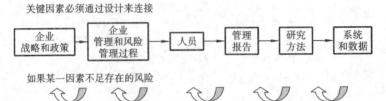

图 13-11 构成风险管理能力的六个组成要素

(资料来源:詹姆斯·德阿克的《企业的泛风险管理:一种动态地处理风险与机遇的系统化策略》,2001年.)

从图13-11可以看出,每一个组成要素本身都很重要,而组成要素之间的相互关系也同样重要。如果没有对风险的排序、汇总,以及确立价值取向,就很难具有风险管理能力。

(二)控制型风险管理措施

控制型风险管理措施从降低损失期望值的角度对风险进行管理,着眼于通过降低损失概率或损失幅度事先对风险进行改变。控制型风险管理措施的目标在于控制风险源,减少风险因素和减轻损失,其前提在于预先识别了风险的存在和到来。旅游企业控制型风险管理主要有三大措施。

(1)避免风险。旅游企业运营过程中,在可行性分析里需有对项目风险的详细研究,对于风险过大的活动方案,应该加以停止;另外,对于正在进行中的业务,如果风险因素发生了不利的变动,并且预测损失会较大,那么旅游企业也应该果断退出,以避免风险的发生。以旅游产品开发为例,旅游产品具有一定的时尚性特征,但旅游产品开发和建设却需要一定的周期。因此,风险论证是整个旅游产品开发可行性分析报告的重点和难点;如果忽略了这一点,很有可能在项目开发完成之前该旅游产品就已经失去了市场号召力。由此可见,为了避免风险,加强调查研究和预测是旅游企业避免风险的必要管理环节。

(2)减少风险。当风险无法避免时,唯一的选择就是设法减少风险。它有两层含义:一是减少风险发生的频率,二是减少风险可能造成的损失。比如,对旅游企业的产品质量,通过全面质量管理系统,尽可能减少质量事故的发生,从而减少因质量事故造成的损失。减少风险的方式有很多,如对风险因素进行预防、控制、集中和组合等都是可以选择的方法。[①]

(3)转移风险。转移风险是指将可能发生的风险采用各种方法转移给他人,避免自己承担风险的损失。根据风险对象所有权的归属,转移风险一般可分为两种:直接转移和间接转移。前者如在旅游企业经营中经常采用的转让、转包等方式;后者如租赁、担保等方式。

---

① 廖秋林.保险与企业风险管理[J].海南金融,2001(5).

保险也是间接转移风险的一种重要方法。旅游企业参加保险就是把企业可能遇到的一部分风险转移给保险公司。当然,并非所有的旅游企业风险都可以被转移。

(三)融资型风险管理措施

与"防患于未然"为基本思路的控制型措施不同,融资型风险管理措施从降低损失期望值的角度对风险进行管理,着眼于事后的经济补偿。在很多情况下,管理者对风险的预测不可能绝对准确,甚至对风险无法预测,而损失控制的措施也无法解决所有问题,所以某些风险事故的损失在所难免,这时候就需要采用融资型风险管理措施进行解决。旅游企业融资型风险管理措施分为两大类:风险自留和风险转移。

(1)风险自留。风险自留通过企业或者企业集团内部资金的融通来弥补损失,风险企业承担风险事故造成的一切损失。风险自留适合于一些损失概率高,损失幅度小的风险,是企业在选择控制型风险管理措施和其他融资型管理措施无望的情况下,选择的一种措施。风险自留的方法主要有以下几个方面。

将损失计入营业成本。将损失在一个较短的时间内摊入生产或经营成本中,用现有的收入弥补损失,而不做专门的风险资金储备。

使用企业风险基金。企业在一定时期内从现金流中提取一定金额,逐年积累,或一次性提取一笔资金作为企业风险基金,用以弥补损失幅度较大的风险损失。

自保公司。企业集团自己设立的保险公司,主要为母公司或子公司提供保险服务,可以使企业建立起灵活可靠的自保机制。

贷款。当企业内部资金无法弥补损失时,企业通过贷款借入资金弥补损失。

发行新证券。企业通过发行新的证券来筹集资金弥补损失。

(2)风险转移。与风险自留不同,风险转移的风险损失由外部承担,企业通过保险和套期保值等措施实现风险转移。

保险。企业通过缴纳保险费,将自身面临的风险负担转移给保险公司,以小额的成本替代不确定的大额损失。

套期保值。就是利用期权、期货、远期合约与互换等衍生工具对金融风险进行转移。

(四)内部风险管理措施

与前面的两种措施不同,内部风险管理措施不是降低损失期望值,而是降低损失方差,包括分散与复制、信息管理和风险交流等措施。

(1)分散与复制。分散就是把企业的经营活动分散以降低整个企业的损失方差,例如饭店可以从多个食品公司采购同一种食品,这样就避免了由于某一家食品公司供货停缺造成整个饭店食品供应不足。复制就是备用财产、备用人力、备用计划的准备及重要文件档案的复制。旅行社可以储备一些兼职导游人员,当旅游旺季到来,旅行社就可以使用兼职导游,以避免导游不足的风险。

(2)信息管理。信息管理包括对损失概率和损失幅度的估算,对潜在价格风险的调研,对未来的产品发展趋势的预测,对市场数据进行专业化的分析等。通过有效的信息管理,企业可以预知风险,预做打算,事先控制。

(3)风险交流。风险交流,实际上就是实现企业内部全体员工对风险管理认识的提高。通过进行广泛深入的交流,从企业的高层管理到企业下层员工,树立起强烈的风险意识,认清自身负担的风险责任,了解风险控制的方法,理解企业风险管理的措施,提高企业风险管理的能力和风险反应速度。

思考与练习

1. 什么是风险？风险具有哪些特征？
2. 什么是风险管理？风险管理是由哪几个阶段构成的？
3. 旅游产业风险具有哪些特点和基本类型？旅游产业风险管理具有哪些基本策略？
4. 旅游企业具有哪些类型的基本风险？旅游企业如何构建风险管理机制？
5. 什么是风险管理决策？旅游企业如何进行风险管理决策？
6. 旅游企业风险管理能力受哪些基本要素影响？旅游企业应该采取哪些类型的风险管理措施？
7. 分析和评价国内外旅游企业风险管理的典型案例。

第十四章

旅游的可持续发展

学习目标

掌握旅游可持续发展的概念与特点;理解旅游可持续发展的指导思想;掌握旅游可持续发展的关注焦点;理解旅游可持续发展潜力的测度方法;了解世界旅游组织实施旅游可持续发展的行动;理解生态旅游的特点及其意义。

核心概念

可持续发展;旅游可持续发展;生态旅游

第一节 可持续发展的基本含义

一、可持续发展概念的产生

朴素的可持续发展思想由来已久,在传统的农业实践中可以找到这一概念的雏形,到了20世纪80年代,人们逐渐认识到世界只有走可持续发展的道路,才能有光明的前景。可持续发展作为当代的科学术语,最早是在《世界自然资源保护大纲》(LUCN-UNEP-WWF, World Conservation Strategy,1980)中提出的。在大纲中,可持续发展被理解为"为使发展得以持续,必须考虑社会和生态以及经济因素;考虑生物及非生物资源基础"。

对可持续发展概念形成和发展起到重要推动作用的是1983年11月成立的世界环境与发展委员会(WCED)的工作和贡献。该组织经过在世界各地的广泛调查和论证,于1987年向联合国提出了一份名为《我们的共同未来》的报告,报告对当前人类的发展和环境保护进行了全面和系统的分析,提出了一个为世人普遍接受的可持续发展概念。认为可持续发展就是"在满足当代人需要的同时,又不损害人类后代满足其自身需要的能力"。这是一个根本性的概念,涉及社会、经济、文化、技术和环境等多方面的因素,同时它也是一种新的世界观和新的行为准则。此后不久,世界资源研究所(WRI)、国际环境和发展研究所(HED)和联合国环境规划署(UNEP)三家著名的国际机构联合声称"可持续发展为我们的指导原则",美国国家科学基金会特设可持续发展资助专项,鼓励经济学家、生态学家、区域科学家和环境科学家与政府官员一道,协力开展可持续发展研究。1992年,在里约热内卢召开的联合国环境与发展大会上,包括中国在内的全球100多个国家的政府首脑通过了《里约宣言》,共同签署了《生物多样性公约》和《21世纪议程》等重要文件,第一次将可持续发展由理论和概念推向行动。

二、可持续发展概念的含义

1996年7月29日,国务院办公厅以国办发〔1996〕31号文转发了国家计划委员会、国家科学技术委员会《关于进一步推动实施中国21世纪议程意见的通知》(以下简称《通知》),《通知》对可持续发展给出了一个明确、完整的定义,指出:"可持续发展就是既要考虑当前发展的需要,又要考虑未来发展的需要,不以牺牲后代人的利益为代价来满足当代人利益的发展;可持续发展就是人口、经济、社会、资源和环境的协调发展,既要达到发展经济的目的,又要保护人类赖以生存的自然资源和环境,使我们的子孙后代能够永续发展和安居乐业。"

可持续发展主要有三个基本原则:公平性原则、持续性原则、共同性原则。可持续发展的含义只是一个总的目标,它可以引发出一系列的子目标和方法论,如表14-1所示。

表14-1 可持续发展的内容

1	建立生态极限和更为公平的标准	需要倡导这样的观念,即在生态条件允许的限度内建立一套所有人都会追求的消费标准
2	经济活动重新分配及资源的重新分配	满足基本需要在一定程度上取决于实现充分增长潜能,很显然可持续发展要求在需要未能满足的地方大力发展经济
3	人口控制	尽管这不仅仅是人口规模问题,而是资源配置问题,只有人口发展与生态系统潜在生产力的变化相适应才能谋求可持续发展
4	基础资源保护	可持续发展绝不能危及维系地球上生命的生态系统:大气、水、土壤及各种生物
5	促进资源公平配置,改进技术提高资源利用效率	就人口和资源利用而言,增长没有什么既定限制,然而绝对极限确实存在,超过它将导致生态危机,故可持续性要求在生态远未达到极限之前,务必使有限资源公平配置,并力争改进技术以缓解这种压力
6	承载力及可持续发展	大多数可再生资源是错综复杂生态系统的组成部分,最大的可持续收益的定义必须先考虑资源利用效应
7	资源的保持	可持续发展要求将不可再生资源的损耗率预先降至最低
8	生物多样性	可持续发展要求尽力保护动植物物种资源
9	负面影响最小化	可持续发展要求将空气、水及其他自然资源的负面影响降到最小,以保持整个生态系统的完整
10	社区控制	社区控制影响当地生态系统的开发决策
11	国家/国际政策大框架	生物圈是全人类共同的家园,共同管理生物圈是维护全球政治稳定的先决条件
12	经济活力	除生态极限和社会公平外,还应增强经济的活力
13	环境质量	共同的环境政策是全面质量管理概念的拓展
14	环境审计	有效的环境审计系统是良好的环境管理的核心所在

(资料来源:瑟厄波德的《全球旅游新论》,2001年,有修改.)

三、可持续发展概念的特点

人类历史上经历了不同的发展阶段,每一个发展阶段都具有特定的内核,也表现出不同的特点。大体上说,人类的历史可以划分为四个发展阶段:前发展阶段、低发展阶段、高发展阶段、可持续发展阶段。[①] 表 14-2 中的内容反映了每一个发展阶段的特点。

表 14-2 人类不同发展阶段的分类和特点

比较项目	前发展阶段	低发展阶段	高发展阶段	可持续发展阶段
时间尺度	大约 1 万年以前	农业革命之后 (约 1 万年前至今)	工业革命之后 (约 170 年前至今)	信息革命之后 (最近 40 年)
空间尺度	个体范围或部落范围	区域范围或国家范围	国家范围或洲际范围	洲际范围或全球范围
哲学思考	无中心,低智状态	追求"是什么"	追求"为什么"	追求"将发生什么"
对自然的态度	自然崇拜主义	自然优势主义 (天定胜人)	人文优势主义 (人定胜天)	天人互补协同 (人地和谐)
经济水平	融于天然食物链	初级水平 (农业为主)	高级水平 (工业与服务业为主)	优化水平 (决策与管理为主)
经济特质	采食涉猎 个体延续	自给型经济 (简单再生产)	商品型经济 (复杂再生产)	协调型经济 (高效、和谐、再生)
系统识别	无结构系统	简单网络结构	复杂功能结构	控制调节结构
消费标志	满足于个体延续需要	低维持水平的 生存需要	维持高水平的 发展需要	自然、社会、经济的 全面发展需要
生产模式	从手到口	简单技术和工具	复杂技术和体系	智力转化与再循环体系
能源输入	人的肌肉	人、畜及简单天然动力	非生物能源	清洁的与可替代的能源
环境响应	人依赖环境,无污染、无干扰	环境低度与 缓慢退化	短期污染与长期 生态适应力	环境协同进化 与资源再生

四、实现可持续发展的意义

人类经过一个多世纪全球工业化的实践,在辉煌的物质文明与日趋恶劣的自然环境强烈反差的图景前深刻反思,痛苦地意识到如果沿着改造自然、征服自然的老路,任资源耗竭、生态破坏、环境污染,那么人类就会与地球一同毁灭。可持续发展作为迈向新世纪的目标依据和行动纲领,不仅对传统的发展观及发展思想提出了严峻挑战,而且也必将从价值观念、思维方式、行为模式等方面对人类产生极其深刻的影响,从而指引人类走向更加美好的未来。

可持续发展思想的出现,构建了从乌托邦式的人类终极目标复归到可操作的发展现实的理论框架,突破了长期以来人类对前途盲目地追求完美的传统定式,它正作为一种划时代的思想影响着世界的进程和人类的观念。可持续发展已成为世界较热门的科学领域之一,成为世界各国各地区的经济、社会、生态等规划中优先考虑的一条准则。

---

① 马勇,舒伯阳.区域旅游规划——理论·方法·案例[M].天津:南开大学出版社,1999.

第二节 旅游可持续发展的要点

一、旅游可持续发展的指导思想

1990年,在加拿大温哥华举行的"90全球可持续发展"大会上,旅游组行动筹划委员会提出了《旅游可持续发展行动战略》草案,构筑了旅游可持续发展的基本理论框架。并将旅游可持续发展的概念表述为在保持和增强未来发展机会的同时满足目前游客和旅游地居民的需要,目的是:增进人们对旅游带来的经济效应和环境效应的理解,加强人们的生态意识;促进旅游的公平发展;改善旅游接待地居民的生活质量;为旅游者提供高质量的旅游经历;保护未来旅游开发赖以存在的环境质量。

此草案提出的行动战略成为政府、旅游部门、非政府机构和旅游者必须遵循的指南和旅游活动贯彻可持续发展思想的行动纲领。接着1995年在西班牙加那利群岛的兰沙特岛召开的"可持续旅游发展世界会议",又通过了《可持续旅游发展宪章》(以下简称《宪章》)和《可持续旅游发展行动计划》。《宪章》指出,旅游作为一种强有力的发展形式,能够并应积极参与可持续发展战略。这个战略性纲领文件为在技术介入、资金介入和现代生活方式介入条件下的新型大众旅游发展指明了方向,提供了对旅游活动进行全面管理的指导性方法,揭开了旅游可持续发展的新篇章。

二、旅游可持续发展的关注焦点

区域旅游可持续发展研究的着眼点,应该是旅游活动在时间和空间上有机联系的相互作用规律和发展机制。从时间维度方面,旅游可持续发展强调旅游资源的世代分配、旅游过程的顺畅运行、旅游发展的稳定、健康,强调人类在旅游发展上的伦理道德与责任感;从空间维度方面,旅游可持续发展强调产业结构的均衡协调,强调供需关系(S—D)的平衡,强调旅游管理的整体有序。具体而言,研究区域旅游可持续发展要着重解决好以下九个方面的问题。

其一,区域旅游空间的正确划分。这里所谓的区域空间,特指在所研究的区域内,将自然区划、经济区划、管理区划和旅游区划综合在一起,制定出合理的旅游可持续发展区划。通过正确的取舍、筛选、迭合与归纳,建立起比较完整的旅游要素系统,最终确定有利于区域旅游可持续发展、实现正确决策和管理的空间划分。

其二,旅游可持续发展战略目标的确定。根据区域内(包括各类亚区)的旅游资源、旅游客源、旅游地居民、生态环境、社会经济等的赋存量、消耗数、满足度、可替代性、科技转化率等基本制约,再根据本区内的供需状况、人口素质、社会结构、开放程度等的动态演变,审慎地确定该区(或亚区)的旅游可持续发展的战略目标。在战略目标的实施方面,特别要考虑到旅游资源吸引力衰减、旅游者增加、生态环境破坏及诸多社会经济矛盾的情况下,如何协调区域内和区域间的功能,以谋求区域旅游的整体效益最优化。

其三,区域旅游可持续发展评价指标体系的制定。一般包括三套指标体系,即规划指标体系、执行指标体系和预警指标体系。规划指标体系主要根据旅游地的综合保障力、游客的增长率、生态环境的承载力等,去寻求一个最适或最优的整体发展水平。为达到这一最优的发展水平,拟定一整套临界阈值和相应的评判标准。另外还应充分考虑突变事件,及时对规划指标体系进行调节和修正并设计预警指标体系。另外,有学者以在具体的行政区划基础上构建整体性的宏观系统为切入点,建立了生态环境指标、旅游经济指标、社会文化指标和旅游支持系统指标四大类二级指标为主的区域旅游可持续发展评价指标体系(崔凤军,许峰,何佳梅,1999)。通过建立这一系列的指标体系,才能利用地理信息系统(GIS)等先进的方法和手段,对区域旅游可持续发展系统进行监控和预测研究,从而为区域旅游可持续发展规划提供决策支持服务,才能通过可衡量的结果去了解目标达到的程度,在对区域旅游发展水平进行横向和纵向比较中校正发展方向,使区域旅游发展不偏离可持续发展的轨道。

其四,区域旅游可持续发展潜力的评估。首先在区域原始的各类本底值的基础上,根据目标和步骤,权衡区域内外的多重协调,参考科技进步提供的生产力去全面地评估区域旅游的可持续发展潜力,总结出一个能够接受的方案。

其五,各类利益集团之间的协调与互补。区域旅游可持续发展经常涉及各个不同利益集团之间的矛盾。在市场经济条件下,这种非一致的、有时互为对立的利益要求,时常使区域旅游规划者和管理者陷入十分矛盾的"二难"境地。因此,区域旅游可持续发展需要制定出"妥协"方案,即在不损害区域旅游整体效益的前提下,以协同进行、共享互补、损害有序及合理调控的原则去处理各类互为对立的利益要求。

其六,区域内外重大自然改造工程的环境影响评估。其目的在于对这些长期影响区域生态平衡和旅游资源重新分配的大型工程,建立一种清醒合理的认识。这些改造工程对旅游发展现期、近期、中期、长期各个时段的影响,应在环境影响评估研究中有明确的回答与预测。

其七,区域旅游可持续发展综合效益的预测。这是衡量区域旅游可持续发展战略是否成功的基本评判。在具体研究中,应对区域旅游"实施战略前、实施战略中和实施战略后"的经济效益、社会效益、生态效益和综合效益进行比较,以便认真考察实施战略目标的有效程度。

其八,旅游区域细部结构的设计。所谓结构设计,就是对区域旅游实施可持续发展战略进行分区的格局规划。它将对于旅游地的景观生态格局功能分区、旅游资源配置方案、道路系统的生态化设计与旅游客流疏导、旅游设施的配置、旅游城市的最佳区位等方面,进行全局式考虑。

其九,区域旅游可持续发展管理的监控。在上述各项得以满足的前提下,区域旅游可持续发展研究最终是建立一个高度智能的、有模拟预测能力的、能进行有效比较的监控系统。该系统将通过旅游环境监测定位站,用地理信息系统进行区域旅游可持续发展的实况跟踪、仿真模拟和方案比较,同时可以对已实施的规划进行测试、评判风险评估,从而为区域旅游可持续发展的管理提供决策支持和咨询服务。

三、区域旅游可持续发展评价指标体系的设计方法

(一)设计过程

区域旅游可持续发展评价指标体系是一个复合系统,这个复合系统的自组织过程遵循着一定的优化程序,是一个逐步完善和深入的系统工程(董观志,1997)。图14-1反映了区域旅游可持续发展评价指标体系的设计过程。

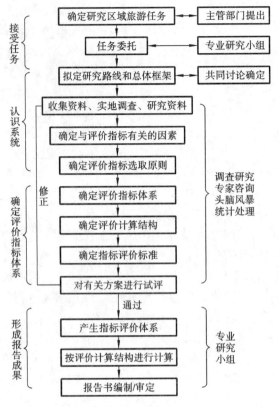

图 14-1 区域旅游可持续发展评价指标体系的设计过程

（二）指标量化

区域旅游可持续发展评价指标体系是紧紧围绕可持续发展的概念内涵与理论基础,对区域人口、资源、环境、经济、社会等影响区域旅游可持续发展的要素系统进行分析的基础上,逐层细化指标来评价一个区域旅游可持续发展的状态、能力与趋势,设计出来可以基本量化的评价模型。在具体实践中,有许多现实问题往往受到数据资料获取困难或者更适合用定性描述的方法进行分析,这就会影响到评价指标体系的科学性、客观性和全面性,从而影响到评价结果的真实性和可靠性。为此,需要确定区域评价指标的因素和标尺,也就是对评价指标进行定量化处理。

对区域旅游可持续发展评价指标进行定量化处理:一是尽量用某种物理量或参数来衡量评价指标;二是对评价的因素定量地规定临界值;三是确定评价的因素在评价指标体系中的权重。

对于区域旅游可持续发展评价指标,一般可以划分为三大类:第一类是能够直接定量的指标,这类指标的数据可以直接从政府统计资料中获得,或者通过调查所获取的数据中获得;第二类是能够间接定量的指标,这类指标的数据可以通过对相关数据资料进行定量分析或者推导转化而获得;第三类是可以进行定量化的定性化指标,对于这类性质的指标,只能借助于模糊理论的概念和方法,使其半定量化,采用德尔菲法进行"评分"就是最常用的一种简便方法。对于一些定性化指标,随着科学技术的发展和认识的深化,将会逐步找到相应的定量办法。

四、旅游可持续发展的潜力测度

旅游可持续发展的潜力测度着重于区域旅游资源的开发利用和区域经济结构的协调优化,谋求区域社会、经济、生态三方面的最佳综合效益。区域旅游可持续发展潜力是解决这个问题的核心。这里所说的潜力,实际上包含两个方面的含义:一是说明这种潜力受哪些因素的影响;二是指出这种潜力如何影响区域旅游可持续发展。这样就有必要根据因素的相关性和规律性建立区域旅游可持续发展潜力的综合研究体系。

(一)潜力系统

由于区域旅游可持续发展是受多种因素影响的,故影响潜力的因素也就是多方面的。按照潜力的影响因素类型,可以把区域旅游可持续发展潜力分解为区域旅游资源的潜在保障力、区域社会经济的潜在支持力和区域环境容量的潜在承载力三个主要方面。图14-2形象地说明了几类影响因素之间的逻辑关系。

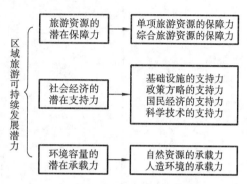

图 14-2　区域旅游可持续发展潜力系统

区域旅游资源的潜在保障力从旅游资源对旅游发展的作用方向上反映了区域旅游可持续发展潜力,单项旅游资源的保障力指由自然构景要素(地质地貌、水体、气象气候、动植物等)和人文构景内旅游资源的丰富程度、发育程度、区位条件等共同组成的潜力子系统。一般可用该区域对客源市场的吸引力来表示。

区域社会经济的潜在支持力从社会经济对旅游发展的作用方向上反映了区域旅游可持续发展潜力。显然,这类潜力是以人的活动为根本,表达人的技术、创新精神、适应能力和人为条件对区域旅游可持续发展的作用潜力。

区域环境容量的潜在承载力主要从自然环境和人造环境对旅游发展的作用方向上反映了区域旅游可持续发展的潜力。这里的自然环境和人造环境引自格林等人提出的基本分类。旅游对环境的潜在影响,决定了环境的潜在承载力,这个潜在承载力就是在不对旅游资源产生永久性破坏的前提下所能容纳的旅游活动的最高限量。

总之,在区域旅游持续发展过程中,区域旅游潜在保障力的变化具有自然过程的性质,区域社会经济潜在支持力的变化显然具有人为过程的性质,区域环境的承载力的变化则具有在自然过程的基础上又叠加了人为过程的双重性质。这就决定了区域旅游可持续发展潜力系统具有复合性、动态性、开放性和非线性的特点。

(二)潜力结构

根据上述观点,按旅游资源、社会经济、环境容量和科学技术(第一生产力思想)等因素的相互关联和独立性,我们提出如图14-3所示的旅游可持续发展潜力结构。

在这个结构中,首先根据潜力系统中各因素的相对重要性和地位的差别,以及人们对这些因素认识的不均衡性,把它们分为资源保障力、经济支持力、环境承载力三个主导因素系统,然后根据这三个主导因素系统的相互联系特点作进一步的划分,形成了旅游资源开发、旅游经济活动、环境的社会经济容量和环境质量这四个第二级因素子系统;接着根据这四个因素系统在第二级层次上的复杂非线性关联作用,进一步划分出旅游资源、社会经济、科学

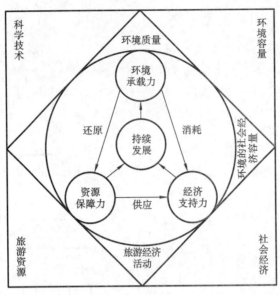

图 14-3 旅游可持续发展潜力的结构模型图

技术和环境容量这四个第三级因素子系统。显然,这里所讨论的"潜力结构"是指区域旅游可持续发展潜力系统的因素联系及其反馈组织。

(三) 潜力测度

区域旅游可持续发展的基本方向,就是在旅游与环境相协调原理的前提下,充分认识旅游整体的结构和功能,合理地调控旅游系统的源、序、库,从空间分布和时间过程等各方面去优化旅游开发行为,使其实现稳定增长、持续发展、动态平衡和协调互补的总目标。旅游环境承载力是区域旅游可持续发展问题中的关键理论支点,它是一个由旅游要素系统与旅游时空系统相互联系产生的综合概念系统。旅游要素系统是一个包含社会、经济、自然环境诸要素在内的复杂的有机系统,图 14-4 构建了旅游的要素系统;旅游的时空系统是一个由时间特性和空间规模所决定的动态系统,图 14-5 构建了旅游的时空系统。旅游环境承载力对旅游的要素系统和旅游的时空系统具有相对稳定性和绝对变动性的双重关联特性。这种双重关联特性决定了旅游环境承载力系统,是由旅游的资源承载量、感知承载量、生态承载量、经济发展承载量、社会承载量这五个基本承载量所组成,图 14-6 反映了这五个基本承载量的逻辑关系。

依据以上资源、生态、社会和经济承载量进行的量测,就能够分析特定旅游区域相应的环境影响敏感因素,确定旅游环境承载力的临界阈值和相应的评判标准。从理论上讲,旅游环境承载力(E)应等于旅游资源承载量、旅游感知承载量、旅游生态承载量、旅游经济发展承载量诸分量的最小值,但由于它们对旅游环境承载力的贡献程度不同,即每超出各承载量一个单位所引起的消极后果不同,各承载量最适游人数与极限游人数之差相去甚远。因此,对于各分量的重要性程度(或限制性程度)要进行归一化处理,赋予各承载量值一个系数,此系数可针对各承载分量值指数的具体内容,根据层次分析法(AHP)、专家调查或实证等经验方法来确定。

针对上述给出的描述区域旅游可持续发展潜力的系统和结构,根据区域旅游可持续发展潜力具有阶段性变化规律的特点,可以用数学符号和表达式把区域旅游可持续发展潜力

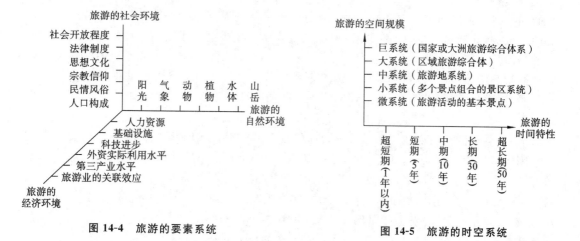

图 14-4 旅游的要素系统　　　　图 14-5 旅游的时空系统

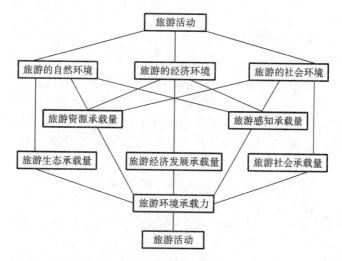

图 14-6 旅游环境承载容量的组成体系

的测度模型表达出来。

以下为潜力测度总模型的表达式：
$$F_{\mathrm{MLP}} = F_{\mathrm{MLP}}(R, T) \cdot f(N, S, E, d)$$

式中，$F_{\mathrm{MLP}}(R,T)$ 为特定区域空间(R)和时段(T)所决定的潜力订正系数，N 为区域旅游资源的潜在保障力，S 为区域社会经济的潜在支持力，E 为区域环境的潜在承载力，d 为其他项。这样，区域旅游可持续发展潜力就是在特定时段内由区域环境所限制的、社会经济所支持的和旅游资源所能达到的供应极限总量。

五、旅游可持续发展的环境承载力

（一）旅游环境承载力的基本概念

一个旅游区所能容纳的游客人数在客观上存在着一个容量极限值和最适值，学者一般称之为旅游环境容量或旅游承受能力。[①] 为论述区域旅游发展容量规模，并建立旅游区环境

---

① 保继刚,楚义芳.旅游地理学[M].北京:高等教育出版社,1993.

承载与游客数量之间的理论基础,旅游容量概念在20世纪90年代成为旅游可持续发展研究的热点,但其概念至今尚未完整统一起来,其技术测度模型处于定性描述阶段。目前国内旅游界涉及此概念的模式多为静态,同时大部分研究仅局限于"空间承载量"的计算,而且以容纳的旅游者数量作为唯一指标,这必然违背旅游环境作为空间和非空间的对于实物和非实物要素载体的本质内涵。同时,环境对于旅游强度承载并不总是被动的,它有积极主动性的一面,一方面表现在不同旅游形式呈现不等量的承载力值;另一方面,旅游活动一旦超出其阈值,便会遭到剧烈的破坏而导致旅游地的衰落甚至消亡,因而用"容量"这一被动的名词显然削弱了环境的主动性。国内学者崔凤军于1995年提出旅游环境承载力的概念体系,并将其定义为"在某一旅游地环境的现存状态和结构组合不发生对当代人及未来人有害变化的前提下,在一定时期内旅游地所能承受的旅游者人数"[①]。它由环境生态承载量、资源空间承载量、心理承载量、经济承载量四项组成,具有客观性和可量性、变易性与可控性、存在最适值和最大值等特征,同时又是旅游可持续发展的重要判据之一。而旅游环境容量则是对游客密度而言,因而它是环境承载力的一个分量,其内涵等同于旅游资源时空承载量(容人量、容时量),反映了旅游地接待容量大小。

(二) 旅游环境承载力的要素

根据 N. Saleen 及崔凤军的研究,旅游环境承载力所涉及的影响要素,包括以下三类。

(1) 社会文化环境要素。旅游者对当地居民的社会文化冲击是显而易见的,但这种影响(正面和负面的)的发生程度和范围是不同的,游客密度越大则这种冲击越大,故采用游客密度指数(Visitor Density Index,简称 VDI)来表示这一影响。其公式为:

$$VDI = VD/RD = VP/RP$$

式中,VD 即游客密度(Visitor Density),RD 即当地居民密度(Residents Density),VP 即游客人数,RP 即当地居民人数,因此,游客密度指数(VDI)又可称游居人数比。

相同大小的 VDI 在不同社会文化影响力的旅游区内有所不同,它取决于地区经济中旅游业的地位、旅游地的生命周期和旅游地与客源地之间的文化差异。

(2) 社会经济环境要素。社会经济环境因子对旅游承载力的贡献,一般选用经济发展容量作为分项指标。它是指旅游区的经济要素(诸如饭店床位、食物供给、水电供应等)所能容纳的游客数量。这种以供给能力确定承载力的方法可操作性强,计算简单,但意义不大,因为不考虑游客需求方式、规模等内容在内的单纯供给能力计算是难以说明游客承载力的真正含义的。因此在实践中应以旅游经济收益指数(Economic Income Index,简称 EII)作为社会环境因子的综合性指标,并将经济承载量界定为当旅游地居民和政府的旅游经济收益(等于收入减去漏损)达到某一临界值所容纳的游客人数。在具体计算上,借用凯恩斯边际收入乘数的计算思路,其公式为:

$$EII = 1/L$$

式中,L 为漏损率,$L = 1 - mpc$,mpc 为边际消费倾向。

(3) 生态环境要素。旅游区内的旅游用地面积越大,旅游活动规模空间就越大,居民用地相应就越少。当居民用地面积缩小到一定极限,就会导致当地居民(包括旅游从业人员与非从业人员)的心理抗拒——生活秩序被打乱,导致紧张、焦虑和沮丧,从而其生活环境质量降低。这里用土地利用强度指数(Land-use Intensity Index,简称 LII)来表示这一状况,其

---

① 崔凤军.论旅游环境承载力——持续发展旅游的判据之一[J].经济地理,1995(1).

公式为：
$$LII = LUA_t / LUA_r$$

式中，LUA_t为旅游用地面积，LUA_r为居民用地面积。

（三）旅游环境承载力的指数

根据前述旅游环境承载力的定义，可从旅游地居民的心理容量及其"游客规模——心理感应"的响应关系，把旅游承载力指数（Tourism Bearing Capacity Index，简称 TBCI）界定为"在不对旅游地社会、经济、自然环境、公共设施产生不利影响的前提下，某一旅游区所能承纳的旅游活动强度的无量纲表示值"。我们可以从以下三个方面构建旅游承载力指数（TBCI）的函数关系。

(1) TBCI 与 VDI（游客密度指数）成反比例关系，即 TBCI∝1/VDI。

它表明旅游地接受的旅游活动强度随着 VDI 的增加而降低，用公式表示为：
$$TBCI = K_1 \cdot 1/VDI = K_1 \cdot RD/VD$$

式中，K_1为常数，RD、VD 分别为居民密度和游客密度。

(2) TBCI 与 EII（游客经济收益指数）成正比例关系，即 TBCI∝EII。

它表明旅游承载力指数（TBCI）随着旅游净收益水平的提高而增加，用公式表示为：
$$TBCI = K_2 / L$$

式中，K_2为常数，L为漏损率。

(3) TBCI 与 LII（土地利用强度指数）成反比例关系，即 TBCI∝1/LII。

它表明旅游地接受的旅游活动强度随着 LII 的增加而呈减弱趋势，用公式表示为：
$$TBCI = K_3 / LII = K_3 \times LUA_r / LUA_t$$

式中，K_3为常数，LUA_t为旅游用地面积，LUA_r为居民用地面积。

综上所述，旅游承载力指数（TBCI）的数学运算模型可表示如下：
$$TBCI = K \times (RP/VP) \times (1/L) \times (LUA_r / LUA_t)$$
$$= K \times RP \times LUA_r / (L \times LUA_t \times VP)$$

式中，K为常数，其余变量的含义同上。

（四）旅游环境承载力的普适性

旅游环境承载力是从旅游者与旅游环境系统相互作用关系角度而建立的。因为旅游是一种节律性很强的活动，表现在旅游者的旅游活动对旅游环境系统的影响具有时空维度上的变化特征，所以旅游环境承载力是一个动态的概念。旅游环境承载力的有效性是肯定的，但其某一具体方面的量值判断存在一定的前提条件，也就是说还存在着普适性的问题，理由如下。

其一，影响旅游环境承载力的诸要素中存在着基本的普适性分量阈值标准，如表 14-3、表 14-4、表 14-5 和表 14-6[①]所列内容，以及旅游工程技术方面的个人基本空间标准和设施基本空间标准，就具有普遍意义。

表 14-3　淡水湖泊浴场水质总要求（中国）

指　标	要　求
悬浮物质	人为造成增加的量不应大于 50 毫克/升

---

① 数据来源于中国环境科学学会环境评价专业委员会的《环境质量评价方法指南》。

续表

指标	要求
色嗅味	无异色、异味、异嗅
漂浮物质	水面不得出现浮油、浮沫和其他杂物
pH 值	5.4—7.6
化学耗氧量	≤4 毫克/升
溶解氧	任何时候不低于 4 毫克/升
大肠菌群	不超过 1000 个/升
有害物质	不超过表 14-4 的最高溶解度
病原体	含有病原体的工业废水、生活污水和其他废弃物不得排入临近海域
底质	砂石表面淤积物应保证湖水水质符合本表的要求

表 14-4　淡水湖泊浴场有害物质最高允许溶解度

名称	最高允许溶解度	名称	最高允许溶解度	名称	最高允许溶解度
汞 Hg	0.001	氰 CN	0.1	硫 S	0.1
镉 Cd	0.01	锌 Zn	1.0	DDT	0.03
铅 Pb	0.1	硒 Se	0.03	六六六	0.04
铬 Cr	0.5	油类	0.1	无机氨	0.2
砷 As	0.1	铜 Cu	0.1	无机磷	0.03

表 14-5　淡水湖泊浴场设施建议指标（中国）

数量项目	公共浴场（平方米/千人）	专用浴场（平方米/千人）	数量项目	公共浴场（平方米/千人）	专用浴场（平方米/千人）
更衣室		150—200	仓库	5—10	30—50
保存室	20—40	包括在更衣室内	厕所	10—15	包括在净身室内
净身室	10—20	50—100	停车场	100—150	500—100
管理室	15—30	30—50			

表 14-6　旅游地宁静度评价

安静状况（分贝）	≤35	35—45	45—50	50—55	55—75	≥70
评分标准（分）	100	100—90	90—75	75—60	60—30	30—0

其二，对于某一特定区域或旅游资源空间，旅游环境在时间维度上有变化特性，各分量的阈值必须随具体的情况对非基本标准进行修正和调整。这是因为旅游环境在时间上有年度和季度方面的显著变化趋势，旅游环境有区域自身的独立性，受自然规律的影响，同时也受人类活动的干扰，因而旅游环境承载分量阈值是动态的。

其三，对于某一特定旅游环境承载分量阈值，在空间维度上存在着地域差异。这主要是区域旅游资源客观存在着类型差异，决定了旅游活动类型、旅游活动强度、旅游活动规模等诸方面的因地而宜，从而表现出对旅游环境的要求和潜在影响存在着明显的地区差异。

综上所述，旅游环境承载力是客观存在的，各分量阈值存在着基本的普适标准和非基本的特定标准。我们通过这些标准去衡量和比较区域旅游环境的优势与劣势、问题与潜力、机会与风险，为制定空间分流和季节调配方案提供依据，对区域旅游实施可持续发展战略起到监督和调控作用。

第三节 世界旅游组织行动纲要

1995年4月24日至28日,可持续旅游发展世界会议在西班牙加那利群岛的"火山之家"召开。大会主要强调了以下问题:认识旅游对经济发展的重要性还不够,还应认识旅游对环境保护的依赖性;发展旅游要立足长远,克服短期行为;旅游和环境保护结合起来才能获得持续发展;旅游业的持续发展应与经济、文化等其他领域的发展相协调;21世纪是环境保护的关键时期。会议通过了《可持续旅游发展宪章》和《可持续旅游发展行动计划》。此外,大会还决定成立一个跟踪委员会,以推动旅游环境保护的不断改善。

为了响应联合国提出的《21世纪议程》,世界旅游组织、世界旅游理事会、地球理事会在1997年6月联合国第九次特别会议上发布了联合制定的《关于旅行和旅游业的21世纪议程:迈向环境可持续发展》。1997年,世界旅游组织授权中国国家旅游局出版《旅游业可持续发展:地方旅游规划指南》,用以指导各地旅游事业发展。

一、可持续旅游发展宪章

《可持续旅游发展宪章》遵循《里约宣言》提出的原则和《21世纪议程》推荐的方法,继承了其他旅游宣言,如:《世界旅游马尼拉宣言》《海牙宣言》《旅游宪章》《旅游准则》及《后代人权宣言》提出的原则。提出了下列原则和目标。

旅游发展必须建立在生态环境的承受能力之上,符合当地经济发展状况和社会道德规范。可持续发展,是对资源进行全面管理的指导性方法,目的是使各类资源免遭破坏,使自然和文化资源得到保护。旅游作为一种强有力的发展形式,能够并应积极参与可持续发展战略。健全的旅游管理应该保证旅游资源的可持续性。

可持续旅游发展的实质,就是要求旅游与自然、文化和人类生存环境成为一个整体;自然、文化和人类生存环境之间的平衡关系使许多旅游目的地各具特色,特别是在那些小岛屿和环境敏感区,旅游发展不能破坏这种脆弱的平衡关系。考虑到旅游对自然资源、生物多样性的影响,以及消除这些影响的能力,旅游发展应当循序渐进。

必须考虑旅游对当地文化遗产、传统习惯和社会活动的影响。在制定旅游发展战略过程中,要充分认识当地传统习惯和社会活动,要注意维护地方特色、文化和旅游胜地,尤其在发展中国家更是如此。

为了使旅游对可持续发展做出积极贡献,所有从事这项事业的人们必须团结一致、互相尊重和积极参与。团结一致、互相尊重和积极参与要以在各个层次上(包括当地、全国、区域及国际)的有效合作机制为基础。

保护自然和文化资源,并评定其价值为我们提供了一个特殊的合作领域。在这一领域的合作,意味着我们将面临一场由文化与职业变革所带来的真正挑战。我们必须尽最大的努力创造出一套完整的规划与管理方法,将所有行之有效的合作与管理方法统一起来,包括技术革新方法。

有关各方共同协商之后,地方政府要下决心,保持旅游目的地的质量和具有满足旅游者需求的能力。这两个方面是旅游发展战略和旅游发展规划项目的主要目标。

为了与可持续发展相协调,旅游必须以当地经济发展所提供的各种机遇作为发展的基

础。旅游与当地经济应该有机地结合在一起,对当地经济起到积极的促进作用。

所有可供选择的旅游发展方案都必须有助于提高人民的生活水平;有助于加强与社会文化之间的相互联系,并产生积极的影响。

各国政府和政府机构应该加强与当地政府和环境方面非政府组织的协作,完善旅游规则,实现旅游可持续发展。

可持续发展的基本原则,是在全世界范围内实现经济发展目标和社会发展目标相结合。为此,迫切需要提出一些方法,以便更加合理地分配旅游收益和旅游费用。这意味着消费模式的改变和在价格制定过程中增加生态环境费用的新定价方法的引进。希望各国政府和多边组织停止那些对环境产生不良影响的财政援助,研究和探讨国际通用经济方法的可操作性,保证资源的可持续利用。

环境和文化易受破坏的地区,无论现在还是将来,在技术合作和资金援助方面要给予优先考虑,以实现可持续旅游发展。那些被落后的、影响严重的旅游方式降低了档次的地区同样需要特别对待。旅游活动每年持续很长时间,客观上需要深入研究和探讨以保证资源可持续利用为出发点的经济方法在当地和整个区域的使用效果,保证资源的可持续利用。法律手段的重要作用必须得到充分发挥。

提供选择那些与可持续发展原则相协调的旅游形式,以及各种能够保证中期和长期可持续发展的旅游形式。在这方面,需要开展广泛的地区合作,特别是那些小岛屿和环境敏感地区。

对旅游和环境负有责任的政府、政府机构和非政府组织应当支持并参与建立一个开放式信息网络,以便交流信息,开展科学研究,传播适宜的旅游和环境知识,转移环境方面的可持续发展技术。

需要加强可行性研究,支持普及性强的科学试点工作,落实可持续发展框架中的旅游示范工程,扩大国际合作领域的合作范围,引进环境管理系统。

对旅游发展负有责任的政府机构、协会、环境方面的非政府组织要拟定可持续旅游发展框架,并将建立实施这些方案的项目,检查工作进展情况,报告结果,交流经验。

要注意旅游中交通工具的作用和环境的影响,运用经济手段减少对不可再生资源的使用。

旅游活动的主要参与者,特别是旅游从业人员坚决遵守这些行为规范,是旅游可持续发展的根本所在。这些行为规范,是形成有责任感的旅游活动的有效方法。

应当采取一切必要措施,使旅游行业的所有团体,无论是当地的、地区的、国家的、还是国际的,重视"可持续旅游发展世界会议"的内容和目标,执行由全体会议代表一致通过的《可持续旅游发展行动计划》。

二、可持续旅游发展行动计划

今后需要做的工作有如下六点。

(1) 通过以下几个方面,评价旅游对全球可持续发展所做出的贡献:旅游发展计划与国家环境政策要协调一致;充分发挥旅游保护文化遗产的潜力;认真评价和鼓励那些有利于环境和文化的旅游需求的发展;旅游供给多样化,提高旅游供给质量;寻求适宜的技术方法,并应用于与旅游经营活动有关的各个领域;加强科学基础工作,更好地理解可持续旅游发展的过程。

(2) 以可持续发展为原则,通过以下几个方面,制定旅游发展规划:提倡总体规划;制定政策,加强旅游与其他重要经济部门的相互配合;制订长期资金计划,尽可能地与总体发展目标保持一致;寻找激励因素,组织促销活动;制订监督、评价工作计划与实施过程的方法。

(3) 通过以下几个方面,发挥旅游业主要参与者的作用:制定共同目标,建立由各有关方面人士参加的联盟;建立永久性方法,以便保持各方面的一致性;采取前摄性和预防性措施;促进国际合作;促进公众参与;确保老人、妇女、青年人和宗教旅游者拥有安全、健康的旅行条件。

(4) 通过以下几个方面,提高旅游业在当地经济中的地位:旅游发展与经济规划相协调;为企业和政府机构提供培训和专业技能;保证安全、健康的旅行条件;支持和推动旅游革新;促进经验和信息交流;在旅游专业人士当中宣传、介绍"最佳范例";支持各旅游目的地之间建立国家级、地区级和国际级的信息网络。

(5) 优先考虑的地区:小岛屿;沿海地区;高山地区;历史名城。

(6) 辅助性手段:制订可持续旅游发展教育计划;建立信息交流网络;建立包括环境和文化遗产主题在内的可持续旅游发展数据库;为那些有利于自然和文化的旅游项目设立荣誉奖章,为表现突出者设立年度奖;在国家和地区范围内,以及当地政府、专业人士和公众中广泛传播可持续旅游发展目标。

第四节 旅游可持续发展的策略

一、实施可持续发展的关键

(一) 环境破坏影响可持续发展

环境主要有三大作用:一是提供人类活动不可缺少的自然资源;二是对人类活动产生的废物和废能量进行消化和同化(即环境自净功能或环境容量);三是提供舒适性环境的精神享受。

由于人类无节制地掠夺和开发,使索取资源的速度超过了资源本身及替代品的再生速度,环境排放废弃物的数量超过了环境的自净能力。日趋恶化的环境问题给人类敲响了警钟:首先,环境容量是有限的,全球每年向环境排放大量的废水、废气和固体废物,这些废物排入环境后,有的能够稳定地存在上百年,因而使全球环境状况发生显著的变化。例如:全球温度逐渐变暖;臭氧层遭到破坏,臭氧层空洞正在不断扩大;硫酸雨沉降地面,使大片森林枯萎,大量微小的水生物乃至鱼类死亡;河流遭到严重污染等。第二,自然资源的补给和再生、增殖是需要时间的,一旦超过了极限,要想恢复是困难的,有时甚至是不可逆转的。目前,由于过度砍伐,造成森林面积大量减少,使森林和生物多样性面临毁灭的威胁。土地因人类掠夺性开发而遭到不同程度的退化。水并不是取之不尽的,由于人口的增加及河流遭到污染,导致人类淡水资源的严重短缺。

(二) 环境保护实现可持续发展

环境保护与可持续旅游发展密不可分。保护环境的目的是保证发展。正如《我们的未来》一书中所深刻指出的"我们过去一直对经济发展对环境带来的影响表示关注,现在我们被迫对生态压力——土地、水域、大气和森林的退化对经济前景产生的影响予以关注"。

(三）环保投入推动可持续发展

环保投资的收益，一向不被重视，尤其在发展中国家，大量资金投入经济建设中，而忽视对环保的投入，认为环境保护投资多了，势必会大大降低经济发展的速度。然而，事实并非如此。一些发达国家在公害显现和加紧防治阶段的环保投入占国内生产总值（GDP）的比例远远高于发展中国家。实践证明：该比例如果达到1%—1.5%，可以基本控制污染，达到2%—3%，才能逐步改善环境。环保投入占GDP的比例是国际上衡量环境保护问题的重要指标。保护环境是我国的基本国策，是转变经济发展方式的重要手段和推进生态文明建设的根本措施。随着人口总量的持续增长，工业化和城镇化的快速推进，能源消耗总量不断上升，污染物产生量继续增加，经济增长的环境约束日趋强化。把环境保护列入各级财政年度预算并逐步增加投入，适时增加同级环境保护能力建设经费安排，无论从近期还是远期，都是一项有利于可持续发展的明智决策。

二、旅游可持续发展的环境保护

旅游业的基本特征决定了旅游环境及其保护不同于一般的环境及其保护，它具有更为丰富的内涵。

旅游环境包含着以下几个方面的内容。第一是自然环境，其中涉及生态环境、水资源、土地资源、自然景观资源、自然能源资源等自然资源状况。第二是社会环境，其中包括人文景观、文化习俗、历史古迹等人文环境状况；经济环境状况；游客与居民的心理、居民的生活方式、游客的文化素质和审美情趣；当地政府和旅游业的管理服务和治安环境。第三是人工环境，其中包括供水、排水、供电、供气、通信设施状况；道路、机场、码头等交通设施状况；食宿、文化、体育、娱乐等旅游服务设施状况等。

由此可见，旅游环境是一个包含着众多方面、众多要素的复杂系统（见表14-7）。因此，旅游环境保护要从科学的、生态的、文化的、美学的保护等多方面采取措施。

表14-7 可持续旅游的核心指标

指 标		具 体 措 施
指数	景区保护	根据IUCN综合指数对景区的保护进行分类
	压力	游览景区的游客数量限制（按每年和每月计算）
	使用强度	高峰期间（人/公顷）的使用强度
	社会影响	游客和当地居民的比例
	开发控制	环境评估程序或对景区发展和使用强度的正式控制
	废物管理	景区中得到治理的污水比例（其他基础设施的承受能力）
	规划过程	为旅游目的地制定地区发展规划
	重要的生态系统	稀有动物或濒临灭绝动物的数量
	消费者满意度	游客满意程度（以问卷调查为依据）
	地方满意	当地居民满意程度（以问卷调查为依据）
	旅游对当地经济的贡献	由旅游产生的总体经济活动比例
综合指数	承受能力	影响景区支持不同水平旅游的关键因素及警告手段
	景区压力	对景区产生影响的综合手段
	魅力	使得景区在旅游方面具有魅力的质量手段

（资料来源：查尔斯·R.戈尔德耐，J.R.布伦特·里奇，罗伯特·W.麦金托什的《旅游业原理、方法和实践》，2003年。）

旅游环境的科学保护，就是应用科学的方法和科技手段对旅游环境要素的开发、配购、管理与服务进行保护。旅游环境的生态保护，就是应用系统论和生态学原理与方法对旅游环境诸方面的生态平衡与协调发展予以保护。旅游环境的文化保护，就是对旅游环境要素的文化内涵与特色的保护。旅游环境的美学保护，就是应用美学原理和方法对旅游环境要素的美学价值进行保护。

三、旅游可持续发展的基本策略

（一）生态旅游的概念

生态旅游是"一次轻松愉快的自然旅行经历，在旅行过程中，有利于生态系统的保护，尊重接待地区的整体性"。从广义上讲，它是指对环境和旅游地文化有较小的影响，同时保存野生动植物的多样性，对生态和文化有着特别感受的带有责任感的旅游。从狭义上讲，生态旅游是指人们为了追求融进大自然奇特环境的刺激性所进行的生态空间的跨越行为和过程，同时对保护环境质量、维护生态平衡和促进人类与生物共同繁荣承担责任的旅游活动。由此可见，它的组织者不但要严格管理好游客，使之不要因游览而破坏生态，更应该用丰富的生态知识和环保知识感染游客，教育游客，让游客不仅仅游览，同时还要承担一种保护自然的责任。澳大利亚国际生态旅游研究中心的 Ralf Buckley 进一步将生态旅游定义为以自然为基础的旅游、可持续发展旅游、环境保护旅游和环境教育旅游的交叠部分，并给出了一个含义广泛的生态旅游框架(见表 14-8)。

表 14-8 生态旅游概念框架

分　类	基于自然的旅游	持续发展型旅游	支持环保型旅游	环境知觉型旅游
旅游业表现	产品、吸引物	操作、管理	收入、价格	行为、态度、教育、道德观
替代名称	自然旅游绿色旅游	生态可持续旅游	对环境负责任的旅游	生态教育旅游
特征区别	以自然环境为旅游目的地的特殊吸引物	以政策导向减小环境影响、改善旅游管理方式	旅游收入回归于环保组织和环保活动	教育或规范旅游者的环境态度和旅游行为
环境问题	对资源保护价值的影响、生态容量限制	能源利用效率、资源利用循环、污染的处理	提供环境保护资金	对环保价值的影响：生态容量下的个人行为限制
相关部门	旅游地所有者、旅游业经营者	旅游地所有者、航空、公共汽车、旅馆经营者	专业生态旅游公司、非营利性组织	专业生态旅游公司、非营利性组织、个人旅游者
规模增长	中等规模增长迅速	占多数、规模稳定	少数分支增长缓慢	现规模较小但增长迅速
产业组成	目的地、市场	操作、管理	收益、价格	教育计划
操作内容	绿色市场、进入地区、收入	旅游者数量限制、能源节约、废弃物管理	公司结构、优先权、以保护为促销工具的市场定位、提供劳动市场	居民与旅游者关系、市场定位、教育引导计划
管理工具	改变旅游者行为	旅游者教育、环境和能源核查、技术改进	市场战略、价格和就业政策	引导与规范旅游者行为

续表

分类	基于自然的旅游	持续发展型旅游	支持环保型旅游	环境知觉型旅游
政策选择	旅游者教育、改善环境、限制旅游者数量、实施行业准则	环境法规、能源价格、行业准则	门票收费和税收、满足当地购买和就业需求、限制外来经营者	导游指示牌、交通工具上播放教育节目、义务教育、展览

(资料转引自:马勇、舒伯阳的《区域旅游规划——理论·方法·案例》,1999年.)

(二)生态旅游的目标

旅游活动对环境和旅游地居民的负面影响很小;生态旅游有助于人们对旅游地的自然系统和文化系统的更好理解;生态旅游有助于法定保护区和其他地区的保护和管理;生态旅游能让旅游地居民最大限度地参与早期和长期的决策活动,让他们决定旅游的方式和旅游接待量;生态旅游能给旅游地居民带来经济利益和其他好处,是旅游地居民传统生活的补充形式,而不是取代传统产业;生态旅游给旅游地居民和旅游业从业人员一个更好地利用自然、更好地理解自然的机会。

(三)生态旅游的特征

生态旅游是人类希望实现环境保护与经济发展相协调的可持续发展的必然产物,它体现了以下四个基本特征。

(1)参与性。生态旅游是旅游者、旅游地居民、旅游经营者和政府、社团组织广泛参与的一种旅游活动。

(2)动态性。生态旅游是旅游者的旅游活动与旅游地生态环境之间的互动过程,即相互影响、相互关联、相互制约的动态关系。

(3)开放性。生态旅游促进了社会、经济、环境这个系统的人、财、物、信息等方面的交流,具有显著的关联效应。

(4)效益性。生态旅游的最根本目标就是追求由经济效益、社会效益、生态效益相结合的综合效益的最优化,对人类和生物共同繁荣承担责任。

生态旅游是一种绿色旅游,它的核心概念就是保护。所以,生态旅游在很大程度上等同于"非传统的替代性旅游"或环境最相适宜的旅游。表14-9反映了生态旅游与传统旅游在追求目标、受益者、管理方式和影响方式等方面具有不同的特征。

表14-9 生态旅游与传统旅游的比较

	传统旅游	生态旅游
追求目标	1. 利润最大化 2. 价值导向 3. 享乐为基础 4. 文化与景观资源的展览	1. 适宜的利润与持续维护资源的价值 2. 价值导向 3. 以自然为基础的享乐 4. 环境资源和文化完整性展示与保护
受益者	1. 开发商和游客为净受益者 2. 当地社区与居民的受益以环境代价相抵 3. 所剩无几或入不敷出	开发商、游客、当地社区和居民分享利益

续表

	传 统 旅 游	生 态 旅 游
管理方式	1. 游客第一，有求必应 2. 渲染性的广告 3. 无计划的空间拓展 4. 分片分散的项目 5. 交通方式不加限制	1. 自然景观第一，有选择地满足游客要求 2. 温和适中的宣传 3. 有计划的空间安排 4. 功能导向的景观生态调控 5. 有选择的交通方式
正面影响	1. 创造就业机会 2. 刺激区域的经济增长，但注重短期效益 3. 获取外汇收入 4. 促进交通、娱乐和基础设施改善 5. 追求经济效益	1. 创造持续就业的机会 2. 促进经济发展 3. 获取长期外汇收入 4. 交通、娱乐和基础设施的改善与环境资源保护相协调 5. 经济、社会和生态效益的融合
负面影响	1. 高密度的基础设施和土地利用问题 2. 机动车拥挤、停车场占用空间和机动车产生的大气污染 3. 水边开发导致水污染问题 4. 乱扔垃圾引起地面污染 5. 旅游活动打搅居民和生物的生活规律	1. 短期内旅游数量较少，但趋于增加 2. 交通受到管制（多数情况下，不允许使用机动车） 3. 水边景观廊道建设阻碍了水边的进一步开发 4. 要求游客将垃圾分类收集，游客行为受到约束 5. 游客的活动必须以不打搅当地居民和生物的生活为前提

通过以上分析，我们可以看出，在发展生态旅游的基本原则中，十分全面地体现着旅游可持续发展战略的核心内涵。所以，生态旅游作为一种以生态学思想为设计依据，以使游客达到享受环境、认识环境和保护环境为目的的旅游形式，是实现我国旅游可持续发展战略目标的必然选择。当然，旅游可持续发展战略目标的逐步实现，也必然会反过来保障生态旅游深入而持久的开展。图 14-7 分析了生态旅游与旅游可持续发展二者之间实现良性互动的模式。

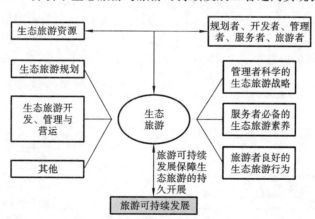

图 14-7 生态旅游与旅游可持续发展的关系模式

（资料来源：朱晓华. 论中国旅游可持续发展战略选择与生态旅游的实施[J]. 地质技术经济管理，2003(3). 有改动.）

（四）生态旅游的进程

生态旅游、自然旅游、森林旅游、替代性旅游、互利互惠型开发、责任性旅游、适度旅游、相宜旅游、新型旅游、环境旅行、探险旅行、可持续发展和可持续旅游等，都是在生态旅游发展过程中出现的相关术语。在这些术语中，生态旅游和可持续旅游使用的频率较高，这两个概念的准则都能够维持甚至加强自然环境的质量和魅力。

生态旅游作为在可持续性发展原则指导下，以观赏和感受生态环境、普及生态知识、维护生态平衡为目的的一种新型的绿色消费方式，它坚持社会、经济和生态平衡的协调发展，是实现旅游可持续发展的有效策略。随着人们环境意识不断增强，回归大自然的愿望也更加强烈，生态旅游规划更加规范，生态旅游市场针对性越来越强，政府越来越重视生态旅游扶持政策的多样化，生态旅游的开发研究越来越活跃。随着发展中国家收入水平的提高，参加生态旅游的人不仅来自发达国家，而且越来越多的发展中国家旅游者也加入生态旅游之中。生态旅游无论是旅游人数，还是旅游收入都以超乎寻常的速度发展。可以预见，生态旅游在 21 世纪将达到一个新的高度。

（五）生态旅游的管理

生态旅游的可持续发展涉及生态景区分类管理、政府参与管理、游客管理技术、环境影响评价、环境容量计算、制定行为准则和可持续发展指标等管理方法和开发方法。

对生态景区进行分类管理，首先要根据资源的性质对景区进行分类。生态景区一般可分为国家公园、野生动物禁猎区、自然保护区、乡间公园、风景名胜区、遗产地和有科学价值的场所等。这样分类后，资源的性质和特点就非常清楚，管理工作的针对性很强，可以做到有的放矢。其次，不同的资源类型有各自独特的发展规律，分类管理有助于提高管理水平和管理效率。

政府参与管理指的是政府立法、要求业界自律、帮助制定专业协会章程、督促执行国际惯例、规章制度和控制措施等，从而使旅游业的管理有章可循。政府部门要进行生态旅游产品的营销、产品认证、游客调查等方面的工作，编写旅游景区明细表，制定门票价格收费机制，修订旅游法规，与国际投资机构及私营企业一起开发旅游基础设施，进行资源创新和旅游管理培训工作，监督旅游服务和旅游设施的质量。政府部门还可以组织专业技术人员对生态景区进行环境影响评估工作，通过专门的咨询机构定期举行各种学术会议，向业界和旅游者提供咨询服务。

游客管理是一种旨在保护环境、使游客活动负面影响最小化的同时为游客提供享受、提高旅游体验质量的管理方法，它涉及大量的管理策略和技术工具。但通常说来，在充分考虑到当地环境承载力的基础上，游客管理主要针对三个方面（见图 14-8）。对游客实现有效的管理，还必须将生态景区进行功能区域划分。管理区域的划分要考虑生态景区的自然和文化价值，特别是要考虑资源的脆弱性和环境容量，景区区划一定要与管理目标一致。一般来说，生态旅游区可以划分为：核心区、缓冲区、游览区、服务区等，根据不同的

游客管理战略概要

- 控制数量（比如限制数量、鼓励定时、定点的可替代型旅游）
- 规范行为（比如行为公约、路标）
- 优化资源（比如加固路面，修建以吸引游人为目的的设施）

图 14-8 游客管理战略概要图

（资料来源：史蒂芬·佩吉，保罗·布伦特，格雷厄姆·巴斯比，乔·康奈尔的《现代旅游管理导论》，2004 年，有改动。）

功能,既要方便旅游者参观游览,又要有可行的游客疏散措施和分流办法。包括景区划分在内,游客管理所采取的措施,主要有硬性措施和软性措施两种类型。硬性措施涉及对旅游通道的物理限制和经济限制,比如,广泛或永久限制某些区域的游客活动、封路、收取停车费、门票,以及限制车辆型号等;软性措施则鼓励游客采取管理者所希望的行为,而不是限制他们的行为,比如,市场营销、标志、解释、提供信息、游客协调等。这两种类型的措施不是互相排斥的。硬性措施在某种程度上比较容易实施,而且可以立刻见效,但它往往无法单独解决问题,而且有可能会限制某些景区可创造的经济价值和社会影响。在多数情况下,一般认为把硬性措施与软性措施相结合使用才是最为恰当的。

在生态旅游区有必要实施差异收费制度(两个或更多层次的价格),对国内游客实行低价,国外游客实行高价。这样的定价是基于三方面的考虑:一是国外游客一般能付得起这样的高价;二是国外游客并不承担和支付环境保护税;三是国外游客不负担旅游区进行农业、住房及其他活动的机会成本。这样的差异收费制度对那些资源独特的、需要严格限制游客人数的生态旅游景区/景点确实很有必要,而且可行。

（六）生态旅游的趋势

生态旅游是以生态保护为前提,以旅游可持续发展为准则,开展生态认知、生态教育、生态体验和生态研究的综合旅游活动。从20世纪90年代引进生态旅游概念到2000年推进生态旅游实践,再到规范推动生态旅游发展,我国政府发挥了战略性的主导作用。2008年,国家旅游局(现文化和旅游部)制定了《全国生态旅游发展纲要(2008—2015年)》;2009年,国家旅游局(现文化和旅游部)开展了"全国生态旅游年活动";2010年,国家旅游局(现文化和旅游部)和全国标准化委员会制定了《国家生态旅游区示范建设与运营规范(GB/T26362-2010)》;2011年,国务院制定的《国民经济和社会发展第十二个五年规划纲要》中提出"全面推动生态旅游";2016年,国务院制定的《国民经济和社会发展第十三个五年规划纲要》中提出"支持发展生态旅游",国家旅游局(现文化和旅游部)发布了《全国生态旅游发展规划(2016—2025年)》。这些文件和举措,清晰地表明了生态旅游已经上升到国家的战略层面,成为国家的可持续发展意志。随着人类命运共同体的日益深化,可持续发展的纲领逐步落实到行动中来,生态文明建设将推动生态旅游向更广泛的人群、更广阔的区域、更深化的内容、更科学的途径和更高效的模式演变发展。

思考与练习

1. 什么是可持续发展?
2. 可持续发展具有哪些基本特点?
3. 旅游可持续发展的指导思想是什么?
4. 旅游可持续发展关注哪些焦点问题?
5. 如何设计区域旅游可持续发展的评价指标体系?
6. 什么是旅游可持续发展的潜力?如何测度?
7. 什么是旅游可持续发展的环境承载力?如何测定?
8. 世界旅游组织的《可持续旅游发展宪章》提出了哪些原则和目标?
9. 生态旅游与传统旅游之间存在哪些不同特征?如何推进生态旅游?

References

参考文献

中文论文及著作

[1] 申葆嘉. 国外旅游研究进展(连载之一)[J]. 旅游学刊,1996(1).

[2] 申葆嘉. 国外旅游研究进展(连载之二)[J]. 旅游学刊,1996(2).

[3] 申葆嘉. 国外旅游研究进展(连载之三)[J]. 旅游学刊,1996(3).

[4] 申葆嘉. 国外旅游研究进展(连载之四)[J]. 旅游学刊,1996(4).

[5] 张进福,肖洪根. 旅游社会学研究初探[J]. 旅游学刊,2000(1).

[6] 陶伟,钟文辉. 国外城市旅游研究进展——ANNALS OF TOURISM RESEARCH 所反映的学术态势[J]. 城市规划,2003(8).

[7] 吴必虎. 旅游系统:对旅游活动与旅游科学的一种解释[J]. 旅游学刊,1998(1).

[8] 谢彦君. 论旅游本质与特征[J]. 旅游学刊,1998(4).

[9] 钟韵,彭华. 旅游研究中的系统思维方法:概念与应用[J]. 旅游学刊,2001(3).

[10] 田玲,齐子鹏. 论当前对旅游资源保护认识的几个问题[J]. 旅游学刊,1998(3).

[11] 张伟,吴必虎. 利益主体(Stakeholder)理论在区域旅游规划中的应用——以四川省乐山市为例[J]. 旅游学刊,2002(4).

[12] 夏赞才. 利益相关者理论及旅行社利益相关者基本图谱[J]. 湖南师范大学社会科学学报,2003(3).

[13] 刘德谦. 试论当前旅游开发中几个基本环节的错位——旅游规划续议[J]. 旅游学刊,1995(1).

[14] 乌姗姗,陆伟锋. 论旅行社企业的流程再造及信息技术在其中的应用[J]. 桂林旅游高等专科学校学报(现旅游论坛),2001(4).

[15] 宁旭平. 关于企业业务流程再造的初步认识[J]. 焦作大学学报,2003(4).

[16] 刘萍萍,韩文秀. 业务流程再造(BPR)及其应用[J]. 天津工业大学学报,2002(6).

[17] 杜文才,王康寿,郑尚魁,等. 国际互联网技术与旅游业企业过程重组[J]. 云南师范大学学报(自然科学版),2003(1).

[18] 刘纬华,郑向敏. 知识经济时代旅游企业发展新趋势[J]. 旅游科学,2000(2).

[19] 刘刚. 企业成长之谜——一个演化经济学的解释[J]. 南开经济研究,2003(5).

[20] 杜国功. 跨国企业核心竞争力论[D]. 北京:北京工业大学,2001.

[21] 戴学锋. 旅游上市公司经营状况分析[J]. 旅游学刊,2000(1).

[22] 张辉,秦宇,厉新建. 对我国饭店业竞争现状的深层思考[J]. 旅游学刊,2000(3).

[23] 浦德欣. CS战略与旅游企业的经营管理[J]. 旅游学刊,1997(4).

[24] 燕兴,郝建明. 旅游企业资本经营战略初探[J]. 旅游学刊,1998(5).
[25] 罗秋菊. 事件旅游研究初探[J]. 江西社会科学,2002(9).
[26] 林刚. 国际旅游服务贸易壁垒与我国旅游业的稳步开放[J]. 社会科学家,2003(3).
[27] 杜江. 论旅游企业跨国经营的形式与特征[J]. 旅游学刊,2001(5).
[28] 张素峰. 国际化经营与跨文化管理[J]. 长江论坛,2003(4).
[29] 文明虎,彭迪云,彭晨. 论现代跨国公司跨文化管理的依据和机制[J]. 企业经济,2000(12).
[30] 王晨光,徐凤增,孔丽花. 培育旅游企业集团核心竞争力的战略思考[J]. 山东大学学报(哲学社会科学版),2003(4).
[31] 王林. 论旅游决策风险的成因及对策[J]. 中国地质大学学报(社会科学版),2001(1).
[32] 赵书虹. 论中国发展国际旅游的风险和机遇[J]. 云南大学人文社会科学学报,2000(5).
[33] 尚天成,赵黎明. 生态风险分析在生态旅游系统管理中的应用[J]. 华南农业大学学报(社会科学版),2003(2).
[34] 刘晓冰,保继刚. 旅游开发的环境影响研究进展[J]. 地理研究,1996(4).
[35] 崔凤军,刘家明,李巧玲. 旅游承载力指数及其应用研究[J]. 旅游学刊,1998(3).
[36] 肖洪根. 旅游持续发展与旅游环境保护[J]. 华侨大学学报(哲学社会科学版),1995(2).
[37] 万绪才,朱应皋,丁敏. 国外生态旅游研究进展[J]. 旅游学刊,2002(2).
[38] 徐小龙,王方华. 虚拟社区研究前沿探析[J]. 外国经济与管理,2007(9).
[39] 邹统钎. 旅游开发与规划[M]. 广州:广东旅游出版社,1999.
[40] 田里. 旅游管理学[M]. 昆明:云南大学出版社,1997.
[41] 陈仙波. 旅游经济系统分析[M]. 哈尔滨:哈尔滨地图出版社,1997.
[42] 王德刚. 现代旅游区开发与经营管理[M]. 青岛:青岛出版社,2000.
[43] 刘伟,朱玉槐. 旅游学[M]. 广州:广东旅游出版社,1999.
[44] 罗明义. 现代旅游经济[M]. 昆明:云南大学出版社,1994.
[45] Holloway J C. 论旅游业:二十一世纪旅游教程[M]. 孔祥义,等,译. 北京:中国大百科全书出版社,1997.
[46] 伊·拉卡托斯. 科学研究纲领方法论[M]. 兰征,译. 上海:上海译文出版社,1999.
[47] 罗歇·苏休闲[M]. 姜依群,译. 北京:商务印书馆,1996.
[48] 宋振春,张友臣. 现代旅游管理学[M]. 青岛:青岛出版社,1998.
[49] 马波. 现代旅游文化学[M]. 青岛:青岛出版社,2001.
[50] 谢贵安,华国梁. 旅游文化学[M]. 北京:高等教育出版社,1999.
[51] 丹尼逊·纳什. 旅游人类学[M]. 宗晓莲,译. 昆明:云南大学出版社,2004.
[52] 罗伯特·麦金托什,夏希肯特·格波特. 旅游学:要素·实践·基本原理[M]. 蒲红,方宏,译. 上海:上海文化出版社,1985.
[53] 罗贝尔·朗卡尔. 旅游和旅行社会学[M]. 陈立春,译. 北京:商务印书馆,1997.
[54] 邵冲. 管理学概论[M]. 广州:中山大学出版社,1996.
[55] 王云才. 乡村景观旅游规划设计的理论与实践[M]. 北京:科学出版社,2004.

[56] 冯之浚. 软科学纲要[M]. 北京:生活·读书·新知三联书店,2003.
[57] Stephen Smith. 旅游决策与分析方法[M]. 南开大学旅游学系,译. 北京:中国旅游出版社,1991.
[58] 林荣瑞. 管理技术[M]. 厦门:厦门大学出版社,1996.
[59] 孙成章. 现代企业生态概论:企业五五五管理法[M]. 北京:经济管理出版社,1996.
[60] 曾璧钧. 我国居民消费问题研究[M]. 北京:中国计划出版社. 1997.
[61] Turnovsky S J. 宏观经济动态学方法[M]. 王根蓓,译. 上海:上海财经大学出版社,2002.
[62] Robbins S P. 组织行为学[M]. 孙健敏,李原,等,译. 北京:中国人民大学出版社,1997.
[63] Robbins S P. 管理学[M]. 李原,等,译. 北京:中国人民大学出版社,1997.
[64] 张坤民. 可持续发展论[M]. 北京:中国环境科学出版社,1997.
[65] 张华. 市场调查与预测110方法和实例[M]. 北京:中国国际广播出版社. 2000.
[66] 蒋志青. 企业业务流程设计与管理[M]. 北京:电子工业出版社,2002.
[67] 菲利普·科特勒. 市场营销[M]. 俞利军,译. 北京:华夏出版社,2003.
[68] 董观志. 现代饭店经营管理[M]. 广州:中山大学出版社,2004.
[69] 王大悟,魏小安. 新编旅游经济学(修订版)[M]. 上海:上海人民出版社,2000.
[70] 蒲伦昌. 全面质量管理基础教程[M]. 北京:中国经济出版社,1999.
[71] 詹姆斯·迈天. 大转变:企业构建工程的七项原则[M]. 李东贤,等,译. 北京:清华大学出版社,1999.
[72] 杨永华. 服务业质量管理[M]. 深圳:海天出版社,2000.
[73] 邱得海. 旅游管理信息系统[M]. 天津:南开大学出版社,2000.
[74] 薛华成. 管理信息系统[M]. 3版. 北京:清华大学出版社,1999.
[75] 宋耕,傅慧,李美云. 旅行社人力资源管理[M]. 广州:广东旅游出版社,2000.
[76] 李景元. 现代企业技术功能开发与管理[M]. 北京:经济管理出版社,1996.
[77] 吴海. 企业制度创新通论[M]. 广州:中山大学出版社,1997.
[78] 韩小芸,汪纯孝. 服务性企业顾客满意感与忠诚感关系[M]. 北京:清华大学出版社,2003.
[79] 林荣瑞. 品质管理[M]. 厦门:厦门大学出版社,1996.
[80] 林南枝,李天元. 旅游市场学[M]. 天津:南开大学出版社,2000.
[81] 冉斌,王清,蔡巍. 薪酬方案设计与操作[M]. 北京:中国经济出版社,2003.
[82] 李蕾蕾. 旅游地形象策划:理论与实务[M]. 广州:广东旅游出版社,1999.
[83] 胡建绩,陆雄文,姚继麟. 企业经营战略管理[M]. 上海:复旦大学出版社,1995.
[84] 陈幼其. 现代企业战略管理[M]. 上海:华东师范大学出版社,1996.
[85] James Walker W. 人力资源战略[M]. 吴雯芳,译. 北京:中国人民大学出版社,2001.
[86] 格里·约翰逊,凯万·斯科尔斯. 公司战略教程[M]. 金占明,贾秀梅,译. 北京:华夏出版社,1998.
[87] Fred David R. 战略管理[M]. 8版. 李克宁,译. 北京:经济科学出版社,2001.
[88] 邹东涛. 哈佛模式·项目管理[M]. 北京:人民日报出版社线装书局,2001.
[89] 维克多·密德尔敦. 旅游营销学[M]. 向萍,等,译. 北京:中国旅游出版社,2001.

[90] 杨公朴,夏大慰. 产业经济学教程(修订版)[M]. 上海:上海财经大学出版社,2002.
[91] 张俐俐. 旅游行政管理[M]. 北京:高等教育出版社,2002.
[92] 李天元. 旅游学[M]. 北京:高等教育出版社,2002.
[93] 王健. 中国旅游业发展中的法律问题[M]. 广州:广东旅游出版社,1999.
[94] 刘敢生. WTO与旅游服务贸易的法律问题[M]. 广州:广东旅游出版社,2000.
[95] 小伦纳德·霍伊尔. 会展与节事营销[M]. 陈怡宁,等,译. 北京:电子工业出版社,2003.
[96] 谢康. 国际服务贸易[M]. 广州:中山大学出版社,1998.
[97] 杨森林,郭鲁芳,王莹. 中国旅游业国际竞争策略[M]. 上海:立信会计出版社,1999.
[98] 席酉民. 跨国企业集团管理[M]. 北京:机械工业出版社. 2002.
[99] 马杰,王杰,李淑霞. 跨国公司经营战略学[M]. 哈尔滨:哈尔滨工业大学出版社,2002.
[100] 沈祖祥. 旅游文化概论[M]. 福州:福建人民出版社,1999.
[101] Chuck Gee Y. 国际饭店管理[M]. 谷慧敏,译. 北京:中国旅游出版社,2002.
[102] 邹统钎,吴正平. 现代饭店经营思想与竞争战略——中外酒店管理比较研究[M]. 广州:广东旅游出版社,1998.
[103] 李永禄,龙茂发. 中国产业经济研究[M]. 成都:西南财经大学出版社,2002.
[104] 王公义. 企业多角经营的活力[M]. 广州:广东旅游出版社,1999.
[105] 朱延智. 企业危机管理[M]. 北京:中国纺织出版社,2003.
[106] 林义. 风险管理[M]. 成都:西南财经大学出版社,1990.
[107] 卢云亭,王建军. 生态旅游学[M]. 北京:旅游教育出版社,2001.
[108] 钟林生,赵士洞,向宝惠. 生态旅游规划原理与方法[M]. 北京:化学工业出版社,2003.
[109] 苏文才,孙文昌. 旅游资源学[M]. 北京:高等教育出版社,1998.
[110] 杨桂华. 生态旅游的绿色实践[M]. 北京:科学出版社,2000.
[111] 楚义芳. 旅游的空间经济分析[M]. 西安:陕西人民出版社,1992.
[112] 傅伯杰,陈利顶,马克明,等. 景观生态学原理及应用[M]. 北京:科学出版社,2001.
[113] 庄序莹. 公共管理学[M]. 上海:复旦大学出版社,2006.
[114] 江若尘. 大企业利益相关者问题研究[M]. 上海:上海财经大学出版社,2004.
[115] 侯光明,李存金. 管理博弈论[M]. 北京:北京理工大学出版社,2005.
[116] 赵涛. 管理学常用方法[M]. 天津:天津大学出版社,2006.
[117] 陆林. 旅游规划原理[M]. 北京:高等教育出版社,2005.
[118] 简德三. 项目评估与可行性研究[M]. 上海:上海财经大学出版社,2004.
[119] 张国强,贾建中. 风景规划:《风景名胜区规划规范》实施手册[M]. 北京:中国建筑工业出版社,2003.
[120] 程道平. 现代城市规划[M]. 北京:科学出版社,2004.
[121] 李仲广. 旅游经济学:模型与方法[M]. 北京:中国旅游出版社,2006.
[122] 王起静. 旅游产业经济学[M]. 北京:北京大学出版社,2006.
[123] 赵荣,王恩涌,张小林,等. 人文地理学[M]. 北京:高等教育出版社,2006.
[124] 白光润. 地理科学导论[M]. 北京:高等教育出版社,2006.

[125] 张炳根. 生态学数学模型[M]青岛:青岛海洋大学出版社,1990.

[126] 周三多. 管理学[M]. 上海:复旦大学出版社,1999.

[127] 朱宝荣. 现代心理学原理与应用[M]. 上海:上海人民出版社,2002.

[128] 赵泽洪,周绍宾. 现代社会学[M]. 重庆:重庆大学出版社,2003.

[129] 张红,席岳婷. 旅游业管理[M]. 北京:科学出版社,2006.

[130] 姚延波. 现代旅行社管理研究[M]. 北京:高等教育出版社,2004.

[131] 赵彦云. 国际竞争力统计模型及应用研究[M]. 北京:中国标准出版社,2005.

[132] 黎洁. 旅游环境管理研究[M]. 天津:南开大学出版社,2006.

[133] 章海荣. 旅游文化学[M]. 上海:复旦大学出版社,2004.

[134] 郭铁民,王永龙,俞姗. 中国企业跨国经营[M]. 北京:中国发展出版社,2003.

[135] 鲁桐. 中国企业跨国经营战略[M]. 北京:经济管理出版社,2003.

[136] 隋映辉. 产业集群成长、竞争与战略[M]. 青岛:青岛出版社,2005.

[137] 马树才. 宏观经济计量分析方法与模型[M]. 北京:经济科学出版社,2005.

[138] 陈秀山,张可云. 区域经济理论[M]. 北京:商务印书馆,2003.

[139] 段汉明. 城市详细规划设计[M]. 北京:科学出版社,2006.

[140] 夏南凯,田宝江. 控制性详细规划[M]. 上海:同济大学出版社,2005.

[141] 张志全,王艳红,杨立新,等. 园林构成要素实例解析[M]. 沈阳:辽宁科学技术出版社,2002.

[142] 熊国平. 当代中国城市形态演变[M]. 北京:中国建筑工业出版社,2006.

[143] 邓涛. 旅游区景观设计原理[M]. 北京:中国建筑工业出版社,2007.

[144] 杨永华. 发展经济学流派研究[M]. 北京:人民出版社,2007.

[145] 单霁翔. 城市化发展与文化遗产保护[M]. 天津:天津大学出版社,2006.

[146] 杨世瑜. 旅游景观学[M]. 天津:南开大学出版社,2008.

[147] 车震宇. 传统村落的旅游开发与形态变化[M]. 北京:科学出版社,2008.

[148] 马桂顺. 旅游企业战略管理[M]. 北京:中国旅游出版社,2008.

[149] 佟瑞鹏,孙超. 旅游景区事故应急工作手册[M]. 北京:中国劳动社会保障出版社,2008.

[150] 李享. 旅游统计学原理与实务[M]. 北京:中国旅游出版社,2008.

[151] 柳伯力. 休闲视角中的体育旅游[M]. 成都:电子科技大学出版社,2007.

[152] 王衍用,宋子千. 旅游景区项目策划[M]. 北京:中国旅游出版社,2007.

[153] 刘春玲. 旅游产业危机管理与预警机制研究[M]. 北京:中国旅游出版社,2007.

[154] 董观志. 旅游学概论[M]. 大连:东北财经大学出版社,2007.

[155] 谷慧敏. 旅游危机管理研究[M]. 天津:南开大学出版社,2007.

[156] 徐虹,康晓梅. 旅游企业财务管理[M]. 大连:东北财经大学出版社,2007.

[157] 张满林,周广鹏. 旅游企业人力资源管理[M]. 北京:中国旅游出版社,2007.

[158] 张文. 旅游影响:理论与实践[M]. 北京:社会科学文献出版社,2007.

[159] 李永文. 旅游经济学[M]. 北京:中国旅游出版社,2007.

[160] 明庆忠,李庆雷. 旅游循环经济学[M]. 天津:南开大学出版社,2007.

[161] Jeffrey Harrison S,Cathy Enz A. 旅游接待业战略管理[M]. 秦宇,等,译. 北京:旅游教育出版社,2007.

[162] 邓宏兵,童建新. 旅游投资环境研究[M]. 武汉:中国地质大学出版社,2007.

[163] 章海荣,方起东. 休闲学概论[M]. 昆明:云南大学出版社,2005.

[164] 克里斯·布尔,杰恩·胡思,迈克·韦德. 休闲研究引论[M]田里,董建新,等,译. 昆明:云南大学出版社,2006.

[165] 楼嘉军. 休闲新论[M]. 上海:立信会计出版社,2005.

[166] 郑维,董观志. 主题公园营销模式与技术[M]. 北京:中国旅游出版社,2005.

[167] 董观志. 现代景区经营管理[M]. 大连:东北财经大学出版社,2008.

[168] 董观志,李立志. 盈利与成长——迪斯尼的关键策略[M]. 北京:清华大学出版社,2006.

[169] 董观志,张颖. 旅游＋地产——华侨城的商业模式[M]. 广州:中山大学出版社,2008.

[170] 董观志,苏影. 主题公园营运力管理[M]. 北京:中国旅游出版社,2005.

[171] 董观志. 旅游学基础教程[M]. 北京:清华大学出版社,2008.

[172] 董观志. 景区运营管理[M]. 武汉:华中科技大学出版社,2016.

[173] 董观志. 武隆大格局[M]. 武汉:华中科技大学出版社,2015.

[174] 董观志. 疆山如画:乌鲁木齐市南山旅游产业基地总体规划[M]. 北京:中国旅游出版社,2015.

[175] 傅云新. 服务营销学[M]. 广州:华南理工大学出版社,2005.

[176] 中国旅游研究院. 中国旅游研究30年专家评论[M]. 北京:中国旅游出版社,2009.

[177] 吴志强,李德华. 城市规划原理(第四版)[M]. 北京:中国建筑工业出版社,2010.

[178] 邱云美,王艳丽. 旅游规划与开发[M]. 上海:上海交通大学出版社,2016.

[179] 陈烈. 区域规划三十年的思与行[M]. 广州:中山大学出版社,2017.

[180] 尼古拉斯·克里福德,吉尔·瓦伦丁. 当代地理学方法[M]. 张百平,等,译. 北京:商务印书馆. 2012.

[181] 中国注册会计师协会. 经济法[M]. 北京:中国财政经济出版社,2018.

[182] 涂子沛. 大数据[M]. 南宁:广西师范大学出版社,2012.

[183] 程大章. 智慧城市顶层设计导论[M]. 北京:科学出版社,2012.

[184] 玛格丽特·博登. AI人工智能的本质与未来[M]. 孙诗惠,译. 北京:中国人民大学出版社,2017.

[185] 李云鹏,晁夕,沈华玉,等. 智慧旅游:从旅游信息化到旅游智慧化[M]. 北京:中国旅游出版社,2013.

[186] 金振江,宗凯,严臻,等. 智慧旅游[M]. 2版. 北京:清华大学出版社,2015.

英文论文及著作

[1] Howey Metal R. Tourism and Hospitality Research Journals:Cross Citations among Research Communities[J]. Tourism Management,1999(1).

[2] Leiper N. The Framework of Tourism:Towards a definition of tourism,tourist,and the tourist industry[J]. Annals of Tourism Research,1979(4).

[3] Alberto Sessa. The Science of Systems for Tourism Development[J]. Annals of Tourism Research,1988(2).

[4] Hadyn Ingram. Hospitality and tourism: International Industries Experiencing Common Problems [J]. International Journal of Contemporary Hospitality Management,1995(7).

[5] Levent Orman V. A Model Management Approach to Business Process Reengineering[J]. Journal of Management Information System,1998(1).

[6] Jaideep Motwani, Ashok Kumar, James Jiang. Business Process Reengineering: A Theoretical Framework and an Integrated Model [J]. International Journal of Operations & Production Management,1998(9/10).

[7] Zairi M, Sinclair D. Business Process Re-Engineering and Process Management: a Survey of Current Practice and Future Trends in Integrated Management [J]. Management Decision,1995(3).

[8] Colin Armistead. Principles of Business Process Management[J]. Managing Service Quality An International Journal,1996(6).

[9] Haywood K M. Can the tourist area life circle be made operational? [J] Tourism Management,1986(3).

[10] Lambkin M, Day G S. Evolutionary processes in competitive markets: beyond the product life cycle[J]. Journal of Marketing,1989(3).

[11] Susan Moore A., Amanda Smith J., David Newsome N. Environmental Performance for Natural Area Tourism: Contributions by Visitor Impact Management Frameworks and Their Indicators[J]. Journal of Sustainable Tourism, 2003(4).

[12] Yiping Li. Heritage tourism: The Contradictions Between Conservation and Change [J]. Tourism and Hospitality Research,2003(3).

[13] Manfredo M J. An Investigation of the Basis for External Information Search in Recreation and Tourism[J]. Leisure Sciences,1989(11).

[14] Vogt C, Fesenmaier D. Expanding the Functional Information Search Model[J]. Annals of Tourism Research,1998(3).

[15] Jie Wen. Evaluation of tourism and Tourist Resources in China: Existing Methods and Their Limitations[J]. International Journal of Social Economics,1998(2/3/4).

[16] Glenn Ross. Ethical Beliefs, Work Problem-Solving Strategies and Learning Styles as Mediators of Tourism Marketing Entrepreneurialism[J]. Journal of Vacation Marketing,2003(2).

[17] Ross G F. Tourism/Hospitality Industry Employment Acquisition Strategies, Higher Education Preferences and the Work Ethic Among Australian Secondary School Graduates[J]. Managing Leisure,1997(2).

[18] Covin J, Slevin D P. New Venture Strategic Posture, Structure and Performance: an Industry Life Cycle Analysis[J]. Journal of Business Venturing, 1990(2).

[19] Susan Moore A, Amanda Smith J, David Newsome N. Environmental Performance for Natural Area Tourism: Contributions by Visitor Impact Management Frameworks and Their Indicators[J]. Journal of Sustainable Tourism,2003(4).

[20] Donald Hawkins E,Elwood Shafer L,James Rovelstad M. Tourism Marketing and Management Issues[D]. Washington:George Washington University,1980.

[21] David Bruce M,Marion Jackson J, Antoni Serra Cantallops. PREPARe:A Model to Aid The Development of Policies for Less Unsustainable Tourism in Historic Towns [J]. Tourism and Hospitality Research,2001(1).

[22] Fletcher J E. Input-Output Analysis and Tourism Impact Studies[J]. Annals of Tourism Research, 1989(4).

[23] Gavin Eccles. Marketing,Sustainable Development and International Tourism[J]. International Journal of Contemporary Hospitality Management,1995(7).

[24] Gilbert D. Public Organizations and Rural Marketing Planning in England and Wales[J]. Tourism Management,1990(2).

[25] Gavin Eccles,Jorge Costa. Perspectives on Tourism Development[J]. International Journal of Contemporary Hospitality Management, 1996(7).

[26] Hoyle L H. Event Marketing:How to Successfully Promote Events,Festivals, Conventions,and Expositions [M]. Chichester:John Wiley & Sons,2002.

[27] Getz D. Event Management and Event Tourism [J]. Annals of Tourism Research, 1998(1).

[28] Oppermann M. Convention Cities Images and Changing Fortunes[J]. Journal of Tourism Studies,1996(1).

[29] Oppermann M. Convention Destinations Images:Analysis of Association Meeting Planners Perceptions[J]. Tourism Management, 1996 (3).

[30] Lea J. Tourism and Development in the Third World[M]. London:Routldge,1988.

[31] Adler N J. International Dimensions of Organizational Behavior. Second Edition [M]. Boston:Kent Publishing,1991.

[32] Larry Yu. The International Hospitality Business:Management and Operations [M]. New York:The Haworth Hospitality Press,1999.

[33] Chris Ryan. Recreational Tourism:A Social Science Perspective[M]. London: Routledge,1991.

[34] Forsyth T. Business Attitudes to Sustainable Tourism:Self-regulation in the UK Outgoing Industry[J]. Journal of Sustainable Tourism,1995(4).

[35] Clarke J. A Framework of Approaches to Sustainable Tourism[J]. Journal of Sustainable Tourism,1997(3).

[36] Ralf Buckley. A Framework for Ecotourism[J]. Annals of Tourism Research,1994 (3).

[37] Martin B, Uysal M. An Examination of The Relationship Between Carrying Capacity and The Tourism Lifecycle:Management and Policy Implications [J]. Journal of Environmental Management,1990(4).

[38] Hunter C, Green H. Tourism and The Environment:A Sustainable Relationship [M]. London:Routledge,1995.

[39] Pierrel,Jorge F. Tourism and Nalivislic Ideology in Cuzco,Peru[J]. Annals of

Tourism Research,2000(1).

[40] Panos Louvieris, John Driver, Jan Powell-Perry. Managing customer behavior dynamics in the multi-channel e-business environment: Enhancing customer relationship capital in the global hotel industry[J]. Journal of Vacation Marketing, 2003(2).

[41] Kevin Fox Gotham. Marketing Mardi Gras: Commodification, Spectacle and the Political Economy of Tourism in New Orleans[J]. Urban Studies,2002(10).

[42] Angel Paniagua. Urban – Rural Migration, Tourism Entrepreneurs and Rural Restructuring in Spain[J]. Tourism Geographies,2002 (4).

[43] Crispin Dale. The Competitive Networks of Tourism E–Mediaries:New Strategies, New Advantages[J]. Journal of Vacation Marketing,2003(2).

[44] Guangrui Zhang, Ray Pine, Hanqin Qiu Zhang. China's International Tourism Development: Present and Future [J]. International Journal of Contemporary Hospitality Management,2000(5).

[45] Thomas Barton L, William Shenkir G, Paul Walker L. Managing Risk: An Enterprise-Wide Approach[J]. Financial Executive,2001(2).

[46] Beton Brown A. Step-by-Step Enterprise Risk Management[J]. Risk Management, 2001(9).

[47] Regina Gyampoh Vidogah, Robert Moreton. Implementing Information Management in Construction: Establishing Problems, Concepts and Practice [J]. Construction Innovation,2003(3).

[48] Crompton J L. The impact of parts on property values:empirical evidence from the past two decades in the United States [J]. Managing Leisure,2005(4).

[49] Jang D,Mattila A S,Bai B. Restaurant membership fee and customer choice: The effects of sunk cost and feeling of regret[J]. International Journal of Hospitality Management,2007 (3).

[50] Koc E, Altinay G. An analysis of Seasonality in Monthly Per Person Tourist Spending in Turkish inbound tourism from a market segmentation perspective [J]. Tourism Management,2007(1).

[51] Wright M. Disposable Women and Other Myths of Global Capitalism[M]. New York:Routledge,2006.

[52] Arendt H. Between Past and Future: Eight Exercises in Political Thought[M]. London:Penguin,2009.

[53] Peet R, Robbins P, Watts M. Global Political Ecology [M]. New York: Routledge,2011.

[54] Stigltz,Joseph. The Price of Inequality[J]. New Perspectives Quarterly,2013(1).

[55] Olsson A K. A Tourist Attractions Members:Their Motivations,relations and roles [J]. Scandinavian Journal of Hospitality and Tourism,2010(4).

教学支持说明

全国普通高等院校旅游管理专业类"十三五"规划教材系华中科技大学出版社"十三五"规划重点教材。

为了改善教学效果,提高教材的使用效率,满足高校授课教师的教学需求,本套教材备有与纸质教材配套的教学课件(PPT电子教案)和拓展资源(案例库、习题库视频等)。

为保证本教学课件及相关教学资料仅为教材使用者所得,我们将向使用本套教材的高校授课教师和学生免费赠送教学课件或者相关教学资料,烦请授课教师和学生通过电话、邮件或加入旅游专家俱乐部QQ群等方式与我们联系,获取"教学课件资源申请表"文档并认真准确填写后发给我们,我们的联系方式如下:

地址:湖北省武汉市东湖新技术开发区华工科技园华工园六路

邮编:430223

电话:027-81381206

E-mail:lyzjjlb@163.com

旅游专家俱乐部QQ群号:306110199

旅游专家俱乐部QQ群二维码:

群名称:旅游专家俱乐部
群　号:306110199

教学课件资源申请表

填表时间：_____年___月___日

1. 以下内容请教师按实际情况写，★为必填项。
2. 学生根据个人情况如实填写，相关内容可以酌情调整提交。

★姓名		★性别	□男 □女	出生年月		★职务	
						★职称	□教授 □副教授 □讲师 □助教

★学校		★院/系	
★教研室		★专业	
★办公电话		家庭电话		★移动电话	
★E-mail（请填写清晰）		★QQ号/微信号	
★联系地址		★邮编	

★现在主授课程情况	学生人数	教材所属出版社	教材满意度
课程一			□满意 □一般 □不满意
课程二			□满意 □一般 □不满意
课程三			□满意 □一般 □不满意
其 他			□满意 □一般 □不满意

教 材 出 版 信 息			
方向一		□准备写 □写作中 □已成稿 □已出版待修订 □有讲义		
方向二		□准备写 □写作中 □已成稿 □已出版待修订 □有讲义		
方向三		□准备写 □写作中 □已成稿 □已出版待修订 □有讲义		

　　请教师认真填写表格下列内容，提供索取课件配套教材的相关信息，我社根据每位教师/学生填表信息的完整性、授课情况与索取课件的相关性，以及教材使用的情况赠送教材的配套课件及相关教学资源。

ISBN（书号）	书名	作者	索取课件简要说明	学生人数（如选作教材）
			□教学　□参考	
			□教学　□参考	

★您对与课件配套的纸质教材的意见和建议，希望提供哪些配套教学资源：